U0106943

簡明香港史

第三版

劉蜀永 主編

責任編輯　　趙　江
書籍設計　　孫素玲

書　　名　　**簡明香港史**（第三版）

主　　編　　劉蜀永

出　　版　　三聯書店（香港）有限公司
　　　　　　香港北角英皇道 499 號北角工業大廈 20 樓
　　　　　　Joint Publishing (H.K.) Co., Ltd.
　　　　　　20/F., North Point Industrial Building,
　　　　　　499 King's Road, North Point, Hong Kong

香港發行　　香港聯合書刊物流有限公司
　　　　　　香港新界荃灣德士古道 220-248 號 16 樓

印　　刷　　陽光（彩美）印刷有限公司
　　　　　　香港柴灣祥利街 7 號 11 樓 B15 室

版　　次　　1998 年 4 月香港第一版第一次印刷
　　　　　　2009 年 3 月香港第二版第一次印刷
　　　　　　2016 年 7 月香港第三版第一次印刷
　　　　　　2023 年 7 月香港第三版第三次印刷

規　　格　　16 開（170 × 240 mm）488 面

國際書號　　ISBN 978-962-04-4016-8

目　錄

●·····················◆·····················●

第一章

古代香港

國寶級文物玉牙璋在南丫島大灣遺址出土（攝於1989年，鄧聰教授提供）

深圳南頭新安縣城門遺址（劉蜀永攝於2006年）

屏山鄧氏宗祠（劉蜀永攝於2007年）

東涌炮台遺址（劉蜀永攝於2007年）

香港地區地處中國南部邊陲，位於廣東省珠江口外，瀕臨南海。據香港特區政府2016年編訂的《香港統計數字一覽》，香港全境陸地面積為1,105.6平方公里，人口約730萬人，絕大多數為華人。從歷史角度看，香港地區可分為香港島、九龍和新界三部分。

「屯門」是最早出現在中國古籍中的香港地名。宋朝的官修史書《新唐書》中有多處關於屯門的記載。「九龍」這一地名最早見於明朝嘉靖三十一年（1552年）應檟所著邊疆軍事志書《蒼梧總督軍門志》。「香港」這一地名，最早見於明朝萬曆年間（1573—1619年）郭棐所著《粵大記》一書。該書所載《廣東沿海圖》中，標有香港以及赤柱、黃泥涌、尖沙咀等地名。

1841年4月，英國外交大臣巴麥尊（Lord Palmerston）曾經稱香港島為「幾乎沒有人煙的荒島」（'a barren island with hardly a house up on it'）。[1] 當代英國學者安德葛（G. B. Endacott）說：「香港歷史的實際開端是在1841年英國人到來的時候。」[2]但是，近年的考古發掘和學者們的研究成果說明，這些看法並不正確。

第一節　從考古發掘看香港

二十世紀，許多專業和業餘考古學者在香港進行過多次考古發掘，豐富了人們對香港古代歷史的認識。大量出土文物和人類活動遺跡說明，人類在香港地區居住，大約已有七千年的歷史。

1　H. B. Morse, *The International Relations of the Chinese Empire, Volume 1, The Period of Conflict, 1834—1860*, Shanghai: Kelly and Walsh, 1910, p. 642.

2　G. B. Endacott, *A History of Hong Kong*, Hong Kong: Oxford University Press, 1985, p. 4.

　　香港地區發現的最早的新石器時代文化是「大灣文化」，遺址分佈在港島的春坎灣，南丫島的大灣和深灣，長洲的西灣，大嶼山的蟹地灣和赤鱲角的深灣、虎地灣等地。大灣文化的陶器中，圓底器和圈足器發達，夾砂陶為大宗，泥質陶較少。石器方面，有樹皮布拍、錛、多孔石刀等。大灣文化的彩陶和白陶，可能是受到長江中下游大溪文化的影響產生的。大灣文化分佈在珠江口二十多個遺址中，說明大灣文化的主人已掌握一定的水上交通技術，能夠克服江河及海洋的阻隔，與鄰近部落有着較多的文化交流。[3]

　　1989年，香港中文大學與廣州中山大學的考古學者在南丫島大灣遺址，發現屬於商代的墓葬群。其中第6號墓出土的玉牙璋及完整串飾，被譽為國寶級文物，對香港古代史研究有着深遠的影響。牙璋是一種禮器，起源於黃河中下游新石器時代晚期文化。大灣牙璋與商代二里頭墓葬中的牙璋，微刻風格完全一致，是商代華北地區禮制物質文明向南延伸的表現。[4]

　　大量出土文物說明，香港地區和廣東大陸的古文化具有極其密切的聯繫，同屬一個文化系統。從新石器時代遺址出土文物看，香港大灣、蟹地灣、銅鼓洲等地發現的彩陶，與1961年以來在增城金蘭寺、東莞萬福庵、深圳大梅沙和小梅沙，以及解放前在海豐沙坑發現的彩陶相似。一是器形多數是圈足盤和碗（缽）；二是花紋圖案基本是幾何圖案。此外，香港遺址出土的有肩石斧、有段石錛，從造型、製作甚至有些石料（霏細岩），都和廣東大陸，特別是西樵山石器製作場的產品很相像。再者，香港大灣、深灣、石壁、東灣等遺址出土的刻劃紋、繩紋的粗砂陶器，以及年代較晚的幾何印紋軟陶器，和深圳大小梅沙、鶴地山、赤灣、寶安蚌地山、增城金蘭寺、佛山河宕、南海灶崗、高要茅崗及珠海拱北等遺址和墓葬出土的文物極其相似。從青銅時代遺址出土文物看，香港的青銅器與廣東大陸的一樣，特點之一是武器多，禮器、容器少。大灣出土的一件人面紋匕首，

3　鄧聰：〈從東亞考古學角度談香港史前史重建〉，《中國文物報》，1996年1月21日。
4　同上。

和清遠三坑東周墓、曲江石峽遺址上層的幾乎一模一樣。這個時期香港的夔紋、雲雷紋陶器（相當於春秋或稍早）和米字紋陶器（相當於戰國時期），在廣東大陸已見於二百處以上的遺址和五、六十座墓葬。在廣西、福建、湖南等省也有發現。[5]

中國東南沿海在古代曾經是百越部族生活的區域。古代學者臣瓚對《漢書・地理志》所作註釋說：「自交阯至會稽七八千里，百越雜處，各有種姓，……」香港地區與廣東大陸的新石器時代和青銅時代文化具有同一性，是因為在這些地區居住生活的都是百越人。

1955年8月9日，在深水埗的李鄭屋邨發現古墓一座，成為轟動整個香港地區的一件大事。香港大學林仰山教授（Prof. F. S. Drake）率領員生進行發掘，獲陶器61件、銅器8件和許多有文字或圖案紋樣的墓磚。[6]

李鄭屋邨古墓墓室呈十字形，墓頂作穹窿形狀，甚圓整堅實，與1921年在廣州東郊駟馬岡發現的漢墓，形制相同，只是規模稍小。這種十字形穹窿狀屋的墓形盛行於廣東地區，是在東漢中期。古墓出土的陶器，有陶罐、陶尊、陶壺、陶盂、陶碗、陶勺、陶豆、陶奩、陶缶、陶屋、陶倉等，皆與內地漢墓中發掘出之陶器相仿。其陶勺、陶鼎、陶尊，尤與廣州東山羊山橫路漢墓所出陶勺、陶鼎相似。李鄭屋邨古墓出土銅器雖少，但同樣有重要意義。例如銅鐸一個，較1945年廣州市郊出土的一件稍小，但同為漢代遺物，亦同為受吳越影響而成。這種較銅鐘細小的樂器，曾盛行於吳越舊地。另外，出土銅鏡上的鳥首紋樣，與廣州東山羊山橫路漢墓出土銅鏡的紋樣相似，其為漢代遺物亦無疑問。該墓墓磚上有的有「番禺大治曆」、「大吉番禺」等字樣，字體為隸書略帶篆筆。有的墓磚有動物形或幾何圖案形花紋。其墓磚字體與圖案花紋與中國內地漢墓的字體和花紋

5　楊式挺：〈香港與廣東大陸的歷史關係〉，《嶺南文史》，1983年第2期。

6　羅香林等：《一八四二年以前之香港及其對外交通——香港前代史》，香港：中國學社，1959年，頁221。

極為相似。「大治曆」為漢代各地通行之吉語。「番禺」二字指明所葬地區歸番禺管轄。番禺為秦漢時代南海郡的一個縣，也是郡治所在地，其地在今天的廣州。墓磚上寫「番禺」，而不寫「寶安」、「東莞」或「新安」，具有明顯的時代特徵。綜合上述種種情況，學者們比較一致地斷定這座古墓建造於東漢中期。該墓的發掘有力地說明香港地區與廣東大陸的文化具有同一性，並且都受到中原文化強烈的影響。

第二節　建置沿革

香港地區有史籍可考的建置始於秦漢。該地區在秦、漢、三國及東晉初年共五百多年的時間內，屬番禺縣管轄。東晉咸和六年（331年）至唐至德元年（756年）四百多年的時間內，該地區屬寶安縣管轄。唐肅宗至德二年（757年）起，後經歷五代、宋、元，至明隆慶六年（1572年），前後八百多年的時間內，該地區屬東莞縣管轄。

從明萬曆元年（1573年）起，到十九世紀英國逐步佔領香港地區為止，除清康熙五年至七年（1666—1668年）一度改併外，該地區一直屬廣州府新安縣管轄。明嘉靖年間，南頭一帶發生飢民搶米暴動，鄉紳吳祚曾參與平息暴動。事過之後，吳祚等向廣東海道副使劉穩請求在當地建縣。眾多官紳皆認為當地離東莞縣治百餘里，管理不便，又常受「海寇」騷擾，紛紛附議。劉穩轉詳粵督，奏准設立。明萬曆元年從東莞縣劃出56里、7,608戶、33,971人，成立新安縣，縣治設在南頭。

元朝初年，元朝政府曾在本地區設置屯門巡檢司，額設巡檢一員，轄管寨兵150人，衙署位於屯門寨。[7]後又在本地區設置官富巡檢司。洪武三年

7　黃佐：《廣東通志》。陳大震、呂桂孫：《南海志》卷十〈兵防〉。

（1370年）明朝政府亦在本地區設置官富巡檢司。官富巡檢司衙署設在九龍半島的官富寨（今九龍城附近）。大約在清朝初年，衙署年久失修，蒞任者多借深圳附近赤尾村民居辦公。康熙十年（1671年）巡檢蔣振元捐獻薪奉購買赤尾村民地，起造衙宇，將駐地正式遷往該地。從嘉慶年間王崇熙等修纂的《新安縣志》卷二〈輿地略〉記載的情況看，官富巡檢司管轄的土客籍村莊，多數分佈在今天的香港境內，僅福田、赤尾、小梅沙等部分村莊，分佈在目前的深圳特區內。

巡檢司制度始於五代，盛於兩宋，金及西夏也有類似設置。元朝沿用宋金遺制。元代的巡檢司大致可分為三類。一類是州縣以下負責捕盜治安的。一類設在少數民族地區，帶有一定的鎮撫和羈縻性質。一類設在沿江沿海，負責巡邏管轄。[8]屯門巡檢司應該屬於第三類。巡檢司的設置標誌着中央政權對本地區管理的加強。

第三節　社會概況

香港地區歷史悠久，部分港人的先祖自古以來就在這塊土地上勞動生息，並使本地區的社會經濟文化有了初步的發展。

居民

遠古時期生活在香港地區的居民應該是古越族。自漢朝開始，古越族與漢族逐漸融合。東晉末年，盧循領導的浙東起義軍曾經攻陷廣州城。據

8　李治安：《元代政治制度研究》，北京：人民出版社，2003年，頁221—222。

清初學者錢以塏所著《嶺海見聞》一書，大奚山三十六嶼（今大嶼山及其附近島嶼）水邊岩穴多居「蛋蠻種類」，傳說是「盧循遺種」，名為盧亭，亦名盧餘。

　　香港規模較大的移民活動發生在宋朝。據鄧氏族譜，宋開寶六年（973年）江西吉水人、承務郎鄧漢黻宦遊至粵，定居於東莞圭角山下的岑田（今香港新界錦田）。他為鄧族遷粵的始祖。鄧族四世祖鄧符協生於岑田，為熙寧進士，也是宋承務郎。[9] 到清初康熙年間，鄧族不僅擁有錦田一帶的富庶土地，在香港島也擁有不少田地，成為首屈一指的望族。此外，北宋時，進士侯五郎（1023—1075年）由廣東番禺遷至今新界上水地區，明初其後人侯卓峰開基河上鄉。宋朝時，彭桂到新安龍山地區定居。明萬曆年間，其子孫遷入粉璧嶺，立圍居住。宋朝時，福建莆田一個名叫林長勝的，舉家遷往今日新九龍黃大仙附近的彭蒲圍。南宋末年，陶文質由廣西鬱林遷往今元朗新田，後又與其子陶處斯一起移居屯門。宋代以後，廖、文、彭等較大家族陸續遷入。

　　1841年英國佔領香港島時，當地已有人口7,450人（包括船民2,000人）。港島南部的赤柱已發展成為有2,000人口的大市鎮。[10] 就十九世紀中葉中國的人口分佈情況看，密度已不算太小。

交通與航海

　　香港地區多優良的海灣，很早就是中國南方海上交通要衝。新界的屯門在古代曾是海上絲綢之路重要港口。唐代廣州對外貿易十分繁忙，當時屯門是廣州海外交通的外港，是海船進出廣州的必經之地。《新唐書》曾引用唐朝地理學家賈耽撰《古今郡縣道四夷述》〈廣州通海夷道〉條說：

9　鄧聖時：《屏山鄧族千年史探索》，香港：鄧廣賢，1999年，頁32。

10　*The Chinese Repository*, Vol. 10, No. 5, p. 289.

「廣州東南海行，二百里至屯門山。」唐朝一些著名文學家的作品中亦出現過描寫屯門的詩句。韓愈在《贈別元十八協律》詩之六中寫道：「屯門雖雲高，亦映波濤沒。」劉禹錫在《踏浪歌》中寫道：「屯門積日無回飆，滄波不歸成踏潮。」目前尚未有史料證實韓、劉兩位到過屯門。屯門的景色出現在他們的詩作中，說明由於海上交通便利，該地在唐朝已經遐邇聞名了。

宋代本地區九龍半島的航海業比較發達。據九龍蒲崗村《林氏族譜》記載，宋時福建莆田一位名叫林長勝的，舉家遷往今日新九龍黃大仙附近的彭蒲圍（即大磡村），一連幾代靠行船為生，艚船往來於閩、浙、粵等地。一次，他的孫子林松堅、林柏堅駕駛艚船出海遇到颶風，船毀貨失。他們兩人力挽船篷，緊抱船上祀祭的林氏大姑神主，浮到東龍島（南佛堂），安全脫險。他們認為這是神靈保佑，便在南佛堂修建了祭祀林氏大姑的神廟。林松堅的兒子林道義後來又在北佛堂修建了一座同類神廟。[11]這個林氏大姑是後來人們所稱的天后。北佛堂天后廟俗稱大廟，是香港歷史最悠久的天后廟，至今猶存。宋代林氏家族的遷徙史和本地區南北佛堂天后廟的修建，曲折地反映出當時本地區航海業的發展。

經濟開發

採珠、製鹽、種植香木、燒製蠔灰、瓷業、農業、漁業等是古代香港的主要經濟活動。

香港地區的採珠業肇端很早。五代南漢後主劉鋹於大寶六年（963年），在合浦的海門鎮和東莞的大步海，招募採珠士兵數千人，設媚川都，專門從事泅水採珠。「都」為軍翼之意，媚川都為駐軍之一類。採珠

11　羅香林等：《一八四二年以前之香港及其對外交通——香港前代史》，頁172—173。

工作艱辛危險，但因採珠士兵人數眾多，採擷的珍珠很快就充盈內府。後主的殿宇內，棟樑簾箔都用玳瑁珠翠裝飾，華麗異常。南漢設媚川都的大步海，即今天香港新界的大埔海。由宋、元至明，在這一海域，時而明令官採，時而下詔禁採，到清康熙初年才永禁官採。[12]

宋代本地區的製鹽業已頗具規模。宋朝政府曾在本地區九龍灣西北、今九龍城一帶，設立官富場，派遣鹽官，駐紮士兵，管理這一鹽場。《宋會要》記載說：隆興元年（1163年）「提舉廣東鹽茶司言：廣州博勞場、官富場，潮州惠來場，南恩州海陵場，各係僻遠，……欲將四場廢罷，撥附鄰近鹽場所管內，……官富場撥附疊福場，……從之。」隆興為南宋孝宗年號。從這段史料看，官富場的設置年代當在孝宗以前，至遲在宋高宗時。大嶼山曾是香港地區重要的鹽產地。宋高宗時曾招降當地來佑等人，選其少壯者為水軍，寬其漁鹽之禁，稱之為醃造鹽。宋寧宗時，廣東提舉鹽茶徐安國派人前往大嶼山緝捕私鹽販子，引起島上大規模的鹽民起義。以高登為首的起義者一度乘漲潮攻到廣州城下。

香港地區在明朝時盛產香木。這種香木屬於莞香，又名女兒香，當年在廣東與江浙等地備受歡迎。王崇熙纂《新安縣志》卷二〈輿地略·物產〉曾提及香港地區往昔出產香木的景況：「香樹，邑內多植之。東路出於瀝源、沙螺灣等處為佳。」瀝源即今日新界的沙田等地，沙螺灣則在大嶼山西部。今日沙田白田村附近尚有名叫香粉寮的地方。清康熙元年至二十三年（1662—1684年），清政府企圖斷絕閩粵沿海居民與鄭成功的聯繫，實行沿海遷界30—50里的政策。香港地區居民也被迫內遷，造成當地香業的凋衰。到雍正年間（1723—1735年），在東莞又出了因承旨購求異香杖殺里役的縣令，種香人家紛紛忍痛砍樹四出逃亡。從此香木生產就一蹶不振了。

在香港沿海許多地方都曾發現過古代灰窰遺址。這些灰窰有的是單獨

12　同上，頁48—55。

一個出土，有的是多個聚集在一起。據香港考古學會研究，其中一些灰窯的歷史可遠溯至唐代。而保存得最好的是大嶼山二浪灣澄碧邨前面沙灘的灰窯遺址。香港古代灰窯主要是以附近海邊的貝殼、蠔殼及珊瑚為原料燒製蠔灰。蠔灰用途很多，例如製作建築用的灰泥，修補船殼及作肥田料（減低海邊泥土的鹹度）。香港古代灰窯遺址數量極多，反映本地製灰工業曾盛極一時。[13]

從明朝中葉開始，新界的大埔碗窯開始青花瓷的生產，大約至1920年代才全部停產，前後經歷四、五百年。大埔碗窯前期由文、謝二姓人，後期則由來自廣東長樂的馬彩淵及其後人管理經營。大埔碗窯的窯爐屬於龍窯，既長且闊，窯室有的寬至5.2米，每條窯一次可裝燒超過一萬件產品。大埔碗窯最大的經銷地為廣東江門、廣州、東莞、石龍一帶，也曾遠銷到南洋各國。1995—1996年，香港區域市政局與香港中文大學合作，對大埔碗窯窯址作了一次全面普查，採集和出土的器物約有五、六千件之多。主要器形有日常生活用的碗、杯、盂、盅、盤、碟、壺、軍持（宗教用的水壺）、罐、香爐、燈座、燈盞、燭台、硯台、煙斗頭、算盤子和生產工具類的煙斗頭印模、軸承、碓嘴、水碓支架，窯具類則有匣鉢、墊餅、墊座、墊圈、器托、火照等。[14]

英國人到來之前，香港地區的農業已有一定程度的發展。新界和南頭一些大族除了在當地擁有大片田地，還在香港島擁有許多田地，租給佃戶耕種。錦田鄧氏收藏的《香港等處稅畝總呈》，載有其先人呈廣東官府稟，內稱：「生等承祖鄧天祿所遺康熙十年墾復原遷土名覆潭、橫瀝、鹽田、大撈下、洛子壆等處稅三頃六十八畝七分五厘九毫二絲五忽。又康熙二十三年墾復原遷土名大潭、橫瀝、香港、大撈下、洛子壆等處稅三頃

13　白德：《香港文物志》，香港：香港市政局，1991年，頁93。

14　區家發、周世榮、曾廣億、佟寶銘、馬恩生：《香港大埔碗窯青花瓷窯址——調查及研究》，香港：香港區域市政局，1997年。

三十二畝一分六厘。」[15]文中提到的覆潭、大潭、香港等地皆在香港島上。
鄧氏還在香港島的黃泥涌、薄扶林擁有田地。上水廖族在掃桿埔擁有五十
畝田地。南頭黃族則擁有赤柱、深水灣、淺水灣一帶的若干田地。

　　英國人到來之前，漁業是香港地區重要的經濟部門。1841年參與侵佔
港島的英國官員參遜（A. R. Johnston）曾經寫道：「赤柱村是全島最大及
最重要的村落⋯⋯共有房屋及商舖180間⋯⋯居民從事農耕、商業及醃曬鹹
魚，約有農田六十畝⋯⋯常有為數三百五十多艘大小船艇在此碇泊。」可
見當年赤柱是一個繁忙的漁港。1841年上半年，香港村是一個有200人的大
漁村，群大路是一個有50人的漁村。當時在香港島的船民有2,000人之多，
相信其中不少的是漁民。

教育

　　英國人到來之前，香港地區的居民已創辦了許多書院、私塾，傳授中國
傳統文化知識。其中歷史最久遠的是宋朝鄧符協為聚眾講學，在桂角山下設
立的力瀛書院。其始創年代，比廣東省內的著名書院廣州禺山書院、番山書
院等，還要早一百多年。力瀛書院遺址清初猶存。據香港學者統計，清代香
港地區的書院、私塾至少有449處。其中比較著名的則有康熙年間錦田鄧氏
創辦的周王二公書院、相傳屏山鄧氏1760年創辦的覲廷書室、清初上水廖氏
創辦的應龍廖公家塾、乾隆以後九華徑曾氏創辦的養正家塾等。

　　由於學校不算少，當地也陸續培養出一些人材。據清嘉慶年間編纂的
《新安縣志》統計，從南宋到清嘉慶二十三年（1818年），新界本土及離島
人士考取功名的就有甲科進士1人，鄉試中考11人，恩貢4人，歲貢9人，例
貢及增貢60人，例職17人（其中例貢及例職是捐納得來的）。其中的進士是

15　羅香林等：《一八四二年以前之香港及其對外交通——香港前代史》，頁 120。

指錦田的鄧文蔚，在康熙二十四年（1685年）乙丑科會試中式第68名。他曾參與《新安縣志》的編纂工作。

軍事防禦

明代香港地區已成為海防要地。明代在這裏設防，是為了防禦「倭寇」、葡萄牙和荷蘭殖民者。

明朝中葉，廣東沿海有三路巡海備倭官軍。其中的中路「自東莞縣南頭城，出佛堂門、十字門、冷水角諸海澳」。佛堂門在香港地區，該地區顯然屬於中路的防禦範圍。

嘉靖四十二年（1563年），福建巡撫譚綸、總兵戚繼光奏請恢復設置水寨舊制。在此之後，明朝政府在廣東的潮州、惠州、廣州、高州、雷州、瓊州等地設置了水師六寨，在廣州地區的為南頭寨，防禦地區東至大星，西至廣海。從嘉靖四十四年（1565年）起，南頭寨的軍事首長是一名參將，萬曆十四年至十八年（1586—1590年）一度改為由級別更高的總兵擔任。南頭寨舊額大小戰船53艘，官兵1,486人；萬曆十九年（1591年）以後，戰船曾增至112艘，水陸官兵及雜役曾達到2,008人。該水寨轄有佛堂門、龍船灣、洛格、大澳、浪淘灣、浪白等汛地六處。每處汛地駐軍二百餘名。其中至少有佛堂門、大澳兩處汛地屬於今天的香港地區。

從明正德九年（1514年）起，葡萄牙殖民者曾經侵佔香港地區的屯門達七年之久。他們在當地立石柱，刻葡萄牙國徽於其上，以示佔領。他們還建軍營，造火銃，設刑場，劫掠財物，販賣人口。廣東巡海道副使汪鋐親自督師出征，驅逐葡萄牙人。起初葡萄牙人據險頑抗，以佛朗機銃轟擊明軍，並企圖佔據南頭城。汪鋐親臨前線，指授方略，用破舊的船多載枯柴和乾燥的荻草，灌以油脂，因風縱火。同時遣善游泳的人潛入水中，把葡人船隻鑿沉。汪鋐還派人到葡萄牙船上，勸說為葡人服務的華人以國家為重，幫助對抗葡人。這些華人回到岸上，照葡人的方法製造銅銃、火藥。

明軍用這種銃轟擊葡人，繳獲他們的大小銃二十餘管。葡萄牙殖民者見無法繼續負隅頑抗，只得拋棄部分船隻，僅乘三艘大船趁黑夜潛逃了。據〈汪公遺愛祠記〉說：屯門之役「於正德辛巳（1521年）出師，嘉靖壬午（1522年）凱旋」。

清代對香港地區的海防更為重視。當時在這裏設防，先是為了對付鄭成功和沿海海盜，後來則主要是為了防禦英國侵略者。

清朝初年，清政府曾強令沿海居民內遷，香港地區多屬遷界範圍。康熙七年（1668年）復界時，為加強海防，曾在新安縣沿邊踏勘，設置墩台21座，其中至少有五座在今香港地區。這五座墩台皆為新安營汛地。其中屯門墩台應在今日新界之青山或九徑山，當時駐有千總1名，士兵50名。九龍墩台應在獅子嶺，大埔台墩台應在大埔舊墟西北，各駐兵30名。麻雀嶺墩台在今沙頭角與粉嶺之間，駐有把總1名，士兵50名。佛堂門設置的是瞭望台，駐兵10名，其地當在今田下山半島。康熙二十一年（1682年）當地奉命裁兵，許多墩台亦改設為汛。汛，或稱營汛，為清代綠營兵勇分駐地。當時原九龍台改為九隆汛（九龍汛），駐兵10名。原大埔頭台改汛後駐兵10名，原麻雀嶺台改汛後駐把總1名，士兵22名。原屯門台改為屯門寨，駐千總1名，士兵30名。但佛堂門瞭望台改為北佛堂台，駐把總1名，士兵30名，力量有所加強。乾隆年間，當地仍設有屯門寨、北佛堂台、九隆汛、大埔頭汛、麻雀嶺汛。

嘉慶十五年（1810年），廣東地方當局將佛堂門的炮台移往九龍寨海旁。該炮台即九龍炮台，與康熙年間的九龍墩台地點不同。道光年間顧炳章所編《勘建九龍城炮台全案文牘》對九龍炮台本身的情況，有如下說明：「查該炮台係嘉慶十六年建造，周圍城牆共長三十一丈。垛子四十二個，每個高三尺。前面城牆馬道寬一丈三尺五寸左右，後城牆馬道寬五尺。內營房一十間，譙樓一間，派防千總一員，配台兵丁四十二名。另協防外委帶兵二十名，分駐九龍海口汛。」

清政府在香港島亦設有營汛。同治年間所編《廣東圖說》寫道：香港

島「東有紅香爐汛，東南有赤柱汛、兩灣汛」。嘉慶二十四年（1819年）所編《新安縣志》說：「赤柱山，……有兵防守」。此書在大鵬營管轄的營汛中，已列有紅香爐汛。道光二年（1822年）所編《廣東通志》說，紅香爐水汛在大鵬營西，設千總、外委各1人，該汛兵丁撥配米艇巡洋。從上述史料看，至遲在1819年，香港島上已設有紅香爐汛，赤柱已有兵防守。

　　大嶼山是香港地區第一大島，是本地區的戰略要地。康熙年間，清政府曾在這裏設置過雞翼角炮台。該炮台的地址在今日大嶼山西南部石筍村之東灣。嘉慶年間，英國多次入侵大嶼山附近。嘉慶七年（1802年），他們曾「泊兵於雞頸洋」，欲在大嶼山西南之老萬山居住。嘉慶十三年（1808年），又借保護澳門英商為名，對老萬山「陰圖佔據之事」。為防禦英國，清政府決定在大嶼山西部的大澳口修築垛牆，並在大嶼山北部的東涌添設汛房和炮台。《廣東海防匯覽》一書談及大嶼山時，寫道：嘉慶二十二年（1817年），「總督蔣攸銛飭候補知府彭紹麟查勘該處，孤懸海外，為夷船必經之所，又有大澳、東涌二口可收口泊船。二處亦俱有村落，民居稠密。其東涌向無汛房，惟大澳口原設守兵十三名，雖有雞翼炮台，派大鵬營千總一員，帶兵四十名駐紮防守。但地勢闊寬，距東涌、大澳口遙遠，勢難兼顧。請在東涌口添設建汛房八間，圍牆五十丈，抽撥大鵬營外委一員、兵丁二十名分駐。並請在大澳口西面近左右村二處各建垛牆四十丈，北面汛房後亦建垛牆四十丈，以備隨時添兵架炮之用。從之」。再據《廣東通志》，該年「又於東涌口石獅山腳，建炮台二座，兵房七間，火藥局一間」。

　　道光十一年（1831年），清政府將大鵬營分為左右二營，右營駐在新建的東涌所城，派守備一員駐守，加強了大嶼山的防禦力量。

　　古代香港管理和開發的歷史說明，中國政府很早即對這裏進行有效的行政管理。1841年之前（即英國佔領之前），香港地區的農業、漁業、鹽業、航海業、採珠業、製香業和教育事業已有一定程度的發展。明清時代，香港地區在軍事上地位更為重要，建立過比較系統的軍事防禦體系。

第二章

英國佔領香港地區

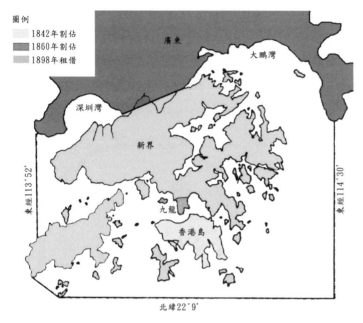

圖例
1842年割佔
1860年割佔
1898年租借

廣東

大鵬灣

深圳灣

新界

東經113°52′

東經114°30′

九龍

香港島

北緯22°9′

英國佔領香港地區示意圖

1841年英軍在港島登陸的地點，今上環水坑口街一帶。（劉蜀永攝於2006年）

1860年3月，英軍佔領尖沙咀。

1898年展拓香港界址談判地點——清代外交機關總理衙門

第一節　割佔香港島

英國是較早發展資本主義的老牌殖民主義國家。從十七世紀起，隨着資本主義的初步發展，為了爭奪世界市場，它即開始向海外擴張，同其他歐洲強國爭奪海上霸權和殖民地。到十九世紀初，英國已經奪取了海上霸權，成為世界上頭號殖民帝國。在殖民擴張的過程中，英國很早就圖謀佔據中國沿海一些島嶼，將其作為對華擴張的基地。

1635年12月，英商「可甸聯合會」派約翰·威德爾（John Weddell）率武裝商船四艘前往中國貿易。此時正值明崇禎年間。行前英王查理一世曾授權威德爾說：「凡屬新發現的土地，若擁有該地能為朕帶來好處與榮譽，即可代朕加以佔領。」[1]

此後，英國政府和英商多次圖謀佔據中國沿海島嶼。例如，1792年英國政府派遣馬戛爾尼（Lord Macartney）出使中國，向清政府提出多項要求，其中包括把舟山附近一個不設防的小島讓給英商存放貨物和居住。乾隆皇帝斷然拒絕了英國的領土要求。

英國謀佔香港島

1816年，阿美士德（Lord Amherst）使團來華時，曾在香港停留，並對香港島及其港口進行過仔細的調查。返回英國後，使團中的一位史學家寫道：「從船舶進出的便利和陸地環繞的地形看，這個港口是世界上無與倫比的良港。」[2]

1　H. B. Morse, *Chronicles of the East India Company Trading to China, 1635—1834*, Vol. 1, Oxford: Clarendon Press, 1926, p. 16.

2　A. Wright, *Twentieth Impressions of Hong Kong, Shanghai and Other Treaty Ports of China*, London: London Lloyd's Greater Britain Pub. Co, 1908, p. 56.

1833年，斯當東（G. T. Staunton）在英國下議院發表演講說：在取消對貿易的限制時，如果不能由王國政府建立國家間的直接聯繫，那末在中國沿海島嶼建立貿易中心，以擺脫中國當局控制，將是可取之策。多年來，人們已認識到香港港口作為錨地的價值。在十八世紀，船隻經常被該地位置的安全和汲水的便利吸引到那裏去。[3]斯當東曾先後隨馬戛爾尼使團和阿美士德使團訪華，又曾在東印度公司廣州分行任職多年。我們可以認為，他的講話反映了部分英國官員和在華英商佔據香港的圖謀。

為了照顧英國新興的工業資本家的利益，1833年8月英國議會決定廢止東印度公司對華貿易的專利權，並派遣商務總監督赴華。1834年7月15日，英國首任駐華商務總監督律勞卑（W. J. Napier）抵達中國。此後不久，他於8月21日致函外交大臣格雷（Earl Grey），建議動用一支不大的武裝力量，「佔領珠江東部入口處的香港島」，並說港島「令人讚歎地適合於各種用途」。[4]律勞卑可能是最早提出武力佔據香港島的英國官員。

英商在華開辦的英文報紙也在鼓吹佔領香港。1836年4月25日，一名記者在《廣東記錄報》（*Canton Register*）上發表評論說：「如果獅子（指英國──引用者）的腳爪準備伸向中國南方的某一部分，就伸向香港吧。讓獅子宣佈保證使其成為自由港，十年之內，它將成為好望角以東最重要的商業中心。」

鴉片戰爭的序幕

英國割佔香港島是在鴉片戰爭期間（1840—1842年）實現的。據不完全統計，十九世紀最初二十年中，英國每年平均向中國輸入鴉片四千餘箱。

3　同上。

4　*British Parliamentary Papers, Correspondence, Orders in Council, and Reports Relative to the Opium War in China, 1840*, Shannon: Irish University Press, 1971, pp. 265—266.

以後迅速增加，到鴉片戰爭前夕，已達每年三萬五千五百餘箱。鴉片在英國對華出口貿易中所佔的比例，1820年佔10—20％，1820年代中期達到30％以上，1829年則達到50％以上。

從1820年代開始，東印度公司來華船隻經常將香港海域當做錨地。據《東印度公司編年史》記載，1829年冬該公司船隻至少有六隻停泊在香港港口，有三隻停泊在其西部入口急水門。東印度公司這些船隻多數是鴉片船。他們將鴉片由印度運往珠江口，裝在躉船上囤積起來，出售給中國當地煙販。後者再用一種叫做「快蟹」的小艇將鴉片銷往沿海各地。這些鴉片躉船平時多停泊在伶仃洋一帶，颱風季節則移往金星門和香港海域。

鴉片大量輸入，不僅使吸毒者在身體和精神方面遭受毒害，還造成中國白銀大量外流，使中國在對外貿易方面由入超變為出超，中國的社會經濟和國家財政遭受重大的破壞和損失。在這種情況下，清政府才派欽差大臣林則徐到廣東查禁鴉片。

1839年3月，林則徐奉命到達廣東後，強迫英美鴉片販子交出煙土二萬多箱，於6月3日在虎門海灘當眾銷毀。英國駐華商務監督義律（C. Elliot）蓄意挑起戰爭。他一方面寫信要求英國政府實行武裝干涉，一方面將英國在華人員和艦船集結在尖沙咀附近海面。8月底，配有28門炮的英國軍艦「窩拉疑」號（Volage）由印度駛抵香港。義律以為實力增強，便開始對中國實行武裝挑釁。

9月4日，清軍大鵬營參將賴恩爵率師船在距尖沙咀約二十餘里的九龍山口岸巡邏。義律率軍艦三艦前往該地，遞上稟帖，求買食物。清軍正待回答，英艦竟突然向清軍師船開炮。清軍水師和岸上炮台官兵攜手還擊，擊中英國雙桅軍艦一艘，擊傷英軍多名。義律連忙率船撤回尖沙咀海面。

11月3日，英國商船「羅壓爾色遜」號（Royal Saxon）準備按林則徐要求具結，開往黃埔進行正當貿易。義律派軍艦「窩拉疑」號和「海阿新」號（Hyacinth）前往穿鼻洋面堵截，並向保護該船進口的中國水師進攻。水師提督關天培督率弁兵抵抗，擊中「窩拉疑」號船頭。英艦倉惶逃回尖沙

咀洋面。

林則徐見義律有將尖沙咀洋面「據為巢穴」的跡象，特命令清軍在尖沙咀以北的官涌山梁紮營，「固壘深溝，相機剿辦」。義律見官涌清軍對他們構成極大威脅，便命令英軍不斷向官涌清軍陣地發起攻擊。從11月4日起，他們或從軍艦上炮轟，或派士兵登陸搶攻。林則徐陸續派出候補知府余保純、新安縣知縣梁星源、參將陳連陞、賴恩爵、張斌等文武官員，指揮官涌清軍迎頭痛擊，「旬日之內，大小接仗六次」，俱獲全勝。在清軍的沉重打擊下，義律率領的英國船隊被迫撤離尖沙咀洋面。

九龍山之戰、穿鼻之戰和官涌之戰是鴉片戰爭的三次前哨戰，揭開了鴉片戰爭的序幕。這三次戰鬥有兩次發生在香港地區，另外一次與香港也有關係，因為英軍是以尖沙咀洋面為據點向清軍發起攻擊的。

義律與琦善的談判

1840年2月，英國政府按照英商（特別是鴉片販子）的要求，決定派出「東方遠征軍」，發動侵華戰爭，即鴉片戰爭。當年6月，英國船艦四十餘艘及士兵4,000人雲集香港島北部海面（今維多利亞港），然後北上侵犯廈門，攻陷定海。艦隊抵達天津白河口後，於8月11日投遞外交大臣巴麥尊致清政府的照會，竟說禁煙「褻瀆英國國家威儀」，提出賠償煙價、割讓海島等要求。清政府驚慌失措，答應在廣東就地磋商，並派琦善為欽差大臣辦理對英交涉。

在廣東的中英交涉中，英方全權代表義律步步進逼。他提出賠償煙價700萬元，開放廣州、廈門、定海三口通商等要求，並要求留英軍在香港島「暫屯」。後來他又進一步要求仿照葡萄牙人在澳門的情況，割地一塊，「豎旗自治」。實際上是要求將「暫屯」香港，改為割讓。

為了迫使琦善就範，1841年1月6日，英軍突然發動進攻，奪取了大角、沙角炮台。義律趁勢提出五項條件，要求三天之內答覆。條件之一是

將沙角割讓，「給為貿易寄寓之所」。沙角在虎門口外，是廣州的第一重門戶，琦善不敢輕易允許，但表示可將義律來文所說予給外洋寄居一所，「代為奏懇」。義律接着提出「以尖沙咀洋面所濱之尖沙咀、紅坎（磡）即香港等處，代換沙角予給」。1月15日，琦善在照會中指出：「尖沙咀與香港，係屬兩處。」要求英方「止擇一處地方寄寓泊船」。次日，義律覆照提出可只割讓香港，但照會中將「香港一處」寫為「香港一島」。「香港一處」是指香港島的部分地方，「香港一島」則是指全島，兩者差別不小，但面對強敵咄咄逼人的壓力，琦善對英方的說法不敢加以駁斥，也不敢馬上答應。1月20日，他上奏道光皇帝說，英方願將定海繳還，沙角獻出，他欲代英方懇求「仿照西洋夷人在澳門寄居之例，准其就粵東外洋之香港地方泊舟寄居」。

英軍佔領香港島

英方一面向清政府施加壓力，一面派兵強行侵佔了香港島。英軍「琉璜」號（Sulphur）艦長貝爾徹（Edward Belcher）回憶說：「我們奉命駛往香港，開始測量。1841年1月25日（星期一）上午8時15分，我們登上陸地。作為真正的首批佔領者，我們在『佔領峰』（Possession Mount）上三次舉杯祝女王陛下健康。26日艦隊到達，海軍陸戰隊登陸，在我們的哨站升起了英國國旗。司令官伯麥爵士在艦隊其他軍官陪同下，在陸戰隊的鳴槍聲和軍艦隆隆的禮炮聲中，正式佔領該島。」這說明早在《南京條約》簽訂前一年零七個月，香港島已被英國侵佔。當年英軍登陸地點在香港島的西北部。英國人稱其為「佔領角」（Possession Point），中國人稱其為「大笪地」，在今天的上環水坑口街附近，因市政建設的發展今已面目皆非，只有水坑口街的英文名稱Possession Street（佔領街）還留有歷史的痕跡。

1月30日，伯麥（G. Bremer）照會清軍大鵬協副將賴恩爵，強令清軍官兵撤出香港島。2月1日，義律和伯麥聯名在香港發佈告示說：「照得本

公使大臣奉命為英國善定事宜，現經與欽差大臣爵閣部堂琦議定諸事，將香港等處全島地方，讓給英國寄居主掌，已有文據在案，是爾香港等處居民，現係歸屬大英國主之子民，故自應恭順樂服國主派來之官，……」

《穿鼻草約》並未簽署

義律和伯麥宣稱琦善同意割讓香港島「已有文據在案」，似乎中英雙方已簽署了條約。在此之前，義律於1月20日在〈給女王陛下臣民的通知〉中，稱他和琦善之間「達成了初步協議」，其中包含「把香港島和海港割讓給英國」。

英國人歐德理（J. Eitel）在其1895年所著《歐西於中土》（*Europe in China*）一書中說：「1月20日簽署了《穿鼻條約》。」美國人馬士（H. B. Morse）在其1910年所著《中華帝國對外關係史》（*The International Relations of the Chinese Empire*）第一卷中，在敘述義律的公告時，亦使用「義律和琦善簽訂協定（1月20日），割讓香港」作為標題。受他們的影響，後來有些學者將義律的公告稱為《穿鼻草約》或《穿鼻條約》，認為1841年1月簽署過割讓香港島的條約。但事實上，到1月26日英軍佔領香港島為止，中英雙方並未簽署過任何條約。此後，義律和琦善關於香港島的交涉仍在繼續進行。義律和琦善舉行過兩次會談。一次在1841年1月27日，即英軍佔領香港島後的第二天，地點是珠江口內的獅子洋蓮花山。一次在2月10日，地點是蛇頭灣。兩次會談皆無結果。英國學者安德葛在《香港史》一書中曾指出：所謂《穿鼻草約》，「事實上從未簽訂」。[5]

1841年4月英國政府收到〈給女王陛下臣民的通知〉後，引起強烈反響。英商紛紛認為義律勒索得太少。4月12日，倫敦39名商人致函外交大臣

5　G. B. Endacott, *A History of Hong Kong*, Hong Kong: Oxford University Press, 1985, p. 17.

巴麥尊，抱怨「這次遠征的所有目標都不必要地被犧牲掉了」。4月16日，利物浦「東印度和中國聯合協會」等48家團體和公司也聯名致函巴麥尊，要求「不要批准義律的初步安排」。5月3日，巴麥尊通知義律說，英國政府不贊成他與中國欽差大臣會談的方式，同時宣佈撤銷他擔任的駐華全權使臣兼商務監督職務。

　　5月14日，巴麥尊又就割讓香港問題，寫信批評義律說：「本國報紙刊載的你對英國在華臣民所發的告示，宣佈香港島永遠併入英國版圖。我必須對你指出：除非是通過君主批准的正式條約，不能將屬於該君主的任何一部分領土割讓並轉交給另一位君主。同時，任何臣民無權割讓其君主的任何一部分領土。因此，即使與琦善達成了割讓香港的協議，並正式簽署了條約，在中國皇帝批准之前，該協議並無任何價值和效力。你和琦善之間不像簽署了割讓香港的正式條約，而且無論如何可以肯定，在你發佈告示時，即使有了琦善簽署的條約，它也是未經皇帝批准的。所以，你發佈告全然是為時過早。」

《南京條約》與正式割讓香港

　　1841年4月30日，英國內閣決定停止廣東談判、擴大侵略戰爭，並委派璞鼎查（Henry Pottinger）取代義律任駐華全權使臣兼商務監督。

　　5月31日，外交大臣巴麥尊在給璞鼎查的訓令中，明確地提出了對中國的各項無理要求，並且指出，只有中國的全權代表無條件地接受英國的一切要求，才能停止軍事行動。巴麥尊在很長時間內一直主張割佔舟山，對割佔香港島不感興趣，但在這次的指令中改變了態度。他寫道：「據說該島在許多方面很有條件成為我們對華貿易的一個相當重要的貿易站」，「您不得同意放棄那個島嶼」。

　　1841年8月20日，璞鼎查乘船抵達香港。次日，他親率36艘艦船和3,500名士兵，北上進行新的軍事侵略。他們強行佔領了廈門，再度佔領定海，

並侵佔了鎮海、寧波。10月30日，璞鼎查寫信給巴麥尊，宣稱：「或者北京當局投降，或者沿海省份將處於我們的支配之下」，可以「由英國女王宣佈中國沿海哪些港口或哪些地區將併入女王陛下的版圖之內」。

在璞鼎查率軍侵犯閩浙地區期間，英國內閣更迭，托利黨上台執政，但新政府的對華政策沒有實質性的改變。新任外交大臣亞伯丁（Aberdeen）在給璞鼎查的信中，宣佈授予他更大的「自由決斷權」。

1842年6月，從印度派來的英國增援船隻百餘艘、陸軍士兵萬餘人陸續抵達中國。璞鼎查再次北上，指揮英軍進犯長江，企圖攻佔南京，控制長江、運河兩大水道，切斷漕運，逼迫清朝當局投降。英軍攻佔上海後，攻下長江、運河交匯處的重要城市鎮江，接着長驅西進，於8月4日兵臨南京城下。

由於清軍多數將領腐敗、武器裝備落後，無法抵禦英軍的進攻，軍事上節節失利，道光皇帝決定妥協投降。當雙方還在長江沿岸交戰時，他就密令欽差大臣耆英、伊里布，按照璞鼎查提出的要求，與英方討論議和問題。

早在英軍攻佔鎮江之前，道光皇帝在給耆英的密諭中，已表示可以「將香港一處，賞給爾（英）國堆積貨物」。因而，清朝有關官員在接到璞鼎查的條約條款後，對割讓香港並無半點猶豫。8月15日，耆英、伊里布、牛鑒在提交英方的條款中寫道：「香港地方業經英國蓋造房屋，應准寄居。」

1842年8月29日，耆英、伊里布來到英國軍艦「皐華麗」號（Cornwallis），同璞鼎查簽訂了中國近代史上第一個不平等條約——《南京條約》。該條約第3款寫道：「因大英商船遠路涉洋，往往有損壞須修補者，自應給予沿海一處，以便修船及存守所用物料。今大皇帝准將香港一島給予大英國君主暨嗣後世襲主位者常遠據守主掌，任便立法治理。」在英國軍艦和大炮的威脅下，通過《南京條約》，香港島被正式割讓給了英國。

第二節　割佔九龍

自然環境與歷史沿革

九龍半島位於獅子山、筆架山以南，範圍包括目前香港地區的九龍和新九龍。[6]半島境內丘陵起伏；半島沿岸平地較多。九龍半島的岬角尖沙咀隔着寬約1.5公里的海面，與香港島的中環與灣仔相望。該半島與香港島之間是世界少有的天然深水良港。

九龍半島在香港古代政治史、經濟史、軍事史和交通史上曾佔有重要地位。沿岸的土瓜灣村等村落，至遲在七百多年前就已經存在。1860年英國割佔九龍半島南端時，該半島農業生產已具有相當規模，有耕地二千餘畝。

從1820年代開始，英國鴉片躉船時常停泊在尖沙咀海面。英方的行徑引起清朝政府的重視和抗擊，使九龍半島成為中英雙方爭奪的焦點。為了更有力地抗擊英軍，清政府批准欽差大臣林則徐的奏摺，於1840年7月在九龍半島的尖沙咀、官涌兩地修築「懲膺」、「臨衝」兩座炮台。

鴉片戰爭以後，因香港島被英國割佔，1843年清政府決定將官富巡檢司改為九龍巡檢司，巡檢駐地由赤尾遷回靠近香港島的官富九龍寨，以增強九龍半島的防禦力量。九龍巡檢司下設七個大鄉，其管轄範圍大體相當於目前香港地區的九龍、新九龍和新界。

九龍司設置之初，巡檢駐地九龍寨既無城垣、衙署，又無兵營，困難重重。後來，清政府批准兩廣總督耆英的奏報，經過實地踏勘，決定在白鶴山南麓距海三里的一片官荒地上修築周長199丈的石城一座，即九龍寨城。九龍城工程於1846年11月25日興工，1847年5月31日完竣。

6　九龍指九龍半島界限街以南地區。新九龍又稱「北九龍」，其範圍西北起自荔枝角，北面沿獅子山、飛鵝嶺南麓，東至將軍澳西北，南至界限街和鯉魚門。

英國「租借」九龍

　　早在鴉片戰爭期間和戰後不久，一些英商和英軍將領就曾鼓吹佔領九龍半島。1842年5月7日，反映英商意願的《廣東報》（Canton Press）聲稱：「我們相信，已經發現比目前香港的地點更適合建造城市的地點。例如，對面九龍的海岸……就有良好的平坦空地。」[7]1847年8月14日，英國遠東艦隊司令西馬糜各厘（M. Seymour）在致皇家工兵司令的信函中寫道：「我認為迫切需要佔有九龍半島和昂船洲，這不僅是為了防止其落入詆毀英國殖民地的任何外國之手，而且是為了給日益發展的香港社會提供安全保障和必需的供應。佔有九龍半島的另一個理由是，在台風季節它是保障我們船舶安全唯一的、必不可少的避風地。我們決不應該忽視這種極其重要的佔領。」[8]由於當時英國政府對九龍半島奉行「沉默政策」，主張暫不採取大規模的行動，西馬糜各厘的建議並未受到重視。

　　1856年10月第二次鴉片戰爭爆發。戰爭過程中清朝官員的腐敗無能和清軍的不堪一擊，完全暴露在侵略者的面前。1858年春，參加侵華戰爭的一些英國軍官重新提出了割佔九龍半島的建議。1858年3月2日，「加爾各答」號艦長霍爾（W. K. Hall）鼓吹當時是割佔九龍岬角和昂船洲的良好時機。不久，駐紮廣州的英軍司令斯托賓奇（C. van Straubenzee）少將也向駐華全權特使額金爾（Earl of Elgin）提議割佔九龍半島。

　　英軍將領關於割佔九龍半島和昂船洲的建議送達倫敦以後，得到了英國政府的贊同。1858年6月2日，外交大臣馬姆斯伯里（Malmesbury）寫信命令額爾金：「一旦出現機會，應竭力通過條約從中國政府手中將這些地方

7　G. R. Sayer, *Hong Kong 1841—1862: Birth, Adolescence and Coming of Age*, Hong Kong: Hong Kong University Press, 1980, p. 98.

8　Abstract from papers accompanying Lieut. Col. Lugard's Report on the defences of Hong Kong, F. O. 17/287, pp. 252—253.

割讓給英國政府，至少要割佔香港對面的九龍岬角。」[9]

1858年11月，英國政府任命卜魯斯（F. W. A. Bruce）為駐華公使。次年4月，抵達香港後，卜魯斯曾要求香港輔政司馬撒爾（W. T. Mercer）就割佔九龍半島的問題擬定一份備忘錄寄給他。

馬撒爾的備忘錄送往倫敦時，英國一屆新內閣已經就職。羅素（Lord John Russell）任外交大臣，紐卡斯爾（Duke of Newcastle）任殖民地大臣。新內閣仍然堅持割佔中國領土九龍半島的立場。殖民地部副大臣伊里亞德（N. Elliot）在給外交部的信中寫道：「我奉紐卡斯爾公爵之命，為提供羅素勳爵參考，特通知你：鑒於從香港護理總督得到的情報，表明居住在九龍半島的華人無法無天，以及目前那裏的事態給和平治理香港殖民地造成的困難，公爵認為有必要與陸軍大臣通信，以便命令駐華女王陛下軍隊司令，一有適當時機即佔領該半島。現在公爵願把他的意見提供羅素勳爵參考：將來任何時候調整本帝國對華關係，應該保留這塊土地。」[10]伊里亞德的信提出了侵佔九龍的藉口和武裝佔領的方針。

1859年6月，英法聯軍進攻大沽炮台遭到慘敗。得知此事之後，英國政府從本土增派海軍，並在印度集結一萬人的陸軍部隊，準備和法國一起，對中國採取更大規模的侵略行動。英國在遠東的官員想利用這次增派援軍的時機，實現佔領九龍半島的夙願。

1860年3月18日，遵循卜魯斯的指令，在新任侵華陸軍司令克靈頓（H. Grant）中將指揮下，英軍第44團特遣隊強行侵佔了九龍半島岬角——尖沙咀一帶。此後到達的大批英軍援軍，大部分都駐紮在九龍半島，只有很少一部分駐紮在香港島南部的深水灣和赤柱。英軍佔領九龍後，在當地進行北上作戰的各項準備工作，訓練錫克族騎兵，並對新式武器阿姆斯壯炮的「威力和準確性」進行試驗。他們一直逗留到5月19日，才開始離港北上作戰。

9　Malmesbury to Elgin, 2 June 1858, F. O. 17/284, p. 129.

10　N. Elliot to Hammond, 22 October 1858, F. O. 228/264, p. 146.

　　租借與軍事佔領幾乎是同步進行的。3月16日，英國駐廣州領事巴夏禮（H. S. Parkes）在香港就租借九龍半島同克靈頓和港督羅便臣（Hercules Robinson）進行了磋商。20日，在英法聯軍控制下的廣州，巴夏禮將他起草的公函面交兩廣總督勞崇光。他在公函中以「九龍半島的混亂狀態給維護英國利益帶來不利之處」為藉口，強行要求租借九龍，並且以不容置辯的口吻宣稱，兩廣總要做的事情，只是在正式回信中表示同意英方的安排，並提出履行租約時應繳納的租金數目。

　　3月21日，巴夏禮最後確定了他擬定的租約文字。租約規定九龍半島在所劃界線以南的地區（該界線從鄰近九龍炮台南部之一點起，至昂船洲最北端止），包括昂船洲在內，租借給英國。為此，每年交付中國地方當局租銀五百兩。只要英國政府按時如數交付租金，中國政府便不得要求歸還上述土地。在勞崇光向中國最高政府提出請求，經皇帝授權另外締結永久性協議之前，該租約一直有效。這實際上是一份永遠租借該地的契約。當天晚上，巴夏禮與勞崇光在一起簽字、用印、互換文件。從20日下午算起，僅用了一天多的時間，巴夏禮便強迫勞崇光辦完了租借的手續。而在前兩天，英軍已經侵佔了該地。

中英《北京條約》與割讓九龍

　　1860年春，英國政府再次任命額爾金為全權特使，前往中國武力解決換約問題。這時租借九龍的消息尚未傳到倫敦，而英國政府已經提出了以訂約方式強迫中國割讓九龍半島的方針。在額爾金動身來華以前，外交大臣羅素寫信對他說：「殖民地大臣發表意見說，在與中國簽訂任何新條約中，應竭力作出割讓九龍半島的規定。根據他的請求，茲訓令閣下切勿錯

過可能出現的任何有利時機，以實現這一割讓。」[11]

　　租借九龍的消息傳到倫敦以後，英國政府欣喜異常，迅速作出反應。1860年7月9日，外交大臣羅素向額爾金發出秘密指令說：「女王陛下政府獲悉，關於九龍半島，巴夏禮先生已為它從中國當局獲得這塊土地的永租權。儘管知道租借會帶來眼前的利益，在全面考慮之後，女王陛下政府認為，他們應該取得九龍半島的完全割讓，這是非常稱心如意的事情。為此我訓令閣下，要竭力實現這一目標。這塊領土總共只有彈丸大，取得它的理由又如此明顯，所以這一割讓未必能為法國提供藉口，使其要求奪取舟山，或割佔中國沿海其他地方。」[12]

　　1860年9月上旬，英法聯軍由天津出發直犯北京，並於10月13日佔領了安定門。他們在城牆上安置大炮，設置哨卡。守衛德勝門的清軍官兵「自行撤退」。這樣，清朝的京都便被置於外國侵略者的炮口之下。為了掠奪珍貴文物並逼迫清政府儘早接受投降條件，英法聯軍在圓明園大肆搶劫，並於10月18日及19日兩天縱火焚燒園內宏偉的殿堂樓閣。清朝前後六代皇帝慘淡經營一百五十多年的這座世界名園變成了一片廢墟。

　　在英法兩國軍事和外交的雙重壓力之下，中方議和代表恭親王奕訢表示完全接受侵略者提出的投降條件。額爾金認為割佔九龍半島的時機成熟了。換約前夕，英方突然要脅在中英《北京條約》中增加三條，其中第一條便是「廣東九龍司地方併歸英屬香港界內」。奕訢「畏其逼迫」，對新增各條一概應允。

　　10月24日是舉行中英《北京條約》簽約儀式的日子。英軍司令克靈頓在安定門上佈置了一個野戰炮兵連，「隨時準備奉命行動。」當天下午，在100名騎兵和400名步兵的簇擁下，英國全權特使額爾金乘坐裝飾華麗的轎子，由克靈頓陪同從安定門前往禮部大堂。額爾金一行途經的主要街道全

11　Russell to Elgin, 18 April 1860, F. O. 881/933, p. 28.

12　Russell to Elgin, secret despatch, 9 July 1860, F. O. 881/933, p. 49.

由荷槍實彈的英國士兵把守。額爾金的轎子進入禮部大堂時，樂隊高奏英國歌曲《上帝保佑女王》。就這樣，在英軍大炮陰影的籠罩之下，奕訢同額爾金簽署了中英《北京條約》。

中英《北京條約》第六款規定：「前據本年二月二十八日（1860年3月20日），大清兩廣總督勞崇光，將粵東九龍司地方一區，交與大英駐紮粵省暫充英、法總局正使功賜三等寶星巴夏禮，代國立批永租在案。茲大清大皇帝定即將該地界，付與大英大君主並歷後嗣，併歸英屬香港界內，以期該港埠面管轄所及，庶保無事。」[13]按照這條規定，中國新安縣九龍司的一部分領土，即九龍半島今界限街以南部分（包括昂船洲在內）便被英國強行割佔。

1861年1月19日，駐港島英軍各兵種二千多名官兵渡海前往九龍參加領土移交儀式。下午3時，全權特使額爾金在巴夏禮、香港總督羅便臣和代理按察司亞當斯（W. K. Adams）的陪同下抵達會場。新安縣令、大鵬協副將、九龍司巡檢和九龍城一名級別較低的軍官共四名清朝官員也被迫前往。會場上，巴夏禮把一個裝滿泥土的紙袋塞給清朝官員，讓後者再把紙袋交給他，以此象徵領土的移交。

第三節　租借新界

十九世紀末列強在中國劃分勢力範圍，掀起瓜分狂潮。英國利用這一時機，強行租借了今界限街以北、深圳河以南的大片中國領土及其附近235個島嶼，即後來所謂的「新界」。至此，英國完成了對整個香港地區的侵佔。

13　王鐵崖編：《中外舊約章彙編》，第一冊，北京：生活・讀書・新知三聯書店，1957年，頁145。

展拓界址的輿論

英國割佔九龍以後不久，英國軍界即開始議論進一步擴大領土侵略的問題。1863年，英國陸軍大臣告訴英國殖民部說，在維多利亞港東部入口處的鯉魚門北岸取得軍事用地很有價值。1884年，薩金特（E. W. Sarget）少將鼓動陸軍部佔領整個九龍半島及一些島嶼。兩年後，金馬倫（W. G. Cameron）少將也提出了類似建議。

1894年中日甲午戰爭爆發以後，清軍節節敗退。港英當局認為有機可趁，正式提出了展拓界址的主張。1894年11月9日，香港總督威廉‧羅便臣（William Robinson）以香港「防務安全」為由，向殖民部建議將香港界址展拓到大鵬灣、深灣一線，並將隱石島、橫瀾、南丫島和所有距香港三英里以內的海島割讓給英國。他還着重指出：「應當在中國從失敗中恢復過來之前，向它強行提出這些要求。」威廉‧羅便臣的建議實際上是後來擴界的藍圖。他的建議得到英國鉅賈的支持。英商遮打（C. P. Chater）在給威廉‧羅便臣的信中，曾以種種「理由」鼓吹擴界。他還說：五十年後、甚至二十年後，中國就可能成為充分武裝的強國。擴界的事「機不可失」，「要幹，現在就幹」。1895年5月，英國海陸軍聯合委員會發表《關於香港殖民地邊界的報告》，再次提出擴界要求，並立即得到陸海軍大臣贊同。[14]

1897年冬，德俄兩國先後出兵強佔膠州灣和旅大，次年3月又強迫清政府簽約租讓。英法兩國也投入了這一瓜分狂潮。1898年3月7日，法國向清政府提出了租借廣州灣的要求。英國政府聞訊，決定以法國租借廣州灣為藉口，向清政府提出展拓香港界址的要求，並於3月28日向英國駐華公使竇納樂（C. W. MacDonald）發出指示：要求清政府總理衙門作出保證，如果法國租借廣州灣，英國隨時可以要求展拓香港界址。

14　P. Wesley-Smith, *Unequal Treaty, 1898—1997, China, Great Britain and Hong Kong's New Territories*, Hong Kong: Oxford University Press, 1980, pp. 12—14.

《展拓香港界址專條》的簽訂

1898年4月2日，中英雙方就香港擴界問題在總理衙門開始談判。竇納樂一開始即對慶親王奕劻宣稱：「香港殖民地不滿足於它目前的界限，希望展拓界址」，「以為保衛香港之計」。次日，總理衙門大臣李鴻章會見竇納樂，向他表示：「如果展拓範圍不大」，可以「同意」。4月24日，竇納樂根據英國外交部的指示，向李鴻章等出示展拓界址範圍的地圖，將大鵬灣到深灣一線以南、包括九龍城及許多島嶼在內的大片土地及水域，皆劃入拓界的範圍之內。李鴻章等沒有料到英國胃口如此之大，堅決加以拒絕。竇納樂要他們與德國租借的膠州灣和俄國租借的旅大相比較。李鴻章說，中國已經同意將威海衛租給英國。竇納樂則強詞奪理說，訂租威海衛對中國也有利。李鴻章等屈從於壓力，不再爭辯，但堅決反對英國佔領九龍城，理由是該處設有中國衙門。

5月19日，竇納樂攜帶他一手擬就的中英《展拓香港界址專條》前來談判。李鴻章等閱後表示同意，僅提出加上「九龍到新安陸路，中國官民照常行走」，「遇有兩國交犯之事，仍照中英原約香港章程辦理」兩句話。至此，雙方就拓界問題已達成協定。但因英國政府對談判結果感到不滿足，《專條》並未馬上簽訂。5月25日，竇納樂根據英國政府指示再次與總理衙門會談，要求修改前議展拓香港界址的範圍。其中最重要的是將東面界限由東經114°26'擴大至東經114°30'，使整個大鵬灣劃歸英國控制。英國在最後關頭迫使中國做出額外讓步。

1898年6月9日，中英《展拓香港界址專條》在北京簽字。中方簽字代表是李鴻章、許應騤，英方簽字代表是竇納樂。《專條》有中英兩種文本。中文文本內容如下：

溯查多年以來，素悉香港一處非展拓界址不足以資保衛。今中、英兩國政府議定大略，按照粘附地圖，展拓英界，作為新租之地。其所定詳細界線，

應俟兩國派員勘明後，再行劃定，以九十九年為限期。又議定，所有現在九龍城內駐紮之中國官員，仍可在城內各司其事，惟不得與保衛香港之武備有所妨礙。其餘新租之地，專歸英國管轄。至九龍向通新安陸路，中國官民照常行走。又議定，仍留附近九龍城原舊碼頭一區，以便中國兵、商各船、渡艇任便往來停泊，且便城內官民任便行走。將來中國建造鐵路至九龍英國管轄之界，臨時商辦。又議定，在所展界內，不可將居民迫令遷移，產業入官，若因修建衙署、築造炮台等，官工需用地段，皆應從公給價。自開辦後，遇有兩國交犯之事，仍照中、英原約、香港章程辦理。查按照粘附地圖所租與英國之地內有大鵬灣、深圳灣水面，惟議定，該兩灣中國兵船，無論在局內、局外，仍可享用。

《專條》規定，該約畫押後，應於7月1日「開辦施行」。[15]

通過《展拓香港界址專條》，英國強租了沙頭角海至深圳灣最短距離直線以南、界限街以北廣大地區、附近大小島嶼235個以及大鵬灣、深圳灣水域，為期99年。此次租借，陸地面積達975.1平方公里，較原香港行政區擴大約11倍，水域較前擴大四、五十倍。這些被強租的中國領土和領海後被稱為香港新界，約佔廣東省新安縣面積的三分之二。

《展拓香港界址專條》的不平等性質昭然若揭。外國學者史維理（P. Wesley-Smith）在《不平等條約（1898－1997）：中國、英國與香港新界》一書中認為：「1898年的北京條約（指《展拓香港界址專條》）是一個不平等條約。所以這樣評價，是因為只有一方從中得到好處。中國暫時喪失了土地，但沒有得到補償。再者，在起草條約時，締約雙方並非處於平等談判地位。」[16]

15　王鐵崖編：《中外舊約章彙編》，第一冊，頁 769。

16　P. Wesley-Smith, *Unequal Treaty, 1898—1997, China, Great Britain and Hong Kong's New Territories*, Hong Kong: Oxford University Press, 1980, p. 3.

定界談判與接管新界

　　《展拓香港界址專條》簽訂後不久，英國政界、軍界、商界一些人即對保留中國對九龍城的管轄權等內容表示不滿，並鼓吹違約擴大租借範圍。英國海軍聯盟要求將陸界向北推至北緯22°40'。香港政府工務局長歐姆斯比（Omsby）提出報告，反對按照《專條》粘附地圖「人為的簡單直線」確定北部陸界，主張按照山脈河流的「自然界限」，即以新安縣北部界山為界。實際上是要將整個新安縣處於英國的控制之下。香港政府輔政司駱克（S. Lockhart）在新界調查報告書中，也鼓吹所謂「自然邊界」；英國殖民大臣張伯倫（J. Chamberlain）認為「自然邊界」離《專條》規定相差太遠，但主張「適當」擴充租借地北部陸界，「無論如何要迫使清政府同意把深圳鎮包括在租借地內」。

　　1899年3月11日，新界北部陸界定界談判在香港舉行。中方定界委員、廣東省補用道王存善主張信守《專條》粘附地圖的規定。英方定界委員、香港政府輔政司駱克虛張聲勢，提出從深圳灣起經深圳迤北山腳到梧桐山、再迤東到沙頭角北面一線為界。在英方的壓力下，王存善最終被迫同意以深圳河為界。3月16—18日，王存善、駱克一行沿深圳河河源至沙頭角一線勘定界址，樹立木質界椿。

　　1899年3月19日，王存善和駱克在香港簽訂了《香港英新租界合同》。該合同違背了《展拓香港界址專條》粘附地圖有關新界北部陸界的規定。駱克本人也承認，通過這一合同，英國「完全控制了那條在《專條》粘附地圖上沒有包括在英國租借地內的河流（即深圳河）」。

　　香港總督和兩廣總督原來商定4月17日交接新界租借地，但英方迫不及待地提前接管。3月27日，港督卜力（Henry A. Blake）指派香港政府警察司梅軒利（F. H. May）前往大埔墟搭設警棚。世世代代勞動生息在新界這片土地上的中國居民「一旦聞租與英國管轄，咸懷義憤，不願歸英管」。他們在鄧青士等愛國鄉紳的帶領下組織起來，反抗英國武力接管新界。

4月3日，梅軒利一行前往大埔檢查搭棚情況。中國居民聞訊趕來，向他們投擲石塊，要求拆除警棚。當晚，鄰近各村群眾趕來，將警棚燒毀。梅軒利藏於樹叢蔓草之中，次日晨經沙田逃回港島。駐港英軍司令加士居少將（W. J. Gascoigne）和駱克立即率兵開進大埔墟進行彈壓。但是，中國居民並未被武力威脅所嚇倒。4月10日，各鄉代表在元朗開會，建立了「太平公局」，招募壯丁、彙集資金、儲存藥品、彈藥，準備抗爭。

4月15日，英軍香港團隊一連士兵在大埔墟強行登陸。各鄉居民和前來支援的深圳居民共數千人聚集山坡，「開挖坑塹，拒阻英兵」。他們利用居高臨下的有利地形，使用步槍和輕炮從各個山頭猛烈開火，使英軍陷入重圍。次日，英軍援軍在「名譽」號（HMS Fame）軍艦的火力支持下，突破包圍圈，與被困英軍會合。接着，香港團隊400名士兵列隊參加升旗儀式。駱克當眾宣讀1898年10月20日英國《樞密院令》和港督命令，聲稱從1899年4月16日下午2時50分起，新界的中國居民已歸英國管轄。

新界鄉民抗議英軍的武力接管。4月17日下午，他們用重炮猛烈轟擊大埔英軍兵營。接着，在林村山谷伏擊英軍。4月18日下午，他們又向上村附近石頭圍的英軍發起攻擊。

抗英隊伍武器裝備較差，又缺乏作戰經驗，未能取得最後勝利。英軍擊散抗英隊伍後，前往錦田炸開吉慶、泰康兩圍的圍牆，並將吉慶圍的連環鐵門繳去，運回英國。

新界鄉民的抗英鬥爭是香港史上重要的一頁，給人們留下了深刻的印象。

九龍城問題

英國當局一直沒有放棄其佔據九龍城的野心。他們趁鎮壓新界鄉民之機，於1899年5月16日派英國皇家威爾士火槍隊員和100名香港義勇軍在九龍城碼頭登陸，開進九龍城寨。城內的清朝官員提出強烈抗議，但因未接到上級命令，沒有進行反抗。英軍在九龍城上升起英國國旗，並「將九龍城

城內官弁兵丁一併逐出，軍械號衣悉行褫奪」。

英國進一步擴大侵略的行徑，引起清政府強烈多次的抗議，但英方置之不理。1899年12月27日，英國樞密院竟頒佈命令宣稱：「九龍城內中國官員行使管轄權於保衛香港之武備有所妨礙」，他們「應停止在城內各司其事」。在條約租期內，九龍城「為女王陛下香港殖民地的重要組成部分」。香港的法律、條例「適用於九龍城」。[17]

本來，《展拓香港界址專條》就是一個不平等條約。英國政府竟得寸進尺，企圖否認條約保留的中國對九龍城的管轄權。這引起了歷屆中國政府的注意和反對。因而，九龍城問題成為一個十分敏感的問題。因香港英國當局強迫城內中國居民拆遷，在幾十年間風波迭起，導致中英兩國多次外交交涉。

1933年6月10日，香港南約理民府通告九龍城內居民，將於1934年年底前收回他們所居之屋地，酌情給予補償，並指定城外狗蝨嶺為重新建房的地段。當時城內住戶多是貧苦人家，重建住房困難很大，他們又明白所住地方一直歸中國管轄，所以他們便向當時的中央和廣東省政府求援。中國五省外交特派員甘介侯依據條約和英國政府交涉，英方才取消原議。1936年12月29日，香港英國當局督拆城內門牌第25號民屋，中國外交當局向英國駐華大使提出嚴重抗議，同時與英國駐廣州總領事費理伯（Herbert Phillips）進行交涉。但香港英國當局仍於1940年強行拆遷，全城住戶五十餘家住房幾乎一掃而光。

日本投降以後，許多居民回到九龍城內，搭建臨時房屋作為棲身之處。當時廣東新安縣已改為寶安縣。寶安縣報請中國外交部、內務部同意，準備在九龍城恢復設治。香港政府聞訊後，竟於1947年11月27日發佈通令，限城內居民在兩星期內將所建木屋自行拆毀。中國外交部兩廣特派員

17　*Hong Kong Government Gazette*, 20 February 1900.

郭德華立即對此提出異議。1948年1月5日及6日兩天，香港警察強行拆毀城內民房74間。居民代表朱沛唐、劉毅夫阻止拆屋遭到逮捕。1月12日警察再度進入城寨拆房，與當地居民發生衝突。他們竟開槍射擊，打傷居民張忠武等六人。中國政府提出強烈抗議，並多次與英方交涉解決辦法，但最終還是不了了之。

1960年5月，香港英國當局發表了《九龍東北部發展草圖計劃》，把九龍城寨列入其計劃範圍之內，當地居民紛紛對此表示反對，並向香港城市設計委員會提出抗議。1962年3月至1963年1月，香港政府徙置事務處人員多次進入九龍城寨，張貼徙置通告，派發「徙置通知書」和「拆遷通知書」，試圖拆遷房屋近二百間，涉及居民二千餘人。當地居民拒絕接受派發的通知書，組織「九龍城寨居民聯合反對拆遷委員會」，抗議香港英國當局侵犯中國主權、損害當地居民切身利益的作法。1963年1月1日，中華人民共和國外交部西歐司副司長宋之光召見英國駐華代辦賈維（T. W. Garvey），對香港英國當局強迫拆遷的行動，表示嚴重關切，並要其轉達香港英國當局慎重考慮它所採取的行動。1月17日，外交部向英國政府提出嚴重抗議，鄭重指出九龍城寨是中國的領土，管轄權屬於中國，歷史上一向如此。要求英國政府責成香港英國當局立即撤銷拆遷九龍城寨的決定，並停止任何有關拆遷的行動。

1984年12月19日，中英兩國簽署了關於香港問題的聯合聲明。中國恢復對整個香港地區行使主權的問題得到解決，中國恢復對九龍城的管轄權就更不成其問題了。在新的歷史背景下，香港政府提出準備清拆九龍城寨，並耗資數十億在原址上興建公園，城內四、五萬居民將獲賠償安置。經過一段時間討論，中英雙方達成一致意見。1995年年底，在九龍城舊址，一座具有中國園林風格的九龍城寨公園落成開放，九龍巡檢司衙署作為歷史的見證，仍然矗立在原處。

第三章

十九世紀政法制度

《英王制誥》和《王室訓令》

第一任香港總督璞鼎查

1895年，域多利監獄內放風的囚犯。

早年的香港警察

第一節　政治體制

從十七世紀開始，英國在對外擴張的過程中，佔據了大批的殖民地。據統計，1899年英國的殖民地人口有3.09億，土地面積達930萬平方英里。每天無論什麼時候，總有一部分英國殖民地處在陽光的照耀之下，因而英國有「日不落國」之稱。

英國的殖民地制度有直轄殖民地、自治殖民地等。因為華人佔香港居民的絕大多數，英國政府擔心少數英國人難以控制他們，便在香港採用了權力集中、控制嚴密的直轄殖民地制度。但是，英國在香港設立的「殖民地」不屬於通常的殖民地範圍，因為香港並不是一個國家，而是外國統治下的中國領土。

香港總督的職權與特點

1843年4月5日，維多利亞女王頒佈了《英王制誥》（*Letters Patent*, 即「香港憲章」），宣佈設置「香港殖民地」，確定了香港的地位和政權性質。與此相關，《英王制誥》規定派駐香港總督，授予其廣泛的統治權力，主要包括：（1）港督有諮詢立法局後制定香港法律和法例的全權。（2）港督有權召開行政局會議，後者的任務是提供諮詢，協助港督制定政策。（3）港督有執掌和使用香港殖民地公章的全權。（4）港督有代表英王授予私人或團體土地的全權。（5）港督有權委任按察司及太平紳士。（6）港督有將任何香港官員停職之權。（7）港督有權赦免罪犯或減刑。（8）港督有權豁免50鎊以下之罰金。（9）香港所有文武官員和居民都應服從港督。[1]

1　*British Parliamentary Papers, China 24, Correspondence, Dispatches, Reports, Ordinances, Memoranda, and Other papers relating to the Affairs of Hong Kong, 1846—1860*, Shannon: Irish University Press, 1971, pp. 230—232.

　　《英王制誥》規定了英國政府及香港總督統治香港的權限，對設立行政局、立法局也作了原則規定。

　　《王室訓令》（*Royal Instructions*）是1843年4月6日以英王名義頒發給第一任港督璞鼎查的指示，主要涉及行政局和立法局的組成、權力和運作程式，以及港督在兩局的地位和作用，議員的任免，如何作出決議和制定法律等。[2]《王室訓令》是對《英王制誥》的補充，二者具有同等效力。

　　根據上述兩個命令，香港總督作為英國國王派駐香港的代表，擁有極大的權力。香港所有的官吏、軍民等都要服從他的管轄。他是行政局和立法局的當然主席。立法局通過的法案必須經過總督同意才能成為法律。他擁有香港三軍總司令的名義。此外，還有任命法官和其他政府官員、頒佈特赦令等權力。英國學者邁樂文（N. J. Miners）在《香港的政府與政治》一書中曾說：「港督的法定權力達到這樣的程度：如果他願意行使自己的全部權力的話，他可以使自己成為一個小小的獨裁者。」[3]

　　但是，我們應該看到，香港總督只能在英國政府規定的範圍內，為維護英國的殖民利益而行使他的權力。《英王制誥》規定英國政府有權刪改廢除或制定香港法律。按照政制的規定，香港政府的任何行動，均須由英國政府有關的大臣向英國國會負責。英國有關的大臣擁有向港督發號施令的權力。香港的對外關係也由英國政府直接負責。港督任命官員須經英國政府認可。港督要向英國政府報告工作，重大問題要向英國政府請示。港督處理問題時也要考慮公眾輿論（主要是英商和華人上層人士的意見），避免因公眾強烈不滿招致英國政府調查和議會質詢。

　　1843年，璞鼎查擔任第一任香港總督。早期香港總督兼任駐華全權代表和商務監督，受殖民部和外交部雙重管轄。從1859年開始，香港總督才專一

2　C. O. 381/35, pp. 17—52.

3　N. J. Miners, *The Government and Politics of Hong Kong,* Hong Kong: Oxford University Press, 1981, p. 77.

管理香港事務。

最早的四名港督——璞鼎查（Henry Pottinger）、德庇時（John F. Davis）、文翰（George Bonham）和包令（John Bowring）有若干共同特點：

第一、他們無例外地同時兼任駐華全權代表和商務監督，把對華事務當作他們的首要任務。例如，璞鼎查在簽訂中英《南京條約》後，又逼簽《中英五口通商章程》和《虎門條約》，從清政府得到許多新的權益。德庇時為廣州入城問題長期糾纏，1847年悍然帶領海陸軍從香港闖入珠江，炮轟沿江炮台，強迫著英接受了他的要求。文翰於1853年前往南京訪問太平軍，「提醒」他們尊重英國在華的條約利益。包令於1854年向清政府提出全面修約的要求，企圖實現中國全境開放通商和鴉片貿易「合法化」；1856年更製造「亞羅」號事件，挑起第二次鴉片戰爭。

第二、保護鴉片走私是他們的一項重要任務。大鴉片商馬地臣（James Matheson）曾寫道：璞鼎查發表了一篇措詞激烈的反對鴉片走私的公告，只是說給英國的聖徒們聽的。他從未打算照公告辦事。他允許把鴉片運到岸上並存放在香港。[4]德庇時更公開在港島實行鴉片專賣制，以增加港府的財政收入。

早期歷任香港總督無不推行種族歧視政策。到第八任港督軒尼詩（John Pope Hennessy），港英統治華人的方式才發生重大變化。軒尼詩本人有濃厚的自由主義和人道主義思想，又看到華商力量的崛起，因而堅持「把華人作為夥伴對待」，主張給華人以較合理的待遇。

行政局和立法局

行政局（Executive Council, 舊譯「議政局」）和立法局（Legislative Council,

---

4 James Pope Hennessy, *Half—Crown Colony: a Hong Kong Notebook*, London: Jonathan Cape, 1969, p. 32.

舊譯「定例局」）是香港總督的高級諮詢機構，1844年開始進行工作。

　　行政局的主要任務是就各種重大決策向港督提供意見，並具有某種立法職能。新的法令要先經行政局審查，批准草案後再交立法局討論通過。該局聚集了港英最高層行政官員，可以說是協助港督決策的總參謀部。行政局每週開會一次，禁止旁聽，會議事項也是保密的，但有些決定可以向外界公佈。

　　港督主持行政局會議。港督因故不能出席會議時，由他指定的當然官守議員代為主持。港督在行使《英王制誥》賦予的權力時，應就一切事項徵詢行政局的意見，但急事、瑣事或極端機密的事情除外。只有港督有權直接向行政局提出議題。若議員提出議題，需事前向港督提出書面請求，徵得港督同意。港督不贊成全體或多數議員對某事的意見時，他有權按照自己的主張行事，但應將詳情記入會議記事錄，行政局每隔半年將記事錄送呈國務大臣審閱。

　　行政局議員分為當然官守議員、委任官守議員和非官守議員。為了便於港督集權，在行政局成立的最初30年，僅有三名官守議員。

　　立法局的任務是協助港督制定法律和管理政府的財政開支。港督對法律的制定有決定性的影響。《王室訓令》規定，港督作為立法局主席，投票表決時除擁有本身的一票外，在贊成票和反對票相等時，有權再投決定性的一票（Casting Vote），以保證自己的意圖得到貫徹。即使立法局全體議員一致反對，他照樣可以按照自己的意願制定和頒佈法令。除了必須得到英國政府贊同以外，港督的立法權不會受到任何限制。

　　立法局制定的法律，通稱為「條例」（Ordinances，十九世紀時譯作「法例」）。《王室訓令》第25條規定，所有條例均冠以「香港總督參照立法局之意見並經該局同意而制定」的字樣。通常一項法案需要一個月左右或更長時間經過「三讀」才能完成立法程式。

　　立法局議員也分為當然官守議員、委任官守議員和非官守議員三類，總數多於行政局議員。早年立法局實際開始工作時，由香港總督、英軍司

令和首席裁判司三人組成，與行政局實際是同一班人馬，兩塊招牌。在英商的一再要求下，經英國政府同意，港督文翰於1850年6月任命怡和洋行股東大衛・查頓（David Jardine）和哲美森洋行老闆埃傑爾（J. F. Edger）為立法局議員。這是香港立法局設立非官守議員的開端。

佔香港人口絕大多數的華人長期被排斥在立法局大門之外。1855年，港督包令主張部分非官守議員由選舉產生。候選人必須是英國人，但每年向政府交租稅10英鎊的有產者不分種族均享有選舉權。如此溫和的改革方案，也遭到英國政府拒絕。殖民地大臣拉布謝爾（H. Labouchere）竟說華人「非常缺乏最基本的道德要素」，拒絕給任何華人選舉權。[5]

1870年代，香港華商在轉口貿易等方面已成為一支不可輕視的力量。他們從1878年即提出參政要求，上書港督說，香港華人在人數上以10：1的比例超過了外國人，納稅金額也遠遠超過了外國人，應該允許華人參與管理公共事務。[6]後來，港督軒尼詩利用立法局議員吉布（H. B. Gibb）請假返回英國養病這一時機，提議讓華人律師伍廷芳暫時佔據立法局的這個席位。他還建議改組立法局，使伍廷芳能夠比較長期地擔任立法局議員。殖民地大臣比奇（M. H. Beach）只同意伍廷芳擔任立法局臨時代理議員（任期不超過三年），不同意他擔任常任議員。他說，如果立法局研究機密問題，伍廷芳在場諸多不便。[7]1880年1月19日，香港政府發佈公告，宣佈伍敍（伍廷芳）暫行代理吉布為立法局議員，伍廷芳因而成為香港第一位華人非官守議員。此後，黃勝、何啟、韋玉相繼成為立法局議員。但到1895年為止，

5　Labouchere to Bowring, 29 July 1856, in *British Parliamentary Papers, China 24, Correspondence, Dispatches, Reports, Ordinances, Memoranda, and Other papers relating to the Affairs of Hong Kong, 1846—1860*, Shannon: Irish University Press, 1971, pp. 200—201.

6　Petition from Leading Chinese of Hong Kong Recommending Appointment of Ng as Member of Legislative Council, October 1878, C. O. 129/187, p. 57.

7　G. B. Endacott, *Government and people in Hong Kong, 1841—1962: a constitutional history*, Hong Kong: Hong Kong University Press, 1964, p. 94.

華人在立法局只有象徵性的一個席位，1896年才增至兩個席位。

香港政府的重要官員

1843年《英王制誥》頒佈以後，香港政府先後設置了各種職官。據1845年1月的《中國叢報》記載，當時香港政府的官員在總督之下，有副總督、總督私人秘書、按察司、律政司（即檢察長）、高等法院登記官、高等法院翻譯官、輔政司、庫務司（Colonial Treasurer, 即司庫）、考數司（Auditor General, 即審計長）、總巡理府、駐赤柱助理巡理府、總測量官（Surveyor General）、船政廳兼海事法院法官、華民政務司（Registrar General）兼稅務官、總醫官（Colonial Surgeon, 舊譯「國家大醫師」）及驛務司（即郵政局長）等。[8]總巡理府一職於1862年廢除，改設地位相同的巡理府數人。此外，1845年設置了警察司，1856年設置視學官，1863年設置域多利監獄典獄長（Superintendent of Victoria Gaol），1883年設置潔淨局，1886年設置進出口局（the Import and Export Department）。十九世紀末英國租借「新界」後，在當地設置了理民官（District Officer）。

1843年《英王制誥》規定，如港督死亡、離港或由於其他原因不能行使職權時，由副總督代理；如尚未任命副總督，則由輔政司代行總督職權（代理總督被稱為Administrator, 即護督）。香港第一任副總督是駐港英軍司令德忌笠少將（Major-General G. C. D'Aguilar）。以後歷任副總督一般由駐港英軍司令兼任。當時香港是英國在遠東的重要軍事基地，因而駐港英軍司令有很高的地位。1902年英日同盟成立後，香港的軍事價值不如從前，駐港英軍司令的作用不如從前，於是副總督一職不再設置。

輔政司是港督在行政管理方面的主要助手，也是全體文職人員的首

8　Chinese Repository, Vol.14, No. 1（January 1845), pp. 13—14; 1913 年華民政務司的英文名稱改為 Secretary for Chinese Affairs。

腦。早期香港的輔政司素質不高。例如，1846年出任輔政司的威廉‧堅（W. Caine）是一個大肆索賄受賄的貪官。又如馬撒爾（W. T. Mercer）是利用裙帶關係於1854年爬上輔政司職位的。他於1857年返英休假時，推薦他的密友、腐敗份子布烈治（W. T. Bridges）任代理輔政司。1860年代港英當局開始實行名為「官學生計劃」的文官銓選制度，此後輔政司的水準逐漸提高，在政府中發揮的作用越來越大。各政府部門的工作均由輔政司監督和協調。從1860年代起，港督離職時多指定輔政司任護督。這曾引起副總督的不滿。1902年以後，港督出缺時由輔政司代行職權已成為不易之規。

華民政務司一職設於1844年，最初其主要任務是負責全港人口登記。1846年末，香港立法局通過該年第7號法例，授予華民政務司以撫華道、太平紳士和兼任警察司等頭銜，並規定他有權隨時進入一切華人住宅和船艇進行搜查。[9]從此，香港華人便處於華民政務司兼撫華道的全面監控之下。早期香港華民政務司素質低劣，高和爾（D. R. Caldwell）是一個突出的典型。他利用職權胡作非為，聲名狼藉。1858年，香港律政司安士迪（T. C. Anstey）曾對高和爾提出指控，列舉了19條罪狀，其中包括自營娼業、私通海盜、坐地分贓、貪污受賄、迫害無辜等。[10]1860年代以後，華民政務司大都由官學生出身的官員擔任，情況與高和爾有所不同，但所屬中下級官員仍然腐敗不堪。

9　W. Tarrant, *Digest and Index of All the Ordinances of the Hong Kong Government to the Close of 1849*, Hong Kong: Noronha, 1850, pp. 135—139.

10　J. W. Norton-Kyshe, *The History of the Laws and Cowts of Hong Kong*. Vol. 1, Hong Kong: Noronna, 1898, p. 504..

第二節　法律體制

香港法律的依據與特點

香港長期處於英國的殖民統治之下，英國統治者掌握了香港的司法權。香港法律基本上照搬英國模式，屬於普通法法系。香港的成文法包括三個部分：一是英國政府為香港制定的法律，二是適用於香港的英國本土法律，三是港英當局制定的法例。

香港的「憲法」性文件由英國政府制定和頒佈。基本的「憲法」性文件是：1843年4月5日關於設立香港殖民地的《英王制誥》和《王室訓令》，1860年10月24日關於將九龍併入香港殖民地的樞密院命令，以及1898年10月20日關於把新界併入香港殖民地的樞密院命令。其中《英王制誥》最為重要。在法律方面，《英王制誥》規定英國政府有權刪改、廢除或制定香港法律。

香港立法局通過的1845年第6號法例規定，英國法律除對香港不適合者以外，在本殖民地均有充分效力；同時規定香港高等法院的辦案制度全部以英國法院為藍本。

除成文法以外，判例也是香港法律的重要來源。「遵循先例」的原則是普通法系的著名特點。依據這一原則，較高一級法院以往所作的判決構成先例，對下級法院處理類似案件具有絕對的約束力。英國樞密院司法委員會是香港的終審法院。因此，樞密院的判例，香港法院在審理同類案件時必須遵循。香港高等法院的判例，對巡理府法院也具有約束力。

早期香港的法律有以下幾個特點：

第一，重視經濟立法。為了適應商業發展的需要，早在1850—1860年代，香港政府便制定了一系列經濟法規，例如1854年的《市場條例》、1856年的《購買地產條例》、1860年的《銀行票據及詐騙法修正條例》、《受託

人欺詐治罪條例》、1862年的《本港發明創造專利條例》、1863年的《防止假冒商品條例》、1864年的《破產條例》、《動產抵押條例》、《商貿修正條例》、1865年的《偽造貨幣治罪條例》等等。這些法例反映了香港這一商業社會的資本主義性質，對香港經濟的發展具有促進作用。

第二，一些明顯的犯罪行為，不但不被視為有罪，反而得到法律的庇護。例如香港立法局曾經明文規定：凡是按章出錢，從官方取得熬製、出售鴉片煙膏許可證者，便可合法地經營鴉片生意。又如，凡按章向當局繳費和登記的妓院，均被視為合法經營。麥當奴（Richard Graves MacDonnell）任港督期間，開設賭館也是合法的。

第三，一些法例明顯歧視華人。例如1888年的《管理華人法例》明文規定，撫華道有權隨時傳訊任何華人房東和房客；華人除婚喪大事外，逢年過節也不准在大街上吹奏樂器或列隊行走；華人未經撫華道批准，不得公演任何中國戲劇或張貼海報；華人晚上上街必須提燈，無通行證的華人晚間不准出門；未經港督許可，華人不得參加或舉行任何公共集會，等等。在司法實踐中，採用雙重標準，即使觸犯了法律，對不同種族的人處罰也不公平。例如，1850年英人斯蒂爾（Steele）持刀傷人，香港高等法院僅判處他監禁一年，「而在同一個刑事庭上，一名華人卻因類似罪行被判處15年流放」。[11]

第四，通過頒佈法例強化殖民壓迫，宵禁就是其中一例。1842年10月，港英當局宣佈禁止華人晚上11點後上街。1844年再宣佈華人晚上11點以前出門，要提一個有店舖或自己名字的燈籠。第二次鴉片戰爭期間，香港總督包令於1857年1月6日頒佈法例，宣佈每晚8時至次日黎明前，任何華人若被發現處於其住所之外又未攜帶通行證，會受到罰款、拘役、鞭笞、帶枷示眾等方式的懲處。在同一時間內，巡邏兵在室外發現任何華人，若有理由

11　J. W. Norton-Kyshe, *The History of the Laws and Courts of Hong Kong*, Vol. 1, Hong Kong: Noronha, 1898, pp. 276, 289.

懷疑其圖謀不軌，該人又對盤查不加理會或拒絕回答，有權將其擊斃。宵禁制度在香港延續五十多年之久，直到1897年6月才宣告廢止。

第五，用「華律」治華人。1841年2月1日，即英國武力佔領香港島以後的第六天，英國駐華商務監督義律和遠東艦隊司令伯麥聯名發佈通告，宣稱對島上的中國居民，將按照中國法律和風俗習慣治理。

英國殖民者一向指責中國法律「野蠻」、「殘酷」，並以此作為向清政府勒索治外法權的藉口。因此他們聲稱用「華律」治華人，並非是尊重中國法律和風俗習慣的表現，更非要改變英國法律至高無上的地位，而是試圖在東方封建專制的基礎上建立西方殖民統治。1845年3月，香港總督德庇時的一封信暴露了他們的真實意圖。他寫道：按照英國法律或習慣對中國罪犯從寬處理，只會招致他們的嘲笑。看來需要採取他們所習慣的懲罰方式，按照中國刑法統治他們。[12]英國殖民者用「華律」治華人，就是採用鞭笞、戴木枷、站木籠等野蠻手段對付華人。英國佔領香港島初期，幾乎每天都有公開鞭笞華人的事情發生。這種現象，直到軒尼詩擔任港督期間才逐漸停止。

法院的設立

1841年1月英軍侵佔香港島以後，港英當局即設置了巡理府法院（Chief Magistrate's Court）。這個法院主要是為了審理香港華人的案件而設。4月30日，英軍第26步兵團上尉威廉‧堅（W. Caine）出任總巡理府。他「除了軍法以外，什麼法律都不懂」，並以對華人濫施酷刑而聞名。

1843年1月，英國女王維多利亞一世決定將駐華刑事和海事法院遷到香港，負責審理港島、中國大陸和沿海100英里範圍內英國臣民的刑事案件。

12　Davis to Stanley, 8 March 1845, C. O. 129/11, pp. 157—158.

這是英國政府根據中英不平等條約在中國確立治外法權制度的開端。1844年3月4日，該法院開始工作，由港督兼駐華商務監璞鼎查和副港督德忌笠擔任法官，但僅開庭過一次。

1844年8月21日，香港立法局頒佈1844年第15號法例，宣佈設立香港高等法院並撤銷駐華刑事和海事法院。10月1日，香港高等法院正式成立，休姆（J. W. Hulme）擔任正按察司（Chief Justice, 即首席大法官）。1873年起，高等法院增設陪席按察司（Puisne Judge）一名，作為正按察司的副手。

香港高等法院作為港島最高的司法機關，負責審理當地一切重要案件。同時，在英國統治香港初期，中國大陸各通商口岸較重要的英僑案件，由該地英國領事初審後，提交香港高等法院審判定案。因此，它一度成為英國在遠東的司法中心。

香港高等法院成立後，原來的巡理府法院仍然存在，負責審理較輕微的刑事案件。

監獄

為了強化殖民統治，港英當局早在1841年就在港島興建了一座花崗岩監獄——域多利監獄。這是香港開埠初期最早以耐久物料建造的建築物。初期香港的監獄實行嚴格的種族主義制度。華囚和外國囚犯分開監禁。平均每個外國囚犯所佔的囚房面積比華囚大四、五倍。在監獄中，華人會隨時遭受鞭打。例如，1860年6月，一名華囚因病不能做工，竟遭鞭笞，並罰以單獨監禁，口糧減半，結果慘死獄中。

在麥當奴任港督期間，虐待華囚到了登峰造極的地步。他提出所謂威懾政策，大規模地對華囚實行放逐並在耳朵上刺劍形標誌，減少華囚每日口糧，大大加強華囚勞動強度，同時更廣泛地實行鞭刑，以九尾鞭代替藤鞭。堅尼地（Arthur E. Kennedy）任港督後，繼續奉行麥當奴的政策。這十餘年是香港鞭刑最盛的時期。

　　由於濫捕華人的現象十分嚴重，造成監獄擁擠不堪。港督德輔（William Des Voeux）在回憶錄中曾說，域多利監獄異常擁擠，一間十分狹小的單人牢房經常關兩個人。[13]

　　白人囚犯在一切方面都享受優待，連伙食也有不同的標準。香港監獄獄規十分嚴酷，但有些英國囚犯卻不必遵守。例如，1863年4月代理典獄長賴亞爾（Ryall）舉行婚禮，罪犯斯坦福（Stanford）竟身穿晚禮服前往赴宴，飲酒作樂通宵達旦。這與獄中華囚的處境形成了鮮明的對照。

第三節　警務體制

　　1829年英國政府在倫敦首先建立警察機構，其總部設在「蘇格蘭場」，後來這個地名變成了倫敦警察廳刑事調查部的代稱。香港警察制度在許多方面效法英國警察，部分重要的警察官員來自倫敦警察廳。

　　英國佔領香港島初期，在當地實行軍事管制。1841年4月威廉‧堅出任總巡理府時，香港尚無警察，只能從軍隊中借調一批士兵維持秩序。1843年，威廉‧堅幾經努力才招募到28名警察。早年這些香港警察身着綠色制服，當地華人稱他們為「綠衣」，也稱「差人」。他們多是品行不端被淘汰的英印士兵和水手，或是流竄於太平洋各碼頭的無業遊民。

　　1845年春，香港政府聘請倫敦警官查爾斯‧梅（Charles May）來港主持警務。他來港後着手增加警察，到1849年，全港共有警察128人。這批警察由英警、印警和華警組成。英警被港英當局視為香港警察的「精英」，他們生活標準高，費用大，但不熟悉當地的風俗民情和語言。印警「尊重歐

13　Des Voeux, *My Colonial Service in British Guiana, St. Lucia, Trinidad, Fiji, Australia, Newfoundland, and Hong Kong with Interludes,* London: John Murray, 1903, p. 202.

洲人」，服從英國人指揮，被認為基本可靠，但據說他們缺乏「機智」。華警沒有語言障礙，熟悉當地風俗民情，但港英當局對他們的「忠誠」不夠放心。

以上三部分警察皆由警察司指派英國警官統領。英警地位最高，印警次之，華警地位最低。在武器裝備方面，英印警察皆可攜帶槍支，早期華警只攜帶一根木棍。三部分警察的物質待遇也高低懸殊。以1865年的人均年工資為例，英國警佐為432元，警察為312元；印度警佐為240元，警察為156元；華人警佐為144元，警察為88元。[14]

早期香港警察有如下一些特點：

第一，威懾和管制廣大華人是早期香港警察的主要職能。與這一職能相適應，香港警隊成立之初就有一定的軍事性。他們經常荷槍實彈，其模式類似英帝國在愛爾蘭設立的武裝保安隊，與一般的英國警察有所不同。

第二，香港警察的編制擴充特別迅速，按其與所轄人口及土地面積的比例來說規模特別龐大。1871年，香港總商會在給殖民地大臣金伯利（Earl of Kimberley）的信中說：「本殖民地擁有一支在人數上比任何一個大小相等的英國殖民地都多的警力。」[15]

第三，早期香港警察的素質極其低劣，為非作歹，腐敗不堪。

香港首任警察司查理斯·梅就是一個腐敗份子。1858年8月，港督包令曾向英國政府報告說，查理斯·梅唯利是圖，「靠做房地產投機生意及其他來源賺了一大筆錢」。他甚至敢在靠近警察署的地方開設妓院。香港政

---

14 'Colonial Estimates—Hong Kong: Expenditure Detailed, 1865', in *British Parliamentary Papers, China 25, Correspondence, Dispatches, Reports, Returns, Memorials, and Other Papers Relating to the Affairs of Hong Kong, 1862—81*, Shannon: Irish University Press, 1971, p. 93.

15 'The humble Memorial of the undersigned Members of the Hong Kong General Chamber of Commerce To the Right Honourable the Earl of Kimberly, Her Majesty's Principal Secretary of State for the Colonies', 10 January 1871, in *British Parliamentary Papers, China 25, Correspondence, Dispatches, Reports, Returns, Memorials, and Other Papers Relating to the Affairs of Hong Kong, 1862—81*, Shannon: Irish University Press, 1971, p. 348.

府為了保持體面，不得不出面干涉，「他才十分勉強地停止不幹」。[16]這樣一個貪官，非但未受任何懲處，反而得到重用，連續擔任警察司16年，後又升任巡理府達17年之久。

警察索賄受賄的現象司空見慣。最普通的勒索方式是藉故逮捕無辜平民，搶走他們的財物，拘留數日，然後宣佈釋放。從妓女身上榨財也是警察慣用的手段。向妓女非法徵收所謂特別費，幾乎成了他們一項重要的固定收入。不少警察甚至借查暗娼之名，蹂躪那些不幸墮入火坑的婦女。據統計，1869年染上性病的警察佔全港警察總數的16.66％，1870年佔13.75％；同期患性病的士兵佔香港英軍總數的6.83％和5.51％。[17]

有些警察實際上就是穿制服的匪徒。例如，1856年2月香港商業區大火，80幢房屋化為灰燼，七人喪生，千百人流離失所。警察非但不奮力救火，反而趁火打劫。動手搶劫的大部是印警，也有歐警。諾頓—凱希在《香港法律與法院史》一書中就此事寫道：「警察在這次火災中的行為實在可悲，揭發出的罪行，證明這一信念是正確的：乾脆沒有警察，倒比現在有警察要好些。」「警力亟需改革，不能設想還有比香港警察更壞的警察。」[18]

1897年6月2日在香港破獲了一起私開賭博大案，貪污受賄的警察達128人之多，包括一名代理副警察司，13名英國警官、38名印警和76名華警。1898年諾頓—凱希在《香港法律與法院史》一書中寫道：「警察隊幾乎已腐朽到百孔千瘡的程度，受賄之風不僅在低級警員中十分猖獗，而且有些警

16　G. B. Endacott, *A biographical Sketchbook of Early Hong Kong*, Singapore: Eastern Universities Press, 1962, p. 103.

17　'Report of the Colonial Surgeon for the year 1870', in *British Parliamentary Papers, China 26, Correspondence, Annual Reports, Conventions, and Other Papers Relating to the Affairs of Hong Kong, 1882—99*, Shannon: Irish University Press, 1971, p. 533.

18　J. W. Norton-Kyshe, *The History of the Laws and Courts of Hong Kong*, Vol. 1, Hong Kong: Noronha, 1898, pp. 376, 381.

官和警佐長期以來一直接受賭館老闆的金錢。」[19]

　　然而，早年就是這樣一支警隊在維持治安，掌握着處置成千上萬華人居民的權力。根據1845年12月香港立法局通過的《治安法例》，警察有權隨時搜查一切華人住宅並逮捕他們認為不良的華人。該法例還規定：如華人「無事而扣他人門戶或按門鈴」、「賽會擅自打鑼吹筒或放花炮」、「夜間無事雲集多人」，以及僕役不服從僱主命令等，均由警察捉拿問罪。

19　J. W. Norton-Kyshe, *The History of the Laws and Courts of Hong Kong*, Vol. 2, Hong Kong: Noronha, 1898, pp. 496—497.

第四章

十九世紀香港經濟

停泊在香港附近海域的英國鴉片躉船（十九世紀）

在香港等候出洋的華工

THE HONGKONG GOVERNMENT GAZETTE, 11TH JUNE, 1881.　425

was justified in recommending the Queen
...oint a Chinese member on the Legislative
...il in a Colony where so much of the com-
... life is conducted by the Chinese—where
...althiest merchants are Chinese—where the
...e possess so much property—where they
...e permanent inhabitants, and where nine-
...of the Government revenues are contributed
...n. We have, I am happy to say, a repre-
...re here of the old house of TURNER & Co.,
...epresentative of the great house of JARDINE,
...son & Co.,—and the official members of the
..., they also represent something more than
...vernment; so that, as far as this body is
...ed, it has, I think, every requisite a legis-
...ody should possess for the proper conduct
...c business. And that is one reason why
...d the progress this Colony has made as
... and safe. It has not been the doing of
...man. It has been brought about, in fact,
...community, and under the watchful eye
...gislature of the Colony.

本部堂奏請　皇后恩准立一華人爲定例局紳
諒必無有能謂非出大公至富者因本港貿易屬
華人者不少港內殷商巨賈亦是華人況本港產
業原係華人所有久居港地者無非都是華人且
本港國餉華人所輸十居其九幸本局內亦有歷
年久經開創洋行之人卽丹拿公司者亦有大有
聲名之洋行之人卽渣甸洋行者其餘本局一切
局員所係居官者亦不獨代國家辦事已也故本
局制度安立規條使定例局得所當需者以便辦
公布香港漸與之事照本部堂意見乃自然而來者
其穩固也亦職是之故按此事非一人能使之然
其興旺亦實嘗使之然而亦未始不由定例局慎
於衞護使之然也

港督軒尼詩在立法局的演說詞：「本港國餉，華人所輸，十居其九。」（見圖右第五行首句）

建於1886年的滙豐銀行總行

第一節　英佔初期經濟

維多利亞城的興建

　　鴉片戰爭前夕的香港社會，以自然經濟為基礎。港島居民大多以捕魚、採石、農耕為業。英國佔領港島後，決定在港島北部建立城市。1841年6月，港英當局正式宣佈香港為自由港，並首次以拍賣方式出讓港島北部濱海土地的使用權。實力雄厚的英資怡和洋行（Jardine, Matheson & Co.）、琳賽洋行（Lindsay & Co., 亦稱廣隆洋行）、顛地洋行（Dent & Co., 亦稱寶順洋行）和丹拿洋行（Turner & Co.）等紛紛來此承投，置地建屋。這標誌着香港城市建設的開始。

　　1842年2月英國駐華商務監督署自澳門遷入香港，旋即成立專門機構，開展土地測量與城市規劃工作。規劃初期，着眼於保障港英軍政用地和商業用地，對急劇增加的人口（特別是西商）所需的住宅用地，也比較重視。建設的重點是港島北部沿海狹長地帶的東區、中區和西區。東區是商船停泊和商業相對集中之區。西區（西營盤）和中區（中環）是行政、司法機關和兵房所在地。貫通東西兩端、具有軍事和經濟價值的第一條濱海馬路，即皇后大道（Queen's Road），1842年完成。港島西北部兵房（今西營盤）和中部維多利亞兵房（在今花園道以東山坡上）之間，另有一條山間道路（即今荷李活道，Hollywood Road）相通。連結太平山上下這兩條道路的雲咸街（Wyndham St.）於1842年開通。同年，修築了由黃泥涌至筲箕灣的道路。1843年6月這個被稱為「女王城」的新城鎮，正式命名為維多利亞城（Victoria City）。

　　與此同時，港英當局加築環島道路，並在赤柱、香港仔（Aberdeen）、柴灣（Chai Wan）等處修建了兵房。環島道路的開通，密切了港島北部與南部的關係，加強了維多利亞城作為全島行政、商業和軍事中心的地位。

1850年代，為適應人口增長與經濟發展的需要，一批新的市政和公共工程，如鑿井供水、鋪設排水管道、安裝煤油街燈等陸續完成。1858年設置太平山、上環、中環、下環四個街市。1860年開築太平山街、正街、第二街、西邊街、東邊街、西營盤、山頂道等街道，並在文咸街修建儲水塔。此外，還增設了官立醫院與學校。至此，維多利亞城已略具雛形。

一般商業貿易的發展

香港島幅員狹小，自然資源貧乏，居民所需食糧和其他生活必需品大多仰賴外地供應。但香港地近廣州，海港優良，是西方各國商品進入中國市場的理想通道。根據上述特點和條件，英國在佔領港島之初，將香港闢為自由港，興辦轉口貿易，很快收到了實效。據統計，1843年已有22家英國商行、6家印度商行和一批來自新南威爾士的商人在港島落戶。1848年在香港結關的外貿商船共700艘，總噸位228,818噸，比1842年分別增加84％與68％。[1]其中，英國的商船數和噸位數均居首位，美國、西班牙、印度次之。

建港初期，運入香港的貨物有鴉片、百貨、棉花、棉紗、茶葉、絲綢、大米、鹽、糖、煤炭、木材等。其中，印度的鴉片、棉花和英國的百貨絕大部分轉銷中國內地。來自內地的茶葉、絲綢和土產品主要銷往英國和印度。各種大宗商業交易均掌握在洋行特別是怡和、顛地和美國的旗昌（Russell & Co.）等幾家大洋行手中。

在此期間，香港內銷市場活躍。1842年，太平山、上環和西營盤一帶有華人開設的店舖、攤位238處，在中環皇后大道今閣麟街（Cochrane St.）一帶形成了一個攤販雲集的交易中心——中央市場。1844年4月，華人商舖增至581

1　*British Parliamentary Papers*, Vol. 31: 1852, London: Government of Great Britain, pp. 296—297.

處。[2]經營者大多本小利微，與壟斷對華進出口貿易的洋行不可同日而語。

1850年代，內地大批居民特別是珠江三角洲和潮洲一帶的行商、買辦、地主和其他殷實之家，因躲避戰亂紛紛來港創業，給香港經濟以「決定性的推動」。同時，鴉片走私和苦力貿易帶動了航運、造船、貨棧、客店、飲食和金融等業的發展。新設的店舖、商號如雨後春筍。溝通長江南北和中美、中澳貿易的華人商行南北行、金山莊乘時而起，1860年達77家，比1858年增長逾一倍。[3]1858年，外國在華主要商行，紛紛來港設立總部，策劃對中國和其他各處的貿易業務。[4]香港政府的歲入迅速增長，1860年達94,183英鎊，創有史以來最高記錄，首次真正實現了財政自給有餘。[5]

同時，轉口貿易獲得顯著進展。1860年進出香港的外貿船舶2,888艘，總噸1,555,645噸，分別為1850年的2.2倍與4.2倍。中國內地進口貨值的四分之一與出口貨值的三分之一由香港周轉資金，並通過香港進行分配。[6]香港已取代廣州成為中國南方地區進出口貨物的集散中心，初步奠定了轉口貿易港的基礎。

輪船運輸業的興起

航運與貿易融合，大洋行擁有船舶、兼營航運業，是1840—1850年代香港航運業的顯著特點。積極參與對華貿易是其最重要的業務。經營的重點

2　*Friend of China and Hong Kong Gazette*, 24 March 1842; C. O. 131/1, Hong Kong Blue Book, 1844, pp. 101—102.

3　*Hong Kong Government Gazette*, Vol. 4, No. 198, 1859, p. 172; Vol. 6 No. 7, 1860, p. 29; Vol. 7, No. 6, 1861, p. 25.

4　*British Parliamentary Papers*, Vol. 44: 1861, London: Government of Great Britain, p. 262.

5　*British Parliamentary Papers*, Vol. 40: 1861, London: Government of Great Britain, p. 283; *British Parliamentary Papers*, Vol. 36: 1862, London: Government of Great Britain, p. 270 .

6　H. B. Morse, *The Trade and Administration of China*, Shanghai: Kelly and Walsh, 1913, p. 268.

是穗港和港滬兩線，目標是開闢廣州、福州、廈門、寧波、上海通商五口之間的航道，為開展埠際貿易，拓展中國市場鋪平道路。

　　早期的香港水上運輸、包括近海與遠洋航運，依靠帆船。直到1850年代末，帆船航運在船隻數與噸位數方面仍領先於輪船運輸業。

　　香港輪船運輸業始於1840年代的穗港和港澳兩線。1846年2月，英國「海盜」號（Corsair）汽輪由香港駛抵廣州，這是外國輪船闖入中國領水開設定期航線之始。[7]1848年10月，顛地、怡和、丹拿等洋行合資組建外國在港第一家輪船公司——省港快輪公司（Hong Kong and Canton Steam Pocket Co., 又稱省港小輪公司），遣輪定期往來於穗港兩地。1854年後，穗港間帆船運輸業受太平天國運動影響，陷於停頓，外輪乘機陸續加入穗港線，其中著名的有英商大英火輪船公司（即半島東方輪船公司，俗稱鐵行火船公司，The Peninsular and Oriental S.N.Co., 簡稱P.& O.）、孻乜洋行（Lyall, Still & Co.）、美商瓊記洋行（Augustine Heard & Co.）和旗昌洋行所屬的輪船。

　　與此同時，香港與中國沿海其他口岸及遠洋各國的輪船航線陸續開通，出現了輪船與帆船爭勝的局面。1845年8月，大英火輪船公司的郵輪由英國駛抵香港，從此開闢了歐、亞間第一條定期航線。1849年，大英火輪船公司開闢港滬航線，並在中途口岸福州、廈門及汕頭等地吐納客、貨。1852年，增設香港與加爾各答之間的定期航班。[8]香港於是成了由歐洲東來的外國輪船進入中國沿海各口岸的中繼站。直到1860年代，這家公司在經營中外航運業方面一直居於壟斷地位。繼大英火輪船公司之後，1850年代在港滬間從事定期或不定期航行的還有旗昌洋行（1855年始，至上海）、顛地洋行（1855年，上海）、怡和洋行（1855年，上海）、德商禮臣洋行（Siemssen

7　E. K. Haviland, 'Early Steam Navigation in China. Hong Kong and the Canton River', in *American Neptune*, Vol. 19, No. 1, pp. 6—8.

8　E. K. Haviland, 'Early Steam Navigation in China. Hong Kong and the Canton River', in *American Neptune*, Vol. 19, No. 1, pp. 6—8.

& Co., 1857年，廈門、汕頭）和畢洋行（John Burd & Co., 1857年，福州）的輪船。[9]它們既互相競爭，又相互聯繫，各自為擴大本國在中國沿海的航運業、排擠中國帆船業，積累了資本和經驗。至1850年代末，香港已成為中國南方地區的航運中心，與上海南北並列。

近代金融業的開創

銀行金融與貿易相輔相成。起初，轉口貿易中大部分金融業務，由洋行控制；隨着經貿的增長和金融周轉業務的擴大，專營金融業務的機構——銀行便應運而生。1845年4月，總行設在倫敦的金寶銀行（Oriental Banking Corporation, 上海稱之為麗如銀行，俗稱東方銀行）在香港設立分行。這是香港設立商業銀行之始。接着，又有英資有利銀行（Chartered Merchantile Bank of India, London and China, 1857年）、呵加剌銀行（Agra and United Service Bank, 1858年）及渣打銀行（Chartered Bank of India, Australia and China, 亦稱麥加利銀行，1859年）相繼在香港設立分支機構。金寶銀行以鴉片押匯為主要業務。渣打銀行主要經營中、英、印三角匯兌，為印度的棉花商、鴉片商融通資金，提供方便。金寶銀行、渣打銀行分別於1845年和1862年獲准在香港發行鈔票。流通於香港、廣州的第一批外國紙幣就是它們發行的。

英國佔領香港之初，並無獨立的完整貨幣制度。由商人帶來的各種鑄幣，皆可在香港流通使用。由於幣制過雜，兌換費時，流弊甚多。為使貨幣制度標準化，1845年5月港英當局宣佈以英鎊為記賬單位，實行金本位制，以英國本土通用的貨幣為香港法定貨幣。當時對華貿易居香港轉口貿易的首位，香港商人將香港與中國內地視為一個經濟整體，習慣於按中國

9　Kwang Ching Liu, *Anglo-American Steamship Rivalry in China, 1862—1874*, Cambridge: Harvard University Press, 1962, p. 158.

的貨幣制度進行交易，對金本位並不歡迎。1862年7月，英國政府承認現實，決定從即日起放棄金本位制，改以元幣為記賬單位，並以墨西哥銀元作為法幣。香港幣制遂改行銀本位制。這實際上是使香港幣制與中國幣制保持一致。

鴉片走私暢通無阻

鴉片是早年香港進出口的最大宗。1847年由帆船運送出口的鴉片值約佔當年出口總值的86.5％。[10]1845至1849年，從印度輸出的鴉片約有四分之三先貯存於香港，後分銷至中國沿海各地。[11]同期從印度經由香港輸入中國的鴉片年平均39,000箱，大大超過了鴉片戰爭前。1855至1859年，年平均增至68,500箱，達到第一個高峰。[12]香港成為對華鴉片貿易的轉運中心，這個地位前後保持了四十餘年之久，使中國蒙受了難以估計的損害。

鴉片走私是早期香港西商的主要業務。1844年港督德庇時承認：「幾乎所有擁有資本的非官方人士都從事鴉片貿易。」[13]1840—1850年代，總部設在香港、從事這項貿易的洋行，主要有怡和、顛地、太平（Gilman & Co.）、琳賽、薀乜、瓊記、沙遜（Sassoon & Co.）等十餘家，其中以怡和、顛地兩家規模最大。1850年前，中國沿海的鴉片市場幾乎由這兩家分享。1850年大英火輪船公司將裝運鴉片的業務擴展到中國沿海各地，打破了這一壟斷局面。[14]

10　G. B. Endacott, *A History of Hong Kong,* Hong Kong: Oxford University Press, 1973, p. 75.

11　A Very Interesting Paper on The Prospects of The Colony Drawn Up By Mitchell and Calls Attention to It as Containing Much Valuable Information, 28 December 1850, C. O. 129/34, pp. 310—371.

12　A. J. Sargent, *Anglo—Chinese Commerce and Diplomacy*, Oxford: Clarendon Press, 1907, p. 132.

13　Davis to Stanley, 13 May 1844, C. O. 129/6, p. 4.

14　Edward Le Fevour, *Western Enterprise in Late Ching China. A Selective Survey of Jardine, Matheson & Company's Operations, 1842—1895*, Cambridge: East Asian Research Center, Harvard University, 1970, p. 9.

鴉片走私貿易利潤豐厚，是西商積累資本的重要支柱。以怡和洋行為例，據1847年估計，該行股東在以往的二十多年中分享了300萬英鎊的利潤，其中大部分是在1837—1847年十年間積累的。[15]1850—1860年代怡和自行投資的鴉片貿易，年平均利潤率約為15％，代理業務的利潤率為4％。[16]怡和洋行把這些利潤用於維持鴉片貿易，並投資絲茶貿易、航運、造船、碼頭、貨棧、保險、匯兌及放款等業務，迅速成為英國在遠東最大的商行。由於財大勢雄，怡和洋行被時人視為「洋行之王」。

鴉片貿易是印英殖民政府財政收入重要而又可靠的來源。據統計，鴉片收入在印度歲入中的比重，1840—1841年為4.19％，1857—1858年為18.7％，1859—1860年為13.05％，[17]佔有舉足輕重的地位。

鴉片貿易也是英國對華經濟關係中的一個最重要的因素，不僅「它所運用的資金比英國對華貿易中的任何一個部門的資金都要多」，[18]而且是英國彌補對華貿易逆差的主要手段。例如，1854—1858年，英國對華貿易逆差的88.4％靠輸華鴉片抵補。[19]同時，對華鴉片貿易吸取了中國大量白銀。據估計，1841—1860年從中國運往印度的白銀，每年不少於200萬英鎊。[20]

香港政府也從鴉片貿易中獲得了巨大收益。英國佔領香港島後不久，為增加歲入，即允准港英當局制定法例，在當地實行鴉片專賣，為吸毒

15　R. M. Martin, *China Political, Commercial and Social*, Vol. 2, London: Madden, 1847, p. 258.

16　Edward Le Fevour, *Western Enterprise in Late Ching China. A Selective Survey of Jardine, Matheson & Company's Operations, 1842—1895*, Cambridge: East Asian Research Center Harvard University, 1970, p. 29.

17　F. S. Turner, *British Opium Policy and its Results to India and China*, London: Sampson Low, Marston, Searle, & Rivington, 1876, pp. 306—308.

18　*British Parliamentary Papers, China 40, Statistical Returns, Accounts and Other Papers Respecting the Trade between Great Britain and China*, Shannon: Irish University Press, 1971, p. 719.

19　*British Parliamentary Papers, Opium Commission: First Report of the Royal Commission on Opium, Vol. 1*, London: H.M. Stationery Office, 1894, p. 123.

20　A. J. Sargent, *Anglo-Chinese Commerce and Diplomacy*, Oxford: Clarendon Press, 1907, p. 141.

販毒者提供法律保護，並假手鴉片包稅商向鴉片消費者徵收鴉片稅。據統計，1845年鴉片稅收約佔香港歲入的10.8％；1858年為7.2％；1859年為9％，[21]最高時佔歲入的46.5％（1918年），[22]成為香港財政的重要支柱。

港英當局為實現一己私利，以擴大鴉片貿易為要務。[23]他們允許各國鴉片走私船在香港註冊，發給航行執照，准其懸掛英國旗幟，直至武裝販運。這是香港鴉片走私暢通無阻的主要原因。

苦力貿易的盛行

苦力貿易即販運華工出洋，是推動近代香港經濟特別是航運業發展的重要因素。從1840年代後期起，香港便是與澳門齊名的苦力貿易中心。早期從香港販運出洋的華工，以赴北美加利福尼亞充當淘金苦力者為多。[24]其次是去澳大利亞，[25]他們主要是在金礦做工。此外，也有由香港運送西印度群島、南美和東南亞等地的種植場作苦力的。

從香港赴美的苦力，絕大部分是來自廣東四邑（台山、新會、開平和恩平）的賒單工（「賒單」係粵語，英文叫Credit Ticket System, 意為賒欠船票制）。他們因家貧，所需船票通常由招工經紀人墊付，到達目的地後以勞動所得加利償還（月利率有時高達5％），[26]有的需另付5％至15％的佣

21　Hong Kong Opium Revenue from 1848 to 1882, C. O. 129/207, p. 557; C. O. 133, Hong Kong Blue Book, 1844—1860.

22　N. J. Miners, *Hong Kong Under Imperial Rule, 1912—1941*, Hong Kong: Oxford University Press, 1987, p. 232.

23　S. F. Wright, *China's Struggle for Tariff Autonomy*, Shanghai: Kelly & Walsh, 1938, p. 301.

24　J. Davids (ed.), *The American Diplomatic and Public Papers: The United States and China, Series II* , Wilmington: Scholary Resocuces, 1979, p. 1.

25　Sing-Wu Wang, *The Organization of Chinese Emigration, 1848—1888*, San Francisco: Chinese Materials Center, 1978, pp. 173, 367.

26　陳翰笙主編：《華工出國史料彙編》，第 3 輯，北京：中華書局，1981 年，頁 256。

金，[27]還清為止。賒單工沒有明文的勞務契約，名義上是「自由移民」，但在債務償清前，要聽從債權人的驅使，其地位與沒有人身自由的契約苦力並無根本區別。

香港不僅是重要的苦力貿易輸出港，而且是各國苦力船進行維修、改裝設備和補充給養的基地。香港船舶修理、食品加工、飲食等業，無不從中大獲其利。同時，苦力貿易帶動了對海外華人社區的貿易。以供應舊金山市華人生活必需品為主要業務的金山莊便是由此產生的。

1850年代，香港因苦力出洋，客運異常興隆。[28]從香港或澳門駛往美國太平洋沿岸的苦力船，每人運費成本不足五元，而每張船票的售價為55元，盈利率高達十倍。[29]承運華工出洋成了航運界獲利最多的行業。[30]苦力船最初由英國壟斷，1850年代美國成為英國同業的主要競爭對手。一些外國商行通過運送苦力出洋不斷積累資金，擴大自己的航運業務。

由於追逐客運利潤，各航運業主之間競爭激烈。逾額超載和扣減糧食、飲用水是他們的不二法門。在漫長的航程中，華工整日囚於艙底，飲水、食品不足，空氣污濁，缺醫少藥，過着非人生活。很多人沒有到達目的地，便葬身大海，成了水上冤魂。據統計，1848—1857年的十年間，由香港運抵古巴的中國苦力，平均死亡率為14％，最高時達45％。[31]人稱苦力船為海上「浮動地獄」，可謂名副其實。

27　Kil Young Zo, *Chinese Emigration into the United States, 1850—1880*, New York : Arno Press, 1978, p. 96.

28　*British Parliamentary Papers, Vol. 43: 1857—1858*, London: Government of Great Britain, p. 588—589; Sing-Wu Wang, *The Organization of Chinese Emigration, 1848—1888*, San Francisco: Chinese Materials Center, 1978, p. 166.

29　C. Denby, *China and Her People*, Vol. 2, Boston, [Mass.] : L.C. Page, 1906, p. 110.

30　W. F. Mayer, N. B. Dennys and Chas. King, *The Treaty Ports of China and Japan*, London: Trubner, 1867, p. 67.

31　H. B. Morse, *The International Relations of The Chinese Empire*, Vol. 2, London; New York: Longmans, Green, 1911, p. 171.

　　西方殖民者奴役華工的罪惡行徑，激起中國人民的強烈反感。英國擔心繼續進行苦力貿易會引起騷動，危及對華「鴉片貿易和一般商務的巨大利益」，[32]於是決定加以適當管理。為此，1854年4月，香港政府任命了移民官；8月，英國議會通過《中國乘客法》，對中國乘客的住宿空間、糧、水供應標準及醫療條件等作了具體規定。[33]1858年7月，英國議會通過《中國乘客法》修正案，規定英國船載運中國乘客只限於前往英國屬地。[34]此後，契約華工出洋業務大部分轉向澳門。至於賒單工出洋，香港政府從未加以限制。據香港移民官報告，1855—1867年間，華人從香港絡繹出洋的共147,763人，內赴加利福尼亞的62,000人，赴澳大利亞的62,147人。[35]足見香港是英美苦力貿易的大本營。

第二節　經濟的發展與轉口港地位的確立

　　第二次鴉片戰爭以後，香港憑藉其優越的地理位置和得天獨厚的深水海港，利用中國開放更多通商口岸和國際交通、電訊事業發生巨大變革的有利條件，始終不渝地貫徹實施自由港政策，努力經營，進一步密切了與世界各地的聯繫，增強了自身的經濟實力。到十九世紀末，已成為英帝國範圍內僅次於倫敦、利物浦的三大商港之一，牢固地確立了轉口貿易港的地位。

32　W. C. Costin, *Great Britain and China, 1833—1860*, Oxford: Clarendon Press, 1937, pp. 171—172.

33　P. C. Campell, *Chinese Coolie Emigration to Countries Within the British Empire*, London: P. C.&King, 1923, p. 115.

34　*British Parliamentary Papers,* Vol. 1: 1857—1858, London: Government of Great Britain, pp. 333—336.

35　Sing-Wu Wang, *The Organization of Chinese Emigration, 1848—1888*, San Francisco: Chinese Materials Center, 1978, p. 128.

輪船運輸業的蓬勃發展

1840—1850年代，在中國沿海及香港水域航行的輪船不多，但增長迅速。第二次鴉片戰爭後，外國獲得了經營中國沿海航運業的特權，一批洋行以此為契機，將積累的財富轉向航運業和造船業，香港輪船業隨之進入蓬勃發展的時期。其主要標誌和突出特點是輪船取代帆船成為水上運輸的主要工具，航運與貿易分離，獲得獨立經營地位，並形成了壟斷性的運輸公司。在內河及近海航運方面，1863年英商德忌利士公司（Douglas Lapraik & Co.）開闢了香港、汕頭、廈門、福州間定期航班。1865年10月，由德忌利士公司、瓊記洋行等創辦的省港澳火船公司（Hong Kong Canton & Macao Steamboat Co.），專營穗港澳航線，在珠江下游航運中確立了壟斷地位。1897年西江開放後，這家公司又捷足先登，開闢了廣州—梧州航班。接着，太古（Butterfield & Swire Co.）、怡和洋行的輪船也加入航行，並共同開設梧州—香港直達航班。

同時，遠洋航運亦有新的進展。1862年，法國火船公司（Service Maritime des Messageries Imperiales, Marseilles）來華開業，首航香港及上海。翌年開闢歐亞定期航線，增設香港與英屬北婆羅洲間的航班，並有輪船在中國沿海口岸常川往來。1866年，美國太平洋郵船公司（The Pacific Mail Steamship Co.）在香港和上海設代理行。次年1月，開闢了舊金山市與香港之間的第一條定期輪船航線。在美國政府的資助下，該公司除載貨外，還載運華工赴美。

1869年蘇伊士運河建成通航，縮短了倫敦與香港、上海間的航線，運價大幅下降，促進了各國的對華貿易與航運業。至中日甲午戰爭前夕，在香港經營的以中國口岸為主要目的地的遠洋輪船公司或代理行，為數在十家以上。經營者主要是英國人，美、法、德、意、日等國的商人次之，彼此競爭激烈。航線有歐洲線、北美線、南洋線、澳洲線、印度線、菲律賓線、新加坡線、海防線、曼谷線、日本線等。其中資本雄厚，最具競爭力

的有太古輪船公司（The China Navigation Co., Ltd., 亦稱中國航業公司）、怡和輪船公司（Indo-China Steam Navigation Co.）和德忌利士輪船公司（Douglas Steamship Co., Ltd.）。

此外，尚有一些外國航運公司如東方澳洲輪船公司（The Eastern and Australian Steamship Co.）、意大利郵船公司（Lloyd Triestino）、北德意志公司（The Nord-Deutscher Lloyd）、加拿大昌興輪船公司（Canadian Pacific Railway Co.& Steamship Co.）、日本郵船株式會社等，將其業務擴展至香港，或在經營對華航運時以香港為其中途站或主要停泊點，從而開闢了各自國家與香港間的航線。

1873年，中國輪船招商局（China Merchant's Steam Navigation Co.）在香港設立分局，1874年加入省港澳航線，1879年曾經營遠洋航運，遣輪至菲律賓、南洋群島、海防等地。因無力與外輪競爭，至1893年所有外海航線全部停駛。1894年，在港澳間常川往來的華商小輪僅七艘，實力遠遜於外商。

甲午戰爭後日本在遠東迅速崛起。日本郵船株式會社、大阪商船株式會社及東洋汽船株式會社以新割佔的台灣為基地，增闢中國華南沿海、北美等航線，均以香港為其主要停泊點或發船地，至十九世紀末二十世紀初，日本在遠東已擁有僅次於英國的航運實力。緊隨其後的是德國。如德國亨寶輪船公司（Hamburg-Amercika Linie）在香港設有分號，其實力可與日本同業相匹敵。1895年在香港成立的德商捷成洋行（Jebsen & Co.）經營遠東航運。香港以西經瓊州、北海至越南海防的航線為其一手控制。

至十九世紀末，香港已成為聯結中國江海並溝通外洋的海上交通樞紐，在區域性經營中佔有特殊地位。

金融業的勃興

早期香港金融業，主要由銀行、銀號、保險業與當押業組成。進入1860年代，香港銀行業的創建進入高潮。至1865年香港上海滙豐銀行（Hong

Kong & Shanghai Banking Corporation）成立，已有11家銀行開業，其中除法蘭西銀行（Comptoir D'Escompte de Paris, 1860）係法國資本外，其餘均屬英資。它們以經營國際匯兌為主要業務。1865年3月成立的滙豐銀行，是總行設在香港的第一家外國銀行。同年4月，在香港和上海兩地同時開業。1866年獲准在香港註冊，正式成立公司組織，並取得貨幣發行權。初時，滙豐銀行的股東有英、美、德及波斯等國的商人。未幾，其他國家人士退出，遂成為英商獨資銀行。由於獲得香港政府的支持，不僅年年獲利，而且很快在中國福州、寧波、漢口、汕頭設立了分理處或分行。

　　1870年代初，國際交通和電訊事業的發展，密切了香港與世界各地的聯繫，引起了中西貿易傳統方式和商業技術的變革。洋行兼營金融業務的階段逐漸成為過去，香港銀行業邁上了穩步發展的道路。滙豐銀行發展尤為迅速，1881—1890年間兩度增加投資，並在中國廈門（1873年）、煙台（1876年）、九江（1879年）、廣州（1880年）、北海（1880年）、天津（1881年）、澳門（1881年）、淡水（1886年）、北京（1889年）、牛莊（1892年）、基隆（1894年）等地設立了分支機構，初步奠定了在中國金融市場的主宰地位。

　　十九至二十世紀之交，隨着經濟的增長與國際競爭的加劇，香港一些成立較早的銀行如金寶[36]、法蘭西銀行[37]、呵加剌銀行因經營不善，宣告倒閉。另一方面，又有幾家新的銀行，如總行設在巴黎的法國東方匯理銀行（Banque de I'Indo-Chine, 1895年）、總行設在紐約的美國萬國寶通銀行（International Banking Corporation, 亦稱花旗銀行，1902年）和日本橫濱正金銀行（Yokohama Specie Bank Ltd., 1893年）等來港開業。這些後來者雖多數屬於商辦性質，但都力圖與中國建立直接的金融聯繫、擺脫英國資本的

36　1884年5月金寶銀行宣告停業清理，半年後曾以新麗如銀行（亦稱泰豐銀行）之名再度成立，但時隔八年，又宣告倒閉。

37　1889年法蘭西銀行宣佈改組，1896年為東方匯理銀行所取代。

控制，為推進本國在中國的貿易服務。

　　香港是自由港，實行匯兌自由，有利於吸引國際資金，但本港的國際匯兌業幾乎全由英資銀行（最初是洋行）所控制。從1870年代初起，中國銀兩的匯價因受國際市場銀價持續下降的影響開始急劇下降。由於英鎊是當時國際間的清算貨幣，這就為外國銀行首先是滙豐銀行操縱中國外匯市場提供了有利條件。1870年代後，隨着轉口貿易的增長及出洋華工的增多，匯兌業務擴大，外國銀行直接插足華僑匯款領域。1870年代中期起，滙豐銀行在南洋及美洲設立分支機構，目的之一就是企圖包攬海外華人對國內的匯款業務。

　　在存放款方面，1870年代前，銀行一般不招攬活期存款。1870年代起，各行以吸收存款為首要任務，存款額有較大增長。[38]除低利吸收存款外，滙豐銀行還充當香港政府的公庫，代存代發公務員的薪俸、士兵及海員的餉銀。這是滙豐銀行勝過同業的優勢所在。存、儲款的增多，為銀行放款業務提供了資金來源。1870年代後銀行放款的增長幾乎與存款的增長同步，對扶持中小洋行參與轉口貿易的作用巨大。但銀行對華商實行抵押貨款制，條件苛刻。

　　除商業放款外，還實行政治性放款，即對清政府貸款。1874年滙豐銀行對福建的200萬両台防借款，是該行對中國政府貸款之始。據統計，1880年代初至甲午戰爭前15年間清政府的22筆對外借款中，英國包攬了18筆，其中單是滙豐銀行一家就承攬了14筆，借款額佔總數的68％。[39]這些借款以中國海關關稅作擔保。英國銀行不僅收取高額利息，而且借此加強了對清政府的財政控制。

38　G. B. Endacott (ed.), *An Eastern Entrepot, A Collection of Documents Illustrating the History of Hong Kong*, London : H.M. Stationery Office, 1964, p. 153.

39　徐義生：《中國近代外債史統計資料（1853—1927）》，北京：中華書局，1962年，頁 6—10。

　　與外資銀行並存的銀號，則是早期華人經營的重要金融中介機構。它們大部分為來自廣東南海、順德、四邑、潮汕等地的人開設，以經營匯兌、存放款、小規模廠商的資金融通及貨幣兌換為主要業務，性質與內地的錢莊大體相同。銀號資本額少，通常依靠外國銀行拆放資金，雙方由此建立了較多的業務關係。

　　保險行是非銀行的金融中介機構中最重要的一員。1860年代前香港保險業（港人稱保險行為「燕梳行」，「燕梳」是英文「Insurance」的音譯）主要由一些英國大洋行如顛地、怡和、太平、仁記（Gibb, Livingston & Co.）等兼營或代理。隨着轉口貿易與航運的發展，1860年代起逐漸成為單獨經營的專業機構。按業務範圍，有水險、火險之別。資本雄厚、歷史悠久的有於仁洋面保安行（Union Insurance Society of Canton）、香港火燭保險公司（Hong Kong Fire Insurance Co., Ltd.）、諫當保險行（Canton Insurance Office）和中華火燭保險行（China Fire Insurance Co., Ltd.）。它們開設的分號或代理處遍及中國各通商口岸，並遠至日本、印度、澳洲、美洲及英國等地。日趨興旺的保險業，有效地減少了貿易和航運的風險，為香港航運業與轉口貿易提供了有力的保護。

　　1877年，何亞美、李陞等集資創辦安泰保險有限公司，是香港華人創辦保險行之始。此後，華商萬安保險公司、全安火燭保險公司、宜安洋面兼火燭保險公司及福安公司等相繼成立，它們的規模和整體實力難與英資同業相匹敵。

　　1840年代初，港島已有當押行開業。由於這一行業與一般居民生活關係密切，發展迅速。除實物當押的門市生意外，有些當押行暗中從事存放款業務。當押行同銀行、銀號往往建立借款、轉押關係，形成高利貸網。

　　香港的幣制順應商貿的發展逐步進行了改革。1862年7月起香港實行銀本位。次年4月，在倫敦定鑄香港一毫銀幣、一仙及一文銅幣，投入流通。1866年5月，英國皇家造幣廠香港分廠（香港鑄錢局）在銅鑼灣落成，開始鑄造銀元和輔幣。造幣廠因入不敷出，虧損過巨，於1868年6月關閉。1872

年港英當局特准滙豐銀行發行一元紙幣，與一元銀幣等值流通使用。

為統一幣制，1895年2月港英當局奉命宣佈，以墨西哥銀元、英國銀幣及香港銀幣為香港法定通用貨幣，同時委託印度鑄幣廠鑄造英國貿易銀元（俗稱香港銀元），運港作為通貨。滙豐銀行發行的一元紙幣旋即收回。嗣後，渣打銀行、滙豐銀行與有利銀行分別於1897、1898和1911年奉准繼續發行紙幣，在香港流通。

商業貿易的增長

十九世紀下半葉，香港商業貿易獲得長足發展。但由於受世界經濟形勢和整個國際環境的制約，經濟時有波動。

1860年代，英國由於割佔九龍半島南端，完全控制了港九間的維多利亞海港，進一步確立了轉口港的地理優勢；同時，中英、中法《天津條約》簽署後，中國沿海和長江沿岸增開了十多個通商口岸，為香港開闢了更廣闊的市場。因此，香港對內地的貿易呈不斷增長之勢。

進入1870年代，由於科學技術的進步，國際交通和電訊事業的發展，貿易週期縮短，資金周轉加快，香港作為遠東的海上交通樞紐，在國際貿易體系中的地位益見重要，轉口貿易獲得明顯的進展。但1873—1875年間香港受世界經濟危機的影響，經濟蕭條，諾頓公司（Norton & Lyall Co.）、瓊記洋行等老洋行宣告破產，1974年滙豐銀行甚至宣佈付不出紅利。

1880—1890年代，除1880年代少數幾年因匯率漲落不定，投機盛行，經濟一度不振外，其餘年份發展趨勢平穩。以香港對華轉口貿易為例，1880年中國內地進口貨值的37.1％和出口貨值的21.3％由香港轉運。1885年，上述比重分別上升為39.5％和24.4％；1890年，分別為56％和37.8％。[40]香港在

40　姚賢鎬：《中國近代對外貿易史資料（1840—1895）》，第 3 冊，北京：中華書局，1962 年，頁 1597。

中國外貿總額中的比重明顯增加。1898年，在香港結關的外貿船舶共1.1萬艘，總噸位計1,325.2萬噸，比1860年分別增長3.8倍與8.5倍。[41]英國在香港轉口貿易中仍佔優勢，但所佔比重有所下降。[42]它表明香港轉口貿易對英國的依賴性已經減少，其服務對象趨向國際化。

這一時期的轉口貿易，照習慣分為遠洋、中國沿海、內河（珠江）及帆船貿易四類。進出口的商品，主要是中國農副產品（如絲、茶、大豆、植物油、煙草、皮革、羊毛等）、特產（如瓷器）及中國需要的工業品（如棉紡織品、石油、水泥、鉛、鐵等）。大部分進口貨物用於轉口。鴉片仍是進出口貨物的大宗，但工業製品所佔的比重已增大，本地也有部分工業品如紙張、蔗糖、水泥、纜繩出口，這是與1840—1850年代的商品結構不同之處。中國內地是香港最大的出口市場。由於貿易不平衡，香港對內地年年巨額出超。香港可供出口的本地產品甚少，因此，這種出超實際上是西方國家的對華貿易出超。[43]但香港處於居間地位，從中獲益匪淺。

華人經濟迅速增長，到1870年代末1880年代初，在商業、轉口貿易和房地產業方面已擁有不容忽視的實力，這是本期香港經濟的重要特點。據統計，1876年香港繳納房地捐（俗稱差餉）最多的20人中，西商佔12人，華人僅8人；1881年年納房地捐最多的20人中，華人增至17人，西商僅怡和洋行等3家。[44]1880年港督軒尼詩報告說：香港最大的業主是華人，香港外國銀行發行的通貨極大部分掌握在華人手中，港府稅收的90％由華人負擔。[45]著

41　*Historical and statistical abstract of the Colony of Hong Kong, 1841—1930*, Hong Kong: Noronha & Co., Govt. Printers, 1932, pp. 4—5.

42　G. B. Endacott, *A History of Hong Kong*, Hong Kong: Oxford University Press, 1985, p. 254.

43　楊端六、侯厚培等：《六十五年來中國國際貿易統計》，南京：中央研究院社會科學出版社，1930 年，表 15；何炳賢：《中國的國際貿易（上冊）》，北京：商務印書館，1973 年，頁 18—21；何炳賢：《中國的國際貿易（下冊）》，北京：商務印書館，1973 年，頁 797—799。

44　*Hong Kong Government Gazette*, Vol. 28, No. 9, 1882, p. 241.

45　Hennessy to Kimberley, 9 July 1881, C. O. 129/184, p. 33.

名學者王韜也說，「昔之華商多仰西人之鼻息」，「近十年以來，華商之利日贏，而西商之利有所旁分矣」；「凡昔日西商所經營而擘畫者，今華商漸起而預其間」。[46]足見華商在香港經濟生活中的作用愈來愈大。

面對激烈的競爭，從1870年代起一些號稱「商業大王」的大洋行不得不考慮調整經營方針和發展方向，開拓新的領域，把業務重點從產品交易逐漸轉向航運、金融、工業以及服務性行業。到1880年代末，西商的投資結構發生明顯變化，生產性投資及借貸資本的輸出有較大增長，昔日的「商業大王」已轉變成新的財閥。這是十九世紀後期西商的一大特點。香港較大的企業，如造船、電力、煤氣、水泥、製糖等，都掌握在為數不足一打的大洋行手中。以怡和洋行為例，到十九世紀至二十世紀之交，與它有資本關係的企業已增到二十餘家，其活動範圍不僅包括流通領域的各個方面，而且涉及不動產與製造業。此外，怡和洋行還積極從事對華政府貨款。1884年中法戰爭前中國的一些大型借款，幾乎都是由它與滙豐銀行等貸放的。為加強對華鐵路實業貨款，1898年怡和洋行與滙豐銀行合組了中英公司（The British and Chinese Corporation）。

鴉片貿易與苦力移民出洋

1858年11月中英簽署《通商章程善後條約》後，對華鴉片貿易合法化，由印度經香港輸入中國的鴉片數劇增。據統計，1865—1886年的22年間，年平均達89,862擔，較1844—1856年的年平均數增加33,604擔，即增加近60％。[47]其中，按章由外輪運至中國各口完稅入關的約佔進口數的73.2％。在香港加工熬煮的約佔進口數的5％。其餘21.8％左右，皆不經海關、不納

46　王韜：《弢園文錄外編》，北京：中華書局，1959 年，頁 91—92。

47　姚賢鎬：《中國近代對外貿易史資料（1840—1895）》，第 2 冊，北京：中華書局，1962 年，頁 859；C. O. 133/2, C. O. 133/15；*Hong Kong Blue Book*, 1840—1895.

稅金，由民船、漁艇潛運中國東南沿海銷售。可見，香港仍是世界最大的鴉片轉運站和走私中心。

香港鴉片大量走私入境，引起中國政府的強烈不滿。中英雙方為此進行了長期談判，於1885年7月簽訂條約，規定鴉片每百斤箱納關稅銀30両，厘金銀80両，實行「稅厘並徵」。[48]1886年9月，雙方又簽署《管理香港洋藥事宜章程》，規定對抵港鴉片的起岸運載、存儲、互相移動或轉口必須實施全面監督。[49]次年，清政府在拱北與九龍設關收稅，香港的鴉片走私於是受到一定的限制。但上述章程將稽查鴉片出入境的權利授予香港鴉片包稅商，而對鴉片包商如何監督卻未作規定，鴉片包商於是獲得了向中國走私鴉片的空前有利的條件。他們經常把官方額定的在當地加工零銷的煙土，直接用於走私。1890年代，這種走私額約佔其加工限額的70％。[50]結果，鴉片商走私愈頻，得利愈大，港府從中獲益愈多。這是1886年後鴉片走私的新特點。據統計，1886年前的十年間，港府所獲鴉片包稅銀年平均為173,000元。1889—1900年的12年間，年平均增至364,000元，增幅逾一倍。[51]在香港歲入中所佔的比重平均在15％左右，最高時達23.9％（1890年）。這是港英當局不願也不能制止鴉片走私的根本原因。[52]

1860年10月，英、法通過《北京條約》率先獲得了在中國招工的權利，苦力貿易合法化，香港作為苦力轉運中心的地位更加突出。1860—1874年有

48　王鐵崖編：《中外舊約章彙編》，第1冊，北京：生活・讀書・新知三聯書店，1957年，頁471—473。

49　E.P. Hertslet, *Treaties between Great Britain and China; and between China and Foreign Powers*, Vol. 1, London: H.M. Stationery Office, 1908, pp. 90—91.

50　*Hong Kong Opium Farm*, China Imperial Maritime Customs V. Office Series: Customs Papers, no.56, pp. 2—3.

51　Hong Kong Opium Revenue from 1876 to 1890, C. O. 129/207, p. 557; C. O. 133, *Hong Kong Blue Book*, 1876—1890.

52　*Kowloon Customs, 14th September 1898*, China Imperial Maritime Customs V. Office Series: Customs Papers, no. 62, p.11.

190,058名華人由香港出洋，分途前往世界各地。其中赴美者112,362人，居首位。[53]1861—1872年間，從香港啟航的苦力船達426艘，其中英國179艘，佔42%；美國169艘，佔39.7%，其他各國的共78艘，佔18.3%。[54]除賒單工外，尚有一些美國公司和經營苦力貿易的西方商人，直接從香港「招募」契約華工出洋，[55]其性質與從澳門運至古巴、秘魯的華工並無不同。

這一時期，一些尚未與清政府締約的國家如秘魯、葡萄牙等國的招工機構因不能在中國公開招工，仍以澳門為其主要活動基地。[56]由於競爭的加劇，從澳門出洋的苦力船頻頻出事。迫於輿論的壓力，港英當局與澳葡當局相互指責對方從事的苦力貿易是不折不扣的奴隸貿易。[57]為維護自身的利益，1869年英國殖民地大臣格蘭維爾（Granville）下令禁止從香港載運中國契約移民「前往英屬殖民地以外的任何地方」。[58]1873年，港英當局又制定法律，對載運出洋移民的船舶，有所限制。同年12月，里斯本當局宣佈自翌年3月起停止澳門的苦力貿易。至此，苦力貿易名義上宣告結束。

1870年代中期後，經由香港湧向南洋的中國移民洪流逐步加大，以海峽殖民地為中心的「豬仔」（對赴南洋華工的誣稱）販賣達到高潮。華工赴美則在1882年美國實施排華律後基本中止。同時，從1850年代開始，海外華工回國的逐漸增多。據船政廳統計，1880—1899年間經香港出洋的中國「移民」累計1,252,507人，年平均62,625人。同期，有1,846,660人由國外取道香

53　可兒弘明：《近代中國的苦力與「豬花」》，東京：岩波書店，1979年，頁31。

54　陳翰笙主編：《華工出國史料彙編》，第4輯，北京：中華書局，1981年，頁533—540。

55　Gunther Barth, Bitter Strength, *A History of the Chinese in the United States, 1850—1870*, Cambridge, Mass.: Harvard University Press, 1964, pp. 192—193.

56　E. J. Eitel, *Europe in China, the History of Hong Kong from the Beginning to the Year 1882*, London: Kelly & Walsh, 1895, pp. 500—501.

57　陳翰笙主編：《華工出國史料彙編》，第2輯，北京：中華書局，1980年，頁445。

58　G. B. Endacott, *A History of Hong Kong*, Hong Kong: Oxford University Press, 1985, p. 197.

港回國，年平均92,333人。[59]香港作為中國移民巨流出入口的地位，一直延續至二十世紀。

　　香港從華工出洋的客運業中獲得了大筆無形貿易收入。客運促進了商業的發展，歸國移民每年攜帶上千萬元甚至更多的財富過境。[60]這是促使香港成長和繁榮的重要因素。

市政工程和社會基礎設施的擴建

　　港島平地甚少。1840—1850年代，市區集中在港島北岸背山面海的一條狹長地帶。隨着經濟的發展和人口的增長，城市用地日感不足。填海造地成為擴展市區的主要途徑。

　　香港填海初期，並無計劃。1850年代初，首次提出從海軍灣（Navy Bay, 即今卑路乍灣，Belcher Bay）到銅鑼灣（Causeway Bay）的填海計劃，收效顯著。1889年，香港政府開始實施中區填海計劃，工程西起西營盤屈地街（Whitty St.），東至中環的海軍船塢（Naval Dockyard），長2英里，寬250呎，面積65英畝，1904年竣工後，新的海旁大道命名為干諾道。至此，維多利亞城的西北地方基本定形，原來的海岸線北移。

　　英國佔領九龍後，參照港島經驗，也在當地拓展平地。1881—1883年在麥當奴道（MacDonnell Road, 今廣東道）以東、九龍角至海軍船塢（Naval Yard）一線填海，規模較大。十九世紀至二十世紀之交，完成了油麻地

59　可兒弘明：《近代中國的苦力與「豬花」》，頁 24。

60　G. B. Endacott, *A History of Hong Kong*, Hong Kong: Oxford University Press, 1985, p. 255; 另據澳大利亞海關報告，華人每年從澳洲帶回價值不下五萬英鎊的金砂，見 G. Seward, *Chinese Immigration in its Social and Economical Aspects*, New York: Charles Scribner's Sons, 1884, pp. 413—414; 又據報導，1867—1874 年由三藩市乘船返抵香港的華人中有 37,272 人攜帶價值達 32,486,160 元的貴金屬，見 C. Clementi, *The Chinese in British Guiana*, British Guiana: The Argosy Company Ltd., 1915, p. 252.

（Yau Ma Tei）、大角咀（Tai Kok Tsui）臨海地段的填海工程，西部海岸於是完全改觀。

道路與交通建設方面，十九世紀末，環島而行、長95英里寬75英尺的公路已在港島築成。同時，隨着市區的擴展，順山勢陡坡修築的街道不斷形成。在九龍，1865年動工修築羅便臣道（Robinson Road, 即今彌敦道，Nathan Road）和麥當奴道。油麻地、旺角（Mong Kok）和大角咀已有大道貫通，聯成一片。

聯結港、九兩地的水上交通，初時依靠風帆小艇，1870年代開始使用由蒸汽推動的渡海小輪。1880年代，由尖沙咀至港島中區已有定時的渡海小輪服務。1898年5月，九龍倉向九龍渡海小輪公司購下全部股權後，成立了天星小輪公司（Star Ferry Co., Ltd.），專營港、九輪渡服務，往來十分便捷。

此外，公用事業獲得了長足進步。例如，港島居民飲用水歷來依靠雨水和山泉。1851年市區鑿井取水。1863—1899年間由政府集資修築的薄扶林水塘、大潭水塘和黃泥涌水塘相繼建成。1891年，文咸道、亞畢諾道（Arbuthnot Road）、花園道三處安裝了機器水廠，引水上山，向山頂區供應自來水。至此，港島自來水供水系統初步建成。

城市照明與郵電通訊方面，1862年，英商在西營盤創辦香港中華煤氣公司（Hong Kong & China Gas Co.）。1865年元旦，維多利亞城400盞街燈開始用煤氣照明。1889年1月，香港第一家英資電力公司香港電燈有限公司（Hong Kong Electric Co.,Ltd.），在灣仔永豐街（Wing Fung St.）設發電廠，次年開始供電。1891年12月，已有600戶居民及75盞街燈使用電燈。

1842年4月，在花園道口開設了香港第一間郵局。由於航運發達，香港成了中國沿海郵件的集散中心。1862年12月正式發行香港郵票。1870年開辦郵政匯票。1870—1871年，丹麥的大北電報公司（Great Northern Telegraph）與英資大東電報公司（Eastern Extension, Australasia & China Telegraph Co., Ltd.）相繼在香港開業，建立了香港與歐亞各地的電訊聯繫。1886年9月，中國電報局與大東電報公司經營的港東水線相接，香港與中國

內地各城市電報局遂可互通電報。1881年，香港首次安裝電話。1886年，英國倫敦電話公司在香港設分支機構；開業不久，改組擴大為香港電話公司。香港郵政、電訊事業的發展，標誌着香港已躋身世界近代城市之列。

隨着航運與轉口貿易的發展，對碼頭、貨棧的需求逐漸增多。1871年8月，以灣仔碼頭、貨棧為基礎，成立了香港第一家「公倉」——香港碼頭貨倉公司（Hong Kong Wharf and Godown Co.）。1886年，這家公司與怡和洋行的埠頭倉棧（The Godown Co. and Jardine's Wharf）合併，成立香港九龍碼頭及貨倉公司（Hong Kong & Kowloon Wharf & Godown Co., Ltd.）經營碼頭堆疊及裝卸業務，其規模雄居同業之首。1895年，公司總部移置九龍。

除貨運碼頭外，香港還設有客運專用碼頭，如政府斥資修建的維多利亞碼頭（Victoria Pier），怡和等洋行在中環興建的天星碼頭，1900年啟用的卜公碼頭（Blake Pier）等。

為保證船舶夜航安全，1875—1876年先後在鶴咀、青洲和黑角頭三地建立導航燈塔各一座。1892年，港島東南橫瀾島上的燈塔啟用，天氣晴朗時視距達32海里。1883年，香港天文台在九龍落成。同年，在銅鑼灣建成面積約100英畝的避風塘，供小船避風之用。

港口和市政設施的增進，改善了投資環境與營業環境，有利於吸引外來投資，促進轉口貿易的發展。

近代工業的發軔

早期香港的經濟重心在轉口貿易。直接為航運業服務的造船和修船業發展較早較快，至1867年已建成五個乾船塢，分佈在香港仔和紅磡等處。[61]其中英資香港黃埔船塢公司（Hong Kong & Whampoa Dock Co.）實力最為

61　T. N. Chiu, *The Port of Hong Kong*, Hong Kong: Hong Kong University Press, 1973, p. 25.

雄厚。到1870年代初，它幾乎兼併了黃埔、港島和九龍的所有大型船塢，並擁有先進的船舶修理設備和較高的造船能力。十九世紀末，該公司擁有五個船塢，常年僱工3,500至4,150人，[62]在華南地區造船業中居壟斷地位。

加工工業是香港工業的另一重要部門，主要有煉糖、製冰、釀酒、捲煙等業。1878年怡和洋行開辦的中華火車糖局（China Sugar Refining Co., Ltd.）和太古洋行創建的太古糖房（Tai Koo Sugar Refining Co., Ltd.）規模較大，產品行銷中國、東南亞等地。

製造業以生產船具和建築材料為主，重要的廠家有：1883年在西灣開辦的香港纜公司，以馬尼拉蘇為原材料，產品可大量外銷，[63]1897年在九龍鶴園開設的青洲英坭公司（Green Island Cement Co., 該廠1889年創辦於澳門，稱青州紅毛坭有限公司），二十世紀初僱工多達2,000—3,000人，所產水泥除供香港軍民建築所需外，可大量出口。[64]

華人對製造業的投資起步較晚。1880—1890年代後期起建成投產的主要有：大成機器紙局（Aberdeen Paper Mills）和隆起（一作「隆記」）火柴公司。華人經營的船廠以1895年開辦的廣福祥機器船廠最有名。此外，尚有藝新機器廠、冠益食品公司、灣仔肥皂廠等。華資工業的規模、設備、技術力量均不及西商同類企業，在整個香港經濟中所佔比重不大，在競爭中處於不利地位。

港英當局對製造業起初並不重視。到1880年代末，隨着西方國家工業的迅猛發展，港英當局開始懂得香港的持久進步有賴於製造業的發展。1889年

62　*British Parliamentary Papers*, Vol. 45: 1901, London: Government of Great Britain, p. 342; Arnold Wright, *Twentieth Century Impressions of Hong Kong, Shanghai and Other Treaty Ports of China*, London: Lloyd's Greater Britain publishing co. ltd, 1908, p. 198.

63　Arnold Wright, *Twentieth Century Impressions of Hong Kong, Shanghai and Other Treaty Ports of China*, London: Lloyd's Greater Britain publishing co. ltd, 1908, p. 238；日本外務省通商局編：《香港事情》，啟成社 1917 年出版，頁 288。

64　Arnold Wright, *Twentieth Impressions of Hong Kong, Shanghai and Other Treaty Ports of China*, London: Lloyd's Greater Britain publishing co. ltd, 1908, p. 238.

港督德輔在給殖民地大臣努茨福特（Knutsford, Lord）的報告中承認：「製造業是香港未來最大進步的希望所在。」[65]1891年港督威廉・羅便臣也強調，香港應減少對貿易的依賴，而只有發展它自己的工業，方可獲得更多的獨立性。[66]

財政狀況的改善

在很長的歷史時期裏，香港政府的財政並不是獨立的，具有殖民地附屬財政的性質。一些重大的財政政策與財政預算案都必須呈交英國政府有關部門核准，然後才能付諸實施。

早期香港政府的主要收入來源有三項：一是土地交易收入（即土地發售及租金收入）。從1841年起，港英當局每年都要以拍賣方式批租土地，收益頗豐，一般佔香港歲入的20％以上。二是牌照規費與包稅收入。名目繁多，內以1845年起徵的鴉片稅收數額最大，是香港財政收入的重要支柱。三是差餉。這是向物業使用人徵收的一種間接稅，即房地捐，1845年起開徵。最初用於招募與擴充警力，維持治安，後亦用於支付消防、街燈、食水供應等項公共開支。此外，賭餉、罰沒收入、印花稅（1867年開徵）、關稅（香港是自由港，對進口商品一般不徵關稅，但酒類、煙草例外）等收入也佔有一定比例。

早期香港政府的財政支出，以行政管理（主要用於支付公務員薪俸）、警務、防務和公共工程（包括築路、填海造地、市政設施和水塘修築等）為最大，教育、醫藥衛生及社會福利所佔比例甚小。香港軍費支出巨大，最初由英國政府承擔，1865年起改由香港政府每年提供20,000英鎊，

65　G. B. Endacott (ed.), *An Eastern Entrepot, A Collection of Documents Illustrating the History of Hong Kong*, London : H.M. Stationery Office, 1964, p. 153.

66　G. B. Endacott, *A History of Hong Kong*, Hong Kong: Oxford University Press, 1985, p. 259.

1890年起增至每年40,000英鎊，1895年增為香港歲入的17.5％。這是香港財政的重負。

英國佔領香港初期，香港財政入不敷出，其不足部分由英國政府以專項財政津貼補給。隨着經濟的增長與歲入的增加，香港財政收支漸趨平衡，1855年起英國政府取消了對香港的財政補貼（但有時仍給予一定數額的專項補貼）。此後，香港政府財政以保持預算平衡為要務，不採取赤字財政，不求助於舉債。直至十九世紀末，僅在1886年、1893年發行債券各20萬英鎊，用於推進公共工程建設。這一謹慎的理財方針在實踐中逐步得到完善並沿用至今。

●·······················◆·······················●

第五章

十九世紀社會狀況

早年港島西區華人聚集地，遠景為西人居住地。

開埠以後，香港成為一個華洋雜處的社會。

創辦於1872年的東華醫院（劉蜀永攝於2006年）

早年的石塘咀是個妓院雲集的地方

第一節 人口

人口增長與地理分佈

　　1841年初，港島居民共約7,450人，以南端的赤柱為多。[1]1841年後，隨着商貿經濟的發展，人口增長迅速。1844年4月，聚居維多利亞城及其附近水域的華人共13,132人，約佔華人總數的69.1％；市內另有英國及印度等國居民454人。1850年代，中國內地太平天國運動興起，華南地區大批居民避居香港，維多利亞城人口驟增。華人由1851年末的20,219人增至1860年末的75,873人，十年間增長2.7倍。同期，非華裔人口由1,520人增至2,476人。港島人口分佈的重心隨之北移，並呈城市化的發展趨勢。1871年，以維多利亞城為中心的城鎮人口幾近80,000人，約佔城鄉人口總數的88％。1870年代，國際電訊和遠洋航運的迅速發展，給香港經濟注入了新的活力，人口再次大幅度增長。1871—1881年間年平均增長率為2.59％，1881—1891年間年平均增長率為3.28％。1901年1月香港島和九龍居民增至283,975人，加上新界居民85,000人，總人口已達368,987人。維多利亞城的人口規模也不斷擴大。到1880年代後期，在該市方圓不超過半英里的地區，已有十萬華人居住，平均每英畝1,600人。[2]1890年代，九龍半島南端也已建成與維多利亞城隔海相望、人煙稠密的新市鎮。

　　與此同時，香港人口的地理分佈也發生了變化。1840年代初，香港有三分之二的居民住在港島，其餘三分之一以船舶為家。1860年英國割佔九龍後的一、二十年間，港島人口在總人口中所佔的比重增至75％以上，九龍約

1　本節所引人口統計資料，凡未註出處者，均採自歷年香港人口調查報告。

2　*British Parliamentary Papers, China 26, Correspondence, Annual Reports, Conventions, and Other Papers Relating to the Affairs of Hong Kong, 1882—99*, Shannon: Irish University Press, 1971, p. 322.

佔4％。船民的絕對數雖有所增加，但所佔比重已下降至20％以下。1898年英國強租「新界」，港島、九龍、新界三地區在香港轄區總面積中的比重依次為7.2％、1％和91.8％，港島面積僅為新界的7.8％，但人口超過香港總人口的一半。新界面積雖大，但人口僅佔總人口的23％，而且幾乎全是農業人口。人口分佈不均衡的現象表明，港島在政治、經濟等方面仍執香港全區之牛耳。

人口結構

近代香港是一個多種族、多國籍人口聚居區，華人在總人口中佔95％以上，始終居絕對多數。

華人極大多數原籍廣東，其中尤以廣州、番禺、南海、東莞、三水為多。1911年後改以出生地統計，廣東佔65％以上，仍居首位；其次為香港，約佔30％。本港出生的人口在總人口中的比重呈增長之勢，但直到二十世紀中葉，來自中國內地的居民仍佔多數。

非華裔人口以英國和葡萄牙人為多，美、法、德、西班牙等國人次之。早期來港葡人大多出生於澳門，1848年共321人，僅次於英人；1897年增至2,263人，略多於英人，在居港外國人中約佔40.3％，其中55％在香港出生，41％來自澳門。非華裔亞洲人大半來自印度，菲律賓人、馬來人、歐亞混血人也佔一定比例。自十九世紀末起，來港的日本人迅速增多，1901年為484人，1911年達958人，十年間增長近一倍。

十九世紀下半葉的香港是一個成年型社會，青壯年所佔比重較大，兒童在總人口中所佔比重為17—20％左右，老人所佔比例甚小。16—60歲勞動適齡人口約佔華人總數的80％，被撫養人口即未成年兒童和60歲以上老人所佔比重較小。這是中國內地來港移民絕大多數是青壯年之故。勞動適齡人口多，為香港經濟發展提供了充沛的勞動力資源；而經濟的發展，又為勞動力人口提供了較多的就業機會。這是香港經濟富有生機的重要因素。

香港就業人口中，工、商、服務業人口比重較大，而且增長較快。其中華人就業人口絕大多數未經技術和技能訓練，在船舶修造、交通運輸、商業、市政工程部門從事體力勞動，或為私人提供勞務。近代產業工人以船舶修理工和海員為多。此外，從事漁業、農業的人口也佔一定的比例。非華裔就業人口主要由政府公職人員、商人、專業技術人員、醫生、監工組成，但也有低收入者。

十九世紀下半葉的香港是一個男性型社會，男性人口約為女性人口的二倍。男女性別比例失衡的現象，成人比兒童突出。這主要是移入人口大部分為成年單身男性所致（其中有些男性將家眷留在中國故鄉，有些人來港時未婚）。隨着時間的推移，兩性比例懸殊的狀況，逐步得到改善，到1911年已降至2：1以下。

出生率和死亡率

男女性別比例嚴重失衡，婚齡、育齡婦女過少，導致以婚姻和血緣關係為基礎的家庭偏少、人口出生率過低的後果。據統計，1880—1890年代平均出生率為8‰。華人出生率僅相當於非華裔人口出生率的一半。過低的出生率使香港在相當長的歷史時期內不能依靠本地的人口增殖來滿足社會對勞動力的正常需求，而指望從境外移入勞動人口，這就不可避免地陷入移民——性別比例失衡——低出生率的惡性循環，難以擺脫人口生態不平衡的窘境，及由此而來的性關係混亂、性犯罪、拐賣婦孺等一系列嚴重的社會問題。

與人口出生率過低形成鮮明對照的是人口死亡率過高。據統計，1840—1850年代香港平民的年死亡率在30 以上，其後雖有所下降，但直到1880—1890年代，仍保持在25‰左右。由於生活環境惡劣，缺醫少藥，華人死亡率居高不下，平均壽命較短，1881年維多利亞城華人死者的平均年齡僅18.33歲，其中年逾20歲的成年死者平均年齡為43歲。而在40年前的英格蘭，上述

兩類死者的平均年齡分別為29歲和55歲，[3]比香港華人高出許多。

第二節　社會結構

香港居民大部分係外來移民，大體上可分為西方殖民者和華人兩大群體，俗稱洋人（或歐人）社會和華人社會。

首先，香港是一個英國管治下的商業社會，位居顯要的是以港督為首的英國官吏，而擁有財富最多的則是英國商人。

初期香港政府的所有高級職務，幾乎全由英國人擔任。他們大多出身於英國中產階級，並無顯赫家史，所受教育有限。英國維多利亞女王統治時期對外擴張的赫赫聲威，使他們懷有強烈的種族優越感，趾高氣揚，自命不凡。這一階層執掌香港的真正權力，凌駕於華人社會之上，是英國殖民政策的忠實執行者和維護者，也是歐人社會的核心。

西商是歐人社會的主體。為謀求自身的發展，他們帶來了資本、技術、西方經營管理方式以及廣泛的國際聯繫，對近代香港經濟的起步和資本主義制度的確立，起了重要作用。來港經營的西商以英商為多。他們憑藉港英當局的統治和特權，在競爭中處於有利地位，成為香港最大的投資者和受益者。十九世紀末，英資財團已控制了當地的經濟命脈，其中怡和洋行和滙豐銀行的實力尤為雄厚，其活動範圍遠及中國內地和世界各地。

香港各大英國洋行、銀行是港英當局的重要支柱。1850—1900年由港督先後任命的立法局全部43名非官守議員中，有35人即80％是英國洋行的經理或大股東，包括怡和洋行九人，仁記洋行四人。1896年行政局首次設立非官

3　*British Parliamentary Papers, China 26, Correspondence, Annual Reports, Conventions, and Other Papers Relating to the Affairs of Hong Kong, 1882—99*, Shannon: Irish University Press, 1971, p. 136.

守議員，共二名，均為英國巨賈。另外，由港督任命的太平紳士，英商也佔多數。例如1883年12月委任的79名太平紳士中有62名係英國血統，他們大多來自商界和銀行界。

十九世紀下半葉在香港的西方人，貧富不一，地位懸殊。上述港府高級官吏和商業貴族，人數不多；多數白人屬於中間及中間偏下階層。處於歐人社會底層的白人，約佔歐籍人口的三分之一。[4]1860年前，他們大部分住在維多利亞城歐人商業中心周邊與華人居住區相通的街道以及灣仔一帶。英國佔領九龍後，不少白人被該地的低地價、低房租所吸引，陸續遷往。到十九世紀末，九龍已成為歐人低收入層的主要聚居區。

華人社會方面，隨着以維多利亞城為中心的商品經濟的發展，港島原有的以自然經濟為基礎的社會形態和經濟結構逐漸解體。到1840年代末，以商人、買辦、負販、工匠和苦力為主體的城市型華人社會已略具雛形。1850年代，從事進出口委託和販賣業務的南北行與金山莊崛起，成為華商的中堅力量。同時，為適應西商擴大對華貿易的需要，買辦和捐客的人數劇增。他們在不太長的時間內積累了驚人的財富，成為香港貿易經濟的重要支柱。此外，經營大米、花紗、匹頭、茶葉、洋貨及鴉片的華商，也大量增加，在當地市場上十分活躍。

華人商業經濟的勃興，促進了香港的城市化和近代化，加速了華人社會的分化。到1870年代已形成了由南北行與金山莊大商家、大承建商、大鴉片商和大買辦組成的華人富裕階層。他們人數很少，但財力雄厚。1890年代，活躍在香港經濟舞台上的華人豪門，有買辦世家和家族財團之分。前者如怡和洋行買辦何東家族、渣打銀行買辦容良家族、太古洋行買辦莫仕揚家族；後者如和興行金山莊李陞家族，他們都曾富甲一方。

香港華人幾乎全是以經濟條件來決定各自的社會地位的。少數富商、

4　H. J. Lethbridge, *Hong Kong: Stability and Change*, Hong Kong: Oxford University Press, 1978, p. 199.

買辦積聚鉅資，為他們躋身華人社會上層奠定了經濟基礎。香港政府視富裕華商、買辦為香港社會安定和經濟繁榮的基本因素，從1870年代起對其中的代表人物採取籠絡政策，優禮有加，陸續委任他們為太平紳士、立法局議員、潔淨局和團防局局紳，直至勸誘他們「歸化」入籍，宣誓效忠英國女王，「在香港分享英國臣民享有的一切權利」。[5]他們往往身兼數職，彼此聯繫密切，成為華人社會的領袖人物。

處於社會底層的中國工人和其他勞動者，人數眾多，是華人社會的主要成分。他們大部分由來自廣東的破產農民、城鄉手工業者和近海的船民組成，流動性大，教育程度低，技術工人與熟練工人所佔比重小。他們與內地工人、農民有天然的聯繫，並具有相同或相似的特點。

香港中國工人受英國殖民統治，社會地位低下。為維護僱主利益，港英當局早在1843年就已制定法律，將僕役的各種「違約」行為如無正當理由缺勤、對僱主舉止粗野等，均以刑事罪論處，由警察將其押解巡理府究辦。在此後半個多世紀里，中國僕役都受此項法律的約束。港府甚至在1902年第45號法例中將這種刑事制裁擴大適用於許多行業的所有年逾16歲的僱員（包括製造業工人、技工和工匠在內），直到1932年這項法例才被廢除。在西商經營的香港黃埔船塢公司、香港九龍碼頭及貨倉公司、中華火車糖局、太古糖房等企業，中國工人受歐籍監工、領班監視；有些工廠門禁森嚴，有武裝的印籍保安人員把守，工人出入，常受搜身之辱。

由於僱主貪得無厭和勞動力市場經常供大於求，香港中國工人工資菲薄，並且常受招工經紀人、包工頭的剋扣。他們工作時間長，勞動強度大，勞動條件差。工人為求得溫飽，常超負荷工作，其中尤以苦力工人為最。

香港中國工人身受港英當局的壓迫與歧視，又受中、西僱主的剝削，生活艱難。為改善處境，他們曾舉行多次罷工。據統計，1844—1895年，重

5　*Hong Kong Government Gazette*, Vol. 27, No. 26, June 1881, pp. 497, 498.

要的罷工有十次。碼頭搬運工、艇夫、轎夫、人力車夫和苦力，是歷次罷工的主力。1858年、1884年反對外國侵華的兩次政治性罷工，具有鮮明的愛國主義性質；其餘罷工主要目的是要求當局保障工作和生活權利。

第三節　社會團體

香港華洋雜處，中西文化交匯，各色社會團體繁多；大別之，可分為歐人社團和華人社團兩大類。

西商結成各種名目的社會團體，作為加強其內部聯繫的紐帶和擴大社會影響力的工具。1861年5月成立的香港總商會（Hong Kong General Chamber of Commerce）便是其中的一個。它以「維護商業利益，搜集商業情報，排除商業發展的障礙，仲裁會員內部糾紛」為宗旨，[6]創始會員62人，都是西商頭面人物。1881年後始有華商入會，但英商始終佔多數，其領導權主要操諸怡和、顛地、仁記、太古等大洋行之手。1861—1900年的四十年間，怡和洋行大班擔任該會每年一屆的主席、副主席職務達二十屆之多。從成立之日起，它曾就本市財政、幣制、郵政、衛生等問題向港英當局陳述意見，深受官方重視。同時，它多次建議英國政府要求清政府向西商開放內河航行，開放西江流域，以致開放全中國。這些建議對英國外交部制定對華政策起過重要作用。

由駐港西方各界人士組成的香港會（Hong Kong Club）和香港賽馬會（Hong Kong Jockey Club）也頗具影響力。前者成立於1846年5月，初名「大班俱樂部」。在香港總商會成立前，它是各大洋行大班、當地駐軍軍

6　Arnold Wright, *Twentieth Century Impressions of Hong Kong, Shanghai and Other Treaty Ports of China*, London: Lloyd's Greater Britain publishing co. ltd, 1908, p. 159.

官及政府官員的社交中心，發揮神經中樞的作用。香港賽馬會由西商及立法局議員34人聯名發起，1884年秋正式成立。它通過主持一年一度的賭博性賽馬盛會，為香港政府開闢了新的財源。十九世紀後期香港有一句流行的話說：「香港是依次由怡和洋行、賽馬會、滙豐銀行和總督統治的」，[7]形象地反映了英國大商家、大銀行家在香港的突出地位和作用。

十九世紀下半葉，香港華人按照中國傳統，陸續結成各種社團，承擔起保護自身利益的社會職能。它們大體可分為街坊、商工、慈善、秘密結社四類，內以商工團體為最多，以東華醫院的影響最大。港英當局對不同社團，分別採取利用、控制、干預與排斥的政策。

街坊公所是早期維多利亞城華人社會組合的基本形式，由同一街區的坊眾組成，具有協調鄰里關係、辦理社會福利（如救濟、施醫、辦學等）的功能，主持者大多是富商、買辦。街坊以廟宇為集會議事之處，1851年在荷李活道重修的文武廟，是當時華人聚居區坊眾的集會中心。1870年代初，街坊公所已成為華人社會最有影響力的團體，充當了當地商業糾紛的仲裁者，並與廣東官府有一定的聯繫，引起港英當局的密切注意。

1866年2月，經坊眾集議，華人社區以華商原先僱用的看更隊伍為基礎，成立了民間治安團體「更練」，活動經費由各店舖捐助。港英當局認為華人更練既可以補警力之不足，又無需政府出錢，便表示支持，同時又規定「練目」由華民政務司任命和指揮。這是華人社團接受港府控制之始。1891年，華民政務司在更練的基礎上成立團防局，任命何啟、李陞等12人為局紳，以華民政務司為當然主席。它是港督處理華人事務的非正式的諮詢機構，起着協助港府管治華人的作用。

於1869年籌建、1872年在上環普仁街落成啟用的東華醫院，是華人集資興辦的大型社會福利機構。1870年立法局通過法例，明確規定東華醫院董事

7　C. N. Crisswell, *Taipans: Hong Kong's Merchant Princes*, Hong Kong: Oxford University Press, 1982, p. 221.

局人選需徵得港督同意，如有缺額由港督委補，將該院置於港英當局的控
制之下。董事局通常由各行業中的鉅富或最大的施主組成。在1869—1899年
歷屆董事局362名成員中，買辦和南北行商人所佔席位最多，非商人出身的
董事，寥寥無幾。東華醫院實際上是以同業公會為基礎、以舉辦慈善事業
為宗旨的社會團體。由於董事中有許多人捐有官銜，因此它又帶有紳商團
體的色彩。

東華醫院除用中醫中藥為華人治病外，兼辦其他慈善事業，如收容受
害婦孺（保良局成立前），施賑糧食，派發寒衣，興辦平民學校等，惠及
香港及中國內地平民。有時還仲裁商務糾紛，並在官、民之間充當特殊的
「中介」角色。1906年東華醫院組成永遠顧問委員會，以華民政務司為當然
主席。

1878年成立的保良局，與東華醫院性質相近。其主要任務是協助港英
當局「防範誘拐，保障婦孺」。日常事務由當選總理推舉正副主席及司庫
各一人負責處理。在1887—1899年間，保良局歷任總理116人，內南北行商
人、買辦、金山莊商人地位突出。1893年立法局制定法例，規定董事局成員
由港督提名，以華民政務司為當然主席，從而加強了對保良局的控制。保
良局最初借東華醫院平安、福壽兩樓為局址，1896年始遷往太平山街新址。
日常所需經費，主要由東華醫院、文武廟、街坊公所提供。東華醫院與保
良局彼此合作，無分軒輊，有「東保一家」之說。

除了慈善團體外，華人社會亦陸續成立商會、行會及工會等組織。早
期香港華商團體以同業公會為基本組織形式，以團結同業、保護同行利益
為宗旨，分別採用「行」、「堂」、「公會」、「公所」等名稱，其行規
店約一如內地。隨着貿易經濟的發展，其組織結構和社會功能不斷向適應
資本主義經濟環境的方向調整。1868年在南北行街（今文咸西街）成立的南
北行公所，是當時商界實力最強、組織結構最完善的一個同行商人社團。
它以「策同業福利、謀市面繁榮」為宗旨，兼辦同街公益事宜，具有內地
商人會館的傳統特色。

香港第一個近代意義上的華人商會，是1896年1月在般含道成立的中華會館（The Chinese Chamber of Commerce）。該會主要由買辦和金山莊商人發起，所定章程以香港總商會為藍本，但會員限於與對華貿易有關的商號、商人，因此又帶有同業公會的色彩。因會館偏離商業區，活動不便，成立不久會務便陷於停頓。1899年，買辦何東等為聯絡感情，促進商業，發起成立華商會所（The Chinese Club），以中華會館館舍為會址。1900年，買辦馮華川、陳賡如等提議恢復商會組織，四百餘人回應，在德輔道中成立華商公局（The Chinese Commercial Union）。1913年該局更名為香港華商總會（The Hong Kong Chinese General Chamber of Commerce），會址遷至干諾道，並獲准註冊。1952年復正名為香港中華總商會。香港最早的手工業行會是成立於1840年代後期的洗衣、製鞋業行會。它以業緣為紐帶、以保障本行業和行業成員的利益為目的，具有強烈的排他性，其組織形式和基本特點與內地手工業行會並無重大區別。

早期香港工人沒有獨立的組織，依附於由僱主掌權的手工業行會和參加秘密會社是他們參與社會活動的基本方式與主要途徑。十九世紀後期，有些行業如製衣、木器、餐館等業的職工，開始自行組織幫工行會——「西家行」（僱主單獨成立的行會俗稱「東家行」）。它注重維護本行業成員的利益，基本上是一種聯誼互助性的職業團體，具有行業界限分明和地域色彩（同業者大多為同鄉）濃厚的特點。進入二十世紀後出現的各種技藝行業式工會，有些便是由這樣的行會演化而來的。

港英當局對各種職工團體，實行嚴格的監督和控制。1857年7月，港府宣佈：「根據英國法律，所有手藝人或技工均可隨意按其樂於接受的報酬做工，限制此類自由的所有聯合組織，均屬非法」。[8]從此，香港工人的任何聯合，都可被指認為「共謀限制貿易」，「約束自由競爭」而受指控。

8　*Hong Kong Government Gazette*, Vol. 3, No. 106, July 1857, p. 2.

1884年香港工人反法大罷工後，港英當局於1887年制定法例，規定任何團體「其宗旨與本殖民地的治安與良好秩序不相容者」，均屬非法，一律予以取締。[9]這種高壓政策，是使香港職工團體不能正常發展的重要因素。

此外，早期華工也參與一些秘密團體如三合會等。香港三合會源於內地，平時以謀求本會成員的生活自保、互濟互助為宗旨，有時亦以「反清復明」相號召。據稱，1842年7月三合會已在香港建立堂口。十九世紀末，會眾佔華人成年男性的三分之一左右。香港三合會成員曾積極參與罷工鬥爭，在1884年、1895年兩次大罷工中發揮了重要作用。第一次鴉片戰爭後不久，曾參與內地人民反抗清朝封建統治的鬥爭。1895年2月孫中山在香港建立興中會總部，策動廣州起義，曾獲得三合會成員的有力支持。

港英當局指責三合會是製造事端的「危險性」組織。[10]1845年即已制定法例，予以取締。後又多次重申禁令，但均未達到預期目的。

香港三合會以宗教迷信活動為紐帶，實行封建家長式管理，成員複雜。為爭奪地盤，募集經費，各派經常發生激烈的利害衝突，並從事色情、賭博等不正當行業，參與誘拐婦孺、鴉片走私、販運華工出洋等罪惡活動，逐漸失去了原來的政治目標與社會同情，最終蛻變為黑社會組織。

第四節　社會問題

十九世紀香港的種種社會問題或社會病態，如種族歧視、貧富懸殊和社會公害等，或與港英殖民統治共生，或以港英殖民制度為溫床，具有常

9　A. J. Leach (ed.), *Ordinances of the Legislative Council of Hong Kong*, Vol. 2, Hong Kong: Noronha & Co., Govt. Printer, 1892, pp. 914—916.

10　Davis to Stanley, 4 March 1845, C. O. 129/11, pp. 136—137.

見、多發和難以根治的特徵。

根深蒂固的種族歧視

　　殖民主義和種族主義相結合，是早期港英統治的基本特徵。在很長的時期內，參政權在法律上和事實上是少數英國人的特權。佔香港人口絕大多數的華人備受壓迫，無民主、人權可言。1870年代後期華人成為香港主要納稅人後，港英當局仍拒不同意給任何華人選舉權。1880年代起，立法局雖然有極少數華人出任議員，但他們是以英國臣民而不是以華人代表的身份參與議事的；立法局開會時只許使用英語，不得用華語發言，這種情況一直延續到1970年代。

　　港英當局將一般華人特別是其中的體力勞動者與「罪犯」相提並論，把「擔心犯罪」作為對華人的各項立法的副題。例如，1845年12月頒佈的《維持治安和清潔法例》規定，警察有權隨時搜查一切華人住宅並逮捕他們認為行為不良的華人。該法例還規定：華人「無事而扣他人門戶或按門鈴」、「賽會擅自打鑼吹筒或放花炮」、「夜間無事雲集多人」，以及僕役不服從僱主命令等警察均可捉拿問罪。[11]總之，華人日常生活被置於警察監視之下，人身自由毫無保障。

　　為壓制和防範華人，港英當局自1842年10月起長期厲行種族主義的宵禁制度，規定華人夜晚上街必須提燈，無通行證的華人晚間不准出門，違者逮捕法辦。據不完全統計，1878—1882年，每年因違反宵禁制度被警察逮捕的華人超過1,000名；1895年為2,196人次，1896年多達3,477人次。又據1879年官方報告，「在每百名未帶燈籠或通行證而被捕的華人中，有九十九名

11　The Ordinances of Hong Kong , 1844 to June 1865, London: s.n., 1866, pp. 47—51; F. O. 233/185, Chinese Text, 1845, No. 9.

都是無辜的行人和轎夫等。」[12]如此歧視華人、濫罰無辜的宵禁制度，直到1897年6月才宣告廢除。

司法中的種族歧視極為突出。審理案件採取雙重標準，對白人重罪輕判，或以罰代刑，或提前開釋，處處偏袒；對華人則嚴刑峻法，百般虐待。1871年4月至1876年7月，對華人鞭刑多達1,149次，相當於同期英國受鞭刑人數的20%；當時香港人口不及英國的千分之五，按人口比例計，香港受鞭笞的人次比英國多幾十倍。

在社會生活中，種族歧視現象無所不在。例如，從1840年代初起，港英當局即實行種族隔離、分區而居的政策，將中環維多利亞城中心劃為歐人專屬居住區，迫令該地華人遷居太平山。到1860年代，域多利皇后街（Queen Victoria St.）成了華洋兩大社區的隔離線。此後，港英當局又制定了《保留歐人區域法例》（1888年）、《保留山頂住宅區法例》（1904年）、《長洲住宅區法例》（1919年），將威靈頓和堅道之間的區域、山頂區等地專供歐人居住，防止華人遷入。直到1946年，上述法例才被完全廢除，前後歷時百年。不僅如此，港英當局對華人出入公園、博物館等公共場所也加以限制。如1864年8月港府規定，「中國技工和勞工不得在公園內穿行」，「轎子、轎夫和無人牽着的狗不得入園。」[13]可見，在港府心目中，華工的地位不如有主之狗。種族歧視之甚，由此可見一斑。

不斷擴大的貧富鴻溝

香港實行以產權私有為基礎的資本主義自由經濟政策，促進了經濟的發展，但新增社會財富大部分被資本家佔有，創造財富的勞動者沒有從經

12　*Report of the Committee of the Legislative Council to Consider Matters connected with the Police Force and Crimes*, Hong Kong: Noronha, 1879, p. 9.

13　*Hong Kong Government Gazette*, Vol. 10, No. 33, August 1864, p. 299.

濟增長中得到合理的份額，結果形成豪富與赤貧伴生的局面。加以香港地窄人稠，這種經濟不平等現象異常明顯。例如，1887年英商施懷雅（J. S. Swire）家族經營的太古糖房擁有資本19.8萬英鎊，獲利45萬元。同年，怡和洋行所屬的中華火車糖局擁資43萬英鎊，獲利19.1萬元。[14]而當時糖廠僱用的中國苦力，每人每月工資僅八元左右，合年薪不足百元。又如怡和洋行買辦何東，1900年退職時積資百萬元，其收入之豐，與苦力工人相比確有天壤之別。

分配不公，貧富懸殊，使香港貧困人口不斷增加。從1840年代至1890年代末，五十餘年間工人工資平均增長不足50％。在此期間，由於銀價下跌與日常生活必需品價格上漲，工人的實際收入水準有所下降或踏步不前。許多勞動者特別是苦力失去了生活保障。據調查，1858—1866年香港無家可歸者年平均2,000人，約佔香港人口的2％。十九至二十世紀之交，露宿街頭者多達20,000人，[15]約佔總人口的18％。比例之高遠遠超過往年。

在消費領域，貧富分野尤為突出。1860—1870年代，一個四口之家的歐籍上層中產階級家庭，通常僱用華人僕役六至十人，全年生活開支至少需1,000英鎊。[16]如加上各種文體康樂和社會交際所需，則為數更巨。少數富裕華商生活奢靡，「熱鬧場中，一席之價多至數十金，燈火連宵，笙歌徹夜」。[17]而眾多低收入者終日辛勞，為求溫飽而不可得，食不果腹，衣不蔽體、寢不安身、居無定所者隨處可見。

14　S. Marriner and F. E. Hyde, *The Senior John Samuel Swire, 1825—1898, Management in Far Eastern Shipping Trades*, Liverpool: Liverpool University Press, 1967, p. 102.

15　J. S. Thomson, *The Chinese*, London: Laurie, 1909, pp. 39—40.

16　J. S. Thomson, *The Straits of Malacca, Indo—China and China*, London: Sampson Low, Marston, 1875, pp. 203—204; W. F. Mayers, N. B. Deinnys & Chas. King, *The Treaty Ports Of China and Japan……*, London, Trubner and Co., 1867, p. 24; C. Crisswell & M. Watson, *Royal Hong Kong Police, 1841—1945*, Hong Kong: MacMIllan, 1982, p. 75.

17　王韜：《漫遊隨錄》，長沙：湖南人民出版社，1982 年，頁 58—60。

貧困導致饑餓、疾病與早亡。據官方報告，華人因貧病無告倒斃街頭、露屍郊野、由警方掩埋者，1852年有45人，1860年46人，1861年76人，1862年80人，1863年49人，1864年137人，1865年181人，1866年127人。由慈善團體施棺收殮者，尚不計在內。[18]

日趨嚴重的社會公害

吸毒、賭博、色情業，涉及面廣，歷久不衰，是香港的三大公害。

英國佔領香港後，為增加地方稅收，特准香港當局實行鴉片專賣、自由吸食政策，給吸毒者開放綠燈。1842年3月，人口不足萬人的「女王城」已有鴉片商號24戶，從業者131人。隨着人口的增加，到1876年煙館已達108戶，另有鴉片包商及零售煙土煙膏者106戶，214戶。1881年，增至222戶，座落遍及城鄉。1890年代初，在維多利亞城華人社區每萬人平均擁有煙館為8.56戶；在港島農村，其比率為2.46戶。一些酒樓、娼寮和富裕人家自設煙室、自置煙具吸食者尚不在此統計數之列。

香港鴉片煙館有高低等次之別。一等煙館大抵是富商洽談生意或交際、消遣的場所，二等煙館是貧苦煙民解癮之處。熬煮煙膏的煙局，有商辦的，有官辦的，規模各不相同。1883年港府在西安里（Sai On Lane）開設的公煙局，日煮煙2.5—3箱。

鴉片公開買賣，使大批居民染上吸毒惡習，其數量之多，「超過了世界上人數相當的其他地方」。[19]華人受煙毒之害最為普遍。據粗略統計，1890年代華人吸毒者已達18,000人，幾佔華人總數的8%。吸毒者以男性為多，約佔成年男性的10%。吸毒史較長的在四十年以上，開始吸食時年齡

18　參看各該年香港人口調查報告。

19　*British Parliamentary Papers: Royal Commission On Opium Proceedings,* Vol. 5, London: H.M. Stationery Office, 1894, p. 144.

最小的不足十歲。此外，僑居香港的馬來人及充當軍、警的印度人等也有
染毒成癖的。

　　鴉片價格昂貴，長期吸毒，負累家庭，這是招致貧困、釀成社會悲劇
的一個重要原因。1860年代香港在押犯中有半數係吸毒者。從1890年代開
始，香港有人以幫助戒煙為名，給吸毒者注射嗎啡。1893年4、5月間，港
島與九龍油麻地等處，經營此業者已有三十餘戶，每天前往注射者達一、
二千人。為「戒煙」而注射嗎啡，不啻是飲鴆止渴!

　　除了鴉片為禍外，早期香港賭博成風，為患不淺。鴉片戰爭前，港島
並無賭博的記載。英軍入侵後，賭風與煙毒俱來。1844年4月已有賭館八
家；1850年代中期增至28家，內番攤19家，打牌五家，字花和搖彩各兩家，
主要分佈於上環、中環一帶。至於三五成夥的街頭聚賭和以「私人俱樂
部」名義進行賭博的場所，均不計在內。

　　港英當局對賭博業或縱或禁，初時並無定則。1844年立法局首次頒佈
法例，規定凡「以盈利為目的」的開賭聚賭者，將處以200港元以下罰款；
警察在搜查時可破門入屋。這一法例的主旨是「以罰代禁」，增加政府歲
入。由於警察貪贓枉法，上述法例形同具文。

　　1866年，賭館增至52家，並增加了白鴿票、闈姓等雜賭。賭風助長貪
風，加速了警政的腐敗。官方承認，此時幾乎所有的警察都接受賄賂，有
半數以上督察每月從賭館取得高於其工資額的報酬。新任港督麥當奴決定
仿效澳門，對賭場實行牌照制，「寓禁於徵」。1867年制定的《賭博規則》
規定：經港督批准，賭館可持牌照營業。牌照由警察司逐月發放，賭餉逐
月預繳。香港限設賭館15處（按：次年9月決定增設九龍一處）。莊家抽水
不超過7％。9月15日，維多利亞城有12家番攤館承餉領牌，公開營業。

　　麥當奴推行賭博合法化政策，旨在獲取大量財政收入。[20]為了掩人耳

20　J. W. Norton-Kyshe, *The History of the Laws and Courts of Hong Kong*, Vol. 2, Hong Kong:
Noronha, 1898, p. 116.

目，港府將賭餉劃作「特別基金」，不與香港正當稅收混同。1871年1月
起改行包稅制。1867年—1871年承包期滿，五年間香港政府累計徵收賭餉
799,296元。[21]為籠絡人心，改善政府形象，1869年麥當奴決定將贓款改充善
舉，從中撥出115,000元，助建東華醫院。

　　港英當局繼續開放賭禁，害商病民，激起了香港各界的抗議。1876年12
月，港督堅尼地重訂《賭博法例》，將搖彩、闈姓、白鴿票、字花等賭博
名目一併列入禁止之列。此後，公開的賭博雖逐漸斂跡，但並沒有弊絕風
清。十九世紀末當任港督威廉・羅便臣不得不承認，歷任總督（包括他自
己）在取締賭博、防止警察腐敗方面，「從未取得滿意的結果」。[22]1894年
後，由賽馬會組織的賭馬，「成為香港唯一合法的賭博」[23]，並逐漸發展，
終至風靡港九，長盛不衰。

　　色情業也是香港的痼疾。英軍入侵港島時，尾隨英軍前來的澳門、廣
州等地的龜奴、鴇母和妓女，率先開業。香港闢為自由港，各國商賈雲
集，四方雜處，為色情業的滋生和寄生提供了條件。據統計，1842年3月，
「女王城」已有妓院23處，從業者439人。1844年4月，增至31家。

　　早年港英當局視妓院為稅源，法律認賣淫為正當。早在香港警察組建
之初，警方即以「自願資助性病醫院」為名，向妓院逐月徵收妓捐。1844年
立法局立法，規定開設妓院須向首席巡理府報告，違者罰款。此例一開，
執法者「以罰代禁」，妓院有增無減。到1856年末，維多利亞城的妓院已達
137家。港府官員貪財圖利，也經營醜業。為滿足英國駐軍的性欲，港府公
然指定灣仔為「紅燈區」，並在那裏開設了五家軍用妓院。[24]這是早期香港

21　The special found account, 12 July 1872, C. O. 129/158, p. 145.

22　W. Robinson to Chamberlain, 13 August 1897, C. O. 129/276, p. 317

23　The Royal Hong Kong Jockey Club: 100th anniversary, 1884—1984, Supplement to *the South China Morning Post*, Nov. 1984, pp. 14, 35.

24　H. J. Lethbridge, *Hong Kong: Stability and Change*, Hong Kong: Oxford University Press, 1978, p. 195.

色情業得以迅速發展的直接原因。

　　色情業氾濫，導致性病蔓延。英國駐軍、水手、警察首當其衝。流毒所至，醜聲遠播。性病一時被諷為「香港病」，有人甚至給香港冠以「性病瘟床」的惡名。為「保護英國軍隊」，1857年11月港英當局制定了《防止性病蔓延法例》，規定妓院必須向華民政務司登記，每戶按月納稅；以下環、西營盤、太平山街為營業區域；華民政務司、警察司等得隨時檢查已註冊妓院；違者罰款。次年，華民政務司署設專職妓院督察，負責偵查私娼的工作。香港妓院於是完全合法化，其後果極為嚴重。據官方統計，該法例生效後的十年間，已註冊的妓院數由105家增至174家；梅毒病人入院留醫者，1858年為87例，1867年增至125例。同一時期，警察執法犯法，致使性病成了他們的一種「職業病」。[25]

　　1867年7月，香港政府根據英國新訂的《傳染病法令》制定了《傳染病法例》，規定所有妓院均應持華民政務司發放的牌照營業。從此，持照妓院具有「半官方性質」。[26]「妓捐」成了香港歲入穩定的來源。從1857年到1877年末，共收妓捐187,508元，罰款5,000元，另有海軍部津貼28,600元（1870—1877年），為數可觀。[27]

　　妓院實行登記和持照營業後，已註冊妓院分成兩類。一類專門迎候外國嫖客，一類只接待華人。據統計，1893年末前一類妓院共49戶，有妓女266人，後一類共183家，妓女1,854人。妓女人數與當時香港總人口成1：129，其比率之高，為當時世界各大城市所罕見。

25　H. J. Lethbridge, *Hong Kong: Stability and Change*, Hong Kong: Oxford University Press, 1978, p. 203.

26　*British Parliamentary Papers, China 25, Correspondence, Dispatches, Reports, Returns, Memorials, and Other Papers Relating to the Affairs of Hong Kong, 1862—81*, Shannon: Irish University Press, 1971, p. 626.

27　*British Parliamentary Papers, China 25, Correspondence, Dispatches, Reports, Returns, Memorials, and Other Papers Relating to the Affairs of Hong Kong, 1862—81*, Shannon: Irish University Press, 1971, pp. 567—568.

　　同時，實行妓院登記制度後，香港妓女又有公娼和私娼之分。上述已登記的叫公娼，未登記者稱私娼或暗娼。據官方報導，1880年代初，「在華人社區幾乎不存在沒有暗娼的街道」，[28]可見其數量當在公娼之上。香港華洋雜處，妓女也有中國娼、西洋娼和東洋娼之別。中國娼即華人妓女。她們「幾乎都是（從廣東）買來的」、遭遇不幸或生活貧困的良家之女。[29]西洋娼主要是指以賣淫為生的歐美婦女，人數不多，其活動地區在灣仔、結志街、荷李活道和擺花街。東洋娼是指日本妓女，約於1880年代末來港，營業區域在灣仔。

　　香港社會貧富懸殊，與之相適應，妓院和妓女也有等次之分。頭等妓院（俗稱「大寨」）集中在水坑口一帶，是富家闊少交際應酬、炫耀財富的場所。二頭妓院（「細寨」）大多位於東邊街和西邊街。四方街則是三等妓院（「炮寨」）的所在地。據官方報告，1875年接受檢查的123家持照低等妓院，房舍簡陋，污穢不堪，與貧民窟無異，嫖客多為下層市民。[30]

　　妓女是鴇母的搖錢樹，人身自由受箝制，除非贖身，難以跳出火坑。她們接客所得，幾乎全部歸鴇母所有。由於身心備受摧殘，年華易老，駐顏乏術，有些年過四十、為妓院所不容者，常遷至船街接客，景況十分悲慘。[31]

　　香港色情業有厚利可圖，使誘拐婦女、賣良為娼之風日熾，構成了惡性循環。妓院與茶樓、酒肆相依，共存共榮，為香港畸形的商業「繁榮」

28　*British Parliamentary Papers, China 26, Correspondence, Annual Reports, Conventions, and Other Papers Relating to the Affairs of Hong Kong, 1882—99*, Shannon: Irish University Press, 1971, p. 72.

29　Brothel System in Hong Kong, August 1890, C. O. 129/246, p. 45.

30　*British Parliamentary Papers, China 25, Correspondence, Dispatches, Reports, Returns, Memorials, and Other Papers Relating to the Affairs of Hong Kong, 1862—81*, Shannon: Irish University Press, 1971, p. 617.

31　*British Parliamentary Papers, China 25, Correspondence, Dispatches, Reports, Returns, Memorials, and Other Papers Relating to the Affairs of Hong Kong, 1862—81*, Shannon: Irish University Press, 1971, p. 577.

增添了異彩。1870年代初，水坑口一帶已成為樓閣參差、畫棟珠簾、笙歌徹夜、紙醉金迷之地。這是病態百出的早期香港社會的縮影。

●┄┄┄┄┄┄┄┄┄┄┄┄◆┄┄┄┄┄┄┄┄┄┄┄●

第六章

十九世紀文化教育

理雅各（左一）和他的三個學生

何啟、胡禮垣的政論著作

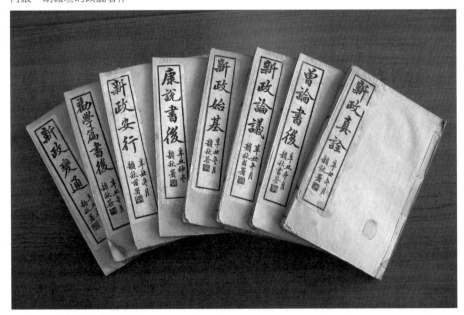

創辦《循環日報》的王韜

香港西醫書院學生上課的情景

第一節　中西文化交流

　　香港與中國內地緊密相連，地處中西交通要衝。英國佔領香港之後，該地處於外國殖民統治之下，但華人佔人口大多數。這獨特的地理環境和社會條件使其逐漸成為中西文化彙聚、交流和輻射的中心。本書僅以理雅各、洪仁玕、容閎、王韜、何啟、胡禮垣等歷史人物的事跡為例，說明香港在中西文化交流中所佔的地位。

理雅各翻譯《四書》、《五經》

　　理雅各（James Legge）1815年生於蘇格蘭亨特利鎮。1840年1月作為倫敦傳道會傳教士抵達馬六甲，任英華書院校長。從此時起，他即開始研究中國經典。1843年英華書院遷往香港以後，理雅各逐漸萌發了翻譯中國典籍的意念。1856年他首次同友人談起此事。1858年的廣州之行更堅定了他的信念。他參觀了廣東貢院，發現該院至少有7,242間大小房間供考生使用。他感慨萬分地說：世界上沒有一個國家像中國這樣重視學習。某些可能具有高尚品格的民族，如亞述人、波斯人、希臘人、羅馬人以及近代某些帝國，都經歷了興起、鼎盛和衰敗的過程，但中華帝國及其四億居民卻一直屹立在那裏，原因何在？十分清楚，中國人可能信奉某種威力無比的社會準則和道德準則。他看出，古書格言對中國人生活方式和風俗習慣的影響達到了聞所未聞的地步。欲瞭解中華民族，就應該瞭解其經典著作。[1]

　　理雅各首先着手翻譯的是《四書》，即《論語》、《孟子》、《大學》、《中庸》。1861年《四書》英譯本在香港出版，稱為《中國經典》（The Chinese Classics）第一、二卷。該譯本採用中英文對照形式，並有英文

1　H. E. Legge, James Legge, *Missionary and Scholar*, London: The Religious Tract Society, 1905, pp. 28—29.

註釋。接着他翻譯的《中國經典》第三卷（《書經》及《竹書紀年》）、第四卷（《詩經》）、第五卷（《春秋左傳》）於1865年、1871年、1872年陸續在香港問世。他在香港所譯的《易經》與《禮記》亦於1882年和1885年在倫敦出版。至此《四書》、《五經》全部譯為英文出版。從十六世紀末開始，東來的外國傳教士對中國經典已陸續有所譯述，但將《四書》、《五經》完整地譯為英文介紹給西方世界的，除理雅各外，別無他人。理雅各翻譯《四書》、《五經》對於豐富人類文化寶庫，對於加深中國和世界各國人民的相互理解，作出了重大貢獻。

《資政新篇》與香港

　　太平天國干王洪仁玕提出的帶有資本主義色彩的施政綱領《資政新篇》是中西文化交流的產物。在政治方面，他強調「法治」的重要性。他主張設新聞官實行輿論監督，設「暗櫃」瞭解民意。在經濟方面，他提出發展資本主義工商業的具體設想，主張製造火車、輪船、各種器皿，鼓勵開礦，興辦銀行，開辦郵局。他還主張「准富者請人僱工，不得買奴」，即提倡僱傭勞動，反對人身依附，為發展資本主義提供自由勞動力。在文化教育、風俗習慣方面，他主張開設醫院、學校，嚴禁鴉片，除九流墮民，反對溺嬰、修齋建醮、陰陽八煞和買賣人口等。在外交方面，他主張與外國通商，在平等的基礎上友好往來。在向西方學習、探索救國救民方案方面，在鴉片戰爭期間的思想家和後來的改良主義思想家之間，洪仁玕發揮了承前啟後的作用。

　　洪仁玕的《資政新篇》在當時的中國內地沒有其產生的可靠經濟基礎和思想基礎，它主要是在香港醞釀成熟的，是從香港移植到中國內地的思想之花。洪仁玕是洪秀全的族弟，一位農民知識份子。1851年金田起義以後，他幾次投奔太平軍皆未成功。為逃避清政府迫害，他於1852年和1853年兩次短期到香港滯留。1854年秋，他回到香港，認識了倫敦傳道會的理雅

各。1855—1858年，他受聘為該會傳道士和輔導教士（Catechist）。此次他在香港連續居留達四年之久，直至1858年秋才離港前往南京。洪仁玕抱着輔佐洪秀全和改變中國面貌的明確目標，在香港如飢似渴地學習西方文化。除了研究神學，他還努力學習地理、世界歷史、醫學等世俗學科，對西方政治體制有深刻瞭解。《洪仁玕自述別錄之一》寫道：「我想學了本事，將來輔佐他（洪秀全），就回廣東，到香港洋人館內教書，學天文地理歷數醫道，盡皆通曉。洋人知道是老天王之弟，另眼相待。住香港四年，故與各頭目多半相識。其國中體制情偽，我亦盡知。」[2] 1850年代的香港社會既是一個充滿民族壓迫的殖民地社會，又是一個採取了某些資本主義管理方式的新型社會。洪仁玕在《資政新篇》中提出的主張，除了書本知識和外國傳教士言談的影響，與他耳聞目睹的香港社會現實亦有密切聯繫。

容閎組織幼童出國留學

容閎（1828—1912年），廣東香山縣南屏鄉人。1842年11月1日，位於澳門的馬禮遜學校遷往香港，容閎是隨校遷移的11名學生之一。據校長勃朗（S. R. Brown）的報告，該校遷港後開設的課程有英國歷史、世界自然地理、力學、數學、英語閱讀、作文、中國典籍等。[3] 容閎在香港馬禮遜學校讀書達四年之久。馬禮遜學校的學習生活使容閎學到了西學的初步知識，具備了一定的英語基礎，為出國深造創造了條件。1854年，他畢業於美國耶魯大學，獲文學學士學位，成為第一個畢業於美國一流大學的中國學生。

系統接受西方教育並未妨礙容閎成為時刻關心祖國命運的愛國者。他腦海中很早就萌生了「教育救國」的思想。他說：「在大學最後一年結束前，我已經勾畫出自己未來事業的草圖。我確信：中國成長中的一代應該

2　蕭一山：《清代通史》（三），北京：中華書局，1986 年，頁 285。

3　*Chinese Repository*, Vol. 13, No. 12, December 1844, pp. 682—630.

享受我享受過的良好教育，通過西方教育，使中國得以復興，文明強大起來。」[4]他在《西學東漸記》的序言中說得更加明確：「制定派遣留學生的計劃是我對中國永恆熱愛的體現，也是我心目中改革和復興中國最切實可行的辦法。」

容閎從美國學成歸國後，不斷尋找機會實現其「教育救國」的理想。1868年容閎通過江蘇巡撫丁日昌向清政府遞交條陳，提出選派幼童出國留學等建議，但未被採納。1870年，他通過丁日昌向曾國藩重提派遣留學生計劃。次年，曾國藩與李鴻章就此事聯名上奏，得到清政府批准。容閎首先在上海設立出國預備學校。因所招第一批學生名額未滿，容閎曾親自前往香港，從官立學校中，招收了一些聰明伶俐、中英文略有根底的學生。1872—1875年，前後四批120名幼童按預定計劃全部送往美國留學。容閎出任留學事務所副監督，親自前往美國主持留學事務。為了替留學生教育提供方便，為了防止清政府從當時的留學生政策向後倒退，容閎建議清政府在美國修築了永久性的留學事務所大樓。容閎一面肩負着繁重的日常事務，一面還要同其他頑固守舊的留學監督周旋，為留學活動的順利發展，在美國含辛茹苦、艱苦奮鬥達九年之久。

首批幼童出國留學是開創性的事業，是大規模直接向西方學習的運動，是中西文化交流史上的壯舉。此事對近代中國政治、經濟、文化的發展影響深遠。

王韜與香港

王韜（1828—1897年），原名王利賓，蘇州甫里人。1862年，他涉嫌化名「黃畹」上書太平軍將領劉肇鈞，被清政府下令緝拿。他被迫乘船逃往香

4　Yung Wing, *My Life in China and America*, New York: H. Holt, 1909, p. 41.

港。此後，他改名王韜，字仲弢，號紫銓，別號弢園老人、天南遯叟等。

王韜到達香港時，香港開埠已二十餘年，後來他在香港居住的時間也將近二十年。他對開埠數十年間香港社會面貌的變化有多處記述和評論。[5]

王韜在香港居留的頭幾年，協助理雅各翻譯中國經典。1867年理雅各返英省親，當年冬天來函邀請王韜赴英繼續助譯。王韜因此有機會在理雅各故鄉居住兩年。在此期間，他先後訪問過英國的倫敦、愛丁堡、亞伯丁、丹迪、格拉斯哥和法國的巴黎、馬塞、里昂等地。訪問過程中，英、法等國製造器物之「精微」，鐵路、電話之「利捷」，專利法之「良善」，稅法之「周詳」，對「實學」（天文、地理、電學、熱學、氣學、光學、化學等）之重視，以及決定「大政重務」的集議院（即議會）等，皆給他留下了深刻的印象。對英、法等國的實地考察使王韜對西方資本主義制度認識更加深入，心神嚮往，仰慕不止。

1874年，王韜在香港創辦《循環日報》。此後十年間，他在該報撰寫大量政論文章，宣傳政治改良的主張。王韜在受西方影響較深的香港生活近二十年，又曾親往英、法等西方國家考察。與同時代其他中國知識份子相比，他對世界大勢的觀察與理解要深刻得多，變法自強的要求也強烈得多。他急切地說：「至今日而欲辦天下事，必自歐洲始。以歐洲諸大國為富強之綱領，製作之樞紐。捨此，無以師其長而成一變之道。中西同有舟，而彼則以輪船；中西同有車，而彼則有火車；中西同有驛遞，而彼則以電音；中西同有火器，而彼之槍炮獨精；中西同有備禦，而彼之炮台水雷獨擅其勝；中西同有陸兵水師，而彼之兵法獨長。其他則彼之所考察，為我之所未知，彼之所講求，為我之所不及，如是者直不可以僂指數。設我中國至此時而不一變，安能埒於歐洲諸大國，而與之比權量力也哉！」[6]他認為中國應該變革的有取士、練兵、學校、律例等方面，即主張從人事、

5　王韜：《弢園文錄外編》，北京：中華書局，1959 年，頁 216。

6　同上，頁 13—14。

軍事、教育、法律等方面對封建制度進行變革。他鼓吹發展工商業，提倡開採鐵、煤、五金礦產，發展機器紡織業，興築鐵路，主張「令民間自立公司」，發展輪船運輸業，還主張撤銷令「商民交病」的厘金。在政治制度方面，王韜推崇「君民共主」（君主立憲），即「朝廷有兵刑禮樂賞罰者大政，必集眾於上下議院，君可而民否，不能行，民可而君否，亦不能行也，必君民意見相同，而後可頒之於遠近。」[7]王韜的君主立憲思想在當時中國的社會條件下，具有反對封建專制的進步意義。

何啟、胡禮垣的改良主義思想

何啟、胡禮垣是香港本地西式學校培養的優秀人材。他們合作撰寫的政論著作對中國社會的變革提出了系統、詳盡的主張。他們的改良主義思想也是中西文化交流的產物。

何啟（1859—1914年），1859年3月21日生於香港，11歲時進香港中央書院就讀。1872年13歲時，何啟被送往英國讀書。1879年獲亞伯丁大學內科學士、外科碩士學位。1882年1月他又在林肯法律學院取得大律師資格。1882年初何啟返回香港後，他曾經短期私人開業行醫，後被香港高等法院接納為大律師，1890年他又被任命為立法局議員。

胡禮垣（1847—1916年），香港中央書院最早的學生之一。1872年畢業後，他曾留校任教兩年，此後他成為航運業商人，但仍熱衷於文字工作。

1887年2月8日，香港《德臣西報》以《曾侯論中國》為題，轉載了卸任清朝駐英、俄使臣曾紀澤發表在《亞洲評論季刊》的論文《中國先睡後醒論》。曾紀澤竭力掩飾當時中國積弱的真相，鼓吹「先須國勢強盛，藩籬鞏固，外侮既絕，方可內修國政」，認為興修鐵路和政令改革等當時皆不

7　同上，頁23。

可言。此文在香港和歐洲引起了廣泛注意。1887年2月16日的《德臣西報》上，何啟採用筆名「華士」（Sinensis），在致該報編輯的長信中，批駁了曾紀澤的觀點。接着胡禮垣將該信譯為中文，並加以增補潤色，發表於同年5月11日的《華字日報》上，該文即《曾論書後》。這是何啟、胡禮垣二人合作撰寫政論著作，關心中國社會變革的開端。

繼《曾論書後》之後，何啟、胡禮垣又合作撰寫了一系列政論文章，包括《新政論議》、《新政始基》、《康說書後》、《新政安行》、《勸學篇書後》、《新政變通》等。這些專文寫就之後，當時即登諸日報，或排印成冊，後又彙編為《新政真詮》出版，從政治、思想、經濟、文化等方面，提出了一系列改良主義的主張。

何啟、胡禮垣認為：「國家之敗，其端不一，莫不由於官府之邪。」因而他們呼籲從改革吏治入手，革新政治。他們建議「擇百揆協同寅」，選擇官吏應選擇「平日同志之人」，把是否贊成變法新政作為官員去留的政治標準。他們主張「厚官祿以清賄賂」。在厚給俸祿的條件下，「文官武員有受及民間一錢一物，或擅支國庫一厘一毫者，立行革職，永不再用，恩俸盡削」。

在國家權力結構的改革方面，何啟、胡禮垣主張「行選舉，以同好惡，設議院，以佈公平」。何啟、胡禮垣鼓吹在中國實行選舉，開設議院，其理論基礎是西方的自由平等思想，他們稱之為「民權」思想。他們反復強調民權的極端重要性，提出「民權在，其國在；民權亡，則其國亡」的口號。何啟、胡禮垣熱烈而執着地鼓吹與封建專制思想針鋒相對的民權思想，在當時的改良主義思想家中是罕見的。

在經濟方面，何啟、胡禮垣提出了許多促進工商業發展的建議。他們提議國內省、府、州、縣俱設鐵路，並糾合公司購建輪船以興商務。興辦這兩件事，應採用民間集股辦公司的辦法，並由政府提供種種優惠條件。對機器製造業、採礦冶金業、農林牧漁業等，也應鼓勵人們採用西方的經營手法。

在文化教育方面，何啟、胡禮垣提出「宏學校以育真才」，「宏日報以廣言路」等主張。

何啟、胡禮垣看出列強企圖瓜分中國的險峻局面，故力倡變法自全、對抗外來侵略。1898年春，何啟在《新政始基》序言中痛切地寫道：「方今中國東三省以及山東、雲南、廣西、廣東鐵路礦務之權利，旅順口、大連灣、威海衛、廣州灣水道門戶之險要，俱已歸於外人。中國苟猶有必欲自全之心，則此篇之說或有可採焉爾。」他們指責清政府舉借洋款為「誤國之謀」，還堅決反對外國人把持中國海關和用關稅充作借款擔保。

何啟、胡禮垣的政論著作是香港愛國知識份子運用西方比較先進的政治、經濟思想解決中國社會弊病的嘗試，對推動中國社會變革發揮過積極作用。康有為及其弟子曾經如飢似渴地閱讀這些書籍。[8]何啟是孫中山在香港西醫書院讀書時的老師。孫中山後來對傅秉常說：他曾「受惠於何啟之教」。[9]可見何啟、胡禮垣的思想對孫中山革命思想的形成也產生過重大影響。

第二節 報業

香港報業在近代中國報刊史上佔有重要地位。世界上第一家用活體鉛字排印的中文報紙即誕生在香港。

8　Tse Tsan Tai, *The Chinese Republic: Secret History of the Revolution*, Hong Kong: South China Morning Post, 1924, p. 15.

9　H. Z. Sohiffrin, *Sun Yat-sen and the Origins of the Chinese Revolution*, Berkeley: University of California Press, 1968, p. 26.

英文報刊

在殖民擴張的過程中，英國殖民官員、商人和傳教士懂得報刊在影響輿論和傳播政治、商業資訊方面的重要作用。十九世紀時，香港陸續有若干種英文報刊出版發行。

比較重要的英文報刊有：（1）《香港公報》（*Hong Kong Gazette*, 又譯為《香港鈔報》）是香港第一份英文期刊，1841年5月1日創刊。（2）《中國之友與香港公報》（*Friend of China and Hong Kong Gazette*），1842年3月17日創刊。（3）《香港記錄報》（*Hong Kong Register*），該報前身《廣東記錄報》（*Canton Register*），是在中國出版的第一家英文報紙，1827年11月8日在廣州創刊，1839年遷往澳門出版，1843年6月遷往香港出版。（4）《德臣西報》（*China Mail*），1845年2月20日創刊。該報歷史悠久，1974年8月才停刊。（5）《孖剌報》（*Daily Press*），1857年10月1日創刊。（6）《士蔑新聞》（*Hong Kong Telegraph*, 又譯為《士蔑西報》或《香港電訊報》），1881年6月15日創刊。

香港社會是一個商業社會，香港港口是遠東著名的轉口港。香港商人十分重視商業和航運資訊。為了滿足他們的需要，早年在香港還單獨出版過一些專門刊登廣告的報紙，例如：《東方世界與商業廣告報》（*Eastern Golbe and Commercial Advertiser*, 1843年6—12月）、《香港德臣雜項記錄》（*Dixson's Hong Kong Recorder*, 1850—1859年）、《香港記錄廣告報》（*The Register Advertiser*, 大約1853—1854年）、《香港航運錄》（*Hong Kong Shipping List*, 1855—1857年）等。

早年香港許多英文報紙都是香港政府的傳聲筒。例如，《德臣西報》曾竭力支持香港總督德庇時和包令的施政方針。德庇時曾吹捧《德臣西報》是維多利亞城「唯一像樣的報紙」，是唯一可認作香港政府「官方報紙」的定

期印刷品，聲稱香港軍政官員和所有的正人君子都支持《德臣西報》。[10]

　　早年香港英文報刊編輯抨擊香港政府腐敗行為的事也時有發生。《中國之友與香港公報》主編塔蘭特（W. Tarrant）是一個有正義感的報界人士。1858年夏，律政司安士迪（T. C. Anstey）指責華民政務司高和爾（D. R. Caldwell）行為不端、營私舞弊，不宜擔任高級官員職務。塔蘭特在報紙上披露了調查委員會為高和爾開脫罪責的內幕，並且評論說：高和爾得以脫身，是由於「政府玩弄卑鄙可恥、糟糕透頂的陰謀詭計。」[11]結果他以「誹謗政府罪」被起訴，幸虧有業已離職的安士迪代他辯護，法庭才撤銷控案。1859年8月24日，《中國之友與香港公報》轉載了卸任歸國的安士迪在英國的演說詞，揭露當時香港政治腐敗、官吏貪污的現象，對護理總督威廉·堅的抨擊尤其厲害。見報第二天，威廉·堅即提出起訴。最後法院審斷塔蘭特罪名成立，認為他詆毀官吏，屢犯妨礙他人名譽罪，應予重罰，遂判處徒刑12個月，罰款50英鎊。塔蘭特因此吃了不少苦頭。他在要犯監獄坐了6個月牢，受到特別殘暴的對待。後因英國國內輿論質詢，他被提前釋放。《孖剌報》主編孖剌也多次在報紙上揭露香港政府某些官員的劣跡。他在官方調查政府機關濫用職權情況時，提出了不利於高和爾的證據。1858年，他在一篇文章中抨擊當任總督包令濫用職權，給怡和洋行特殊便利，而包令之子是該行股東。結果他以「誹謗罪」，被判徒刑6個月和罰款100英鎊。當年香港政府對英文報刊揭露政府官員劣跡的做法十分惱火，決計採用立法手段對報界施加壓力。根據1844年的法例，在香港辦報僅要求註冊而已。1860年11月30日，包令的繼任者羅便臣頒佈《修正報紙出版條例》，對辦報作了嚴格的規定。該條例要求，辦報者須向香港最高法院立下保證書，並有兩個擔保人。任何報紙出版發行人，在被斷定印刷發行任何「誹謗」文字時，該人要承擔250英鎊罰款，兩個擔保人另外共同承擔250英鎊罰

10　Davis to Grey, 24 April 1847, C. O. 129/19, pp. 334—336.

11　*The Friend of China and Hong Kong Gazette*, 28 July 1858.

款，他們還要承擔訟訴費。此外，對刊登「誹謗」文字造成的全部損失要予以賠償。[12]香港政府的高壓手段使報界對政府官員的批評有所減少，但未能使之絕跡。

中文報刊

十九世紀香港主要中文報刊有《遐邇貫珍》、《香港中外新報》、《華字日報》、《循環日報》等，現分述如下：

《遐邇貫珍》（*Chinese Serial*），是近代中國出刊較早的中文期刊之一，是英國倫敦傳道會所屬英華書院印刷的月刊，1853年8月1日在香港問世，每期印數3,000冊，在香港及廣州、廈門、福州、寧波、上海等通商口岸銷售。其主編初為麥都思（W. H. Medhurst），1854年改為希利爾（C. B. Hillier），1855年改為理雅各接任。

《遐邇貫珍》刊載過大量介紹西方社會科學和自然科學的文章，涉及方面極為廣泛：政治學方面，有《英國政治制度》、《花旗國政治制度》等。文學方面，有《伊娑菩喻言》（《伊索寓言》）及介紹英國詩人米里頓《樂園之失》（彌爾頓《失樂園》）的文章。歷史學方面，有《英倫國史總略》、《佛國烈女若晏記略》（《聖女貞德傳》）、《馬禮遜傳》等。地質及地理學方面，有《地形論》、《地質略論》、《地質論》、《磐石方位載物論》、《西程述概》、《地理撮要》、《地理全志》等。天文學方面，有《彗星說》、《地球轉而成晝夜論》等。生物學方面，有《生物總論》等。醫學方面，有《身體略論》、《全身骨體論》、《肌肉功用論》、《腦為全體之主論》、《泰西種痘奇法》等。物理學方面，有《熱氣理論（論冷熱表）》、《熱氣理論（論熱長物）》等。工業方面，

12　*Hong Kong Government Gazette*, Vol. 6, No. 48, 1 November 1860, p. 258.

有《火船機制述略》、《玻璃論》等。災害學方面，有《補災救患普行良法》。《遐邇貫珍》對在中國傳播西方民主思想和自然科學知識，產生過積極的影響。

《香港中外新報》是世界上第一家用活體鉛字排印的中文報紙，堪稱近代中文報業的嚆矢。該報前身為《香港船頭貨價紙》，大約出版於1857年11月3日。該報對商業資訊比對其他新聞更加重視，反映出該報作為商業報紙的特點。《香港中外新報》首任主編黃勝是中國最早留美的學生之一。

《華字日報》，1872年由《德臣西報》譯員陳藹廷創辦。《德臣西報》稱《華字日報》為第一家「完全由當地人管理」的中文報紙，但該報早年對英文報紙仍有較大的依賴性，不僅內容多譯自英文報紙，印刷發行工作亦由《德臣西報》擔任。

《循環日報》是第一家能夠反映香港華人輿論的報紙，1874年2月4日創刊，陳藹廷任該報總司理，王韜任主編。《循環日報》創刊時，香港其他兩家中文報紙都是隔日出版，王韜卻堅持除星期日外按日出版，名實大體相符。

《循環日報》完全由華人出資和經營。王韜對當時香港和上海其他中文報紙的狀況感到不滿。他在《倡設日報小引》中指出：這些報紙「主筆之士雖係華人，而開設新聞館者仍係西士，其措詞命意未免徑庭」。「欲矯其弊，莫如由我華人日報始。」他在《中華印務總局倡設〈循環日報〉通啟》中自豪地宣稱：「本局倡設〈循環日報〉，所有資本及局內一切事務皆由我華人操權，非別處新聞紙館可比。」王韜明確提出，他辦報是「以中國人論中國事」，「凡時勢之利弊，中外之機宜，皆得縱談，無所拘制。」[13]他還指出：「日報有裨於時政」，「報中所登之事，無非獨抒管

13　〈倡設日報小引〉，《循環日報》1874 年 2 月 12 日。〈中華印務總局倡設循環日報通啟〉，《循環日報》1874 年 2 月 11 日。

見，以備當事者采擇而已。」[14]這說明王韜辦報具有強烈的民族意識和近代
輿論意識。

第三節　教育

英佔初期的教育

英國佔領香港島初期，香港政府關心的只是設置統治機構、修築辦公
房舍、建立殖民統治秩序，對興辦學校並不熱心。香港較早的西式學校，
如馬禮遜英華學校、英華書院、聖保羅書院、救主書院和拔萃書室等都是
教會人士開辦的。他們在香港辦學的主要動機是培養本地傳教士。

英國人到來之後，香港華人開辦的私塾到1845年已增至九所，學生145
人。1848年2月23日，香港政府從上述學校中選定三所處於港府的管理之
下，任命了他們選定的教師，並給予每所學校每月10元補助。這標誌着香
港公立教育制度的開端。這些接受補助而由香港政府控制的學校被稱為官
立學校。

早年香港政府只用少量經費補貼部分華人學校，其意圖在1850年3月8日
教育委員會的報告中有清楚的說明：「政府方面表現出推進教育事業和開
辦學校的願望，這是一種手段，意在『安撫』當地居民，使我們的政府得
到人心。」[15]

14　〈日報有裨於時政論〉，《循環日報》1874 年 2 月 6 日。

15　E. J. Eitel, 'Materials for a history of education in Hong Kong', in *China Review*, Vol. 19, No. 5, p. 318.

中央書院

經香港政府批准，1862年2月，由四所官立學校合併而成的中學——中央書院在香港開學。1889年，該校更名為維多利亞書院，1894年起改稱皇仁書院，後一校名一直沿用至今。

中央書院建立以後，未併入該校的官立學校成為中文小學，講授《三字經》、《千字文》、《幼學詩》和《大學》等中文書籍。這些學校為中央書院提供學生來源。中央書院起初分為中文部和英語部。中文部學生要學習《中庸》、《論語》、《孟子》。只有通過對這些書籍的口試，他們才能進入英語部。英語部學生以學習英語為主，此外還要學一些《五經》、《史記》等。中央書院的課程還有算術、歷史、地理等。港督麥當奴曾建議在中央書院講授科學常識，如化學、電學等。在他的推動下，該校於1869年開設了化學和幾何課。同年，該校實驗室也正式啟用。

中央書院創辦時只招收華人學生。從1867年起開始招收外國學生入學，但華人學生仍佔大多數。孫中山、何啟、胡禮垣、唐紹儀、何東、劉鑄伯等中國近代史和香港史上的知名人物都曾在中央書院讀書。

香港西醫書院

直至1887年香港才有了第一所大學專科學校——香港西醫書院（The Hong Kong College of Medicine for Chinese）。為了培養華人醫生、護士，在中國傳播醫學，孟生博士（Dr. Patrick Manson）等一批外籍醫生在何啟的參與下，發起創辦香港西醫書院，得到香港政府支持。該校為五年制醫學院，1887年10月1日在香港大會堂宣告成立。

香港西醫書院的課程設置與英國各醫科學校相似。西醫書院成立之前，中國內地已有兩所傳授西方醫學知識的學校；一為1866年美國人開辦的廣州博濟醫院附設南華醫校；一為1881年李鴻章等在天津開辦的醫學館。但

就師資力量和教學水準而言，香港西醫書院超過了上述兩所學校。

中國偉大的革命先行者孫中山是香港西醫書院的首批學生之一。他學習勤奮，成績優異。在1887年同時入學的12人之中，到1892年能夠畢業的僅剩孫中山、江英華兩人。

教育發展概況及評價

十九世紀中葉英國佔據香港島以後近六十年內，香港教育事業逐漸有所發展。1848年，香港僅有三所官立學校和為數不多的幾所教會學校。1873年發展為30所官立學校，6所接受政府補助的學校，合計36所。1900年則有13所官立學校，97所接受政府補助的學校，合計110所。教育經費在每年財政總支出中所佔比例，1853年為0.3%，1863年為1.07%，1873年為2.14%，1883年為3.08%，1893年為4%，1900年為2.2%。但是，由於英國割佔、租借的地區不斷擴大，香港經濟不斷發展，人口迅猛增加，無論學校數量或經費都遠不能適應社會發展的需要，大批學齡青少年被排斥在學校大門之外。例如，1867年，香港6—16歲的青少年12,400人中，有10,800人未能入學，佔學齡青少年的87%。1900年，香港5—15歲的青少年33,868人中，24,368人未能入學，佔學齡青少年的72%。這些失學青少年絕大多數是華人子弟。

關於十九世紀港英當局辦學培養中國學生的動機，香港教育委員會1902年報告中的幾段話值得注意：

從大英帝國的利益着眼，值得向所有願意學習英語和西方知識的中國青年提供這方面的教育。如果所用經費不多，即令他們不是本殖民地居民，也值得這樣做。

……

皇仁書院900名孩子大部分屬於這一類型：在內地他們自己的學校學習

中文以後，他們被學習英語的便利條件吸引到本殖民地來。他們與香港華
人子弟沒有區別，建議不要廢止這一政策。本殖民地的額外支出微不足道，
而英語的傳播，對我們大英帝國友好感情的傳播，使英國在華得到的收益
將會遠遠超過這筆費用。[16]

這些話清楚地說明了十九世紀英國在香港辦學的動機。他們企圖用有
限的教育投資，在維護英國在華勢力方面，得到盡可能多的收益。

在香港辦學的英國人中間也有像康得黎（J. Cantlie）這樣的友好人士，
懷有幫助中國進步的真誠願望。1892年7月，他曾在西醫書院首屆畢業典禮
上發表講演說：「我們教育他們（學生），不受金錢報酬或其他補助，只
不過自願奉獻於科學尚不發達的中華帝國而已。」他還鼓勵學生「心目中
牢記一個偉大的原則——為把科學和醫術輸入中國而奮鬥」。[17]

後來孫中山投身革命活動，1896年10月在倫敦被清使館綁架，康得黎聞
訊，立即多方奔走營救，使孫中山得以獲救脫險。

十九世紀在香港接受西方教育的中國學生畢業後，有的在香港政府擔
任職員或翻譯，有的在香港或中國其他通商口岸任洋行買辦，有的到中國
某些官方機構（例如英國人控制下的中國海關）任職，另有少數人到國外
升學或謀生。1867年，香港總督麥當奴曾經宣稱：在造就可靠的職員和買辦
方面，已經有所進展。[18]可見，港英當局在香港興辦教育的主要目的大致得
以實現。

但是應該看到，在香港接受西方教育的中國學生中也不乏關心國家前
途的志士仁人，在近代中國的不同歷史時期從不同方面為中國社會的進步
作出過貢獻。容閎、何啟、胡禮垣、孫中山、楊衢雲等就是他們的傑出代

16　*Report of the Committee on Education*, 1902, p. 8.

17　*The China Mail*, 23 July 1892.

18　Anonymous, *Dates and Events connected with the History of Education in Hongkong*, Hong Kong:
St. Lewis Reformatory, 1877, p. 21.

表。香港西式學校的一些中國畢業生能為中國社會的進步作出貢獻，原因是多方面的，學校教育的影響也是一個重要因素。十九世紀末，香港西式學校開設的中學課程已有拉丁文、閱讀、作文、聽寫、翻譯、莎士比亞、算術、代數、歐幾里得幾何、三角、測量、常識、歷史、地理等。這些課程使在那些學校讀書的中國學生初步瞭解到當時西方比較先進的社會政治思想和自然科學知識。從1896年香港皇仁書院年終考試的部分內容，可以窺見香港西式學校教學情況之一斑。例如，作文考試以「對外貿易的好處」命題。歷史試題要求學生考慮處死查理一世是否正確，並充分說明自己的理由。此外，還包括詹姆士二世為何喪失王位等問題。[19]香港西式學校的教學內容、教學方法和學習環境對在那裏學習的某些華人學生西方民主思想的形成，肯定是有影響的。

19　Queen's College, Hongkong, Annual Examination, 1896, C. O. 129/271, pp. 413, 416.

第七章

二十世紀前期政治

學生時代的孫中山（約攝於18歲）

1922年香港海員大罷工取得勝利，港府被迫將工會匾額送還。（黎民偉攝）

1932年，香港醫療護理隊在上海歡送出院的十九路軍傷兵。（施正信教授提供照片）

宋慶齡（前排左三）與保衛中國同盟中央委員在香港

第一節　政治體制

　　英國管治香港期間，有關香港政治制度最重要的文件是《英王制誥》和《王室訓令》。《英王制誥》頒佈後，個別字句在1888年稍有改動，但主要內容並無實質性變化。1917年，英王喬治五世宣佈廢除1888年修訂本，並以他的名義重新頒佈。新版本的《英王制誥》除在第2條規定港督應遵守香港制定的法律外，絕大多數條款均照抄舊本。其後又經多次修訂，截至1976年共修訂九次，都是無關緊要的改動。《王室訓令》也曾多次修訂，1917年以後修改尤其頻繁，截至1980年共修11次。歷次修訂的重點是關於兩局的規模及官守與非官守議席的比例等，至於兩局的諮詢性質和港督對兩局的控制權，則從未改變。

　　二十世紀前期與十九世紀相比，港督擁有的權力並沒有根本變化。他們仍然是「僅次於上帝」的香港的最高統治者，集行政和立法大權於一身。港督的權力來自倫敦。他們在法律上只對英國政府負責，根本不用對香港市民負責。

　　行政、立法兩局的性質也無變化，仍然是港督的諮詢機構。

　　行政局議員分為當然官守議員、委任官守議員和非官守議員。1917年修訂的《王室訓令》規定，當然官守議員包括駐軍司令、布政司、律政司和庫務司（後稱財政司），後來又增加華民政務司。他們因在政府中擔任要職而當然成為行政局成員，在所有議員中地位最高。委任官守議員和非官守議員，是由港督提名，英國政府批准。香港總督不屬行政局議員，但由他主持行政局會議。

　　行政局成立後八十多年華人一直被拒於大門之外，直到省港大罷工期間，港督金文泰（Cecil Clementi）為了「緩和中國的反英情緒及鼓勵香港

華人效忠」[1]，才於1926年第一次提名英籍華人周壽臣擔任行政局非官守議員。殖民地大臣艾默里（Leo Amery）和外交大臣奧斯汀·張伯倫（Austen Chamberlain）表示異議，認為華人在保密方面不可信任。經金文泰一再請求，最後英國政府才同意這一任命，但外交部仍堅持：今後行政局議員不得閱看機密檔案。[2]

立法局議員也分為官守議員、委任官守議員和非官守議員三類，總數多於行政局議員。1917年《王室訓令》規定立法局人數為14人，此後30年中基本上沒變化，到1947年僅增加一個議席，總數為15人。

港督和立法局有一些立法禁區。1917年《王室訓令》第26條規定，除非事先得到國務大臣同意，港督不得批准下列十類法案：

（1）離婚法案；（2）撥給港督土地金錢的法案；（3）關於貨幣的法案；（4）銀行法案；（5）徵收差額稅法案；（6）與英國條約義務相違背的法案；（7）關於武裝力量紀律及管制的法案；（8）損害香港以外的英國臣民權益、財產的法案；（9）歧視非歐籍人士的法案；（10）王室曾拒絕批准的法案。以往港英當局曾制定許多種族歧視法例，1917年《王室訓令》禁止今後再制定此類法律，這是一個進步。[3]

十九世紀末，在香港已建立了較完備的行政系統，包括法院系統、輔政司署，以及涉及法律、秩序、財產保護、土地與建築管理、貿易、通訊、宗教服務、社會服務、市政服務和提供科學知識的18個政府部門。

二十世紀前期，香港政府增設了三個新的部門：1906年設立九廣鐵路局，1929年設立航空處和廣播電台。1937—1938年，任命了財政司、總會計師和庫務監督，取代了原來的庫務司，還任命了稅務監督和勞工事務主任。

1　G. B. Endacott, *Government and People in Hong Kong, 1841—1962*, Hong Kong: Hong Kong University Press, 1964, p. 146.

2　Frank Welsh, *A History of Hong Kong*, London: HarperCollins, 1997, p. 400.

3　余繩武、劉蜀永主編：《20世紀的香港》，香港：麒麟書業有限公司，1995年，頁12。

1938—1941年間，由於戰爭的緣故，香港政府臨時設置了一些職位，如1938年增設防空主任，1939年增設首席保密檢查官，1940年增設戰時稅收專員和移民主任，1941年增設防務秘書。[4]

輔政司署是香港政府架構中最重要的部門。1920年代，後來擔任總督的葛量洪曾在輔政司署工作。據他回憶，當時的輔政司署規模很小，除輔政司施勳（Sir Claude Severn）本人以外，僅有三名「官學生」出身的官員和二十幾名文員。他寫道：「當時香港的政府機構行事笨拙，極其注意瑣事。幾年後當我瞭解它的運作時，令我吃驚的是，港督、輔政司及其他高級官員竟花費了那麼多的時間，去處理一些本應由低級官員處理的小事。輔政司署也同樣過分瑣細地控制政府各部門的工作，這必定使得那些官員們極為頭痛，而事實正是如此。如果政府有許多需要認真對待的問題，這種偏重細節的愛好也許不會產生，那些官員就沒有時間去專門關注小事情了。不過當時香港在國際及地區的政治方面很少遇到需要認真對待的問題，僅存在簡單的日常行政工作。」「官學生在行政工作中處於核心地位。他們不僅在輔政司署和庫務司署擔任高級職務，同時也是警察、教育和郵政等部門的首長。」[5]

4　G. C. Hamilton, *Government Departments in Hong Kong, 1841—1969*, Hong Kong: Govt. Printer, 1969, p. 6.

5　Alexander Grantham, *Via Port From Hong Kong to Hong Kong*, Hong Kong: Hong Kong University Press, 1965, pp. 13—14.

第二節 香港與內地政局的相互影響

香港與辛亥革命運動

西方社會政治思想在香港的傳播，華商在香港的發展，以及香港處於外國統治下的特殊政治環境等種種因素，使得十九世紀末二十世紀初的香港成為清末革命運動的一個中心。

香港是孫中山革命思想的產生之地。1883年起，孫中山曾先後在香港拔萃書室、中央書院和香港西醫書院讀書，累計七年時間。這七年時間對孫中山革命思想的形成至關重要。孫中山曾回憶說：「予在廣州學醫甫一年，聞香港有英文醫校開設，予以其學課較優，而地較自由，可以鼓吹革命，故投香港學校肄業。」[6]這所英文醫校即著名的香港西醫書院。他在西醫書院的同學關心焉後來回憶說：「總理（孫中山）在院習醫科五年，專心致意於學業，勤懇非常。彼於日間習讀醫學，夜則研究中文，時見其中夜起床燃燈誦讀。但最愛讀之書乃法國革命史（藍皮譯本）及達爾文之進化論，後乃知其思想受此二書之影響為不少也。」[7]

1923年2月20日，孫中山曾在香港大學發表講演。在回答他「於何時及如何而得革命思想及新思想」這一問題時，他說：「我之此等思想發源地即為香港，至於如何得之，則我於三十年前在香港讀書，暇時則閒步市街，見其秩序整齊，建築閎美，工作進步不斷，腦海中留有甚深之印象。我每年回故里香山二次，兩地相較，情形迥異，香港整齊而安穩，香山反

---

6 中山大學歷史系孫中山研究室等合編：《孫中山全集》，第六卷，北京：中華書局，1985年，頁229。

7 廣東文物展覽會編印：《廣東文物》中冊，卷六，香港：中國文化協進會，1941年，頁431。

是。我在里中時竟須自作警察以自衛,時時留意防身之器完好否。我恒默念:香山、香港相距僅五十英里,何以如此不同?外人能在七、八十年間在一荒島成此偉績,中國以四千年之文明,乃無一地如香港者,其故安在?」在回答該問題時,他還談及對政治問題的研究。他說:「研究結果,知香港政府官員皆潔己奉公,貪贓納賄之事絕無僅有,此與中國情形正相反,蓋中國官員以貪贓納賄為常事,而潔己奉公為變例也。」[8]

孫中山的講演在某些方面脫離了歷史實際,存在片面的溢美之詞。在十九世紀的香港,大多數華人社會地位低下,備受壓迫。那裏表面上的秩序井然實際上是極少數英國統治者對沒有發言權的大多數華人進行的殖民控制。此外,從香港歷史的實際情況看,貪贓納賄是長期困擾香港社會的嚴重問題。以1897年6月2日破獲的私開賭館大案為例,就有香港警官及警察等百餘人因受賄被判刑或革職。但是,我們又不能不看到,孫中山的講演在某些方面又反映了歷史實際。康有為在《康南海自編年譜》中寫道,他在光緒五年(1879年)22歲時「薄遊香港,覽西人宮室之瑰麗,道路之整潔,巡捕之嚴密,乃始知西人治國有法度,不得以古舊之夷狄視之。乃復閱海國圖志、瀛寰志略等書,購地球圖,漸收西學之書,為講西學之基矣。」[9]康有為對香港的印象與孫中山的認識非常接近,這說明香港的城市建設和管理在當時已經獲得相當成就,使身臨其境的中國人留下了深刻的印象。孫中山把香港的進步和發展與封建統治下中國內地的停滯和落後加以比較,是很自然的事情。

1894年11月24日,孫中山在檀香山創立了中國第一個資產階級革命小團體——興中會。1895年1月下旬,孫中山抵達香港後,召集志同道合的舊友

8　中山大學歷史系孫中山研究室等合編:《孫中山全集》,第七卷,北京:中華書局,1985年,頁115—116。

9　中國史學會主編:《中國近代史資料叢刊·戊戌變法》(四),上海:神州國光社,1953年,頁115。

陸皓東、鄭士良、陳少白、尤列、楊鶴齡等人，聯合愛國團體輔仁文社的楊衢雲、謝纘泰等，建立香港興中會。1895年2月21日，香港興中會舉行成立會。該會會所設在香港中環士丹頓街13號，外懸「乾亨行」商號招牌做掩護。香港興中會會員入會時，須高舉右手對天宣誓，其誓詞為：「驅逐韃虜，恢復中華，創立合眾政府。倘有貳心，神明鑒察。」這一誓詞明確反映出他們推翻清朝封建統治、建立資產階級共和國的政治理想和奮鬥目標，體現出興中會的革命性質。

1905年8月20日，中國資產階級革命政黨——中國同盟會在日本東京宣告成立，孫中山被推選為同盟會總理。孫中山十分瞭解香港作為革命策源地的重要地位。中國同盟會成立後僅兩個多星期，1905年9月8日孫中山即委託會員馮自由、李自重前往香港、廣州、澳門等地聯絡同志，發展組織。10月16日，孫中山乘船經過香港時，在船上親自主持同盟會宣誓儀式，陳少白等一一舉手加盟。數日之後，又在《中國日報》社四樓舉行了正式的加盟儀式。會員們選舉陳少白為香港分會會長，鄭貫公為庶務，馮自由為書記。在香港加盟的約有百人之眾。香港分會是中國同盟會在日本以外建立的第一個分會，會所設在《中國日報》社長室。

從1895年香港興中會建立至1911年辛亥革命成功的16年間，孫中山直接策劃的南方十次武裝起義，就有六次是香港興中會和同盟會香港分會以香港為基地秘密發動的。這六次武裝起義是乙未廣州之役、庚子惠州之役、潮州黃崗之役、惠州七女湖之役、廣州新軍之役和廣州「三・二九」之役。此外，興中會會員謝纘泰策劃的洪全福廣州之役也是以香港為基地進行的。

在上述七次武裝起義當中，香港既是指揮和策劃中心，又是經費籌集與轉匯中心、軍火購製與轉運中心、海內外革命同志的聯絡與招募中心，也是每次起義失敗後革命黨人的避難場所。

例如，乙未廣州之役是孫中山、楊衢雲、謝纘泰、黃詠商、何啟等在香港「乾亨行」、杏花樓酒家等地秘密策劃的。起義主力香港特遣隊的骨

幹是在香港招募的。手槍一批是楊衢雲從一家香港商行購買，裝入五個水泥桶偽裝貨物交省港班輪運出的。

又如，驚天動地的廣州「三・二九」之役（亦稱黃花崗之役），也是在香港發動的。大概辛亥正月，黃興在港分別召集留日黨人和國內各地黨人前來香港待命出發。到2月期間，應召前來的黨人已達數百人之多。為了統籌兼顧，在香港跑馬地35號設立了革命軍統籌部，黃興為部長，趙聲為副。到3月初，各地愛國華僑捐款陸續匯到香港。有了經費，統籌部即着手在香港、日本、越南等地購買軍火。由國外購買的軍火，先運往香港，然後轉運廣州。因為炸彈殺傷力大，造價也低，革命黨人將其當作一種主要武器。他們在香港擺花街設立實行部，專門製造炸彈，並在九龍海邊荒灘進行試驗。4月8日，統籌部在香港總機關召開發難會議，議決分十路在廣州發起進攻。發難計劃確定後，由香港向廣州運送軍火的工作更加緊張地進行起來。革命黨人在香港鵝頸橋開設一家頭髮公司，在廣州設兩家分號，用小包飾為頭髮運送子彈。西貢到港槍械，藏在鐵床妝台及花盆運往廣州。楊光漢偽裝鉅賈，多次攜帶槍械闖關。參戰的革命黨人亦分批從香港潛入廣州。此次**轟轟**烈烈的起義失敗後，香港同志派人赴省城處理善後：撫恤烈士遺屬，延醫給費治療受傷志士，設法保存未被發現的軍械，遷易舊時機關等。到港起義志士也酌發川資分散。

儘管革命黨人在香港發動的各次武裝起義皆未取得成功，但他們前仆後繼的獻身精神和大無畏的英雄氣概，對於喚起民眾反抗封建專制統治，曾產生過巨大的影響。

香港曾是資產階級革命運動的宣傳重地，革命黨人創辦的第一家報紙《中國日報》即誕生在這裏。乙未廣州之役失敗後，孫中山、陳少白等流亡國外。後來，為了「用文字鼓吹革命」，陳少白於1899年秋回到香港，租定中環士丹利街24號為報館發行所，取「中國者中國人之中國」之義，定報名為《中國日報》。所用印刷機器、鉛字由孫中山在橫濱購辦運往香港。1900年1月25日，《中國日報》正式出版。該報社先後成為興中會、同盟會

和國民黨初期的宣傳機構。辛亥革命後報社遷往廣州，1913年軍閥龍濟光攻佔廣州後，該報被其封禁停版。

香港曾經是革命經費籌集和轉匯之地，香港華商在財政方面對資產階級革命運動作出過重大貢獻。為支持發動乙未廣州之役，黃詠商售其蘇杭街洋樓一所，得款8,000元，充作軍費。日昌銀號東主余育之亦曾捐助軍餉萬數千元。為支持發動惠州之役，李紀堂捐助的革命經費在二萬元以上。他捐資最多的一次是洪全福廣州之役，他承擔了全部軍餉50萬元。經過此役之後，李紀堂家道逐漸中落，日形拮据之象。香港《中國日報》開辦之後，多次出現經濟危機。幸虧李煜堂、李紀堂、林直勉等慷慨斥資支持，才使該報度過經濟難關，長期開辦下去。

香港作為革命經費轉匯之地的作用，在同盟會時期尤為明顯。海內外籌集的革命經費源源匯往中國日報社代為處理。從廣州「三·二九」之役至南京臨時政府成立，所有海外匯輸的革命經費，皆匯往南方支部指定的香港文咸東街金利源藥材行轉李海雲收。

新界原居民亦對辛亥革命運動做出過自己的貢獻。葉定仕（1879—1943年）是新界原居民中貢獻最大的辛亥革命元老。他出生在粵港邊境蓮麻坑村一個貧苦的客籍農民家中，年輕時被「賣豬仔」到暹羅曼谷做裁縫學徒。出師後因手藝高超，受到暹羅王室女士們好評，並得到暹羅王室一位公主青睞，與其結婚。 葉定仕在異國他鄉逐漸成為了擁有一定財富和較高社會地位的僑領之一。

1907年愛國華僑蕭佛成、陳景華、余次彭、葉定仕等18人在孫中山先生親自主盟下，成為了中國同盟會暹羅分會第一批會員，後來葉定仕被推選為會長。1909年，暹羅同盟會響應孫中山號召，在暹京曼谷組織光復雲南機關，葉定仕負責財務工作，並曾營救被暹羅警方逮捕的革命同志。1911年廣州「三·二九」起義失敗之後，葉定仕派出三百餘人回國參加革命工作。葉定仕在籌款支持革命黨人武裝起義方面貢獻良多。由於他和同盟會暹羅分會其他會員的共同努力，在孫中山領導的南方十次武裝起義中，暹羅、

越南捐款居各地捐款數額之首。1910年圖攻雲南之役,自籌備至失敗之日,共用去三萬餘銖,同志捐款及同盟會存款約二萬餘銖,其餘由葉定仕一人承擔。1911年廣州「三‧二九」起義失敗之後,同盟會派王獅靈來暹羅指導、磋商光復廣西。籌款時,葉定仕率先贊助一千銖。葉定仕傾家蕩產支持革命黨人的武裝鬥爭,以致家道中落,生活陷入困境。1914年孫中山改組國民黨為中華革命黨,發動討袁鬥爭。葉定仕積極回應孫中山號召,加入了中華革命黨,與林海山、鍾子均等人在廣州參加組織北江民團,編集討袁軍,與鄧鏗聯絡,配合倒袁運動。[10]

1911年10月10日,湖北新軍中的文學社和共進會等革命團體發動武昌起義,揭開了辛亥革命轟轟烈烈的一幕。武昌起義的勝利在全國引起了連鎖反應,各省革命黨人紛紛起來響應。迅猛發展的革命形勢,在香港華人中也引起了強烈的反響。

1911年11月6日,香港一家中文報紙收到一則後來證實並不真實的消息,聲稱北京已經易幟,滿人已經逃遁。這個消息使平靜的香港頓時沸騰起來。香港華人欣喜若狂地湧上街頭舉行慶祝活動。鞭炮聲震耳欲聾,歡呼聲經久不息,革命黨人的旗幟到處揮舞。在香港燃放鞭炮是違法的,但這次千家萬戶燃放鞭炮,遍及香港各地,使得港府無法制止。

11月9日,廣東宣佈共和獨立。10日,著名革命黨人胡漢民由香港抵達廣州,就任廣東都督。在廣東光復後成立的軍政府中有不少香港知名人士擔任重要職務。例如,李煜堂為財政部長,伍廷芳為外交部長,陳少白任外交部副部長,何啟、韋玉為總顧問官,李紀堂、陳少白為樞密處成員。廣東軍政府成立時,面臨嚴重的財政困難。兩廣總督張鳴岐逃跑時挾資而去,官庫極度匱乏,軍隊給養、政府開支均無來源。軍政府派李煜堂到香港聽取華人領袖的建議,並尋求金錢援助。港商踴躍墊支,籌得款項約

---

10 劉蜀永、蘇萬興主編:《蓮麻坑村志》,香港:中華書局(香港)有限公司,2015年,頁 225—227。

一百萬元。聽到廣東宣佈共和的消息後，香港華人於11月12日（星期日）再次關閉店舖、湧上街道興高采烈地舉行慶祝活動。據香港《孖剌報》估計，這次慶祝活動，僅燃放鞭炮即花費了十萬港元。

香港華人對武昌起義成功和廣東光復的強烈反響使得香港英國當局坐臥不安。面對大多數香港華人同情和支持革命的現實，他們不得不對華人舉行慶祝活動的要求做出某些讓步。同時，他們又採取種種措施控制局面，並公開出面干涉，以防止革命形勢的發展影響到英國對香港的殖民統治。11月6日，香港華人首次舉行慶祝活動時，港督盧押即命令警察巡邏隊嚴陣以待、加緊巡視。11月19日，他又在督憲府召集何啟、韋玉、劉鑄伯、謝纘泰等12名華人領袖開會，表明港府對與辛亥革命有關的種種問題之態度。盧押聲稱，他並不敵視這場運動，但華人領袖應事前將他們擬採取的行動通知港督，看是否超越了香港政府指定的界限。他還表示反對關心所謂「純粹的中國政治事務」，不允許放置標語，不允許廣州國民政府派遣正式代表來港，或公開認捐支持革命。

五四運動在香港

1918年11月，以英、法、美為首的協約國和以德國為首的同盟國簽訂停戰協定，持續四年之久的第一次世界大戰最終以同盟國的失敗而宣告結束。翌年1月，旨在解決戰後和平問題的會議在法國巴黎召開，中國以「戰勝國」的身份派代表出席了大會。會上，中國代表提出廢除外國在華特權、收回德國在山東的權利、取消不平等條約「二十一條」等多項要求。但是，在英、法，美等國的操縱下，大會拒絕了中國代表的要求，並無理決定由日本繼承德國在山東的特權。5月4日，當北洋政府準備在「和約」上簽字的消息傳出後，北京爆發了反帝愛國學生運動。

北京的五四愛國運動得到了全國各地的熱烈響應。在這場運動中，香港同胞的愛國之心並不亞於內地同胞，他們面對香港政府的殖民統治，衝

破重重阻力，作出了積極反應。

五四運動的消息傳至香港後，香港學界首先展開行動。香港學生王之方、楊師騫、陳君葆等208人聯名向北洋政府發出通電，對北京學生的愛國行為表示聲援。電文如下：

青島瀕危，同深哀憤。務懇急電陸專使，據理力爭，萬勿簽字；並請廢除中日前後密約，一洗奇恥。曹章賣國，舉國嘩恨。北京學生，迫於義憤，致有本月四日之舉。乃報載將解散大學，並處被捕學生以死刑。如果施行，則人之愛國具有同心，誠恐前赴後繼，殺不勝殺。因懇躅寢原議，迅予釋放。學生幸甚，大局幸甚。世隆公理，豈懾強權，國不淪夷，尚支士氣。臨電悲籲，淚血與俱。[11]

與此同時，香港各漢文私立學校的語文老師紛紛在講壇上慷慨陳述國恥，以啟發學生的愛國之心；有些老師以提倡國貨、抵制日貨作為作文的命題，讓學生勿忘國恥。許多學校還紛紛採用具有提倡國貨、抵制日貨內容的上海會文堂出版的《初等論說文範》作為教材。[12]

五四運動爆發後不久，香港各大中文報紙便接到香港政府華民政務司的警告：報導新聞，評論文章，必須「慎重公平」，不准煽動抗日愛國，妨礙治安，也不准提「帝國主義」之類的詞語。迫於港府的壓力，香港的許多中文報紙在對五四運動的報導上大都持低調態度，但是也有一些報紙敢於突破港府的禁令，發表文章，聲援北京的學生運動和宣導精神救國，顯得彌足珍貴。

5月28日，香港《華字日報》發表了題為〈可憐可敬之北京學生〉的社評，對北京的愛國學生運動給予了高度評價：「此次北京學生，奮起擊

---

11 〈香港中國學生致政府電〉，蔡曉舟、楊亮功編：《五四——第一本五四史料》，台北：傳記文學出版社，1982 年，頁 139—140。

12 陳謙：〈五四運動在香港的回憶〉，《廣東文史資料》，1979 年第 24 輯。

賊，愛國熱誠，中外同欽。此誠我國學生界唯一之光榮，抑亦黃祖在天之靈之所默相者歟！」社評呼籲全體國人積極行動起來，投身至愛國救亡的行列，「下最後之決心，以為我學生之後盾」，「誓雪國恥，以與我學生作一致之行動」。5月29日，該報再次發表題為〈精神救國論〉的社評，針對當時流行的振興國貨以救危亡的理論，從更高層次提出了精神救國的主張。社評指出，救亡「決非集一會，拍一電，做一篇大聲疾呼、痛哭流涕之文章，遂足畢乃事也」。為此，該文提出，「國民誠有志於救國者，不可不先鼓勵其救國之精神，而使之有繼續性，有永永不變性；而欲謀此救國精神之繼續之永永不變，不可不先改造我國之國民性。必如此而後始可以言救國，亦必如此而後始可以言振興國貨以救國」。

上述言論反映了當時多數港人心繫祖國的愛國熱誠，正是受這種眷眷愛國之情驅使，身處殖民統治下的香港各界同胞自發行動起來，對發生在中國內地的這場愛國救亡運動做出了積極的回應。

第一次世界大戰期間，由於西方各國忙於歐戰，日本商人趁機湧入香港經商，一時間日貨充斥香港市場，在灣仔一帶出現了許多日本人經營的商店。當時，日本在香港的僑民人數遠遠超過歐美各國。由於英日同盟的關係，香港政府對日本商店及僑民特別加以保護，把日本人視作高人一等。日本帝國主義對國家的欺凌早已使香港市民忿然於心，隨着五四運動爆發，蘊藏市民心中的反抗情緒終於轉發成一場自發的反日行動。

當時居住在灣仔的市民蜂擁至日本商店門前舉行示威，他們高呼抵制日貨的口號，並且投擲石塊，將商店的櫥窗搗毀。警察聞訊前來制止，但旋制止旋發生，連續數小時不停。警察不得已勸日人緊閉門戶，暫停營業，並勸日僑待在家內，以避免不測。市區內一時間出現了大批傳單，號召人們振興國貨，抵制日貨。部分學生將家中的日貨搬至中環擺花街及荷李活道鄰近香港中環警署的地方，當眾焚毀。就連家庭主婦也拒不使用一種日本出產的火柴。香港的許多華商則紛紛在會所集會，議決提倡國貨。各大華資公司如先施、永安、大新、真光等則對外發佈宣言，稱今後必多

採辦國產絲綢和蘇杭雜貨，並歡迎各界人士到公司檢查有無「仇貨」。一時間國貨在香港大行其道。據《華字日報》報導，香港自1919年5月份以來，「土布日形暢銷，據各販賣土布土貨之商人言，近日市上土貨大有求過於供之勢，各大公司現亦陸續定購大幫土布及各項國貨來港應客」。[13]

反日浪潮令香港政府非常緊張，為防止事態擴大，他們立即採取緊急措施，命令全體警察無論英警、印警、華警一律停止休假，由一名英警統領印警、華警各兩名組成數個小分隊，全副武裝，在灣仔日人商店門口及附近街道日夜站崗巡邏，對日僑嚴加保護。香港警司同時下令各出巡警察，如在街上及公眾場合發現有張貼傳單和鬧事者，立刻予以逮捕。而日本當局方面則派出「長門」、「陸奧」、「扶桑」三艘新式巨型戰艦，停泊鯉魚門外，將炮口對準香港，以示恫嚇。同時，日本駐香港領事照會香港教育司，要求禁止香港各中文學校使用上海會文堂出版的、有反日內容的《初等論說文範》作為課本。香港政府為此特命令中文視學官到各中文學校檢查示禁，並派警察到各書肆查抄此書。在香港政府的壓制下，遍及全港的反日浪潮逐漸走向了低潮。

席捲全國的五四運動既是一場反帝愛國的運動，更是一場反封建的思想革命。五四運動對於香港社會的影響，主要表現在反帝愛國的社會政治運動方面。各界民眾所發起「抵制日貨」運動充分展現了香港市民強烈的民族認同感和愛國熱情。部分愛國學生更開始自發行動起來，解囊捐款，租地開辦「義學」，向貧苦兒童教授知識，傳播愛國思想。各行業工人也逐漸覺醒，開始團結起來，組建起自己的工會，並在香港政府登記立案。香港海員工會、同德工會等，便是這一時期的產物。所有這些，均為後來香港市民發動更大規模的反帝愛國行動準備了條件。然而，作為一場思想文化革命，五四精神對香港的影響卻非常遲緩與微小。長期以來，英國殖

13　《華字日報》1919 年 5 月 31 日。

民當局為維護其在香港的殖民統治，在香港的文化教育方面，一直採取抑制中文教育的政策，而且在中文教育上則又以鼓吹「尊孔讀經」來適應其殖民統治的需要，敵視與禁止新思想和新文化的傳播。由於港府的阻撓，香港的新文化運動遲至1920年代末期，才在內地及香港本地學人的共同努力下逐步推展開來。

香港海員大罷工

第一次世界大戰結束以後，受內地民族革命思潮的影響，香港華人的民族覺悟也相對提高，蓬勃發展的香港工人運動便是這方面的一個例證。1920年代，香港先後爆發了兩次大規模的罷工運動——香港海員大罷工和省港大罷工。這兩次罷工都體現出內地與香港休戚與共的密切關係。

第一次世界大戰結束以後，由於戰爭的破壞，歐洲經濟出現大衰退，香港商人利用這一空檔，積極開拓遠東市場。香港進入了一個經濟繁榮時期，湧現出大批工廠企業。經濟的發展造成勞動力需求增長，促成工人力量的迅速壯大。然而，伴隨着經濟增長的是物價上揚。通貨膨脹使當時香港工人的生活水準下降，甚至陷入困境，他們迫切需要增加工資，以維持基本生活所需。而最早提出增加工資的是海員工會。

海員是香港最早出現的產業工人之一。他們大都出身貧寒，在船上從事各種繁重的體力勞動，工資待遇卻甚為低廉。他們遭受着外國船東與包工頭的雙重剝削，一直過着饑寒交迫的生活，還經常飽受失業的痛苦。

因此，早在1915年，部分香港海員便在太平洋的一艘商船上成立了一個互助公益性組織「中華海員公益社」，並在日本橫濱設立通訊處。1917年，「中華海員公益社」改組為「中華海員慈善會」，在香港設立總部並向香港政府立案。此時的海員組織仍屬一個互助性的組織。1921年3月，受內地革命思潮的影響和孫中山的大力支持，「中華海員慈善會」正式改組為具有現代意義的工會組織，由孫中山命名為「中華海員工業聯合總會」，會

址設於香港中環德輔大道中。

海員工會成立後，立即着手為海員爭取加薪。1921年5月，海員工會幹事部決定向各船務公司提出加薪要求。為此，6月初海員工會專門成立了一個「海員加薪維持團」，處理加薪事務。同時，海員工會也積極進行罷工的準備，決定加薪要求一旦被拒，立即展開罷工。

1921年9月，海員工會正式向各船務公司提出三項要求：一是增加工資。二是工會有權介紹海員就業。三是簽定僱工合同時，工會有權派代表參加。但是，資方對此未予理睬。同年11月，海員工會再次提出上述要求，這時資方非但對工會的要求置之不理，還給外籍海員增加了15％的工資，此舉激起了華籍海員的公憤。當1922年1月12日資方第三次拒絕海員工會提出的加薪要求後，忍無可忍的香港海員終於在13日舉行了大罷工。

海員工會組織領導的這次大罷工一開始便贏得了絕大多數香港海員的支持。最初參加罷工的船隻約有九十多艘，共一千五百多名海員。但是，不到一週，參加罷工的船隻和海員就分別增到了123艘和六千五百多人。所有抵達香港的船隻，來一艘停一艘，船上海員馬上參加罷工。罷工迅速蔓延到汕頭、海口、江門、上海，甚至到新加坡。從香港開往各港口的輪船一經靠岸，香港海員就紛紛登岸罷工。在海員工會的周密組織下，在香港參加罷工的海員立即分批返回廣州。

海員大罷工也得到了廣東各界人士，特別是廣州護法軍政府的支持，其矛頭實際上指向了香港政府的統治。罷工的海員抵穗後，廣州政府支持和協助海員工會，在安置罷工工人和提供給養上做了大量工作。為了緩解罷工經費的緊張，廣州政府還每日借出數千元，前後計約十萬元，從經濟上接濟罷工工人。廣州政府的支持是罷工最後取得勝利的重要保證。

海員大罷工的爆發給香港造成了巨大影響。由於絕大多數海員先後加入到罷工的行列，香港的海上交通幾乎完全斷絕，對外貿易陷於停頓。罷工的海員在廣州更組織糾察隊封鎖香港，切斷了香港日常生活必需品的供應，造成香港物價驟升，市面一片混亂。香港政府對此極為恐慌。港督司

徒拔（Reginald Stubbs）在向英國殖民地部報告罷工形勢時說：「形勢有些嚴峻，因為海員罷工不單純是一場經濟運動，而是一場政治運動」，「其最終目的無疑是迫使英國人撤出香港」。[14]因而，從罷工開始香港政府便試圖採取高壓手段，以鎮壓大罷工。罷工爆發後，香港政府馬上頒發了戒嚴令，同時派出大批軍警上街維持秩序。對罷工工人所提要求，香港政府則與各船務公司的船東聯手，堅不讓步。為達到破壞和瓦解罷工的目的，香港政府還派人在上海、印度、菲律賓等地招募新海員，以取代罷工者。但海員工會對此早有準備，專門成立了「防護破壞罷工隊」，阻止招募新工來港。

在海員罷工的推動下，1922年1月底，香港的運輸、碼頭和煤炭等行業工人舉行了罷工。到2月初，香港參加罷工的人數已達三萬人。深陷困境的香港政府此時採取措施，再次向罷工工人施壓。2月1日，港府以海員工會「運動其他工人罷工」，「危及香港之治安與秩序」為名，悍然宣佈海員工會為「非法團體」，派軍警予以查封，並強行搶走「中華海員工業聯合總會」的招牌。不久，香港政府又查封了海陸理貨員工會、同德工會、集賢公會等三家參與罷工的工會，拘捕了幾名工會辦事人員。

罷工進行至2月中旬，香港海域因罷工而滯港的外洋貨輪總數已達166艘，共28萬多噸，各船所載貨物不能起卸，船東為此而蒙受巨大損失。除船務公司外，其他洋行商戶的生意也是一落千丈。[15]罷工使香港政府不但在經濟上遭受沉重打擊，而且在政治上更是陷於危機。海員罷工期間，香港各界華人團結一致，與港府採取了不合作態度。港府為此驚呼：隨着鬥爭的持續，種族因素日趨顯著，該因素在整個事件的背後一直發揮着重要的

14　Governor Stubbs to Secretary of State, 28 February 1922, 7 March 1922, C. O. 129/474, pp. 163,176.

15　中國勞工運動史編撰委員會編：《中國勞工運動史》第 1 冊，台北：中國勞工福利出版社，1958 年，頁 186—188。

作用」。[16]

在罷工的打擊下，香港政府只好放棄高壓手段，派人出面調停。他們先後派出香港的華人船東和東華三院的商紳出面與海員工會磋商。海員工會也派出代表蘇兆徵等人來香港談判。談判中，海員工會代表提出應以維持原來加薪要求、恢復海員工會，釋放被捕工會人員為先決條件。港府方面卻不肯公開承認錯誤，反要求工會代表「先行復工，再談條件」，缺乏起碼誠意，調停遂告失敗。

香港政府對解決罷工的態度在香港引起公憤，香港各工會組織隨即召開聯席會議，一致議決加入罷工行列。2月底，香港其他各行業工人不顧香港政府的阻撓，陸續舉行罷工，支持海員工人。參加罷工的有飲食、旅館、輪渡、印刷、報館、電車、銀行和郵局等各業工人，甚至連外國人家中的僕役、轎夫及園丁也參加了罷工。到3月初，全香港參加罷工的人數已達十萬人。大罷工造成整個香港交通中斷、生產停頓，商店歇業。為對付突如其來的罷工狂潮，香港政府採取緊急措施，再次頒佈戒嚴令，並出動軍警進行鎮壓。

3月4日，在沙田，港英軍警為阻止罷工工人徒步返回廣州，竟向罷工工人開槍射擊，造成罷工工人五死七傷，釀成震驚全國的「沙田慘案」。此舉更激發了廣大港人的反抗，罷工規模進一步擴大，香港的社會經濟陷於癱瘓。

至此，香港政府已是山窮水盡，無計可施，只好指派華民政務司到廣州，和廣州沙面的英國領事一起，要求廣州政府出面調停。在廣州政府的協調下，海員工會派出林偉民等四名代表赴港談判。3月5日，雙方最終達成協議，香港政府同意海員工會提出的條件，增加工資15%至30%，恢復原有工會，釋放被捕工人，撫恤沙田死難者每人一千元等。3月6日，香港

---

16 Report on the Strike, 14 March 1922, C. O. 129/474, p. 245.

政府發表特別公報，宣佈取消「中華海員工業聯合總會」為非法會社的命令，派人送回海員工會的招牌。

　　1922年3月6日下午，在一片歡騰的鑼鼓聲與爆竹聲中，香港海員工人迎來了一個歷史性的時刻，被港府強行摘去的海員工會招牌又高高地掛回原處。堅持52天之久的香港海員大罷工最終以工人的全面勝利而告結束。

省港大罷工

　　1925年5月30日，上海學生二千餘人舉行遊行示威，抗議日本紗廠資本家槍殺工人領袖顧正紅，並號召收回租界，結果被英國巡捕逮捕百餘人。後群眾萬餘人齊集英國巡捕房門口，要求釋放被捕學生，竟遭英國巡捕開槍屠殺，群眾死傷數十人。這就是震驚全國的五卅慘案。五卅慘案引發了全國範圍的反帝愛國運動，而其中規模最大、影響最深、持續時間最長的當屬省港大罷工。

　　在香港，各界同胞驚悉英國巡捕在上海的行為，無不憤慨。當時全港共有一百四十多個工會，組織分散，但五卅慘案後，各工會紛紛作出回應，並迅速統一起來。6月上旬，全國總工會的代表召集香港各工會組織舉行聯席會議，動員罷工，「罷工公然竟在此次會議上無異議通過，還通過罷工宣言與罷工要求」。在隨即舉行的第二次聯席會議上，成立了罷工的統一指揮機構「全港工團聯合會」。經過周密準備，6月19日晚，大罷工終於在香港爆發。[17]

　　率先行動的是香港的海員、電車和印務工人，其他工人相繼而起。罷工工人依照海員罷工的先例，搭乘火車、輪船陸續離開香港，返回廣州。6月21日，全港工團聯合會發表了罷工宣言，宣佈誓與帝國主義決一死戰。

17　鄧中夏：《鄧中夏文集》，北京：人民出版社，1983年，頁610—612。

宣言同時向港英當局提出六項要求，爭取華人的政治權利、法律平等和勞動生活條件的改善等。[18]在廣州，沙面英法租界的華工也於21日開始罷工。

6月23日，廣東各界群眾和省港罷工工人共十萬人舉行示威大遊行。遊行隊伍行至沙基時，對岸沙面租界的英法水兵竟用機槍向遊行群眾掃射，造成52人當場死亡、一百七十餘人重傷的「沙基慘案」。消息傳到香港，民情更為激憤，罷工規模進一步擴大。原本存觀望態度的工人也陸續加入罷工的行列，先後共約二十五萬香港工人參加了大罷工。

為了更有效地發揮罷工工人的力量，中華全國總工會於6月26日召開香港、沙面各工會代表大會，並於7月3日在廣州成立了省港兩地統一的罷工領導機構「省港罷工委員會」，由蘇兆徵任委員長。罷工委員會下設幹事局、財政委員會、工人糾察隊、會審處、法制局等。最高決策機構為罷工工人代表大會，由各行業罷工工人按人數比例選出八百多人組成。代表大會隔日舉行一次。

罷工開始後，為了從經濟上打擊港英當局，罷工委員會宣佈對香港實行經濟封鎖。罷工委員會為此組織了一支多達二千餘人的工人糾察隊，負責維持秩序，封鎖香港、沙面交通，及查緝走私。

起初，罷工委員會實行全面抵制的政策，任何國家的船隻均禁止進出廣東各口岸，對一切洋貨均予以抵制。但後來發現，這樣做雖封鎖了香港，卻也給自己造成種種困難。為集中力量打擊英國，罷工委員會決定轉變策略，提出「單獨對英政策」，實行「特許證」制度，規定「凡不是英國貨英國船及經過香港者，可准其直來廣州。」[19]這一策略的實施，不但沉重打擊了英國，而且對在華外國勢力起了分化瓦解的作用，同時也解除了廣東的經濟困難，保持了廣東商人的中立，從而將這場抗爭推向高潮。

18　中國社會科學院近代史研究所民國史研究室編：《中華民國史料叢稿 ── 大事記》，第 11 輯。

19　鄧中夏：《中國職工運動簡史》，北京：人民出版社，1953 年，頁 236。

在大規模、有組織的罷工與嚴厲有效的經濟封鎖雙重打擊下，香港的社會與經濟陷於一片混亂之中。從社會生活看，街道垃圾成山，市內交通停頓，對外交通完全斷絕，糧食短紬，食品價格暴漲，香港變成了「死港」、「臭港」。這場大罷工所引發的全面危機中，香港的經濟所遭受的打擊最為強烈，損失也最為巨大。

首當其衝的是香港的航運業，具體表現在進出港船隻與噸數的銳減。從統計數字看，香港在1925年下半年日平均進出港船隻僅34艘，噸位數55,819噸，與1924年同期相比，船數僅及其15％，噸位數僅及其36％。[20]香港貿易遭受的打擊更為嚴重，貿易額急劇下降。1924年秋季，香港入口貨值為11,674,720英鎊，出口貨值為8,816,375英鎊，而到1925年同期，則各銳減為5,844,743英鎊和4,705,176英鎊。[21]其中，香港的對華貿易更是一落千丈。1922—1924年間，香港對華出口的貿易額一直佔據中國整個進口額的25％，但在1925年則下降為18.6％，到1926年更銳減為11.1％。[22]

貿易的萎縮和商業的衰落，使香港的許多洋行商戶損失慘重，以至破產。據香港政府統計，僅在1925年11—12月兩個月內，破產商號店舖便達三千多家。[23]危機也直接影響到香港的金融業。罷工後，香港各銀行存款斷絕，提款猛增，並進而引發擠兌風潮。許多中小銀行因經不起如此沉重打擊而宣告倒閉。商界的恐慌直接影響了香港的股票交易，並造成股票價格暴跌，以致於香港政府在6月底被迫下令暫時關閉股市。[24]此外，由於大量罷工工人和居民紛紛離港，香港的房地產業也遭重創，屋租與地價大幅度

20　廣東哲學社會科學研究所歷史研究室編：《省港大罷工資料》，廣州：廣東人民出版社，1980 年，頁 685。

21　廣州《民國日報》1926 年 1 月 30 日。

22　C. F. Remer, *A Study of Chinese Boycotts*, Baltimore: John Hopkins Press, 1933, pp. 123—124.

23　鄧中夏：《中國職工運動簡史》，頁 232。

24　Governor Stubbs to Secretary of State, enclosure, 30 October 1925, C. O. 129/489, p. 431.

滑落，「商業區降低到三分之一，居民區跌至三分之二」。[25]

香港政府的財政收支也因罷工封鎖陷於困境。受此影響，港府在1925年度財政赤字高達500萬元以上，為度過財政危機，香港政府向英國政府借款300萬英鎊。[26]

省港罷工爆發時，正值港督司徒拔（Reginald Stubbs）任上，面對突如其來的罷工風潮，司徒拔表現得態度強硬。他首先採取了一系列緊急措施，以圖穩定殖民統治秩序，並打擊大罷工。

6月21日，司徒拔頒佈緊急戒嚴令，宣佈香港進入緊急狀態。與此同時，港府出動大批軍警和裝甲車上街巡邏，搜捕罷工領袖。港府還頒發法令，限制香港居民離境。居民如確需出境者，要有相當的店舖具結擔保，違者判處遞解出境15年。香港政府同時宣佈，對鼓動罷工者予以嚴懲，並揚言恢復使用已棄絕多年的鞭笞刑罰。[27]此外，港府還宣佈，對香港的中文報紙、郵件和電報實行審查制度。據此規定，凡香港的中文報紙刊登新聞，必須事先通過港府的新聞檢查，對涉及罷工的郵件和電報，港府一律扣留，不予轉發。

由於採取了上述措施，香港政府暫時穩住陣腳，勉強維持住對香港的殖民統治，但是，卻依然不能打破罷工工人對香港的封鎖，無法從根本上改變困境。於是，港英當局便頻繁地上書倫敦，敦促英國政府採用武力，以鎮壓罷工運動。

在發給英國殖民地部的電報裏，港督司徒拔稱：香港所發生的罷工事件，是一場俄國人煽動和領導的共產主義運動，而並非是一場排外運動和民族主義運動，其目的是摧毀香港的貿易和經濟。唯一的解決途徑就是由

25　廣東哲學社會科學研究所歷史研究室編：《省港大罷工資料》，頁 764。

26　Amery to Collins, telegram, 24 September 1925, C. O. 129/489, p. 230.

27　Governor Stubbs to M. P. Amery, 26 June 1925, 10 July 1925, C. O. 129/488, pp. 468, 530.

列強實行武裝干涉。[28]為達到瓦解罷工的目的，香港政府在香港先後與西南軍閥唐繼堯、粵系軍閥陳炯明和直系軍閥吳佩孚派來的特使舉行了秘密會談，策劃武力推翻支持罷工的廣州國民政府。港督司徒拔為此特向英國政府建議，英國應對陳炯明提供經濟援助，利用陳的力量推翻廣州國民政府，以結束罷工。[29]

然而，司徒拔的武力解決主張卻在英國政府那裏碰了壁。1920年代初期，英國政府鑒於其在華地位的衰落和中國國內政局的動盪，決定在華採取一種靜觀中立的政策。省港罷工爆發後，面對中國政局的動盪和香港所出現的危機，英國政府曾多次開會研究對策，但最後得出的結論是，對華發動一場大規模的軍事行動極不現實，英國應繼續在華奉行靜觀中立的政策。[30]英國在處理省港罷工問題的立場是，英國在香港的局部利益應服從於英國在華的整體利益。因此，英國政府對港督司徒拔一再違背對華政策、力主干涉的舉動大為不滿。英國政府認為，在英國無力用強動武的局勢下，司徒拔的好戰態度不利於罷工問題的解決。於是，在1925年10月，英國政府將司徒拔調離香港，選派金文泰（Cecil Clementi）擔任新一任的港督。

1925年11月，第17任港督金文泰正式抵港履新。金文泰早年畢業於英國牛津大學，曾在香港政府供職達14年之久，會說國語和粵語，喜好中國傳統文化，是個有名的中國通，英國政府之所以選擇金文泰，正是看中其熟知華人社會和多年的殖民統治經驗。

在如何解決罷工危機上，金文泰上任伊始便一改其前任之所為。他認為，英國政府既不能憑武力加以解決，那麼談判將是唯一的出路。因此，上任後不久，金文泰便對外作出姿態，表明香港政府希望通過談判解決罷

28　Governor Stubbs to M. P. Amery, 26 June 1925, C. O. 129/488, p. 455.

29　Governor Stubbs to M. P. Amery, 26 September 1925, C. O. 129/489, p. 241.

30　Edmund S.K. Fung, *The Diplomacy of Imperial Retreat—Britain's South China Policy, 1924—1931*, Hong Kong: Oxford University Press, 1991, pp. 61—65.

工。11月12日，金文泰首先在香港大學發表的一次演說中向廣東方面發出
和平資訊。其後，金文泰又分別致信廣州國民政府主席汪精衞和廣州市長
伍朝樞，正式提出願意通過談判來解決罷工。[31]11月20—25日，應香港華
商的邀請，廣州商界代表團訪問了香港。香港政府特派代理輔政司弗萊徹
（G. M. Fletcher）出面隆重接待，並趁機對外宣佈，港府擬任命遮打（Paul
Chater）、賓那（D. G. M. Bernard）、周壽臣、羅旭龢為全權代表，赴廣州
磋商解決罷工問題。[32]

　　此時，罷工的形勢已經發生變化。省港大罷工沉重打擊了英帝國主
義，在罷工的影響與帶動下，廣東的革命形勢空前高漲，經濟發展迅速，
財政收入大增，罷工取得了重大成果。然而，隨着罷工的持續進行，也產
生了一些問題。首先，從全國革命形勢看，各地為聲援五卅慘案而發起的
革命運動已基本結束，廣東處於孤身作戰的境地。其次，維持罷工所需費
用甚鉅，財政負擔很重。考慮到有關各方面因素，省港罷工委員會早在9月
間就及時提出了結束罷工的問題。因此，對香港政府的舉動，廣州方面反
應積極。工商兩界當即選出蘇兆徵、謝頌棠等四人為談判代表，但是香港
政府堅持與廣州國民政府派出的代表舉行談判。

　　為表示解決罷工的誠意，12月23日，廣州國民政府派財政部長宋子文
以私人身份赴港，就解決罷工問題與港督金文泰及其他港府要員進行了談
判。翌日，香港政府派代理輔政司弗萊徹與宋子文一同返穗，繼續談判。
談判中，宋子文向港方提出了為解決罷工，港英當局在經擠上須滿足罷工
工人的兩個先決條件，即賠償罷工工人在罷工期間的損失與重新安排罷工
工人的工作。對此，港英方面藉口罷工工人先前的工作已被人代替和香港
政府不能出資賠償為由拒絕考慮。但是在賠償問題上，港英當局表示，如
果香港的商人為結束封鎖自願償付這筆費用，香港政府不去阻攔。雙方最

31　Governor Clementi to M. P Amery, 23 December 1925, C. O. 129/498/2.

32　同上。

後同意，如果香港商界願出資賠償罷工工人的經濟損失，廣州政府將積極協助罷工工人早日結束罷工。[33]

　　然而，這一時期廣東革命陣營內部正在出現日益嚴峻的分裂局面，國民黨右派反共勢力活動日漸猖獗，革命政權面臨着被顛覆的危險。正是看到了這一變化，港英當局才在談判中有恃無恐，拒絕作重大讓步。1926年1月，國民黨「二大」在廣州舉行。這次大會上，國民黨右派勢力得到擴張。正密切關注廣東政局的港英當局此時認為，廣州國民政府分裂在即，罷工委員會就要被解散，因而對已作出的唯一一點讓步也不肯執行了。不久，港英當局便悍然對外宣佈，中止有關解決罷工的談判。

　　初次談判破裂後，省港罷工工人繼續保持着對香港的封鎖。在廣東，國民黨右派勢力則加緊對革命的進攻，1926年3月20日，蔣介石製造了反共的「中山艦事件」。此事使通過談判爭取直接解決罷工的可能性完全消失。在事件發生後不久，港英當局便對外宣佈：「香港政府對於罷工期內工會及不能復業損失的賠償，均不給予，亦不容許此項辦法」。[34]港英當局的這一態度實際上是對外表明，他們已關閉了談判大門。

　　然而，在廣州，由於共產黨人和廣大工農群眾的堅持，蔣介石懾於革命力量的強大，未敢公開與左派決裂，廣東革命形勢繼續發展。1926年7月，廣東革命政府開始出師北伐，省港罷工工人響應革命號召，紛紛加入北伐軍的行列。由於北伐戰爭已經成為國民革命的勝敗關鍵，為減少阻力和排除干擾，省港罷工委員會再次主動提出與港英當局進行談判以解決罷工問題，並委託國民政府代表罷工工人與港英方面直接談判。

　　1926年6月5日，廣州國民政府由外交部長陳友仁出面致函香港總督金文泰，正式提出國民政府願與香港政府談判解決罷工問題。此時的香港政府已對談判失去興趣，因為他們相信廣州革命政權的分裂已指日可待，但

33　Governor Clementi to M. P Amery, 23 December 1925, 24 December 1925, C. O. 129/498/2,3.

34　鄧中夏：《中國職工運動簡史》，頁 246。

是，迫於香港民眾的壓力，港府最終答應派代表參加會談。7月15日，中英新一回合的談判在廣州國民政府外交部舉行。中方參加談判的代表是外交部長陳友仁、財政部長宋子文和國民黨中央宣傳部長顧孟餘。港英方面參加談判的代表是律政司凱普（J. H. Kemp）、華民政務司哈利法斯（E. R. Halifax）和英國駐廣州總領事白利安（J. F. Brenan）。談判從7月15—23日，前後共舉行了五次會議。由於港英當局對談判毫無誠意，會談未取得任何成果。[35]這樣，省港大罷工最終未能通過中英談判的方式獲得解決。

在中英談判破裂之時，國民革命軍在北伐戰場上不斷取得了勝利，收復湖南全省，直逼武漢。隨着北伐戰爭的深入進行，廣東政局發生新的變化，對省港罷工產生了直接影響。

首先，由於北伐的勝利，革命勢力逐漸擴展到全國，人民的注意力都集中到北伐戰爭上，省港大罷工在廣東已轉為次要的局部問題。其次。由於革命的主要力量相繼投身北伐，廣東的力量已較前薄弱，較難繼續維持對香港的封鎖。

鑒於革命形勢的變化，罷工委員會經慎重研究，認為罷工封鎖鬥爭已完成它的歷史使命，於是在1926年9月毅然作出自動取消對香港的封鎖、結束罷工的決定。9月18日，國民政府正式通知英方，國民政府經與罷工委員會協商，決定於10月10日結束罷工。作為對罷工工人的損失賠償，國民政府將對一般進口貨和奢侈品分別加徵2.5％與5％的附加稅。[36]10月10日，國民政府和省港罷工委員會正式發表關於停止封鎖、結束罷工的公告，決定自當日12時起，將全體糾察隊員撤回廣州，取消武裝封鎖。至此，從1925年6月開始舉行、堅持長達15個月之久的省港大罷工遂宣告結束。

省港大罷工在中國工運史乃至世界工運史上都具有重要地位。罷工沉

35　〈外交部宣傳局關於中英談判之報告〉，廣東省檔案館編：《省港大罷工資料》，頁 633—650。

36　廣東哲學社會科學研究所歷史研究室編：《省港大罷工資料》，頁 859。

重打擊了英國對香港的殖民統治，並有力支持了發生在中國內地的國民革命運動，是香港史以及中國近代史上影響深遠的事件。

第三節　香港對抗戰的貢獻

香港與抗戰物資轉運

1937年7月全面抗戰爆發後，中國面臨日趨嚴峻的戰略物資運輸形勢，一方面，中國工業基礎薄弱，抗戰所需的大量物資在很大程度上要依靠進口解決；另一方面，日軍為了實現「三個月滅亡中國」的狂妄目標，不惜動用精銳武裝封鎖中國沿海口岸，阻止海外軍用物資進入中國。從1937年8月下旬起，日軍逐步封鎖了北起秦皇島，南到印支邊界的中國沿海地區。在這種形勢下，香港對中國的抗戰產生了不同尋常的意義，它成為中國政府轉運戰略物資的一條重要通道。

香港交通線是指將來自國外的貨物運抵香港，再經香港運往廣州或者廣州灣的一些小港口，然後轉運內地。天津、上海失陷後，中方依賴的國際運輸海道僅餘香港一地，原定運往上海等港口的物資大多改道航運到香港。從中國海關統計表可以看出，1937年中國軍隊購自海外的大批軍火在香港登陸，九龍海關進口的軍火價值遠遠超過上海、天津及廣州港。由於大批預期外貨物不斷到港，滯留香港等待內運的軍需物資堆積如山。到1937年12月，九龍鐵路填海地總計518,190平方英尺的地皮全部租給各公司或機構存放貨物。1938年，香港的戰略物資貿易繼續保持強勁增長的勢頭。

運抵香港的戰略物資得以順利內運，有賴於香港政府的支持。從1937年7月到1938年10月廣州陷落，英國政府出於自身利益的考慮，對中國抗戰抱

同情及有限援助姿態，遂頂住日方重重壓力，堅持香港的開放地位，保持其運輸孔道作用。

當時，香港與廣州兩地之間的貨物運輸由鐵路、公路和水路共同承擔。1937年8月，中國最高當局為確保抗戰物資的順利轉運，下令廣九鐵路與粵漢鐵路接軌，廣九鐵路因此成為一條最方便快捷的國際交通運輸線。1938年初，在英方的配合下，廣州至香港公路開通投入運營。水路運輸則有港粵（廣州）、港梧（梧州）兩線。三條線路中，廣九鐵路因速度快捷、費用低廉而成為當之無愧的運輸主力。

根據香港官方不完全統計，1938年間，總計在31週的時間裏，廣九鐵路運送了52,835噸軍火。因日軍大肆轟炸廣九鐵路華段，廣九鐵路每週的運輸量起伏不定，多則數千噸，少則數百噸。日平均運輸量大致在140—400噸之間。[37]另據中方統計，1938年2—10月，由廣九鐵路輸入的各類物資為13萬噸，包括炸彈、飛機及飛機零部件、機槍、雷管、TNT炸藥、高射炮、魚雷、探照燈以及防毒面具等等。經過香港通道運入內地的軍用物資遍佈華中、華東沿海和西南地區，在一定程度上緩解了中國方面的燃眉之急。

日軍佔領廣州以後，大軍壓境，擺出空前強硬的姿態，決意要切斷香港的軍用物資轉運。英方惟恐激怒日本，對日政策越來越軟弱無力。與此同時，英國陷入日趨惡化的歐洲局勢中難以自拔，在遠東便不惜以犧牲中國的利益為代價，曲意迎合日本。從1939年1月起，港英當局禁止經香港陸路邊界對華出口武器和彈藥。在英國政策的鉗制和日軍的嚴密監視之下，香港的物資轉運作用受到嚴重削弱，但並未完全消失。原因有兩個方面。其一，廣州失陷時，大批中國政府購置的戰略物資未及內運，滯留香港，後經滇緬公路或滇越鐵路輾轉運往中國內地。其二，香港商人不斷打通與內地貿易的新渠道，開闢了一些新的交通運輸線，主要有：（1）港沙線。

37　C. O. 129/567/4—5。

此線係由香港越大鵬灣至沙魚涌，循東江水道至老隆，再轉公路到曲江。沙魚涌是廣州失陷後香港物資輸入中國的最主要口岸。（2）沙頭角支線。貨物由沙頭角運送至東江各岸。[38]另外，當時，用機帆船從香港運送軍用物資的走私貿易發展很快。僅1941年上半年，走私的車用汽油和航空汽油的數量超過150萬加侖。[39]

香港民眾對祖國抗戰的支持

抗戰初期，香港民眾熱心支持祖國抗戰，表現出共赴國難的深厚情誼。他們或是提供持久不衰的物質援助，或是回鄉服務，直接獻身抗戰。

七七事變後，香港以援助抗戰為宗旨的社會團體紛紛成立，總數不下數十個。這些社團開展各種活動募集捐款，如香港學生賑濟會從1937年9月至1938年5月，募集二萬餘港元。其間兩次全港學生三天節食活動，造成相當廣泛的社會影響。[40]

1938年8月13日是淞滬會戰週年紀念日，由全港各界賑濟華南難民會督辦的八一三獻金運動展開。8月11—19日期間，香港十二家銀行、各大公司和僑團商會都設有獻金箱，接受群眾捐款獻金，合共籌得二十多萬港元。[41]與此大致同時，另一場獻金運動在貧苦階層轟轟烈烈地展開了。1938年8月初，香港島中環、灣仔兩區的瓜菜果販發動義賣獻金，連本帶利將辛勞所得用以賑濟傷兵、難民。旺角、油麻地、深水埗的菜販熱烈響應，其他各

38　簡笙簧：〈抗戰中期的走私問題〉，載《中國近現代史論集》，第26編，頁1256—1257。

39　Chan Lau Kit Ching, *China, Britain and Hong Kong, 1895—1945*, Hong Kong: Chinese University Press, 1990, p. 289.

40　廣東青運研究委員會主編：《香港學運的光輝》，廣州：廣東人民出版社，1992年，頁16。

41　《香港工商日報》1938年8月10日、8月13日、8月21日。

區小販爭相仿傚，魚販、花販等亦加入行列。他們的熱情遠超想像，截至同年9月，已經取得獻金超過一百萬港元的佳績。[42]

1938年10月，香港同胞將慶祝雙十節宴會款項改作捐募寒衣。香港76個商團聯合募集寒衣36萬件。

1938年底，香港九龍新界司機總工會的工人們走遍全港，籌集到四千餘港元，購買了救護車及藥品，捐贈給桂林八路軍辦事處。

1941年5月，國民政府在香港勸募公債，得到各界熱烈響應。僅在6月中旬的一個星期內，就有華比銀行、華商總會等機構認購四百一十餘萬元。各界人士有錢出錢，有力出力，認購數萬元的有百餘人之多。香港民眾表現的愛國熱忱，感人至深。

抗戰初期，香港工商界行業聯合會通過各自的聯繫網絡大力籌措資金，援助抗戰。華商會所拿出十萬元購買救國公債；普益商會在1938年的救國獻金運動中，捐款四萬元，1939年又獻金五萬餘元；鮮魚行總商會對購買國防公債、獻金運動、募款散賑、徵募寒衣等活動無不參與，所費在十萬元以上；酒樓茶室商會用於購買國防公債、救國獻金的款項也達到十餘萬元。[43]

香港民眾援助祖國抗戰的另一個形式是組織回鄉服務團。早在1932年上海「一・二八」抗戰時期，香港就曾經派出過回鄉服務的醫療救護隊。當時淞滬抗戰進行得極其慘烈，上海中華醫學會呼籲香港中華醫學會給予支持。香港中華醫學會響應這一號召，迅速組織了一支二十餘人的醫療護理隊前往上海。醫療隊抵滬後馬上被分配在傷兵醫院從事醫療護理工作。全面抗戰爆發後，回鄉服務團的數量大大增加，工作形式也是多種多樣。1938年10月下旬，中共東南特委通過香港黨組織，在港、澳地區組織青年回惠陽參加抗日工作。很快便有七個工作隊從香港前往惠陽，共二百餘人，到

42　《香港工商日報》1938 年 8 月 19 日、9 月 5 日。

43　〈僑團史略〉，鄺港銘、陳大同、陳文元編：《百年商業》，香港：光明文化事業公司，1941 年。

年底又增至五百餘人。其中香港組織了15個工作隊，這些人成為日後組建抗日遊擊隊的基本隊伍。

1939年4月，香港崇正總會與中山大學北上服務團合組前赴東江前線救護的崇正隊，在龍川開設民眾診療所。不久，日軍進犯潮州、汕頭，崇正總會又增編了三個分隊派往附近各縣區工作。

從1938年12月到1940年2月，香港學生賑濟會先後組織四個回鄉服務團奔赴廣東，團員大多是各校學生。服務團在廣東農村宣傳抗日，並把港澳、東南亞等地的捐贈物資送到戰區，救助難民和貧苦民眾。

第八章

二十世紀前期經濟

二十世紀前期店舖林立的香港街景

1923年修建的東亞銀行總部大樓

太古洋行興辦的太古糖廠

1930年代香港周藝興織造廠一景

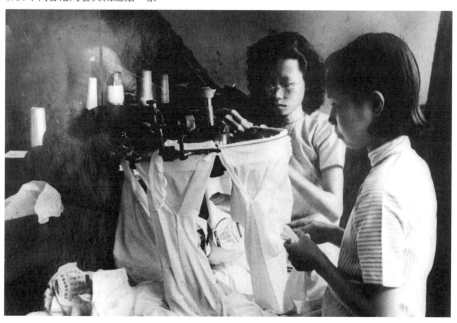

第一節 對外貿易與航運業

戰前轉口貿易的發展

從1841年開埠到十九世紀末，歷經近六十年的發展，香港基本確立了其作為對華貿易中心港的地位，成為遠東地區著名的轉口貿易港。進入二十世紀，香港的對外貿易形態仍以轉口貿易為主，並有較大程度的發展。從二十世紀初到第二次世界大戰前，是香港轉口貿易發展的黃金期。

許多有利因素促成了這一時期香港轉口貿易的增長。

從香港自身來看：首先，經過近六十年的建設，香港包括道路交通、港口碼頭和貨倉在內的基礎設施日臻齊備，並且這一時期又得到了進一步的完善。1911年廣九鐵路全線建成通車，香港與廣大華南地區平添了一條方便快捷的陸路大通道，極大促進了陸路運輸。這些基礎設施的建設，為貿易的擴展提供了良好的硬件。第二，與貿易有關的金融、保險、運輸、通訊、倉儲、船舶維修等服務性行業成長迅速，為香港貿易的發展提供了有力的保證。以金融業為例，進入二十世紀，傳統的外資銀行繼續在港開設分行，經營範圍也從傳統的押匯業務向注重本地投資和存放貸業務擴展，同時華人資本開始涉足銀行業。據統計，到二戰前夕，在香港開業經營的中外銀行已達三十餘家。[1]第三，大量內地和海外人才及資金流入香港。在二十世紀初，內地軍閥混戰，造成社會動盪。為躲避戰亂，大批內地人才攜資金進入香港；與此同時，一批早年出洋的華僑此時也從澳洲、北美和南洋等地回港經營。他們的到來，為香港經濟發展注入了活力，促進了貿易的發展。

---

1 周亮全：〈香港金融體系〉，王賡武主編：《香港史新編（上冊）》，香港：三聯書店（香港）有限公司，1997年，頁340。

從外部環境看，進入二十世紀後，全球資本主義進入成熟發展階段，一批新興的資本主義國家如美、德、日等迅速崛起，各國生產力水平與十九世紀相比有了進一步的飛躍，生產能力開始更加頻繁地出現過剩的現象，從而引發了各種不同程度的經濟危機。因此，進入二十世紀，各國對海外市場的爭奪進一步加劇。遠東特別是中國這個新興的大市場更成為各資本主義國家競爭的焦點，這無形中刺激了貿易的發展。從中國國內看，進入二十世紀，中國自給自足的小農經濟，歷經六十年西方資本主義的衝擊，已大為削弱，國內市場進一步擴大，中國的民族工商業無論從數量還是實力看也都有所提高。因此，體現在對外貿易上，這一時期中國的對外貿易無論是規模上和進出口商品的種類上，與十九世紀相比，不可同日而語。香港作為中國對外貿易的重要中轉基地，自然受惠良多。

1900—1941年香港淪陷前香港轉口貿易的發展歷程，按時間劃分，大致可分三個階段：

（一）第一階段——穩步增長期（1900—1924 年）

這一時期香港的轉口貿易發展平穩，除了一戰期間受戰爭影響，貿易額降幅較大外，其他大部分時間基本呈逐年遞增的趨勢。到1924年，香港的轉口貿易達到了一個高潮，進出口船隻的總噸位數為56,731,077噸，與1901年的19,325,384噸相比，增長近兩倍。[2]

從進出香港的船隻和噸位數上看，二十世紀的前十年，進出口船隻增長平穩，1905年增幅較大，除了1906年香港由於遭受颱風的破壞和1908年美洲經濟的不景氣略有下滑外，其餘時間基本保持遞增。這一時期香港的進出口商品中，棉織品、糖、絲、麵粉的貿易增長最為突出。到1909年，香港的「輸進營業極巨，出口貿易均佳，絲尤暢銷，糖業愈盛，船務亦有起色」。[3]

2　參見 1901 年、1924 年 *Hong Kong Blue Books* 的有關統計數字。

3　鄺湛銘、陳大同、陳文元編：《百年商業》，香港：光明文化事業公司，1941 年。

從1911年到1924年省港大罷工前，香港的轉口貿易增長較快，從一戰結束後到省港大罷工前這段時間增幅尤為明顯。在一戰以前的幾年，香港的貿易一直保持着較強的增勢，反映在外貿進出口船隻資料上。到1913年，進出香港的外貿船隻的總噸位數達到了創記錄的25,821,652噸。第一次世界大戰的爆發給香港的貿易發展帶來了負面影響。在一戰進行的四年間，香港的外貿進出口船隻數量持續下滑，1918年淪為谷底，總噸位數只有16,955,332噸。與1913年相比，下降了三成多。一戰結束後，香港商人利用戰後歐洲各國經濟疲軟，無暇東顧，和戰後各國經濟恢復期對生產資料和日用消費品的旺盛需求，以及內地民族工商業在一戰期間的崛起等諸多利好條件，積極開拓國際市場，香港的對外貿易強力反彈，貿易額急劇上升。從1921年起，香港的外貿進出口船隻數量增長極為迅速，到1924年總噸位達到38,770,499噸，比戰前最高的1913年增加50%以上。[4]

進入二十世紀，香港繼續保持對華貿易重要的中轉港的地位，對華貿易額持續上升。但是，與十九世紀相比，其在中國對外貿易額中所佔的比例有較大幅度的下降，從30%左右一落而為16%左右。與十九世紀最高時所佔56%相比，降幅很大。

形成這種狀況的原因是多方面的。首先，從十九世紀後期開始，由於美、日等新興資本主義國家在華崛起，英國在對華貿易中的絕對優勢地位開始下降，作為中英貿易的重要中轉基地，香港的地位隨之下降。第二，中國眾多通商口岸對外直接貿易的擴大，也影響了香港的地位。第三、從香港自身來講，進入二十世紀以後，隨着貿易發展的日趨成熟，香港商人開始積極開拓國際市場，具體表現為這一時期香港對美、日與東南亞地區的中轉貿易日益增加，香港轉口貿易開始表現出更強的國際化傾向，這在一定程度上也影響了對華貿易中所佔的份額。

儘管香港在中國外貿總額中所佔的比例有所下降，但是這並不代表中

4　參見香港政府編《香港船政廳報告》各相關年度的統計數字。

國在香港轉口貿易的重要性的降低。在香港的對外貿易中，對華貿易一直
佔有舉足輕重的地位，香港對內地依然有很強的依賴性，這一點在省港大
罷工中表現尤為明顯。

（二）第二階段──挫折恢復期（1925─1936 年）

由於國內和國際政治經濟局勢的動盪，這一時期香港的轉口貿易先後
遭受省港大罷工和世界性經濟危機的沉重打擊，起伏很大。

1925─1926年為支持上海市民反對帝國主義的鬥爭，粵港兩地爆發了聲
勢浩大的省港大罷工。在罷工工人採取的罷工和封鎖香港、抵制英貨相結
合的鬥爭策略的打擊下，香港的經濟遭受重挫，貿易一落千丈，進出港船
隻銳減。1926年，全年進出香港的外貿運輸船隻僅為30,231艘，28,371,104
噸，與罷工前的1924年相比，分別下降了47.6％ 和26.8％。據中國海關的統
計資料，1926年，香港對華進出口貿易總額只有2.18億海關兩，與1924年的
4.18億海關兩相比，減少近50％。[5]

省港大罷工後，香港貿易恢復很快，到1929年，進出口香港的外貿運輸
船隻總噸位數已經超過大罷工前的1924年，達到了39,871,149噸，對華貿易
額也有了大幅度的回升。但是，好景不長，從1929年開始爆發的全球性經濟
危機很快襲擊香港。

從1933年開始，經濟危機全面波及香港。香港各業均受其累。商號大批
倒閉，工人大量失業，物價飛騰，民不聊生。香港的進出口貿易更是大受
影響。從統計數字看，1933年香港的進口貿易額為5.01億港元，與1932年相
比，下降了19.7％，比1931年縮水更達32.1％。這一年的出口貿易額為4.03
億港元，與1932年相比，下降了14.6％，比1931年更是下降了25.6％。在危
機影響最為嚴重的1935年，香港全年進出口總額為6.36億港元，與1931年的

5　Hsiao Liang-lin, *China's Foreign Trade Statistics, 1864—1949*, Cambridge, Mass.: East Asian
Research Center, Harvard University, 1974, pp. 23—24, 149—150.

12.8億港元的貿易總額比，降幅高達50.3％。[6]

香港與內地的貿易形勢更為嚴峻。1933年內地輸港貨值為125,067,438（國幣）元，與1930年相比，降幅達50％以上。內地從香港的進口更是一落千丈，1933年只有48,512,295（國幣）元，比1930年下降竟達85％。在此期間，內地與香港的貿易史無前例地出現了順差。需要指出的是，這一時期香港對華出口之所以與以往相比出現巨大的反差，除了世界性經濟危機的影響外，還與中國政府自1928年宣佈關稅自主，大幅提高進口關稅造成貿易困難和九一八事變後日本加緊侵華引發國內全面抵制日貨，以及對華走私日益猖獗，也不無關係。

1934年，英國政府派出一個由多名政府官員和專家組成的專門委員會，就如何擺脫危機，到港進行調查。該委員會隨後提交的報告中，除提出與中國政府加強合作，以振興香港的貿易外，還建議香港發展工業以自救。[7]

為擺脫危機的影響，這一時期香港的工業發展迅速。1932年，英聯邦各成員國在加拿大簽署《渥太華協議》，規定各成員國生產的製成品，在英帝國範圍內可享受帝國特惠稅。香港作為英國的殖民地，適用該協議，因而刺激了香港外向型工業的發展。

隨着日本侵華的加劇，大批內地工廠陸續遷港開業，加大香港工業發展的力度。從1930年代中期到1940年，香港的註冊工廠已達800家，僱傭工人三萬餘人。多數工廠生產外銷為主的輕工產品，產品範圍涉及膠鞋、毛織品、棉織品、手電筒、五金和搪瓷製品等。[8]

6　參見 *Hong Kong Blue Books*, 1931—1936。

7　*Report of the Commission appointed by His Excellency the Governor of Hong Kong to Enquire into the Causes and Effects of the Present Trade Depression in Hong Kong and Make Recommendations for the Amelioration of the Existing Position and for the Improvement of the Trade of the Colony*, July 1934—January 1935.

8　饒美蛟：〈香港工業發展的歷史軌跡〉，王賡武主編：《香港史新編（上冊）》，香港：三聯書店（香港）有限公司，1997年，頁373—374。

　　戰前香港外向型工業的發展和港產品的大量出口，使香港的貿易形態開始發生變化，為戰後香港工業化和貿易形態的轉變，奠定了一個基礎。

　　世界性經濟危機的對香港的不利影響一直持續到1935年。這一年香港的工商各業逐漸走出危機的陰影，出現轉機。1936年，香港的進出口貿易開始大幅度增長，「是年入口貿易總值達45,240萬元，較上年多11,700餘萬元。出口貿易總值35,090萬元，較上年多7,990萬元。平均是年出入口貿易總值較1935年多26.3%」。[9]

（三）第三階段——戰時繁榮期（1937—1940 年）

　　1937年，日本發動全面侵華戰爭，中國對外貿易的中心逐步向華南轉移，香港的地位日形重要。隨着戰事的推移，上海、南京、武漢等重要外貿口岸的相繼陷落，香港最後成為了中國外貿進出口的唯一通道，進入了戰時繁榮期，貿易額激增。

　　到1940年，香港進口額為7.53億港元，與1936年相比，增加3.01億港元，增幅66.6%。同期香港的出口額為6.22億港元，與1936年相比，增加2.71億港元，增幅77.2%。其中，出口增幅尤為明顯。[10]

　　就出入口商品結構而言，香港從內地進口貨物主要是桐油、礦砂、茶葉、藥材、蠶絲、豬鬃、瓷器、牲畜及農副產品。而香港輸往內地的貨物主要是軍需品、棉紗、布匹、麵粉、雜糧、汽油、煤油、顏料、西藥、捲煙、火柴、肥料等戰略性物資。

　　香港的戰時對華貿易，在粉碎日本經濟封鎖，支持中國的抗戰方面，發揮了極為重要的作用。

9　陳大同、陳文元編：《百年商業》，1941 年。

10　*Hong Kong Blue Books*, 1931—1940.

戰前航運的發展

香港的航運業是隨着香港轉口貿易的發展而成長起來的。在戰前轉口貿易時代，航運在香港經濟發展中發揮了極其重要的作用，其地位僅次於對外貿易。

從二十世紀初到二戰前，香港航運與對外貿易的發展軌跡基本相吻合，呈持續增長的態勢，但受國內外政治經濟局勢的影響也有波折。大致可分為以下幾個階段：

（一）持續增長期（1900—1914 年）

從二十世紀初開始，香港對華貿易增長迅速。受此影響，香港的航運業持續增長。1900—1910年的十年間，香港進出港船隻數增長了六倍多，從82,456艘增至547,164艘；進出港船隻的總噸位數增長近二倍，從18,445,134噸增至36,534,361噸。到一戰前的1913年，進出香港的船舶總噸位數達到37,742,982噸。[11]

這一時期經營航運的船公司依然以英資為主，其中，太古輪船公司和怡和輪船公司佔據中國沿海航運的大部分份額。當時經營中國沿海航運的公司還有粵澳輪船公司和德忌士利輪船公司。經營遠洋運輸的輪船公司主要有大英火輪船公司、藍煙囪輪船公司、怡泰輪船公司、昌興火輪船公司等。

（二）一戰衰退期（1914—1918 年）

1914年第一次世界大戰爆發。作為參戰國的殖民地，香港被捲入這場戰爭。戰爭期間，作為交戰國的另一方德國與奧匈帝國的船隻紛紛離開香港。受戰爭影響，來自歐洲的商船也大為減少。此外，由於英國政府徵用大量香港商船為戰爭服務，香港本地輪船公司的業務尤其是遠洋運輸業務

11　參見 Report of the Harbour Master 1900—1910 年的統計數字。

基本陷於停頓。這一切均使得香港的航運業出現大幅度下滑，外貿進出口船舶噸位數由1914年的25,279,624噸跌至1918年的16,955,332噸。[12]

然而，日本的航運業則迅速發展壯大起來。由於得到了日本政府的資助，加上歐戰所造成的真空，這一時期進出香港的日本商船數逐年遞增，日本的兩大輪船公司日本郵船株式會社和大阪商船株式會社正是在這一時期迅速發展壯大，成為國際知名的商船公司。[13]

（三）高速增長期（1919—1924 年）

一戰結束後，香港商人利用歐洲各國經濟疲軟無暇東顧的大好時機，積極開拓遠東市場，經濟發展再度出現繁榮。香港的航運也回升很快，並且超過了戰前的水準。到1924年，進出香港的外貿船舶噸位數已達35,471,671噸，比戰前最高記錄增加一半以上，同時也創下了二戰前香港航運的最高記錄。[14]這一時期的轉口出現一些新特點，在一戰期間，日、美等國趁機搶佔遠東市場，英國往日獨霸對華貿易的局面被打破，香港的轉口貿易日益呈現出國際化的傾向。表現在航運上，日、美等國的航運公司此時紛紛加入到競爭的行列，英資輪船公司獨霸香港航運的局面遭受前所未有的挑戰。

（四）挫折及恢復期（1925—1941 年）

省港大罷工期間（1925—1926年），香港的經濟遭受了毀滅性打擊。在這場危機中，香港的航運業首當其衝，損失尤為明顯。從統計數字看，

12　參見 Report of the Harbour Master 1914—1918 年的統計數字。

13　Allister MacMillan (ed.), *Seaports of the Far East*, London: W.H. & L. Collingridge, 1923, pp. 385—386; The Bedikton Co. (ed.), *Commercial & Industrial Hong Kong: a record of 94 years progress of the colony in commerce, trade, industry & shipping 1841—1935*, Hong Kong: Bedikton Co., 1935, pp. 163—164.

14　Report of the Harbour Master, 1924.

在1924年日平均進出港的船隻為210艘，噸位數為15,6154噸。但到了1925年
下半年省港罷工爆發後，日平均進出港的船隻驟然降為僅34艘，噸位數為
55,819噸，與1924年同期相比，船隻數僅及其15％，噸位數僅及其36％。[15]

省港罷工結束後，香港的航運逐步恢復，到1927年，香港外貿進出港船
舶又達到51,289艘，總噸位達到36,834,014噸，已經接近省港大罷工前1924
年的水準。

然而，1929—1932持續四年之久的經濟危機席捲全球各地，對外依賴
性很強的香港經濟遭受重大衝擊。工廠大量倒閉，企業接連破產，銀行紛
紛關門。香港的對外貿易所受衝擊最大，特別是對華貿易額急劇下降。在
這種形勢下，香港的航運業大受影響。突出表現在這一時期，進出港的英
國商船數大為減少。1931年，進出港的英國遠洋貨輪的總噸位為11,540,844
噸，佔全部進出港船隻的39.19％；從事內河航運的英國船隻的總噸位為
8,175,054噸，佔內河航運船隻總噸位數的87％。到1936年，進出港的遠洋英
國船隻所佔的比例就下降為35.72％，從事內河航運的英國船隻下降的比例
更大，只佔船隻總噸位的41.28％。[16]這一數字也反映出英國通過香港的對華
轉口貿易全面下降。面對困境，香港被迫轉而開發其他國家的市場。這一
時期，香港與東南亞及西太平洋貿易開始增長，尤其是與泰國和美國的大
米及麵粉貿易增長迅速。與此同時，對日本和對馬來西亞貿易也有不同程
度上的增長。隨着海外貿易市場的擴大，香港航運市場進一步向周邊國家
和遠洋擴展。

從1935年起，世界性的經濟危機漸趨緩和，這一年，進出香港船隻在
連續幾年下滑後首次出現增長，總噸位數達到了43,473,979噸，比上一年增

15　T. N. Chiu, *The Port of Hong Kong*, Hong Kong: Hong Kong University Press, 1973, pp. 56—58.

16　參見 1931—1936 年 *Hong Kong Blue Book* 的有關統計數字；G. B. Endacott, *A History of Hong Kong*, Hong Kong: Oxford University Press, 1964, pp. 290—292。

長1,559,957噸。[17]然而好景不長，隨着1937年日本發動全面的侵華戰爭，香港的航運業再度遭受重大打擊。到1939年，進出香港船隻的總噸位降至30,897,948噸，比1935年下降近三成。

1941年12月，太平洋戰爭爆發，香港被日軍佔領，香港居民在日寇的鐵蹄下度過了三年零八個月暗無天日的困苦時光。在日本佔領期間，香港的港口遭受日軍的嚴重破壞，一連數年幾乎沒有商船進入香港，航運與對外貿易因而中斷，直到1945年8月第二次世界大戰結束後，香港的港口功能才恢復正常，航運又重新開展起來。

第二節　商業的發展

二十世紀前期，在第一次世界大戰、世界經濟危機、工潮等因素的影響下，香港商業衝破重重困難險阻，曲折地向前進展，為香港中外商人積累了大量的財富。

二十世紀初，第一次世界大戰前，歐洲各國戰雲密佈，未能全力投身於遠東商業，日、美商人乘虛而入，香港華商也獲得較大的發展空間。當時，香港藤業、米業、糖業、紡織、水泥、纜繩等行業十分發達。1902年美國商行將大量藤器傢具輸運出口，「營此業者頗獲利」[18]。當時，茶絲生意因日本、印度參與競爭，逐漸遜色，然而，「米則市旺價踴，華商獨享久利」，「操業各行之華商，亦皆心滿意足」[19]。

1914—1922年，「不景之氣，彌漫香港，華洋商人皆愁眉相對，握腕興嗟」。[20]

17　Report of the Harbour Master, 1936.

18　陳大同、陳文元編：《百年商業》。

19　同上。

20　同上。

　　1914—1918年第一次世界大戰期間，歐洲市場購買力下降，需求大為減少。戰爭影響航運，貨物出口和原料進口也障礙重重。

　　1922年1—3月，香港海員為改善生活待遇，舉行香港海員大罷工。1925年6月—1926年10月，因五卅慘案引發了轟轟烈烈的省港大罷工，前後有25萬香港各行業工人參與罷工。這兩次大罷工的爆發皆有其合理性和必然性，但其對香港商業的影響也十分明顯。據香港報紙與政府通告，省港大罷工爆發以後，每日皆有商店報窮案。僅1925年11、12兩個月，破產的商店就達三千餘家。

　　1927年南京國民政府成立後，宣佈關稅自主。1929年2月1日起，實行關稅會議時各國承認的七級稅則。關稅自主增加了國家的關稅收入，有利於內地工商業的發展，但使「港中商務，更不堪言」[21]。例如，當時國內掀起抵制日貨運動，許多港商以為是振興織造工業的好時機，爭先恐後投資製造。「貨成，運入內地，則稅重不合化算，多受虧折」[22]。

　　1914—1932年期間，中國內地軍閥連年混戰，自然災害頻繁，民不聊生，使香港的商務活動也受到嚴重影響。例如，1914年因西江水災沖壞桑樹，出品奇缺，加上歐戰，使香港生絲市場遭受重創。1913年輸往歐洲生絲37,300包，1914年僅有22,928包。1913年輸往美國生絲18,800包，1914年僅有16,967包。又如1918年，因鄰近各省政治局面混亂，「妨礙煤油之輸往內地至甚，尤以海南、雷州島、陽江等地為甚」[23]。1924年上半年，香港匹頭業商情甚佳，後因鄰近各省政治糾紛，「致市場傾覆」[24]。1930年，因廣西內戰，桐油業生意「較一九二九年少一半有奇」[25]。

21　同上。

22　同上。

23　同上。

24　同上。

25　同上。

　　匯率變動也是影響這一時期香港商業的重要因素。1921年，年初匯率由三先令一便士四分三，暴跌至二先令五便士半，3月為二先令二便士半。4—9月逐漸回復。10月份達二先令十一便士半後，便一蹶不振。年底仍低達二先令六便士四分三。大米進出口業「皆受匯率不定所生之影響而損失」。

　　1929年開始的世界經濟危機對香港的影響，1933年才充分地反映出來。這是第一次世界大戰後香港商業最蕭條的一年。1933年香港進口貿易總值僅50,090萬港元，較上年低20％。出口貿易總值為40,031萬港元，較上年低14.6％。稅收32,099,278港元，較上年少1,450,438港元。批發物價較上年低15.4％。糧食低10.4％，匹頭低22.5％，金屬品低15.8％，其他低12.8％。就具體行業的貨品貿易額而言，與上年相比，旅店業減少70％，首飾業減少60％，匹頭行、象牙用具業、顏料業、藤器業減少50％，絲及顧繡業、淡水魚業減少40％，書籍文房業、舊料業、鞋帽業減少30％，鮮果業、鹹水魚及海味業、乾果業減少25％，酒樓業減少20％。

　　主要因為中國內地購買力弱，1934年香港商業更加蕭條。1934年香港進口貿易總值4.159億港元，較上年少4,500萬港元。出口貿易總值為3.251億港元，較上年少7,800萬港元。稅收29,577,486港元，較上年少2,524,992港元。批發物價較上年低11.6％。糧食低16.8％，匹頭低11.4％，金屬品低9.6％，其他低7.5％。

　　1935年，香港商業繼續蕭條。1935年香港進口貿易總值3.65億港元，較上年少5,000萬港元。出口貿易總值為2.71億港元，較上年少5,410萬港元。因匯率增高，英鎊數字卻又增加。當年，進口貿易總值3,530萬鎊，較上年增加360萬鎊。出口貿易總值為2,610萬鎊，較上年增加30萬鎊。1934年稅收28,430,550港元，較上年1,113,736港元。批發物價較上年低14.9％。糧食低9.45％，匹頭低13.6％，金屬品低18.1％，其他低18.3％。[26]

26　〈百年商業〉、〈行商轉變史〉，陳大同、陳文元編：《百年商業》。

　　1930年代前幾年香港商業的蕭條是當時世界經濟大環境影響的結果。商業不景氣是全球性的。究其原因，第一，金融方面，歐美各國多實行金本位，亞洲各國多為銀本位，金銀價值不能平衡，導致漲落不定，國際貿易對擬價又無統一標準。第二，因經濟衰退，失業人數增加，許多人維持個人基本生活需求尚感困難，對生活必需品以外的貨物，自然無力顧及，社會購買力大為減弱。第三，因社會購買力減弱，供過於求，商品積壓滯銷，製造商和推銷商不得不賤價求售，陷入削價競爭狀態，盡可能減小損失。第四，為保護本國產品，各國厲行關稅壁壘政策，更使世界經濟環境雪上加霜。

　　在1930年代的商業活動中，有一個值得注意的現象，就是一些港商大力提倡商業道德。例如，在1932年出版的《香港永安有限公司廿五周年紀念錄》中，刊登了謝譜韶、劉仲廉、王文達等人關於增進商業道德的文章，主張僱主對職工，商人對顧客、對同行皆應遵守商業道德。

　　因世界經濟危機的影響逐漸消退，由於香港商界鍥而不捨的努力，1936年，香港迎來了1930年恢復海關統計以來第一次商業好轉的紀錄。當年香港進口貿易總值4.524億港元，較上年多1.17億港元。出口貿易總值為3.509億港元，較上年多7,990萬港元。稅收30,042,984港元，較上年多1,612,434港元。批發物價較上年增加32.3％。[27]

　　正當香港商業逐漸復甦之時，1937年7月7日盧溝橋事變爆發，抗日戰爭開始。這場戰爭給香港商業帶來多方面的影響。一方面，內地城市逐漸被日軍侵佔，除軍需品外，香港內銷貨品市場逐漸縮小。另一方面，大批難民湧入香港。據統計，1937年7月—1938年7月香港人口增長近25萬人。[28]難民中有來自江蘇、浙江、福建、廣東的工商業者，其中以來自上海、廣

27　〈百年商業〉，陳大同、陳文元編：《百年商業》。

28　余繩武、劉蜀永主編：《20世紀的香港》，香港：麒麟書業有限公司，1995年，頁135。

東者居多。他們擁有充裕的資金和豐富的行銷經驗。香港《大公報》1939
年11月10日的報導說，「現時僑居香港的少數人，其財產之富，頗足駭人
聽聞」，據調查統計，擁有港幣100萬元的500人，擁有港幣1,000萬元的
30人，擁有港幣一億元的三人。報導中所謂「僑居香港的少數人」，指的
應該是當時內地赴港的難民工商業者。他們中間的許多人到香港後重起爐
灶，繼續經營工商業，為香港工商業注入了活力。蜂擁而來的難民隊伍本
身也是一個龐大的消費群體。儘管中國內地烽火連天，硝煙四起，1937—
1940年，地處中國南部邊陲的香港，商業仍然得到穩步的發展。

　　1937年，香港進出口貿易較上年增長35％。進口貿易總值6.171億港
元，較上年多1.647億港元。出口貿易總值為4.673億港元，較上年多1.164億
港元。稅收33,106,368港元，較上年多3,153,384港元。批發物價較上年增加
27.2％。

　　1938年，香港進口貿易總值6.181億港元，較上年多100萬港元。出口貿
易總值為5.119億港元，較上年多4,460萬港元。稅收36,735,854港元，較上年
多5,044,675港元。

　　1939年，香港進口貿易總值5.9419億港元，較上年減少340萬港元。出
口貿易總值為5.3338億港元，較上年多214萬港元。當年稅收仍有增長，達
41,478,052港元，較上年多4,742,198港元。

　　1940年，香港進出口貿易總值達13.745億港元，較上年增加21.9％。
其中進口貿易總值7.527億港元，較上年多1.5851億港元。出口貿易總值為
6.218億港元，較上年多8,842萬港元。[29]其中以糧食最多，布匹次之。這可能
與戰時儲備的需求有關。

　　二十世紀前期香港各行業商業都有所發展，現以洋行業、金山莊、上
海莊、南北行和米業為例，加以敘述。

29　〈百年商業〉，陳大同、陳文元編：《百年商業》。

洋行業

　　在香港最早從事大規模商業活動的是歐美商人經營的洋行。據統計，香港的洋行1922年不少於87家，1941年約有四百家。其中最著名的有太古洋行（Butterfield & Swire）、怡和洋行（Jardine, Matheson & Co., Ltd）。此外，還有天利洋行（Gregory & Co., T. M.）、天和洋行（Banker & Co., Ltd.）、飛航公司（Aero Trading Co.）、太平洋行（Gilman & Co., Ltd.）、北力乞洋行（Blackhead & Co., F）、永利洋行（Moses & Co., Ltd., N. S.）、加藤洋行（Kato & Co., S.）、堯林珍洋行（Rumjahn & Co.,U.）、興盛洋行（Hannibal & Co., Ltd.）、免那洋行（Manners & Co., Ltd., John ）、洛士利洋行（Loxley & Co.(China), Ltd., W. R.）、域景洋行（Wicking & Co., Ltd., Harry）、捷成洋行（Jebsen & Co.）、新中和洋行（Skott & Co., Ltd., H.）、新沙遜洋行（Sassoon & Co., Ltd., E.D.）、旗昌洋行（Shewan, Tomes & Co.）等。[30]這些洋行的商業活動有如下幾個特點：一是資金比較雄厚，營業數額大。1940年香港洋行的平均年營業額為500萬元，太古、怡和等大洋行的年營業額則在1,000萬元以上。二是往往在中國內地設有分行。三是經營方針多元化，多數洋行的商業活動並不局限在一兩個行業之中。

金山莊

　　金山莊為香港貿易行中巨擘，一向由內地採購貨物，轉銷美洲和澳洲，並兼營華僑存款、匯款業務。營業興盛之年，營業額超過1,000萬港元。該行1922年有122家，1934年有127家，1936年有96家，1939年約有150

30　〈行商轉變史〉，陳大同、陳文元編：《百年商業》；香港南華商務傳佈所：《中華人名錄》，香港：《孖剌西報》，1922 年；黃光域：《外國在華工商業辭典》，成都：四川人民出版社，1995 年出版。

餘家。第一次世界大戰前，該行營業興盛，各莊口均獲厚利。1930年起，受世界經濟不景氣影響，營業呈下降趨勢。1933年有三數家歇業，貿易量約減少60—70％，但大部分莊口尚可維持。當時，輸往美澳二洲貨物市道疲軟，匯率暴縮，華僑紛紛向各莊口起回存款，因而該行普遍資金短缺，周轉不靈，不敢多辦貨物出口。1934年仍有三五家歇業。1935年美澳兩洲經濟依然衰落，華僑生計仍然艱難，該行營業仍無進展，但入冬以後，金價逐步高漲，各莊口在美澳聯號匯款回來較為容易，因而生意略有起色。1937年抗日戰爭爆發以後，特別是1938年廣州淪陷後，內地來貨艱辛。1939年歐戰爆發後，啟運價格高昂，經營不易，但由於匯率高漲，足以彌補損失，全行營業並未受到太大影響。

上海莊

上海莊（亦稱申莊）一向經營北方出入口生意。該行1922年有17家，1936年仍有十餘家。貨物以生油、果仁、豆類為大宗，來自上海、天津、漢口、青島、煙台、牛莊、鎮江、威海衛等處，銷往梧州、廣東各地、南洋群島、石叻（新加坡）、安南（越南）等地。1929年中國實行關稅自主以後，來貨不再運銷粵、桂、閩各地。外洋方面，因世界經濟不景氣，購買力減弱，銷路遠不如前。行內因生意冷淡而歇業者，1933年有六家，1934年有三家。1935年冬，中國政府頒佈白銀國有政策，穩定外匯，外洋各埠匯率收縮幅度很大，各貨出口划算，北方雜糧、豆類暢銷，呆賬亦少，生意轉入平穩階段。

南北行

南北行的「南北」二字含義是「集南北貨品以轉銷各地」。1922年入行者（參加南北行公所者）11家，未入行者五家。1934年入行者八家，未

入行者16家。1940年入行者16家，未入行者十餘家。該行營業貨品以米為大宗，其次為油、糖、藥材，再次為海味、雜貨。其鼎盛時期在1910年至1930年間，全行二十餘家，無不獲利超過二、三百萬港元。全行年營業額達數千萬港元。1931年生意開始退縮。1932年，有的商號因北方輸港貨物轉銷廣州，內地稅關也當洋貨抽稅，被迫遷往廣州營業。做海味者，因中日戰事影響，生意停滯，只能靠歷年盈餘勉強維持。做南洋貨者，如海參、魚翅、燕窩，因稅貴，很少銷往內地，且匯率變幻無常，商人很難划算。受時局影響，藥材銷路驟減，各家不得不降價求售。例如，犀角、羚羊角往年每擔可售十餘萬港元，1932年只售六、七萬港元。洋參往年每擔可售七、八千港元，1932年只售四、五千港元。1935年起，營業略有好轉，藥材生意穩健，油、糖、豆、雜貨生意有微利可獲。抗日戰爭爆發後，交通梗阻，內銷困難，1939年歐戰發生後運費價高，但因貨品供不應求，貨價高漲，且佣金豐厚，仍有獲利者。

米業

大米一向是香港進出口貨物之大宗。大米來自暹羅（泰國）、安南（越南）、仰光。銷場為港澳與內地。據1910年調查，輸入總額72萬噸，輸出總額53萬噸。香港經營米業者有南北行、拆家和零售商三種。其貿易辦法，先由南北行批運來港，發售拆家薹存，批發給零售商號，或轉運出口。1910—1940年，南北行經營米業者增至十餘家，拆家三十餘家，零售商由一百餘家增至五百餘家。

香港開埠後五十年間，經營米業者多依照商業老例，追逐什一之利，盈虧有數。進入二十世紀，略有變化。1930年以來，波動很大。1932年香港米價大跌。一方面，當年內地豐收，米輸入內地者減少。另一方面，香港大米多來自暹羅。暹羅米三分之一輸港，三分之二輸新加坡。當年新加坡商業冷淡，華僑紛紛回國，人口減少，暹羅米輸入減少，而輸港量大增。

香港大米堆積如山，米業拆家只得降價銷售，損失巨大，前所未見，虧本者達十分之六七。南北行經營米業者，因為是代米商輸米賺取佣金，輸米量大，佣金也多。1933年，因內地徵收洋米入口稅，同時成立華南米業公司，直接由產米區販運進內地，港米內銷大減。香港米業拆家為求出路，聯合在港九兩地設零售店，直接推銷，原來的零售商生意受到一定影響。抗日戰爭爆發後，香港人口劇增，市面銷量隨之增加，營業尚可維持。1938年廣州淪陷後，廣東各邑社團在港購米散賑，米價略漲。1939年歐戰爆發後，港府為保障市民生活，統制糧食，成立糧食管理處，對糧食進口，徵收戰時糧食入口稅，對該業發展有一定影響。

第三節　金融業的發展

香港殖民地政府在經濟事務上奉行不干預政策，盡量避免參與金融事務。因此金融市場的發展是來自私營企業對市場力量的反應。由世紀之交到二次世界大戰前夕這四十年間香港的發展非常迅速，人口翻了兩番，都市規模隨之擴大。都市體積和經濟規模的增長導致生產模式的改變，增加融資需求。同時新的行業需要新的金融服務去配合。此外，僑匯和華僑資金，香港華人經濟實力及社會地位的提升等也是影響二十世紀前期香港金融發展的重要因素。

戰前的貨幣和幣制

（一）銀本位時期

硬幣

1860年代港府投入鉅資設立鑄幣廠，原以為所鑄銀元能在中國境內廣泛流通，結果失敗。但發行的輔幣因為較用碎銀方便得多，卻很受歡迎。到1905年為止，發行值達4,400萬元，遠遠超過本地的需求，大部分在廣東和其他通商口岸流通。但中國政府從1890年開始自鑄各種面額的錢幣，造成香港鑄造的輔幣回流。大量香港及中國鑄造的輔幣充斥市場，導致輔幣折價兌換銀元。從1905年開始，港府每年要在市面上收回大量輔幣，以求維持其價值，但仍未能遏止其貶值。港府遂於1913年宣佈禁止在香港使用外國銀鎳錢幣。於是，只有香港的官鑄錢幣和英國的貿易銀元才是香港的法償貨幣。至此香港才有了統一的錢幣體制。

紙幣

香港的紙幣一直由私營銀行發行，但香港政府對發行權、發行額及儲備都有嚴格的規範和監管。發行額以銀行實收資本為限。在二十世紀開始時只有滙豐及渣打兩家銀行發行鈔票。當時滙豐的發行額為1,000萬元，1907年的條例將授權發行額增至1,500萬元，另加500萬元的超額發行。其後授權發行額隨經濟規模而劇升，至1931年3月，滙豐發行額已增至1.27億元。同期渣打銀行的發行額約為滙豐的四分之一。重組後的有利銀行於1911年重新獲得發行權，但發行額有限。

上述的發行額規定為面值五元或五元以上的鈔票。根據法例，銀行不可以發行面額低於五元的鈔票。1872年由於造幣廠倒閉，滙豐銀行獲特許發行了總值22.6萬元的一元鈔票，其後發行額便被凍結，導致一元紙幣嚴重短缺，至歐戰前夕始解禁。這些已有數十年歷史、受政府嚴格監管的鈔票卻

不是法償貨幣，即債權人或商人有權拒絕接受。但它的認受性絲毫未受影響，不但深受本地商人的歡迎，更大量在廣東流通，由於發行額由法例明文規限，以至在1880年代中期即出現供不應求的情況。晚清以後，由於國內政局不穩，港幣的流通已遍及兩廣及京廣鐵路沿線，而港幣的短缺也日甚，於是普遍出現了「貼水」的現象，即以銀元兌換鈔票需要補貼若干。在1910年代「貼水率」曾高達13％。銀元是香港的法償貨幣，又是港鈔發行和兌現的依據，而當時銀元和港鈔仿如兩種通貨，銀元價值反較港鈔為低。民國成立以後，國內戰亂頻仍，金融動盪，港幣在內地流通更廣，如1926年滙豐發行了港幣4,300萬元，而在內地流通的估計達總數的70％。

　　港鈔短缺以及因之而起的一城兩幣無疑妨礙工商業的發展。這個問題遲遲未能解決的主要原因是港府及英國政府在發鈔制度上意見分歧。英國殖民部及財政部認為發行鈔票是政府的天職，一再敦促港府取代私人銀行發鈔。由於現行制度運作順利，港府自然不願意承擔這繁瑣和責任重大的重擔，於是一再藉故拖延。每當英國迫得緊的時候，香港往往會出現一些巧合的金融危機，於是變革之議便被擱置。[31]這是「上有政策，下有對策」的典型例子，但老百姓卻成為受害者。例如英國財政部於1872年開始干預一元鈔票的發行，凍結其發行額，使一元紙幣極度短缺，這項禁令維持了四十多年，1917才取消。次年，發行量即由23萬元彈升至100萬元。1907年開始，當局逐步放寬發鈔額的限制，又將超額發行的安排制度化，發行額方大幅提高，長期紙幣不足的情況得到解決。

31　Y. C. Jao and F. H. H. King, *Money in Hong Kong, Historical Perspective and Contemporary Analysis*, Hong Kong: Centre of Asian Studies, University of Hong Kong, 1990, pp. 22—23.

（二）英鎊匯兌本位時期

銀價波動引致港元匯率不穩

香港於1862年開始正式採用銀本位，但包括英國在內的主要貿易夥伴的貨幣都是以黃金為本位。1872年以後，以黃金計算的白銀價格持續下降，於是港元的匯價也節節下滑，由1872年的每港元兌英鎊四先令四便士跌至1902年的一先令七便士，貶值三分之二。歐戰期間，銀價急升，港匯於1919年升至四先令十便士，漲了兩倍多。其後又持續急跌。1930年的銀價僅及1919的四分之一。匯率的不穩定對貿易及行政都帶來很大的不便，只是在經濟上香港與中國唇齒相依，加上本港的鈔票有過半數以上是在中國境內流通，港元幣制勢難改變。

英鎊匯兌本位建制

1934年美國政府收買白銀，銀價急升導致中國的存銀大量流失，中國政府於是在1935年11月4日頒佈《通貨條例》，實行法幣政策，規定白銀收歸國有，翌年又以十進制的、不含銀的輔幣，取代原有的銀角子。中國脫離銀本位後，港府隨即作出反應，於1935年12月6日由立法局通過《貨幣條例》（*Currency Ordinance*）禁止白銀流通，改用紙幣本位；港幣與英鎊聯繫，匯兌平價維持於每一港元合英鎊一先令三便士，即每鎊可換16港元。發鈔銀行須將其庫存白銀繳交新設的外匯基金（Exchange Fund），換取負債證明書（Certificates of Indebtedness）。此後，這些證明書便成為發鈔準備。而滙豐、渣打和有利所發行的鈔票也開始成為法償貨幣。政府又以每盎司一元二角八分的價格收購民間的銀塊；市民擁有銀元或銀質輔幣超過10元者，須在一個月內按其面值兌換港幣。同日，立法局又授權庫務司發行一元面額的紙幣及一角和五分的鎳幣，以代替原有銀幣。至此，行之百年的銀本位便告終結，而香港與內地的幣制亦自此分道揚鑣。

戰前金融機構和金融市場的發展

銀行業的發展

世紀初的外資銀行

二十世紀初年香港已成為地區的主要銀行中心，其地位僅次於上海。當時的銀行清一色為外資，計有香港上海滙豐銀行（Hong Kong and Shanghai Banking Corporation）、渣打銀行（Chartered Bank of India, Australia and China）、有利銀行（Mercantile Bank of India）、東方滙理銀行（Banque de L'Indochine）、正金銀行（The Yokohama Specie Bank Ltd.）、台灣銀行（The Bank of Taiwan）、萬國寶通銀行（International Banking Corporation）、荷蘭小公銀行（Nederlandsche Handel-Maatschappij, N. V.）和荷蘭安達銀行（Nationale Handels Bank N. V.）等。上述外資銀行分別代表當時在亞洲擁有殖民地的英、法、日、美、荷等五個國家，成為有關政府的金融尖兵，首要任務是協助有關政府開發殖民地，擴展對華貿易和投資，並秉承政府旨意，與列強競爭。這些銀行大多數並非植根於香港，無意提供一般性存放款業務，服務對象限於本國僑民和與其宗主國有貿易來往的商戶。華商因業務需要和這些銀行來往，亦需通過銀行的買辦或銀號作為中介。其中滙豐銀行是個例外，以香港為家，因而亦投資於香港的建設，並為富有的華人提供商業銀行服務。再加上語言和營商模式的障礙，大部分華人無緣成為外資銀行的客戶。

華資銀行勃興

二十世紀初，華人數目、華商的規模和實力與時並進。而且華人慢慢放棄了以往的過客心理，開始經營百貨、製造業、航運和投資地產，他們需要較大額的融資。另一方面社會的積蓄也較多，因內地時局不靖，市民不再熱衷於回鄉求田問舍，要求更方便穩當的存款服務。此外，押匯、信

用證和支票交收，都不是傳統的銀號所能提供的。在供給方面，若干華人富商亦積累了充裕的財富、社會地位和知名度，得到市民的信任。由於宗族關係和商業來往，他們也建立了廣闊的海內外人際脈絡，透過在海外居留，或與外商銀行的合作與往來，也使一些華人熟習西方銀行的運作，於是創辦華資銀行的硬件和軟件都日趨成熟。同時，他們往往受民族情懷鼓舞，希望擺脫西方銀行對融資的壟斷。如東亞銀行在招股簡章中即明言要減少「現金外溢」，使「吾國商業亦可期發展」。[32]在這種形勢下， 由1912年開始，華資銀行陸續在香港成立，且發展迅速。

廣東銀行是首家在香港註冊成立的華資銀行，於1912年開業，由舊金山市歸僑陸蓬山創辦。歐戰後發展迅速，1931年底在華商銀行中資力佔第一位。廣東銀行成立後不久，其他華資銀行相繼開業，至1935年止，在香港註冊成立的銀行，共有11家之多。其中最成功的是1919年元月啟業的東亞銀行。創辦人是以簡東浦、李冠春和李子方兄弟為首的九位最有實力的香港華商。他們以經營進出口貿易、銀號及地產為主，業務遍及中國、日本、印支半島及南洋。簡東浦曾先後在日本正金銀行及國際銀行（萬國寶通銀行前身）服務多年。李子方畢業於香港大學，周壽臣在美國讀過書。他們認識西方的經營模式。該銀行宣稱「按切吾國社會之習慣參以外國銀行的精神」為經營方針。[33]成立後，發展迅速，十年間存款由400萬港元增加至1929年的1,050萬港元。代理遍各大洲，並在上海、廣州及西貢設有分行。

1912年以後，總部設在別處的華資銀行亦來香港開設分行，主要來自國內及星洲。內地局勢動盪，金融未上軌道，資金持續流港，同時也吸引內地銀行來港開業。1931年日本發動侵華戰爭後，中國外貿及金融重心南移，資金更大量流入，銀行亦隨之。其後幾年間，共有七家國內銀行來港開設

32　冼玉儀：《與香港並肩邁進──東亞銀行 1919—1994》，香港：香港大學出版社，1994 年，頁 9。

33　同上，頁 6—9。

分行。1937年夏，日軍佔領北平、天津，年底國民政府遷都重慶，中國銀行和一些私人銀行南遷至香港辦公。1939年香港已取代上海成為中國金融樞紐，遊資雲集。國民政府對外融資，發售公債，以至外貿交收都在香港進行。香港也自然成為遠東外匯交易中心。銀行業的規模也持續膨脹，如東亞銀行的存款便由1937年的2,100萬港元增至1940年的2,500萬港元。[34]

銀行業的擴張

華商銀行從零突破，外資銀行亦有不同程度的發展。期間也有新的外資銀行來港開設分行，計有美國的運通銀行（American Express Co.）（1913年）、大通銀行（The Chase Bank）（1923年）及友邦銀行（Underwriter Bank Inc.）（1932年），法國的中法工商銀行（Banque France-Chinois Pour le Commerce et L'Industrie）（1930年），以及比利時的華比銀行（Banque Belge Pour L'Etranger Extreme-Orient S. A.）（1936年）等。

根據1938年資料，香港共有外資銀行17所，它們的業務以押匯及匯兌為主，亦吸取華人的鉅額存款。[35]1940年太平洋戰爭前夕，香港開業的中外銀行共四十餘所，另有若干境外銀行在港設的辦事處與通訊處，[36]已成為東亞最具規模的銀行中心。

投機熱浪與銀行風潮

戰前資金源源由內地轉移到香港，主要是為了避難，並不代表香港的投資機會特別吸引人，部分資金會投機買賣證券，炒賣黃金和外匯和投資於房地產。1921—1924年股市交投活躍，投機泡沫其後被1925年的大罷工戳破。同期出現的房地產開發熱潮更席捲全港，至1931年達到高峰，其後即

34　同上，頁41。

35　張曉輝：《香港近代經濟史，1840—1949》，廣州：廣東人民出版社，2001年，頁251—252。

36　馮邦彥：《香港金融業百年》，香港：三聯書店（香港）有限公司，2002年，頁26—27。

因全球性經濟衰退而全面滑坡。華資銀行免不了為這些活動融資，更因資金缺乏出路，不少銀行亦直接參與炒賣金銀和外匯及開發房地產。其後若干銀行因投機（客戶或自身的）失敗而倒閉。早於1924年6月已有華商銀行因炒賣外匯失敗被擠提而倒閉。[37]1935年更大規模的銀行倒閉風潮爆發。1月嘉華銀行受廣州分行物業發展融資壞賬的拖累而停業；9月，當時歷史最長、規模最大的華資銀行廣東銀行亦因不能應付擠提而停業。其他華資銀行隨即受擠提浪潮波及，國民商業儲蓄銀行於9月17日停業，工商銀行需要限制存戶提款額。只有東亞銀行實力雄厚，安然度過難關。[38]

這次金融風暴對香港經濟和銀行業的發展並未帶來很大的影響。當時世界經濟已開始恢復，受日本侵略勢力蔓延的影響，內地的資金和企業加速轉移來港，加上1932年通過的英聯邦特惠稅協定的推動，使製造業迅速發展。1937年日軍佔領華北後，香港的轉口貿易倍增，游資雲集，推動金融及服務行業，市面一片繁榮。

監管體制闕如

在1940年，香港有大小銀行四十餘家，是東亞數一數二的銀行中心，而且當時距香港首家銀行開業已近百年。令人意想不到的是，當時仍未有嚴格的銀行法例和守則去規範銀行的成立和指引銀行的運作，當然更無從監管。成立銀行不須領取特別牌照，亦沒有最低資本額的規定，任何商人可以用有限公司或合夥人名義領取商業登記即可經營銀行，亦可在外地開業，然後在香港開設分行。雖然銀行倒閉在十九世紀即已一再出現，1924年以後公眾亦屢有要求立法監管收受存款，但政府未有行動。1935年銀行倒閉風潮爆發後，政府重新檢討立例管理銀行的可行性，但風潮過後，卻藉口銀行類別太多，難以立法而不了了之。

37　同上，頁31。

38　冼玉儀：《與香港並肩邁進——東亞銀行 1919—1994》，頁 44。

其他金融機構與金融市場的發展

銀號

二戰前對華人提供各種金融服務者，以銀號為主。其組織、經營手法與業務性質，都取法於上海錢莊。香港歷史最悠久的銀號成立於1880年。世紀之交香港有銀號三十餘家，其後發展甚速，至1932年已有銀號近三百家，其中規模較大的37家。多集中於文咸東街、文咸西街（南北行）及鄰近的皇后大道中、德輔道西一帶。其組織以獨資經營或合夥（無限公司）為主。業務性質分為三大類：即按揭、金銀找換及炒賣。其中以按揭銀號的規模最大，其業務也與銀行最相近，即以經營存款及放款為主，亦提供匯款及發信用狀等服務，在貿易上則充當華商及外資銀行的中介。經營手法卻較為傳統，以交情、信實維繫顧客，生意往來則根據行規及主事人的承諾，無需合約條文及律師公證。另一方面，經營者多來自南海、順德、四邑及潮汕，有鄉誼之情，往往能互為援引，以合作代替競爭，因而形成一股雄厚的財經勢力。按揭銀號亦是金銀業貿易場的會員，在場內代客買賣大額的黃金和外匯。

專營門市找換的銀號規模較小，遍佈通衢大道，如皇后大道中、干諾道中以及九龍彌敦道一帶，方便行商和旅客作小額的找換。大額的兌換多假銀行及規模較大的銀號進行。此外，還有專營金銀炒賣的銀號，他們是金銀貿易場的會員，每日兩市派員入場代客買賣，它們沒有門市，多數租賃樓上單位招待客人到場落單買賣，職員用電話與貿易場內的交易員聯絡。

金銀業貿易場（The Chinese Gold & Silver Exchange Society）

始創於1876年，為各銀號集合買賣生金、銀塊及各種銀元及各國貨幣的唯一公共市場。1920始以上述名稱註冊，以銀號為會員，是一個純粹華人組織。買賣方式相當傳統，但有完善的規章制度作為交易的指引，能有效地減低交易費用及保障買賣雙方利益。以買賣黃金為例，場內有專人負責考核黃金的重量及成色。名義上為實金買賣，但買賣雙方可利用每日計

息方法延期交收，因此實際上又是無期限的期貨黃金市場，投機者可以在銀號開一個戶口，進行炒買。在當時來說，這種期貨市場可算是很先進的。[39]1920—1930年代，金銀比價大上大落，加上香港市內遊資充塞，故金銀炒風甚熾，市場席位由原價500港元炒高至1930年代的3,000港元，貿易場地也於1932年由租用的場址遷往在孖沙街的自建新廈內營業。

歐戰爆發後，當局於1939年實施外匯管制，黃金及英鎊區以外的貨幣買賣受到限制，但國幣仍然可以自由買賣。當時國民政府已經西遷，國幣對港幣的比價波動很大，於是國幣交易非常蓬勃，後來更發展為期貨買賣。

典當業

這是最古老的傳統金融行業，當時也是普羅大眾最熟悉的、最倚仗的借貸之門。他們沒有資格光顧銀行，按揭銀號存放的對象也只限於相熟的客戶，放款需要有抵押品，如樓宇、貨物。一般升斗小市民要現金周轉應急，除了向親友求借外，最方便是典當。1890年，香港人口22萬人，已有當舖四十餘家。押物期限一般為一年，所押物品以衣服為多，其次是首飾。利率大概是年息三、四分；典當金額大小亦無限制。典當的金額愈少，息率也愈高。押店遍設於鬧市與人口密集的地區，押店認票不認人，典當者不必提供個人資料，故交易非常快捷方便。由於當時流動人口多，收入低，積蓄少，當押業能迅速靈活地滿足普羅市民短期的小額信貸需求。典當業與社會民生的密切關係可以從下列的事實中見到：（1）行業規模與時並進；（2）政府一直對典當業刻意監管；（3）經營模式與息率長期保持不變。

1922年香港有當押店135家，為1890年數目的三倍，當年人口約64萬人，也是1890年的三倍。十年後，當舖數目增至160—170家，為戰前的高峰。其

39　有關市場組織及買賣守則，詳見姚啟勳：《香港金融》，香港：泰晤士書屋，1962年，頁 89—98。

後受經濟大衰退及牌費大幅增加的影響，1933年底銳減至八十餘家。[40]

證券市場

早在1891年便有香港股票經紀會出現，提供會員買賣股票的場所。1914年該會易名為香港證券交易所（Hong Kong Stock Exchange）。會員只有二、三十人，華人很少。1920年代股票交投活躍，1921年有第二家交易所出現，名為香港證券經紀協會（Hong Kong Sharebrokers Association），會員以華人為主。市場的規模很小，1931年只有上市公司44家，年底市值共6.5億港元。其中以公用事業及零售業為主，工業股只有四種，銀行股三種，地產股三種。交投並不活躍，經常有買賣的，不足20種股票，亦少有新的公司加入上市的行列。有論者以為期間香港股市之停滯不前，是由於未能與旺盛的上海股市競爭。無論如何，戰前的股市顯然未能為工商界大量籌集資金。

保險業

保險業和國際貿易有極密切的關係。航運途中的海險，倉存的火險，均需可信賴之保險制度提供保障。早在1805年英商即在中國創設諫當保險行，並於1841年遷到香港。同年，英商的於仁燕梳公司亦由澳門遷來。至十九世紀後期，於仁已發展成為一家業務遍全球的專業保險公司。由於保險業利錢豐厚，其他的外資保險公司亦相繼成立。1871年後，華商開始加入保險行業，至二十世紀而大盛。由1904年至1930年代初，共有16家華商保險公司成立，資本額由50萬港元到200萬港元不等。[41]1931年香港已有保險公司42家，其中華資者18家，英資者15家，中英合資者兩家，餘者分別為日、美、德、荷及葡國商人所有。但華資保險公司，一般都是小規模的，聲望與資金都難望英資公司之項背。

40　張曉輝：《香港近代經濟史，1840—1949》，頁352。

41　同上，頁260—261。

保險的業務，以火險、意外保險及洋面保險為主。由於華人對購買人壽保險的興趣不濃，故這方面之發展有限，因此當時的保險業也未能成為提供中期及長期性資金的管道。

金融業務的兼營者

上述正規的金融機構以外，許多經營進出口貿易的商人和商號，也一直在兼營存款和匯兌的業務，其中佼佼者便是南北行和金山莊。這些商號不少是歷史悠久、規模宏大，又在南洋各地及內地僑鄉有支號和聯號的，於是海外華僑要匯款回鄉便很自然地委託這些商號，亦有把餘資寄存收息，如南北行老字號元發行便是箇中翹楚。根據其後人高伯雨1977年的記述：「五、六十年前的人，不大信任銀行，儘管一百年前已有渣打、滙豐，但中國人仍然信任自己人開設的信用昭著的商店，把現款存入生息。一來存款、提款都便利，利息又高，就是存款人忽然死去，子孫憑一張單據或一本存摺，便可以去提款，連存戶的名字都不必更改（因為十之九皆用某某堂、某某記的印鑑，或不用印章，只認人）方便之至。」[42]有了上述優點，信用昭著的商號可以從客戶、親友、同鄉，以至慕名而來的存戶吸收到可觀的存款，如元發行的一位存戶的存款即滾存至十多萬兩。當時南北行的商號有二十家左右，它們收受存款的總數非常可觀；但華商對錢銀轇轕的事，一向諱莫如深，實數難以稽考。

第四節　工業的崛起

十九世紀末、二十世紀初，在香港已有一些西方人經營的近代工業企

42　高伯雨：《聽雨樓隨筆》，香港：香港社會理論出版社，1991年，頁282。

業，如造船廠、纜繩廠、製糖廠、棉紡廠、麵粉廠、肥皂廠、釀酒廠等。
企業數量不多，但皆使用機器生產，規模較大，技術先進。

第一個高潮

　　1920—1930年代中期，迎來了第二次世界大戰前香港工業發展的第一個
高潮。西方人主宰香港工業發展的局面被逐步打破。華資工業後來居上，
在輕工業方面已佔據主導地位。

　　據1920年在香港成立的經濟資源委員會的報告，投入香港歐人工業（即
歐洲人所有和管理的工業）的資本約為5,000萬港元。這類工業主要涉及公
用事業和船塢，也包括水泥廠、糖廠和纜繩廠。當時投入華人所有和管理
的工業的資金約為1,750萬港元。[43]

　　1930年代中期，情況已有很大變化。據港督任命的諮詢委員會估計，投
入華人所有和管理的工業的資金已達5,100多萬港元，而很少有理由相信歐
人工業得到了任何發展。

　　華人資本在工業領域的崛起是第二次世界大戰前香港工業迅速發展的
標誌。據筆者整理的資料，138家資本狀況比較清楚的華資工廠，資本總額
達到4,735萬餘港元，平均每家約34.3萬港元。其中資本額10萬港元（含10
萬元）以下的有84家，約佔總數的60.9％；資本額在11—99萬元之間的有44
家，約佔總數的31.9％；資本額在100萬港元（含100萬元）以上的有10家，
佔總數的7.2％。由此可見，第二次世界大戰以前，一批華資工廠已具有較
強的資本實力。其中，中小資本的工廠佔多數，但為數不多的一些華資工

43　Report of the Commission appointed by His Excellency the Governor of Hong Kong to enquire into the Causes and Effects of the Present Trade Depression in Hong Kong and Make Recommendations for the Amelioration of the Existing Position and for the Improvement of the Trade of the Colony, July 1934-February 1935, *Hong Kong Sessional Paper 1935*, p. 87.

廠每個工廠的資本實力已逐步接近甚至超過著名的歐人資本工廠。例如，
煙草業的南洋兄弟煙草股份有限公司製造廠資本額為1,125萬港元，五金業
的捷和鋼鐵廠和大華鐵工廠資本額分別為700萬港元和100萬港元，化妝品業
的廣生行和先施化妝品有限公司資本額分別為240萬港元和130萬港元，印刷
業的商務印書館香港分廠資本額為200萬港元，食品業的馬玉山糖果餅乾工
廠和東方醬油罐頭有限公司資本額分別為200萬港元和100萬港元，建材業的
建生磚廠資本額為120萬港元，橡膠製品業的馮強製造樹膠廠資本額為100餘
萬港元。1930年代中期，歐人資本工廠中，香港黃埔船澳公司資本額約為
730萬港元，青洲英坭公司資本額達到300萬港元。[44]

　　戰前香港華資工業的資本來源，可分為三個方面，即內地資本、香港
本地資本和海外華僑資本。內地資本多數來自廣東，特別是珠江三角洲和
潮汕一帶。資本所有者往往是先在內地創業，然後再投資在香港設立分
廠。香港本地資本中，投資者許多原籍也是廣東人。在海外華僑資本中，
有一些投資者是高學歷的技術人才。例如，中華製漆有限公司創辦人林堃
1929年畢業於紐約省比路列大學工業化學工程系。國光製漆有限公司創辦人
梁孟齊曾在美國加州獲化學系碩士學位，回國後曾任中山大學、襄勤大學
教授。香港製釘廠創辦人鄧典初是北京大學工學士、美國密西根大學工學
碩士，曾任中山大學教授。

　　1920年代至1930年代中期，不斷有新的華資工廠在香港開辦，數量較
多，來勢較猛。1927年香港《藍皮書》（*Hong Kong Blue Book*）列舉的香港
工廠和車間有1,523家。但是，與香港商會的雙語行名錄相比，真實的數字
大約為3,000家。[45]

44　劉蜀永主編：《20世紀的香港經濟》，香港：三聯書店（香港）有限公司，2004年，
頁 116、118。

45　Frank Leeming, 'The Earlier Industrialization of Hong Kong', in *Modern Asian Studies*, Vol. 9, No. 3,
1975.

　　二戰前香港工業發展的第一個高潮還體現在工業門類的增多、生產規模的擴大和機器生產的普及等方面。

　　1920年代至1930年代中期，香港新增加的工業門類有油漆業、橡膠製品業、電筒業、文具業等。有些行業如紡織業、五金業、日用品業等，原來只有寥寥數家工廠；這個時期卻湧現出幾十家，甚至幾百家工廠，整個行業的生產規模急劇擴大。以織造業為例，原來只有屈指可數的幾家工廠，而1931年，香港大小織造廠的數目已達四百家以上，職工三萬人以上。織造業所用機械、原料等的入口總值達3,000萬港元。[46]

　　早年香港華資工廠多採用手工生產，使用機器生產的為數不多。1920—1930年代中期，機器生產逐漸普及。當時香港華資工廠使用的機器有三個來源，一是歐美等國比較先進的機器，二是上海機器，三是香港本地製造的機器。例如，三羊綢廠有新式機器一百五十餘台，其中一半由德國購入，一半由上海華資工廠供給。國民製漆有限公司有新式大小機器15台，既有購自香港本地的，也有購自國外的。[47]

　　據筆者整理的資料，戰前香港華資工廠職工人數比較清楚的212家中，100人以下的小廠有92家，100—500人的中型工廠有108家，500人以上的大型工廠有12家。因為當時香港的大中型華資工廠基本上已列入統計表，但還有許多小廠未能列入統計表中，這些數字未能反映戰前香港華資工廠人數規模的全貌。不過，根據這些數字還是可以得出戰前香港華資工廠裏中小型工廠佔大多數的結論。在大型工廠中，有的工廠職工人數超過了1,000人。例如，捷和鋼鐵廠有4,000人，大華鐵工廠有2,280人，三星織業廠有2,600餘人，馮強製造樹膠廠約有2,000人，大陸樹膠廠有1,00人，南洋兄弟煙草股份有限公司製造廠有1,400餘人。

46　《工商日報》編輯部：《香港華資工廠調查錄》，香港：《工商日報》營業部，1934年，頁154。

47　《工商日報》編輯部：《香港華資工廠調查錄》，頁4、89。

　　二十世紀初期，列強依仗其在華的政治特權或技術優勢，進行傾銷，控制了中國許多工業品的市場。香港許多華資工廠抱着振興民族工業的明確目的，與外商展開競爭，佔據了很大的市場份額。例如，利民興國織造有限公司以「利我民族、興我國家」為辦廠宗旨，辦成一個規模宏偉的織襪廠。大東皮革廠創辦人梁毅強在《大東皮革廠宣言》中說：「振興國貨為挽回外溢利權的唯一辦法。毅強在廿年前，鑒於舶來皮草用品歲入不貲，即在本港首創皮革工業。」又如，笠衫在二十世紀初「國人幾無設廠織造者，故所用俱靠舶來貨。如洛士利等曾經風行一時，而金錢之流出為數甚鉅」。後來，香港與內地的實業家「注意此業，設廠日多，借低廉之工值，製出平價之貨品，故外貨不能與競」。

　　在行銷策略方面，香港許多華資工廠注意到當時中國人喜歡使用國貨的愛國情緒，大力宣傳使用國貨，收到了很好的社會效益和經濟效益。例如，中華兄弟製帽廠在其廣告中寫道：「氈帽一物為邇來吾人日常所需，迺全屬舶來品，我國從未能自製。外溢金錢，歲逾千萬。經濟侵略，可為寒心。敝公司主人用是特親歷直魯滿蒙及外國，考究中國羊毛之產銷情形，北省舊式毛氈與外國新式氈帽之製法。融會貫通，自任技師，設廠創製，實為中國人用羊毛製成氈帽之鼻祖，亦為中國現今最完備、最宏偉之帽廠。所出貨品媲美歐美，價復廉宜。故自民國十年成立以來，銷流日廣，歷年雖日夜趕製，仍屬不敷供應。敝公司為振興中國實業，酬答諸君盛意起見，特將產額大加擴充，出品愈求精美。愛國君子請匡助之為幸。」[48]

　　面對激烈的市場競爭，香港一些華資工廠具有強烈的品牌意識，十分注意產品品質，因此能夠保持良好的經營狀態。例如，冠環球織造公司生產的ABC牌笠衫工料俱美，在南洋一帶深受歡迎，銷量日增。但該廠對產

品仍然精益求精,「不敢蹈商場陋習,牌子一經銷行,則攙以次貨」。星洲電器製造廠「不肯以競爭跌價而遂減其工料」,該廠出品的狗頭牌手電筒殼在上海、廣州、香港三地華資工廠生產的手電筒殼中價格最高,但「物有所值」,仍然能夠受到社會人士的歡迎。普照電池廠「雖因競爭中亦不肯減輕工料以欺顧客」。該廠生產的電池電力,可與美國的永備牌相媲美,電力在12度以上,能點14小時之久,每打售價六毫以上。當時市面上的雜牌電池電力有不到一度的,初用時發出極強光芒,翌晚便黯然失色,所以售價低廉,每打僅售三毫多。[49]

戰前香港一些華資企業在中國工業發展史上佔有重要的地位。創設於1921年的捷和鋼鐵製煉廠,起初規模小,資本約港幣三萬元,最初產品多為五金建築材料和各種公路築路機械,大量供應國內各地。它先後在上海、廣州、桂林、汕頭等地設立分廠,所用機械都是歐美名廠出品,規模一天比一天宏偉,逐步坐上了中國鋼鐵製煉業的第一把交椅。[50]馮強製造樹膠廠向執華南橡膠業之牛耳。1930年代,粵港膠廠林立,不少工廠是見該廠連年發達,競相效仿而設。創辦於1919年的中華兄弟製帽廠,經過十幾年的經營,不僅成為華南最大的製帽廠,在全中國亦首屈一指。[51]簡氏兄弟於清光緒三十一年(1905年)在香港創辦的南洋兄弟煙草股份有限公司與北洋煙草公司「同為我國煙草業之先導」,該公司後成為「全國華資企業最大之工廠」。同期華人在香港創辦的廣生行則「為我國化妝品業之濫觴」。[52]

---

49 同上,頁 29、47、55。

50 〈捷和鋼鐵廠〉,香港《大公報》,1940 年 5 月 7 日。

51 《工商日報》編輯部:《香港華資工廠調查錄》,香港:《工商日報》營業部,1934 年,頁 41、79。

52 龔駿:《中國都市工業化程度之統計分析》,上海:商務印書館,1934 年,頁 129;《工商日報》編輯部:《香港華資工廠調查錄》,頁 147。關於南洋兄弟煙草公司的創辦年代,有多種不同說法。根據創辦人之一簡玉階 1957 年的回憶,應為 1905 年(光緒三十一年)。見中國科學院上海經濟研究所、上海社會科學院經濟研究所編:《南洋兄弟煙草公司史料》,上海:上海人民出版社,1960 年,頁 2。

1920—1930年代中期香港工業在迅速發展的過程中出現過許多波折。1929—1933年的世界經濟危機、日貨傾銷以及中國關稅自主皆對當時香港工業的發展產生過不利影響。面對外界環境變化帶來的種種困難，香港華人企業家或致力於提高產品品質，或採用在內地開工廠的辦法加以應對，艱難地拓展業務。

第二個高潮

1937—1941年，香港工業發展進入第二次世界大戰前第二個高潮。1937年中國抗日戰爭爆發和1939年歐洲戰爭爆發為香港工業發展提供了新的契機。

上海、廣州、武漢等工商業城市淪陷前後，為躲避戰亂、尋求生路，許多企業家被迫走上了流亡之路。他們有的逃往大後方，也有的南下進入相對安全的香港。南下的企業家攜帶資金、設備和技術人才，或將原廠遷入香港，或在香港開辦新廠。

據估計，當時難民金融家和企業家攜帶到香港的資本達到20億港元。這數量龐大的資本以貨幣的形式充斥市場。據香港《大公報》1940年10月21日報導，當時因戰事關係，從各地遷港繼續工作的已註冊及未註冊的大小工廠共有432家。其中，以織造業最多，手電筒業次之，食品業又次之，其他輕工業工廠及化學工廠也不少。地址則以九龍城、深水埗、荔枝角一帶為多。

促使戰前香港工業發展進入第二個高潮的另一個因素是聯邦特惠稅制的實施。1932年英聯邦成員國簽定渥太華協定（Ottawa Agreement），規定凡是採用英聯邦原材料或勞工超過半數的製成品，在英聯邦範圍內，可享受特惠稅優待。這就是帝國特惠稅制（後改稱聯邦特惠稅制）。但特惠稅制剛出台，世界經濟危機便波及到香港。因而，特惠稅制對香港工業發展的推動作用在1935年以後才呈現出來。1934年，香港總商會的一份備忘錄在談到享受英聯邦優惠的香港工業時，列舉了下列香港製造或加工的商品：糖薑和生薑、大豆製品、白糖、針織品、藤器、膠鞋、手電筒和電池、纜

繩、水泥、香料、肥皂和爆竹。[53]

　　為適應戰時需要，這個時期香港許多工廠積極轉產軍需品，供應中國政府、香港政府或其他歐洲盟國，既支持了祖國抗戰和世界反法西斯鬥爭，又促進了企業本身的發展，使香港工業在戰時呈現出一片繁榮的景象。當時香港華資工廠接受了鋼盔、防毒面具、鐵鍬、丁字鎬、膠鞋、水壺、飯盒、綁腿、軍服、皮帶、機器備件等大批軍需品訂單。

　　捷和鋼鐵廠着重生產防毒面具、鋼盔、鐵鍬、刺刀、工兵交通電訊器材等。1940年5月日產防毒面具3,000套，鋼盔和鐵鍬等大約三、四千件。[54]除支援祖國抗戰，該廠也滿足盟國的需要。荷蘭政府曾向捷和鋼鐵廠定購三萬個鋼盔。[55]大華鐵工廠也向中國政府、香港政府和英屬各地政府供應防毒面具、鋼盔、軍用水壺等。中美風燈製造廠生產軍用水壺、軍用帶扣、煤油爐等。香港《大公報》1940年5月14日的報導說：「我交通部及軍政部所需用之漆，多取給於本港。中央各兵工廠、車廠、飛機廠及交通部所建造之橋樑，需用油漆，甚為大宗，皆由本港華資製漆廠所供給。」九一八事變後，國民製煉漆油有限公司出品的駱駝牌油漆就被中國政府軍政部、航委會選為指定用漆，屢訂全年合約，隨時供應。七七事變後，該公司認為事關國防，乃將民用商品原料全部改製軍用油漆，接應急需。雖然交通線被敵人切斷，該公司仍然冒着危險將油漆按時運送到指定目的地。中英橡膠製品廠為生產防毒面具、防催淚彈眼鏡、軍用雨衣、膠製通訊器材等軍需品，僱用男女技工300人分班日夜工作，每日24小時機械不停運轉，以最高生產速度盡力生產，出品供應祖國抗戰及香港政府需用。[56]中國政府和

53　G. B. Endacott, *A History of Hong Kong*, Hong Kong: Oxford University Press, 1985, p. 293.

54　香港《大公報》1940 年 5 月 7 日。

55　Wong Po-shang, *The Influx of Chinese Capital into Hong Kong since 1937*, Hong Kong: Kai Ming Press, 1958, p. 4.

56　王楚瑩：《香港工廠調查》，香港：南僑新聞企業公司，1947 年，第一部分 A，第二部分頁 2、6，第六部分頁 19。

廣東、廣西省政府也曾向九龍的紡織廠商定購大批軍服和布匹。橡膠製品和紡織品製造商主要是廣東人和福建人。他們在大埔道和青山道建立了許多小工廠織布,用於製造軍服和向英聯邦地區出口。1937—1941年,手電筒和風燈製造商生意興隆。因為戰時中國內地(特別是農業地區)十分需要手電筒用於軍事行動和民用。[57]

1938年和1939年香港工業品出口呈現出蓬勃發展的景象。1938年香港工業品出口總值為9,500萬港元,1939年增加為9,900萬港元(其中一部分為內地經港轉口產品)。1939年的出口產品中,織造業為最大宗,煙草次之,膠鞋又次之,帽業佔第四位,手電筒佔第五位,爆竹業佔第六位,罐頭業佔第七位,草席業佔第八位,製餅業佔第九位,傢具業佔第十位。[58]

1941年日軍佔領香港以前,香港工業已經具有一定的規模。根據官方數字,1940年香港有800家工廠,僱用工人30,000人,其中16,000人在船塢工作。這些數字來自勞工專員的報告。工廠視察員的報告說,1939年香港有587家註冊工廠,56,460名工人,其中10,426人在船塢工作。在工廠的資產方面,當年有293棟廠房和1,450層可供出租的工業用房。另據《香港藍皮書》,1940年香港有工廠1,142家,這個數字包括少數作坊。[59]到1939年,香港的紡織廠僱用人員達5,867人,多數是婦女。[60]

戰後不久,英國駐港貿易專員W. P. 蒙哥馬利(W. P. Montgomery)在其香港經濟調查報告《香港的經濟和商業狀況(1945年8月30日至1949年8月中旬)》中寫道:「除工程和造船兩個重工業部門外,本殖民地的工業皆為

57　Wong Po-shang, *The Influx of Chinese Capital into Hong Kong since 1937*, Hong Kong: Kai Ming Press, 1958, p. 4.

58　〈去年港工業發達　出口逾九千萬〉,《星島日報》1939 年 4 月 8 日;〈港工業概況　去年外銷九千萬元〉,香港《大公報》1940 年 3 月 24 日。

59　Frank Leeming, 'The Earlier Industrialization of Hong Kong', in *Modern Asian Studies*, Vol. 9, No. 3, 1975.

60　G. B. Endacott, *A History of Hong Kong*, Hong Kong: Oxford University Press, 1985, p. 293.

輕工業，由華人所有和控制。」紡織業是戰前最重要的工業，僱用的工人
比其他任何工業行業都多。膠鞋業戰前年產2,000萬雙。糖薑業戰前有11個
工廠生產糖姜，僱用工人3,000人，年產值300萬港元。1926—1936年，英國
是香港最大的買主，年均進口7.2萬英擔，約合每人2/11磅。罐頭業戰前主
要是黃豆罐頭，其營業額約每年1,200萬港元，僱用工人約2,000人。最大的
罐頭廠的分廠是16年前由廈門遷來的，擁有科學的方法和一流的設備。1940
年前，電池生產接近每年1,050萬個。戰前油漆年產量約44萬加侖。戰前中
國消費大量香港煉製的糖，香港製造的方糖在上海很受歡迎。香港貿易市
場被當作判斷可靠性的標準。[61]

61　W.P. Montgomery, Economic and Commercial Conditions in Hong Kong from 30th August,1945 to Mid-August 1949, C. O. 852/1336/6，pp. 29, 38, 42, 46, 48, 49, 52.

第九章

二十世紀前期社會狀況

一群香港英籍居民聚集在一會所內（約1930年）

香港買辦蔡立志一家（1908年）

新界屏山原居民鄧伯潤全家福（攝於1926年，圖中右一為鄧聖時）

購置於1920年代初的香港華商總會辦事處大樓

第一節 人口變遷

人口增長概況及增長模式

即將進入二十世紀的1898年，香港人口為254,400人。[1]該年英國租借新界地區，新界百姓「人隨地歸」，香港人口規模進一步擴大。

二十世紀上半葉，香港人口步入快速增長期。這一時期香港人口的增長情況如下表所示：

表 9.1　1901—1941年香港人口增長統計表 [2]　　　　　　　　　　（單位：人）

項目 ＼ 年份	1901	1911	1921	1931	1941
人口總數	368,986	456,739	625,166	840,473	1,639,000
人口增長數	—	87,753	168,427	215,307	798,527
年均增長率（%）	—	2.16	3.19	3.00	6.91

資料來源：1901—1941各年份《香港人口普查報告書》（Hong Kong Census Reports）。

從上表可以看出，1901—1931年，香港人口處於持續穩步增長階段，其間人口增長1.3倍，年均增長率為2.78％，這一數字與1871—1901年間2.8％的年均增長率基本相當。1931—1941年，香港人口急劇膨脹，十年間人口增長93％，年均增長率達到6.91％。1941年太平洋戰爭爆發後香港淪入日軍之手。日本佔領時期，逃難、失蹤、饑餓、疾病以及迫害等各種原因造成香港人口銳降。到日本佔領末期的1945年，香港人口僅為六十餘萬人。

1　G. B. Endacott, *A History of Hong Kong*, Hong Kong: Oxford University Press, 1973, p. 276.

2　說明：各年統計數字中不包括軍人。1941 年為估計數字，來自 G.B.Endacott, *A History of Hong Kong*, Hong Kong: Oxford University Press, 1973, p. 289.

　　人口增長有兩種情況，一是人口的自然增長，即本地人口的出生率減去死亡率之後得到的淨增長率。二是人口的機械增長，主要是人口流動帶來的增長，對一個國家或相對獨立的地區來說，就是移民帶來的人口變動。

　　從香港人口的自然增長情況看，在開埠後的最初一百年間，由於男女性別比例失衡、居民家庭生活不健全、育齡女性在總人口中所佔比例過低以及人口死亡率居高不下等原因，香港人口的自然增長率長期以來都是負數。二十世紀以後，這種情況有所改觀。到1930年代，香港出生人數和死亡人數逐漸接近，但人口自然增長為負數的現象並未消失。[3]詳見下表：

表 9.2　1936—1941 年香港註冊出生和死亡人數統計表　　　　（單位：人）

年份	出生	死亡	自然增長
1936	27,383	26,356	+1,027
1937	32,303	34,635	−2,332
1938	35,893	38,818	−2,925
1939	46,675	48,283	−1,608
1940	45,064	61,010	−15,946
1941（估計）	45,000	61,324	−16,324

資料來源：《香港統計資料（1947—1967）》（*Hong Kong Statistics, 1947—1967*），1969年香港政府印務局出版，頁209。

　　由上述分析不難看出，二十世紀上半葉，外來移民構成了香港人口急劇增長的主要動力，其人口增長模式屬於機械增長。

3　徐日彪：〈近代香港人口試析（1841—1941 年）〉，《近代史研究》1993 年第 3 期，頁 25。

移民：人口的主體

香港開埠後便是一個華洋共居的城市。二十世紀早期，外國人在香港總人口中所佔的比例基本上穩定在2.3—3.3％之間。1937年全面抗戰爆發後，由於內地難民蜂擁而至，1941年該比例錄得1.6％的最低值。

在外國人中，主要是歐美人、印度人和日本人。二十世紀上半期，印度人和日本人的增長速度更快一些。在外國人中還包括一部分歐亞混血人，如1901年有267人。但是，要獲得這部分人口的確切數字十分不易。因為香港的大多數歐亞混血人身着華人服裝，遵從華人生活方式，並自認為華人。人口統計中報稱是歐亞混血人者也許只是被歐洲人撫養的一小部分人。[4]

香港華人中，廣東人佔絕大多數的格局牢不可破，福建人居於次席。在近代中國，廣東、福建等沿海地區的居民構成了海外移民的主力軍。由於地緣關係，香港自然成為廣東、福建民眾移居海外的首選之地。

根據1901年的香港人口普查資料，在234,443名華人陸地居民中，原籍廣東者為227,615人，其次是福建人，為1088人，其後依次是江西人、江蘇人和浙江人，其數量基本上可以忽略不計。[5]1911年以後人口普查時統計的是出生地，1931年，在82.1萬華人中，出生於香港及新界者為27萬人，佔華人總數的32.9％，出生於廣東者為53.4萬人，佔65％，生於中國其他省份者為1.3萬人，僅佔1.6％。[6]

從居留香港的時間看，根據1931年的統計，港九市區人口中居港時間超過10年者僅佔38.5％，居港20年或20年以上者所佔比例不足16％，只有6.4％

4　Report of the Census of the Colony for 1901, in *Hong Kong Census Reports, 1841—1941*, Hong Kong: Government Printer, 1965, p. 4.

5　Report of the Census of the Colony for 1901, in *Hong Kong Census Reports, 1841—1941*, Hong Kong: Government Printer, 1965, p. 16.

6　Report of the Census of the Colony for 1931, in *Hong Kong Census Reports, 1841—1941*, Hong Kong: Government Printer, 1965, p. 129.

的人在港居住30年以上。[7]外國人的情況大體相仿。居港時間在30年以上的外國人，佔外國人總數的8.55％，居港20年以上者為18％，居港10年以上者為34.91％。[8]從人口出生地構成和居港時間兩方面來看，大多數香港人口是到港時間不長的新移民。

　　二十世紀上半期，內地移民源源不斷湧入香港，是內外因素共同作用的結果。從內因來看，二十世紀上半葉的大多數時間裏，香港經濟一直在穩步發展。在省港大罷工發生之前，香港給人的印象是：「投資安全，工資低廉，對鄰近市場極具吸引力。」[9]香港工商業的繁榮發展及由此產生的投資就業機會吸引大批內地移民趨之若鶩。從外因來看，辛亥革命以後十年間，廣東陷於軍閥割據與混戰的局面中，粵人大批來港避難。時人指出，中國商人因廣東連年內戰，視香港為安樂土，爭相奔投。[10]全面抗戰爆發後，難民潮更是洶湧澎湃。1937年約有10萬難民進入香港，使香港人口一舉突破百萬大關。1938年難民人數約為50萬人，1939年為15萬人。受此影響，1941年估計香港人口總數為163.9萬人，達到戰前人口數量的峰值。[11]

　　二十世紀以後，移民動機明顯呈現出多元化的趨勢。香港所提供的經濟機會吸引着越來越多的內地移民抱着經商、辦廠、求學以及享樂等目的移居香港。例如，1910—1920年，因人口迅速增長，香港市區房屋租金水漲船高，「豐厚的利潤吸引了來自廣東富人的投機資金，他們想遠離廣東的

7　Report of the Census of the Colony for 1931, in *Hong Kong Census Reports, 1841—1941*, Hong Kong: Government Printer, 1965, p. 136.

8　Report of the Census of the Colony for 1931, in *Hong Kong Census Reports, 1841—1941*, Hong Kong: Government Printer, 1965, p. 136.

9　冼玉儀：《與香港並肩邁進——東亞銀行 1919—1994》，香港：香港大學出版社，1994 年，頁 27。

10　鄧中夏：〈省港罷工的勝利〉，人民出版社編：《第一次國內革命戰爭時期的工人運動》，北京：人民出版社，1954 年，頁 161。

11　G. B. Endacott, *A History of Hong Kong*, Hong Kong: Oxford University Press, 1985, p. 289.

混亂，在英國統治下找到一個保全財產的天堂」。[12]1935年港府房屋委員會報告書也指出：「香港是一塊強磁鐵，不僅吸引着前來尋找工作的人，而且引來了食客和各類寄生蟲。」[13]

二十世紀上半葉，由於居港時間不長的移民構成了人口的主體，香港人口的流動性相當之大。人口的動盪不定主要體現在以下三個方面：

一是人們採取流動式居住方式。這一點從香港本地出生人口數量上可以得到清楚的反映。1921年，香港出生人口僅為43,275人（該數字不包括出生於新界者），分佈在50歲以下各年齡組中，50歲以上出生於香港者非常稀少。二是香港人口數量隨粵港兩地政治、經濟局勢的變化而起伏波動。每遇內地時局動盪，或香港經濟出現衰退，人們出於趨利避害的本能穿梭於兩地之間。例如，1911年香港人口為45.7萬人。其後，由於廣州政局動盪，大量內地居民湧入香港，導致1916年香港人口迅速增至52.8萬人。隨後，香港航運業受第一次世界大戰影響陷入衰退，貿易減少，香港人口又迅速外流，1917年驟降至43.2萬人。[14]三是香港民眾對香港的疏離心態。對居住在香港的絕大多數華人而言，他們對香港幾乎沒有任何歸屬感。漂泊異鄉的香港華人有着一顆漂泊的心，懷着無法化解的鄉愁。每逢重大節日，他們都要設法回鄉。如果不幸客死異地，回鄉安葬是他們人生的最後願望。《1921年香港人口普查報告書》（Report of the Census of the Colony for 1921）稱：清明時節每一個成年男性華人都要盡可能返回鄉下祭拜祖先。陰曆三月，以傭人、警察等工作為職業的人通常請假十天回鄉，商人們回鄉的時間更長一些。在此期間，商務要讓位於祭祖的職責。[15]

12　N. J. Miners, *Hong Kong Under Imperial Rule, 1912—1941*, Hong Kong: Oxford University Press, 1987, p. 10.

13　*Report of the Housing Commission, 1935*, Hong Kong: Local Printing Press, 1938, p. 3.

14　G. B. Endacott, *A History of Hong Kong*, Hong Kong: Oxford University Press, 1985, p. 276.

15　Report of the Census of the Colony for 1921, in *Hong Kong Census Reports*, 1841—1941, Hong Kong: Government Printer, 1965, p. 155.

　　人口流動的現象並不僅僅存在於華人中，外國人也是一樣。作為非華裔人口主體的歐美人具有明顯的暫居性質。《1931年香港人口普查報告書》（Report of the Census of the Colony for 1931）指出，「他們年輕時來到香港，結婚生子，但少有人在香港安家，孩子們回故鄉上學，大多不再回來，父母則在年老時退休回鄉。」[16]在非華裔人口中，葡萄牙人屬於一個特殊的群體，當地葡人的情況與新界相近，組成了一個近乎土生土長的社會。1897年的人口普查報告書中指出：「香港的葡萄牙人形成了一個定居於熱帶的歐洲人社會，他們適應這裏的環境，完全不需要從歐洲補充人員。」[17]

　　在走馬燈般穿梭往來的人口中，也有某些人群的流動性相對較小。一是新界居民及船民。新界居民是土生土長的人口，船民亦是，只是程度稍有遜色。據1931年統計，港九市區居民中僅有21.5％的人出生於香港，而在船民中這一比例為75.1％，在新界居民中則高達89.3％。[18]他們大多數生長於香港，他們在香港居住的時間與其年齡相一致，新界人口中有45％的人居港時間超過20年。[19]另外，從兒童在總人口中所佔比例來看，1911年在華人城市居民中，5—15歲的兒童佔人口總數的12％，而在農村居民和船民中，該比例分別為20％和21％。[20]由此可以明顯看出新界農村居民以及船民屬於定居的人口。

16　Report of the Census of the Colony for 1931, in *Hong Kong Census Reports, 1841—1941*, Hong Kong: Government Printer, 1965, p. 124.

17　Report of the Census of the Colony for 1911, in *Hong Kong Census Reports, 1841—1941*, Hong Kong: Government Printer, 1965, p. 103(3).

18　Report of the Census of the Colony for 1931, in *Hong Kong Census Reports, 1841—1941*, Hong Kong: Government Printer, 1965, p. 129.

19　Report of the Census of the Colony for 1931, in *Hong Kong Census Reports, 1841—1941*, Hong Kong: Government Printer, 1965, p. 136.

20　David Faure ed., *A Documentary History of Hong Kong: Society*, Hong Kong: Hong Kong University Press, 1997, p. 49.

人口的地域分佈及其變化

十九世紀下半葉，香港人口主要聚集於香港本島，尤其是維多利亞城。1860年英國割佔九龍後相當長的時間裏，九龍的人口數量增長緩慢。1898年英國租借新界後，九龍由香港的「邊陲地帶」轉變為香港的腹地。1904年彌敦在香港總督任上致力於九龍地區的開發，其間廣九鐵路的修建和彌敦道的開闢使九龍地區面貌為之一新。

九龍新區的誘人之處在於地價便宜，環境優良。港島經過多年開發，土地價格寸土寸金，某些中心地區過度擁擠。另外，港島多數樓房仍是老式木結構建築，許多房屋黑暗骯髒。九龍不僅地價便宜，而且新近落成的樓房是鋼筋混凝土建築，周圍也有更多的空間，[21]九龍的這些優勢吸引了某些商行和工廠企業來此安家。

人口統計數字表明，二十世紀上半期九龍人口的增長速度驚人，而同期港島人口的增長速度則明顯放緩。1911—1921年，港島人口增長了42.1％。而九龍半島人口則增長了82.96％。[22]1921—1931年，這種差距進一步擴大。其間港島人口僅增長了17.79％，而九龍人口增長了113.06％。[23]與前一個十年相比，港島人口增幅大幅度下降，而九龍人口的增長速度仍在加快。1911年，九龍及新九龍人口數量為69,400人，1941年達到666,000人，30年間增加8.6倍。同期，港島人口從244,300人增至709,300人，只增加了1.9倍。香港人口由南向北遷移的趨勢十分明顯。

經過數十年的人口重新分佈，香港人口在港九地區的分佈漸趨均衡。

---

21 Report of the Census of the Colony for 1931, in *Hong Kong Census Reports*, 1841—1941, Hong Kong: Government Printer, 1965, p. 103.

22 Report of the Census of the Colony for 1921, in *Hong Kong Census Reports*, 1841—1941, Hong Kong: Government Printer, 1965, p. 152.

23 Report of the Census of the Colony for 1931, in *Hong Kong Census Reports*, 1841—1941, Hong Kong: Government Printer, 1965, p. 104.

請看下表：

表 9.3　1901—1941 年香港人口地區分佈統計表　　　　　　　　　　（比率：%）

地區 ＼ 年份	1901	1911	1921	1931	1941
香港島	53.6	53.5	55.6	48.7	43.3
九龍	11.9	14.7	19.7	31.3	40.6
新界	23.0	17.7	13.3	11.7	6.7
水上	11.5	13.4	11.4	8.3	9.4
未詳	—	0.7	—	—	—
合計	100.0	100.0	100.0	100.0	100.0

資料來源：1901—1941年各年份《香港人口普查報告書》。

　　由上表可以看出，1901年，居住於港島、九龍、新界以及水上的人口在全港總人口中所佔比例分別為53.6％、11.9％、23.0％和11.5％。1931年，上述各項數字分別變動為48.7％、31.3％、11.7％和8.3％。1941年，上述比例進一步變化為43.3％、40.6％、6.7％和9.4％。在人口的地域分佈上，九龍與港島所承載的人口數量已經相去不遠，基本上形成了兩翼齊飛的格局。

失衡的人口結構

人口的年齡構成

　　二十世紀上半期香港人口的年齡構成詳見下表：

表 9.4　1901—1931 年香港華人人口年齡結構表 [24]

年齡組＼年份	1901		1921		1931	
	人數	%	人數	%	人數	%
0—15	45,038	16.4	157,783	26.0	226,350	27.6
16—64	220,225	80.2	438,249	72.2	578,988	70.5
65歲及以上	3327	1.2	11,142	1.8	14,066	1.7
不詳	5953	2.2	—	—	2025	0.2
合計	274,543	100.0	607,174	100.0	821,429	100.0

資料來源：1901—1931年各年份《香港人口普查報告書》。

　　從人口年齡構成表中不難看出，香港人口中兒童與老年人所佔比例相當之低，青壯年人口所佔比例則始終高達70—80％，構成了香港人口的絕大多數。從細分的人口年齡分組統計中可以看出，青壯年人口主要集中於16—35歲年齡組中，1901年該年齡組人口在總人口中所佔比例高達52％，1921年和1931年這一數字略有下降，分別為44.9％和44.0％。[25]這表明香港人口是以青壯年為主的成人型人口。

人口的性別結構

　　開埠以來，香港人口性別結構的突出特點是性別比例嚴重失衡，1901年香港人口的性別比例高達265.2。二十世紀上半期，人口性別比例失衡的現象依然存在，1911年為184.4，1921年為157.9，1931年為134.8。[26]

　　從地區看，香港不同地區人口的性別比例相差懸殊。港島居民和船民的性別比最高，1931年分別為151.1和149.2。新界是定居的農村社會，1931

24　1901 年數字中不包括新界人口。

25　根據各該年人口普查報告書計算而成。

26　根據各該年人口普查報告書計算而成。

年其人口的性別比例為101.3。九龍地區人口性別比例的改善最為顯著。1921年九龍人口的性別比為153.2，1931年降至122.8。[27]

從年齡組看，由於來港移民以成年單身男性為主，青壯年人口中性別結構失衡的情況最為嚴重。根據1921年的統計，5歲以下人口中男女數量大致相仿。6—12歲人口中，女孩人數超過男孩，這是因為父母通常將7歲男孩送回鄉下或廣州接受中式教育，同時還有外地的妹仔來到香港。14歲以上人口中，男性數量遠遠超過女性。這是因為數量龐大的青年男性來香港接受更高的教育，或者在各行業學徒並尋找工作機會。[28]1931年，性別比例最高的年齡組為16—20歲和21—25歲兩個年齡組，性別比例分別為181.4和169.2。隨着年齡的增長，人口的性別比例逐漸下降，61—65歲年齡組的性別比例為104.7，66歲以上年齡組中的女性人數超過男性。[29]

值得注意的是，二十世紀上半期，香港人口性別結構出現了逐漸平衡的趨勢，其原因在於有越來越多的男性選擇攜眷來港生活。《1931年香港人口普查報告書》稱：「現在，新移民起碼要攜眷在香港住上一段時間。丈夫獨自在香港謀生，妻兒留在老家的做法日益受到冷遇。」[30]九龍是新移民聚居之地，九龍人口性別結構的改善即得益於此。

27　Report of the Census of the Colony for 1931, in *Hong Kong Census Reports*, 1841—1941, Hong Kong: Government Printer, 1965, p. 102.

28　Report of the Census of the Colony for 1921, in *Hong Kong Census Reports*, 1841—1941, Hong Kong: Government Printer, 1965, p. 163.

29　Report of the Census of the Colony for 1931, in *Hong Kong Census Reports*, 1841—1941, Hong Kong: Government Printer, 1965, p. 119.

30　Report of the Census of the Colony for 1931, in *Hong Kong Census Reports*, 1841—1941, Hong Kong: Government Printer, 1965, p. 118.

第二節　社會結構

外國人社會

戰前的香港社會具有殖民地社會的鮮明特徵，在這個華洋共處的社會裏，外國人和華人有着完全不同的職業結構、收入水準和生活方式，形成了涇渭分明的兩個陣營。外國人這一少數群體構成了一個處於優勢地位的社會階層。

從經濟上看，經過數十年的經營，英商資本在香港商界呼風喚雨，掌握着香港的經濟命脈。其中最具實力的四大英資集團是滙豐、渣打、怡和、太古。

從政治上看，歐籍人士及其他外國人在香港政府中把持着大大小小的行政職位。開埠以來，大批的外國人聚集在香港政府的行政部門中，佔據着各級重要職位。政府各部門首長都是外國人，他們多以華人工作效率低、不夠可靠為由拒絕聘用華人。就連政府部門中的許多低級職位，如警隊中的督察、獄卒，衛生局的幫辦，工務局的管工以及各政府機構中的文員等等，也多優先考慮外籍人士，給予華人的機會很少。例如，1939年，香港警察部隊的人員構成如下：歐洲人306名，佔13.8％；印度人774人，佔34.9％；本地華人844名，佔38％；來自威海衛的華人296人，佔13.3％。[31]這與外國人在香港總人口中所佔比例是極不相稱的。

從職業構成看，絕大多數外國人從事着中高級職業。根據1931年的統計，外籍人士職業分佈情況詳見下表：

---

31 1922年香港海員大罷工時，香港政府對本地華人警察的表現不滿意，以後便開始從英國在山東的租借地威海衛招募警察，他們就是「威海衛警察」。

表 9.5　1931 年香港外籍人士職業分佈表

職　別	人　數	％
公共行政及防務	10,745	57.4
職員	2,038	10.9
交通運輸業僱員	1,384	7.4
專業人士	1,286	6.9
商業、金融保險業僱員	999	5.3
金屬工人	146	0.8
其他	2,110	11.3
合計	18,708	100.0

資料來源：Report of the Census of the Colony for 1931，頁144，表35。

　　上表顯示，政府僱員、商人、職員、專業人士是外國人所從事的主要職業。外國人除了佔據着政界、商界以及技術部門的重要職位外，等而下之者也在各類政府機構及商業機構中擔當文員。在歷次職業統計中，外國人從事體力勞動的情況非常少見。

　　從收入及生活方式看，由於外國人佔據了高就業層次的先機，其收入水平相當之高。1901年，華人苦力的平均月收入為9港元，相當於年收入108港元。而在歐洲人中，將月薪數萬元的總督和布政司扣除在外，其餘任職於政府部門者年均收入為1,892港元。[32]對於居港歐美人士生活的總體狀況，1921年的《德臣西報》指出，「如果以家鄉的窮人概念來衡量的話，根本不存在窮人。」[33]

　　總的來說，戰前香港社會中外國人高人一等的地位顯而易見。他們佔據着過多的社會資源，享有種種特權。當然，這一特殊的社會階層內部也有高下之分。由於香港是英國殖民地的緣故，來港的歐美人士從一開始就

32　Jung-Fang Tsai, *Hong Kong in Chinese History*, New York: Columbia University Press, 1993, p. 107.

33　David Faure ed., *A Documentary History of Hong Kong: Society*, Hong Kong: Hong Kong University Press, 1997, p. 50.

是以掌控香港政治、經濟命脈的面目出現的。他們或者是政府機構中的公
務人員，或者是商場上的大班，屬於社會等級中的最高階層。由於英國統
治者對華人始終心懷疑慮，他們更願意信任其他的外國人，因此，香港的
其他外籍人士借助於英國統治的便利，獲得了優於華人的地位。他們能夠
在社會上謀取到較好的位置，可以比較輕易地躋身於中上層社會。葡萄牙
人與印度人是香港的兩個主要外國人群體。從葡萄牙人的情況看，其成年
人幾乎全部經營生意或做職員，即使最窮的人也不願從事體力勞動。[34]印度
人與香港的關係源遠流長，他們在香港主要從事貿易、商業和工業。[35]

華人中上層社會

華人中上層社會的規模及其構成

十九世紀下半葉，買辦與行商是華人中上層社會中最重要的兩支力
量。進入二十世紀以後，華人中上層社會產生了以下兩個顯著變化。

首先，由於華人資本的進一步崛起，中上層社會的規模逐步擴大。
二十世紀前期，在香港經濟持續發展的環境裏，香港華人在各經濟領域開
疆拓土，他們在傳統的進出口貿易、近代百貨業、金融保險業、製造業等
方面均大展身手，華商經濟實力明顯增強。1910年代中期何東爵士這樣寫
道：「香港的各行各業均有華人參與。…… 由華人集資、華人主管及僱用
華人的公司從事火險、水險、人壽保險、航運、地產及造船修船等業務，
這在本地已非罕見。今天，它們已躋身於成功企業之列，與英國人的同類
公司友好競爭。……廣東人與生俱來的精明促成了其商業上的巨大成功，

34 *China Mail 76th Anniversary Number*, quoted by David Faure ed., *A Documentary History of Hong Kong: Society*, Hong Kong: Hong Kong University Press, 1997, p. 50.

35 David Faure ed., *A Documentary History of Hong Kong: Society*, Hong Kong: Hong Kong University Press, 1997, p. 148.

他們已躋身於大企業之列，不比外人遜色。」[36]1917年香港英文報紙《孖剌報》撰文指出，「今日華人居民與60年前的華人居民有許多不同之處。那時，他們幾乎全部都是男僕或苦力，有極少數人是店主。…… 今日，香港吸引着富有的退職官員，甚至有北京政府的退職官員。同時，在我們中間也成長起富有的華商階層，他們掌握着香港財富的一大部分。」[37]由於有越來越多的華人在工商業領域獲得成功，華商群體的數量日漸龐大，這直接導致了華人中上層社會規模的擴大。

其次，華人中上層社會的構成與以往明顯不同。

第一，買辦的數量大為減少，代之而起的是由買辦轉變而來的成功商人。二十世紀之後，買辦制度日漸式微，原先的洋行買辦憑藉着過去積累的資本及其所掌握的現代工商業經營手段，駕輕就熟地進行投資經營。在由買辦轉變而來的商人中，最成功者莫過於何東。何東曾任怡和洋行買辦多年，1900年以後自營商業，成為香港首富。[38]

第二，來自其他行業的華商數量有所增加。在華商群體中，行商的勢力仍然不可小覷，這是由香港轉口貿易港的地位所決定的。與此同時，隨着華人涉足的經濟領域日益廣闊，來自於其他行業的華商也紛紛晉身於上流社會。例如，澳洲歸僑馬應彪、蔡興和郭泉等人是以百貨業而發達，簡東浦則是東亞銀行的創辦人，許愛周是航運業鉅子。

第三，一批華人專業人士成為中上層社會的成員。二十世紀以後，一批接受了西式教育的華人深諳現代西方專業人士服務之道，成為醫生、大律師、律師、記者、教師、建築師、工程師、保險公司經理人員。如曹善

36　Robert Ho Tung, 'The Chinese in Hongkong', in W. Feldwick, *Present Day Impressions of the Far East and Prominent and Progressive Chinese at Home and Abroad*, London : Globe Encyclopedia, 1917, p. 530.

37　'An impression of the Chinese in Hong Kong, 1917', in *A Documentary History of Hong Kong: Society*, Hong Kong: Hong Kong University Press, 1997, p. 48.

38　吳醒濂：《香港華人名人史略》，香港：五洲書局，1937 年，頁 1。

允、羅文錦是先留學英國，後在香港執業的律師。還有如李樹芬等人是留學歸來的開業西醫。

華人中上層社會的特點

進入二十世紀以後，香港華人中上層社會產生了如下的特點：

其一，接受過西式教育的華人明顯佔居優勢地位，逐漸成為上層社會中的頂級人物。開埠初期，受外國傳教士影響，香港出現了第一批會講英語的華人。十九世紀末二十世紀初，新一代接受英語教育和西式教育的華人脫穎而出。他們大多生長於香港，畢業於政府所設立的皇仁書院、拔萃書院等學校。有一部分人還有海外遊學，尤其是英國留學的經歷。這一批華人在香港的政治經濟環境中如魚得水。在經濟上，他們能夠最大限度地適應資本主義的經營方式，所創辦的企業往往站在經濟發展的前沿。在政治上，他們日漸成為香港政府的倚重對象。

其二，世家的形成。進入二十世紀，華人中上層社會經過數十年發展，已經具有相當的穩定性與連貫性，因此，華人社會中出現了一批顯赫家族。這些家族的祖輩多是貧寒的廣東人，憑藉着廣東人長於經商的天賦而發達。他們成為富商之後多培養後代接受良好的教育，尤其是西式教育，由此保證這些家族在香港能夠長盛不衰。二戰前可圈可點的顯赫家族主要有：何東家族、利希慎家族、馮平山家族、周少歧、周卓凡家族、郭泉、郭樂家族等。

其三，中上階層的華人對英國統治產生深切的認同感。十九世紀末二十世紀初，香港社會中出現了在西方資本主義經濟及文化培育下成長起來的新一代中上階層華人。他們對資本主義生產方式以至英國的統治都產生了強烈的認同。上層華人在各種場合表達其感謝之情的例子俯拾即是。1910年代，何東寫道，華人「對香港的長久繁榮以及在英國旗幟下安居樂

業表現出高度信任。」[39]這裏所說的華人，當然是指上層華人。1941年，適值香港成為英國殖民地一百年，在此時刻，所有發表公開講話的知名華人都盛讚中英合作的成果，周壽臣表示：「香港的發展與進步在很大程度上歸功於明智公正的政府，以及她為貿易、投資和工業所提供的保障。」但是，中上階層華人多數對故鄉，特別是對中國的傳統文化仍然懷有較深的感情和認同感，在某種程度上存在着「雙重效忠」的問題。

　　其四，上層華人表現出渴望與殖民政府合作的態度。隨着華商經濟實力的壯大，他們的身家性命日益與香港這片土地緊緊地聯繫在一起。在這種情況下，華商與英國統治者、英商在維護共同利益方面找到了相互合作的契合點。在面對重大的政治、經濟事件時，華洋上層之間多能協調合作。

華人下層社會

華人下層社會的構成

　　十九世紀下半期，華人下層社會主要由店員、苦力、傭人和小販所組成。進入二十世紀以後，隨着香港經濟的發展，華人的職業結構發生了明顯的變化。請看下表：

表 9.6　1931 年香港就業人口行業分類統計表

業　別	就業人數	%
製造業	111,156	23.7
商業與金融業	97,026	20.6
交通運輸業	71,264	15.1
漁農業	64,420	13.7

39　Robert Ho Tung, 'The Chinese in Hongkong', in W. Feldwick, *Present Day Impressions of the Far East and Prominent and Progressive Chinese at Home and Abroad*, London : Globe Encyclopedia, 1917, p. 530.

續上表

業　別	就業人數	%
個人服務業	61,161	13.0

資料來源：Report of the Census of the Colony for 1931，頁151。

　　參考上表，華人下層社會的構成大致如下：

　　（1）工人階級。十九世紀末二十世紀初，工業就業人口主要集中在太古、黃埔、海軍船塢，以及青洲英坭等幾家企業。因此，在1901年的人口統計中，製造業的就業人口可以說是無足輕重。隨着華資工業在1920—1930年代的逐步發展，製造業的就業人口明顯上升。1931年，製造業的就業人口佔到總就業人口的23.7％。幾大船塢仍然是僱工數量較多的工業單位，其他工人則主要集中在紡織品及成衣製造、金屬製造、食品飲料、煙草製造及傳統的木器藤器製造業中。除製造業工人外，由於香港航運業發達，海員是工人階級隊伍中的一支重要力量。1931年，在交通運輸業所吸納的就業人口中，海員水手、船工等的數量在二萬人以上。

　　（2）店員和小販。店員和小販屬於商業勞動者。香港商業發達，各種店舖林立，店員數量眾多。此外，小販數量也相當可觀，1931年約為16,000人。

　　（3）苦力。苦力是沒有固定職業和固定收入而純粹靠出賣體力為生的勞動者，主要在碼頭、貨棧等場所從事貨物搬運以及其他笨重體力勞動。這一群體中還包括轎夫和人力車夫。二十世紀上半葉，香港轉口貿易的規模不斷增長，1898年進港船隻噸位為1,325萬噸。1927年，進港船隻噸位增至3,687萬噸。[40]與此相適應，搬運苦力的隊伍是相當龐大的。據估計，1931年搬運苦力人數在2.5萬左右。

　　（4）傭人。傭人主要是為僱主提供生活服務，幫傭為僕一直是華人下層謀生的主要方式之一。1931年該行業吸納了13％的就業人口，這一數字較十九世紀末期有了明顯下降。

40　G. B. Endacott, *A History of Hong Kong*, Hong Kong: Oxford University Press, 1985, pp. 274—275, 290.

（5）佃農和船民也是人數較多的一群體力勞動者。

華人社會地位透視

香港開埠早期，華人的社會地位極為低下。在英國統治者眼中，華人社會是不堪聞問的。進入二十世紀以後，中上層華人的社會地位有所提高，而華人社會作為一個整體仍然處於種族歧視的陰影之下。這是二戰前華人社會地位的總體狀況。

中上層華人謀求社會政治地位

經過數十年的成長，香港華商逐漸成為一個頗具經濟實力的群體。這些憑藉財富躋身於中上層社會的華商為了發揮更大的影響力，開始設法獲取更為顯赫的社會地位和政治地位。

十九世紀末二十世紀初，隨着華商階層的成長壯大和新一代通曉東西方文化的雙語人才的出現，英國統治者更加有意識地借助於中上層華人的力量，加強對香港社會的管治。有鑒於此，香港政府將政治架構中的少數職位對上層華人開放，同時，對早年間華人社會領袖自行組織的社會團體進行收編改組，使之處於政府的直接管理之下。通過一系列的整合，港府形成了吸納少數華人精英的體系，某些中上層華人借此機會獲得了謀求更高社會地位的階梯。華人所能謀求的社會政治職位主要分兩類，一是港府對華人開放的現有職位，如立法、行政兩局非官守議員。1896—1929年，立法局有二名華人議員。1929年以後，立法局席位增加，非官守議員增至八人，華人議員名額由二人增至三人。[41]截至1941年，共產生過伍廷芳、黃勝、何啟、韋玉、劉鑄伯、何福、陳啟明、周少歧、周壽臣、伍漢墀、羅旭龢、曹善允、周竣

41　G. B. Endacott, *A History of Hong Kong*, Hong Kong: Oxford University Press, 1985, p. 294.

年、羅文錦、李子方、李樹芬、譚雅士等十餘位立法局華人非官守議員。
1926年，行政局增設華人非官守議員，周壽臣成為首位擔任該職的華人，這
是華人獲得的港府決策中樞的重要位置。由於行政機構中的高級職位不對華
人開放，行政局非官守議員是華人所能到達的權力頂峰。

中上層華人謀取社會地位的另一途徑是進入港府控制或影響下的各種
社會團體，如東華醫院、保良局、團防局、潔淨局等。

開埠初期，東華醫院和保良局是華人精英彙聚的主要場所。雖然行
會、街坊會等社會團體的領導職位也可供中上層華人參與角逐，但其重要
性遜色得多。世紀之交，經過港府的整合，中上層華人獲取社會政治地位
的路徑相當清晰。向上攀升的商人可以成為行會或街坊會的領導者，接着
再進入東華醫院或保良局。東華醫院和保良局中的佼佼者將會被任命到某
些諮詢機構中去。如果他們還能說得一口流利的英語，獲委為太平紳士的
機率就很大。從太平紳士，他們能夠進入立法局。[42]還有一些著名華人是從
團防局開始其公衆事業，以後，那些懂英語的人可晉身潔淨局，進而進入
立法局。[43]少數上層華人進入了長期以來由英商和公務人員主宰的政治架
構，這多少可以反映出中上層華人社會地位的上升。

無處不在的種族歧視

二十世紀以後，英國統治者對華人的蔑視並不因華人社會中上層的發
展而消失，華人作為一個整體受到歧視的情況仍然十分嚴重。

首先，種族隔離現象依然存在。

香港開埠後，港英當局在城市佈局中貫徹種族歧視、華洋分居的原

42　Chan Wai Kwan, *The Making of Hong Kong Society*, Hong Kong: Oxford University Press, 1991, p. 114.

43　T. C. Cheng, 'Chinese Unofficial Members of the Legislative and Executive Councils in Hong Kong up to 1941', in *Journal of the Hong Kong Branch of the Royal Asiatic Society*, Vol. 9(1969), pp. 7—30.

則。二十世紀初期，種族隔離的陰影仍然揮之不去。1904年，香港政府通過「山頂區居住法例」，目的是阻止華人在山頂區居住，把山頂闢為白人專區。該項法例在立法局辯論及通過前後，曾大受華人議員批評並引起華人的強烈抗議。該法令實行後，唯有何東一位華人經總督特許居住在山頂區。即使如此，他的孩子們也經常會遇到一些不愉快的情景。何東女兒回憶說，小時候，「其他人（外國孩子）也許突然就不跟我們一起玩了，因為我們是華人；或者他們也許會告訴我們，我們不應該住在山頂。」[44]

　　除了限制華人的居住地點，華洋學童同校就讀的情況也令歐洲人不安。1901年，他們請求政府資助建立學校，僅供歐籍兒童就讀。請願者說：「歐洲兒童在課堂和操場上總是要與華人接觸，這勢必影響他們性格的形成。」他們的提議得到了總督的支持，總督向殖民部建議批准成立類似的學校。[45]1902年，港府教育調查委員會建議，為歐籍兒童開辦單獨的學校。當時何東剛剛給政府捐款，要在九龍開辦面向所有國籍學童的英文學校，政府勸說他將此校僅供英國學童之用。何東雖不情願，還是很遺憾地答應了。[46]

　　有些外國人對分隔居住和單獨的學校還是感到意猶未盡，甚至要求隔離使用公用場所和公共設施。二十世紀初，某外國人公然倡議電車和公園另設西人座位，不許華人進入，與上海租界公園「華人與狗不得入內」的禁條如出一轍。1908年9月，兩名美國人投函英文《南華早報》稱：「港政府治理地方，未甚合宜，以公共場所充滿不潔淨之華人，西人咸欲避之而不可得，當宜於電車及公園等處，另設西人座位，禁止華人混入，以分別中西界限，庶可免與不潔華人接近。」[47]雖然如此明目張膽的歧視性行為沒有成為現

44　Jean Gittins, *Eastern Windows—Western Skies*, Hong Kong: South China Morning Post, 1969, p. 15.

45　Legislative Council Sessional Papers 1902, p. 7.

46　Irene Cheng, *Clara Ho Tong: A Hong Kong Lady, Her Family and Her Times*, Hong Kong: Chinese University of Hong Kong, 1976, p. 144.

47　黎晉偉主編：《香港百年史》，香港：南中編譯出版社，1948年，頁53。

實，但是，不乏歐洲人認為，華人不應享有適用於歐洲人的權利。

在公共及社交場合，種族歧視也是一種普遍存在的現象。某些俱樂部不對華人開放，而馬會則完全是歐洲人的天下。有些酒店，如當時的香港酒店，只允許華人客人入住普通房間，而其他房間是不允許華人留宿的。[48] 英國人安德魯（K. W. Andrew）於1920—1930年代在香港當警察。他回憶說：「有時候歐洲人視華人為最低等的生命。我看到過歐洲乘客把車錢扔到地上，而不去碰黃包車夫的手。」[49]

其次，是職業及薪酬方面的不平等待遇。二戰以前，華人與外國人的職業構成相差懸殊，多數華人的職業層次相當低下。除此之外，在很多情況下，無論華人的水準、資質如何，他們在謀職方面都是很難越過種族界限。當時，「在政府和洋行中，有一道明顯的級別界線，無論多麼有才幹的華人也不可能被提升到這個界線職位以上。」[50]

從收入方面來看，同一職業群體中華人與外國人同工不同酬的情況相當嚴重。以海員為例。華人海員與白人海員做同樣的工作，但「並不能得同等工資，普通是十與二之比。一切待遇更是懸殊」。[51]

戰前的政府公務員體制裏，薪酬不平等的現象司空見慣。同一職位上外籍人士的薪酬明顯高出華人，1914年，歐籍警察年薪100英鎊，相當於1,142港元，而本地華人警察年薪只有150港元，歐籍警察年薪為華警的七倍多。1939年，最低級歐籍警官的年薪為190英鎊，當時相當於3,040港元，而同級別華人警官年薪僅有396港元，兩者仍然相差七倍多。[52]

48　I. C. Jarvie and J. Agassi ed., *Hong Kong: A Society in Transition*, London: Routledge & Kegan Paul, 1969, p. 94.

49　K. W. Andrew, *Chop Suey*, Ilfracombe: Stockwell, 1975, pp. 122—123.

50　Paul Gillingham, *At the Peak: Hong Kong Between the Wars*, Hong Kong: Macmillan, 1983, p. 11.

51　〈香港海員大罷工〉，見《鄧中夏文集》，北京：人民出版社，1983 年，頁 460。

52　N. J. Miners, *Hong Kong Under Imperial Rule, 1912—1941*, Hong Kong: Oxford University Press, 1987, p. 79.

第三節　社會生活狀況

　　戰前香港民眾的社會生活是由各種相差極為懸殊的生活水準構築而成的。不同的生活水準反映出不同社會層次的各利益群體在社會地位與社會資源佔有與分配上的差異性。在這座城市裏，怡然自得的外國人和亞熱帶陽光下皮膚黝黑的華人苦力形成了鮮明的反差，眾多下層華人與極少數上層華人和外籍人士的生活之間存在着天壤之別。

　　外籍人士是香港的特殊群體，多數享有着極其優裕的生活。在華人社會中，生活水平最高的是香港本地成長起來的華商階層，以及內地來港謀求發展或作寓公的富有華人。這些極少數有產者的收入來源是多元化的，有投資利潤、股息、紅利、豐厚的工資、佣金、回扣等。進入二十世紀以後，上層華人的生活日益富裕，已經絲毫不遜於歐洲人。可供佐證的例子俯拾即是。1911年香港人口統計時發現，維城華人增加四萬餘人，華人陸續入住曾經是歐洲人和葡萄牙人專屬聚居區的房子，而且願意支付高昂的租金。[53] 在港島半山區，歐洲人的居屋已屢屢被富裕華人的豪宅所取代。某些逃難來港的華人，家業豐厚，他們物色寓所時，錢財在所不惜，因而香港的地產價格及租金大幅上升。1910年代中期，九龍灣開始填海，為富裕的華人興建別墅。[54]另外，香港妾侍人數由1911年的1,290人增至1921年的2,974人，人口普查時發現有些家庭妻妾成群。妾侍數量大增的原因是富有階層攜帶家眷來港居住。[55]1916年，何東爵士在《香港華人》一文中寫道：「除山頂區之外，富有華人家庭擁有並居住在港島某些最大最好的物業中，其生活標準有了很大的提高。無論是在衣着服飾方面，還是在居家物質享受

53　Report of the Census of the Colony for 1911, in *Hong Kong Census Reports, 1841—1941*, Hong Kong: Government Printer, 1965, p. 103(5).

54　冼玉儀：《與香港並肩邁進——東亞銀行 1919—1994》，頁 3。

55　Report of the Census of the Colony for 1911, in *Hong Kong Census Reports, 1841—1941*, Hong Kong: Government Printer, 1965, p. 163.

方面，他們都沉溺於歐式的奢華中。當時香港註冊汽車有百輛左右，除公用汽車之外，很大部分是屬於富有華人的。」[56]上層華人的奢華生活由此可見一斑。身居上等社會階層的人們在滿足基本生活需求之後，還有能力負擔文化娛樂等精神享受。二十世紀初期，收入比較豐厚的華人已經將週末假期、體育運動以及高標準的清潔衛生條件視為理所當然。[57]

除了極少數的有產者之外，香港的大部分人口都是以工資維持生計。在這部分人當中，文員和專業人士是一個數量很少，但待遇頗佳的群體。他們的職業相對穩定，工資逐漸增長，生活水準處於穩中有升的狀態。其生活品質比上雖顯不足，但比下綽綽有餘，足以維持中等水平的豐裕生活。例如，在1910年代，持有香港大學入學試合格資格的人，工作起薪為每月60港元。[58]在1930年代，傑克、望雲、平可等作家的小說稿費每月可達300港元，[59]收入相當可觀。1935年時，香港馮強製造樹膠廠的管理人員月薪有的可達150港元。[60]

與此同時，佔香港人口絕大多數的勞工階層的生活是相當艱辛的。長期以來，由於內地華人移民源源不斷地來到香港尋找工作機會，香港勞動力市場供大於求，廉價勞動力供給充足。在這種情況下，香港勞工的工資標準始終難以提升。

根據1935年香港政府房屋委員會的調查，香港熟練工人的月工資在30—70港元之間，非熟練工人的月工資為15—24港元，家庭工廠的工人月工資為6—24港元不等。在較貧窮階層中，通常是夫妻二人都工作，如均為全

56　W.Feldwick, *Present Day Impressions of the Far East and Prominent and Progressive Chinese at Home and Abroad*, London: Globe Encyclopedia, 1917, p. 530.

57　*Report of the Housing Commission, 1935*, Hong Kong: Local Printing Press, 1938, p. 11.

58　李家園：《香港報業雜談》，香港：三聯書店（香港）有限公司，1989 年，頁 58。

59　同上，頁 128。

60　H. R. Butters, 'Cases', in *Report on Labour and Labour Conditions in Hong Kong*, Hong Kong Sessional Papers 1939, p. 158.

職可共收入21—94港元不等。由於大多數貧窮階層都是體力勞動者，每月工作時間很可能不超過20天，所以收入會降至14—61港元，若夫婦雙方均為沒有技術的體力勞動者，兩人的月收入最多在14—30港元之間。[61]

　　從生活開支看，第一次世界大戰以前，香港的生活費用相對穩定。一戰之後，香港的生活指數急劇上升，大米、其他生活必需品及房屋價格等均告上漲。1914—1922年間，香港的大米價格上升了155％。整個1920年代米價一直居高不下。根據當時的物價水準計算，1920年每人每月最低花費為13港元。1930年代，勞工主任（相當於今天香港的勞工署長）畢特（H. R. Butters）對香港勞工的生活費用進行了一次調查。其調查結果如下：每人每月食物支出5.4—6港元，房租 3元/每床位（收入少時露宿街頭），衣服1港元，其他2港元。這樣，每人每月的最低費用為不租床9港元，租床12港元。[62]大致來說，30港元是一個三口工人之家的每月支出底線。

　　對比上述勞工階層的收入與生活費用支出情況，可以看出，香港的廣大勞工在吃穿住等方面都只能維持最低水平的生活。通常情況下，還有兩個因素影響勞工們的收入與支出。一是一個人也許不能獨享一份工作。據港府房屋委員會1935年的調查，當時香港「生存競爭異常嚴酷，一份工作三個人做，共用酬金的事屢見不鮮。此份酬金也許足可供一人之溫飽，而三人分享則肯定不足。這種情況在無技術的勞工群體中尤為常見。」[63]二是許多勞工需要供養留在內地的家人。所以，「如果一個有固定工作的人無需供養許多親屬，那他是非常幸運的。」[64]考慮到這兩個因素，勞工們的生活水準就還要打折扣。另外，勞工階層的生活狀況是極不穩定的，總是隨着

61　*Report of the Housing Commission, 1935*, Hong Kong: Local Printing Press, 1938, p. 12.

62　H. R. Butters, *Report on Labour and Labour Conditions in Hong Kong*, Hong Kong Sessional Papers 1939, p. 140.

63　*Report of the Housing Commission, 1935*, Hong Kong: Local Printing Press, 1938, p. 3.

64　同上。

香港經濟的繁榮與蕭條起起落落。1920年代初期，香港經濟比較繁榮，工資水準高於廣州及周圍地區，所以一般民眾能夠承受通貨膨脹的壓力。「當香港對外貿易最盛時期，平常的人對於衣食住尚可維持有餘。」[65]而1930年代初，香港受到世界經濟衰退的影響，市道冷落，謀生不易。「自貿易衰落後，因為工廠關門和商店倒閉的影響，一般平常的工人便相繼失業」，[66]其生活也隨之陷入困頓。

香港勞工的居住條件也令人觸目驚心。1882年查德威克（Chadwick）在《關於香港衛生狀況的報告》中描述說：一排八間小房子中住着428人，除去廚房，每人只有230立方英尺的空間。這些房子骯髒不堪。「幾乎不可想像，這麼多人被塞進如此狹小的空間裏。」可是，對勞工而言，過度擁擠是必不可少的，唯有如此，他們才能付得起與他人共同分擔的租金。[67]進入二十世紀前期，情況並無多大改變。《1935年房屋委員會報告書》指出：「擠迫幾乎完全是因貧窮而產生的。貧窮在香港是如此觸目驚心，許多家庭根本無力支付房租。其餘家庭，則大部分只能支付極低的租金。」[68]

絕大多數香港勞工是來自內地的移民，他們為躲避戰亂、饑荒和災害踏上了漂泊之旅。那麼，他們是否實現了謀求更好生活的初衷？總體來說，對於在香港謀生的華人而言，香港是富人的天堂，但還不是窮人的地獄。勞工階層在工資收入低、工作時間長、生活費用高的情況下生活得相當窘困，但無疑能夠養活自己。在節衣縮食的前提下，一部分收入稍好的華人勞工還可以接濟鄉下的親人。如果具備一定的文化水準，生活可以改善得更快一些。1930年代勞工大臣畢特在香港街頭隨意訪問了20位華人，

65　《香港華商總會月刊》，1936 年 2 月號，頁 20。

66　同上。

67　Chan Wai Kwan, *The Making of Hong Kong Society*, Hong Kong: Oxford University Press, 1991, p. 153.

68　*Report of the Housing Commission, 1935*, Hong Kong: Local Printing Press, 1938, p. 3.

其中有19人是移民，他們的情況可以反映出一般華人的生存狀態。這19人來港的原因或是因為鄉下無法謀生、生活過於窮困；或是因為內地工廠倒閉，前來香港尋找工作；或是因為香港賺錢多於廣州。他們來港後所從事的職業有技術工人、苦力、小販、售貨員、店舖夥計、傭人等。從他們的收入情況看，技術工人明顯勝出一籌，並且隨着來港時間的延長，生活水準不斷地改善。而以苦力、小販等為業者，則多年以來生活基本上沒有改善，僅能維持生存而已。這19人中，有一半的人給老家的親人一定的經濟援助。多數被訪者表示，他們在香港的生活好於內地。[69]

第四節 社會習俗與社會問題

社會習俗的演變

開埠早期東西方習俗並行不悖

香港開埠早期，在這個華洋共居的城市裏，東西方習俗風尚的相互交流和相互影響是遲滯不前的。造成這一現象的主要原因在於以下兩個方面：

其一，種族隔離政策的影響。香港開埠後英國人將全島劃分成不同區域，不同種族分別聚居，從而確立了中西兩個社會的存在。李樹芬在其回憶錄中稱，二十世紀初，在生活及社交活動上，中英人士因言語、風俗、習慣不同，接觸極少。英籍人士以衛生及治安關係，多在半山建屋居住，且禁止

---

[69]　H. R. Butters, *Report on Labour and Labour Conditions in Hong Kong*, Hong Kong Sessional Papers 1939, pp. 157—163.

華人在那些地區建屋甚至租用。[70]種族隔離還體現於日常生活的其他方面，如華洋學童就讀於不同的學校，妓院有接待外國人和華人之分。1884年成立的香港賽馬會遲至1926年才開始接受華人會員。政府中歐籍官員與華人或歐亞混血人女性成婚也要受到種種限制。1930年代，抑制此類通婚的行政措施略有鬆動，但娶華人女性為妻的政府官員在升遷時仍會受到不利影響。[71]在華洋社會彼此疏離的情形下，不同風俗的相互滲透自然無從談起。

其二，華洋社會固守各自風俗習慣，無意於相互借鑒或相互影響。從英國人方面看，英國人佔領香港及強租新界後均曾發表文告，表示對原有華人習俗不予觸動。1841年2月1日，義律發佈告示稱，「凡有禮儀所關，鄉約律例，率准仍舊，亦無絲毫更改之議。」[72]港英當局接管新界時，亦四出張貼告示，內稱「爾等善美風俗利於民者，悉仍其舊，毋庸更改。」從華人方面看，移民是文化的載體，伴隨遷港華人而來的中華文化傳統、價值觀念和風俗習慣都在這個小島上落地生根，移民們按照故鄉的習俗風尚在這片陌生的土地上開拓新的生活。另外，華人作為一個整體處於種族歧視陰影之下的境遇，也使得普通華人埋首於賺錢謀生，不可能對西方文化及西式習俗產生任何嚮往或者欣賞。1892年一位法國人曾就香港勞工做出如下觀察與評論：「他們聚在歐洲人周圍，因為有利可圖。但是，他們沒有表現出任何喜愛或尊敬，依然置身於歐洲文明之外。」[73]

在以種族隔離為基調的社會環境中，華洋兩個社會之間充滿了猜忌與懷疑。1921年香港進行人口普查時，有一則謠言廣為流傳。其內容是，政府欲修建跨海大橋，每個橋墩底下將埋葬一些孩子以收加固之效。許多母親

70　李樹芬：《香港外科醫生》，香港：李樹芬醫學基金，1965 年，頁 16。

71　N. J. Miners, *Hong Kong Under Imperial Rule, 1912—1941*, Hong Kong: Oxford University Press, 1987, p. 81.

72　中國史學會編：《中國近代史資料叢刊：鴉片戰爭（四）》，上海：上海人民出版社，1962 年，頁 239—240。

73　Jung-Fang Tsai, *Hong Kong in Chinese History*, New York: Columbia University Press, 1993, p. 120.

相信，人口統計的目的是為了選擇合適的殉難者。因此，該次人口普查中隱匿了大量兒童未加統計。這個古怪的插曲表明了華人大眾對英國統治者的猜疑。對於西方文明的某些成果，廣大華人也抱着將信將疑的態度。以西醫為例，華人曾經普遍相信，使用外科手術刀必死無疑。[74]1882年何啟自英國回港後執醫生業以失敗而告終，就是因為那時的華人尚不接受西醫治療，除非是免費的。[75]香港養和醫院院長李樹芬回憶說，1920—1930年代，「國人對於西方醫學，尚未完全信任，對外科手術，更乏信心，加以跑馬地一帶並非工業地區，意外受傷的求診固極少，即不化膿的外科病症亦不多，即偶有患者入院求治，亦須加以多方說服，始允施行手術。」[76]1896年，東華醫院中醫門診就醫者為11萬餘人次，而政府國家醫院西醫1895年的就醫人數，歐洲人及印度人為934人，華人只有223人。[77]直到1940年代初，東華醫院中醫就診病人仍比西醫就診病人多七倍。[78]

　　由於華洋社會之間的隔絕、猜疑，東西方習俗風尚的相互影響必然是微乎其微的。1894年11月，港督威廉・羅便臣在立法局會議上指出：「這是不尋常的，也是不良的現象，香港絕大部分華人在接受英國統治55年後，所受英國（文化及生活方式）影響仍然極少。」[79]

　　塞耶（G. R. Sayer）在其*Hong Kong 1862—1919: the Years of Discretion*（《謹言慎行年代的香港（1862—1919）》）一書中描繪了華洋社會各行其是的生

74　Robert Ho Tung, 'The Chinese in Hongkong', in W. Feldwick, *Present Day Impressions of the Far East and Prominent and Progressive Chinese at Home and Abroad*, London: Globe Encyclopedia, 1917, p. 529.

75　T. C. Cheng, 'Chinese Unofficial Members of the Legislative and Executive Councils in Hong Kong up to 1941', in *Journal of the Hong Kong Branch of the Royal Asiatic Society*, Vol. 9(1969), p. 12.

76　李樹芬：《香港外科醫生》，頁 62。

77　魯言：《香港掌故（第三集）》，香港：廣角鏡出版社，1981 年，頁 95—96。

78　金應熙主編：《香港史話》，廣州：廣東人民出版社，1988 年，頁 134。

79　G. B. Endacott, *A History of Hong Kong*, Hong Kong: Oxford University Press, 1964, p. 243.

動圖景：辛亥革命前，差不多每個男子都背着大辮子。除個別人外，沒有
人穿西裝，也沒有人參與西式體育運動。板球、草地網球、足球都不宜於
他們參與。游泳是要冒犯水鬼的。鮮有人教授英語，大多數人根本就不與
歐洲人來往。與歐洲人交往的人則通常操着一口洋涇浜英語。年長者提着
鳥籠在石板路上溜鳥，年輕人在後巷踢毽子或放風箏。日暮時分街上會飄
來麻將聲。除了小販、船家婦女、清潔工等人，沒有女人再敢出街。[80]

　　總的來看，在文化傳統、倫理道德和生活習俗方面，香港華人與內地
民眾血脈相連，他們所營造的是一個充滿濃郁嶺南風情的華人世界。儘管
生活在外國統治之下，絕大多數香港華人居民仍然保持着對華人傳統觀
念、宗教信仰、語言風俗的強烈認同。華人民眾耍獅舞龍，遊行慶祝重建
文武廟。苦力們時常光顧武館，習練拳藝和劍術。許多人加入了三合會。
在家中神位前和供奉關帝、天后的廟宇中，華人為他們逝去的祖先焚香燒
紙。他們相信風水和預兆，與算命先生商議旅行、結婚和生意安排。他們
用草藥治病。華人對親屬、他們的方言以及故鄉都保留着一份忠誠。[81]

西俗的悄然滲透與中西合璧風俗的逐步形成

　　十九世紀末二十世紀初，在華洋社會習俗並行不悖的大環境下，有一股
暗流在悄悄湧動，那就是東西方習俗在日復一日的耳濡目染中發生着由微漸
著的交匯融合。華人受到西方生活方式和習俗風尚的影響是一個緩慢漸進的
過程。最早對西方文化和西式風俗產生興趣並持接受或讚賞態度的主要是兩
類人。一是少數華人社會精英。他們絕大多數接受過西式教育，對西方文化
及生活方式有不同程度的瞭解。在他們身上，部分體現了中西文化交流所產
生的新思想和新作風。其中受西方文化影響較深者已經開始懷疑中國傳統的

80　G. R. Sayer, *Hong Kong 1862—1919: the Years of Discretion*, Hong Kong: Hong Kong University Press, 1975, p. 110.

81　Jung-Fang Tsai, *Hong Kong in Chinese History*, New York: Columbia University Press, 1993, p. 9.

社會意識。他們認為，傳統的舊禮教下所衍生的一套社會觀念是陳舊落後和愚昧無知的，其代表性人物是謝纘泰。謝纘泰對中國社會的某些陳舊習俗，如風水、纏足、吸食鴉片和奴婢制度給予了猛烈的抨擊。需要指出的是，大多數深諳西方文化的華人依然保持着濃厚的華人傳統。例如，何啟自幼接受西式教育，習於西方環境，甚至迎娶英籍太太，但生活、個性，無一不是中國化。[82]劉鑄伯亦是如此。他受到社會各階層歡迎的奧秘在於，雖然他完全掌握了西方的思想方法並持有先進的觀點，但在生活上，他基本上保持着華人的特色。他也不喜歡西式服裝或西方習俗。[83]

二是日常工作與生活中與外國人有所接觸的群體，如外國洋行的買辦、僱員等等。這一群體由於職業的關係與外國人交往密切，浸淫日久，沾染西俗。他們從生活方式、思想觀念到宗教信仰都受到西方人的影響。他們接受西方社會所強調的契約和有限責任等概念，在服飾、住宅、飲食、信仰和社交禮儀等方面都流露出西化的痕跡。1910年代，何東曾經談及某些華人在舉行婚禮時模仿西人：「按照時尚要求，舉行婚禮的雙方應開汽車出席婚禮，來賓也要乘坐汽車往返。這是仿效歐洲國家的做法，每一場婚儀的關鍵似乎在於炫耀。這種招搖有滑向荒謬邊緣的危險。」[84]與此同時，在二戰以前的香港社會中，由於中國文化傳統的強大影響力，這一群體身上也打着中國傳統價值觀念和風俗習慣的烙印。對他們而言，中西文化基本上是勢均力敵的，他們同時體現了兩者，因而具有中西合璧的鮮明特徵。

與上述兩個群體瞭解接受或主動迎合西方文化和西式風俗的做法不同，

82　李樹芬：《香港外科醫生》，頁 20。

83　David Faure ed., *A Documentary History of Hong Kong: Society*, Hong Kong: Hong Kong University Press, 1997, p. 122.

84　Robert Ho Tung, 'The Chinese in Hongkong', in W. Feldwick, *Present Day Impressions of the Far East and Prominent and Progressive Chinese at Home and Abroad*, London: Globe Encyclopedia, 1917, p. 528.

香港社會中普通華人受到西方習俗風尚的影響是以天長日久的潛移默化為特點的。普通民眾最為切身的感受應該是香港的城市環境和城市生活方式。開埠以後，香港成為英國人管治下的一座城市。港英當局大力進行城市建設，填海工程、港口設施、地下排水系統和各種交通系統次第建造。與此同時，各種新式企業和機構如銀行、洋行、保險公司、百貨公司、電影院、遊樂場等亦逐漸在這個城市鋪陳開來，香港在某種程度上成為展示西方文明的一個櫥窗。1879年康有為遊歷香港，「西人宮室之瑰麗，道路之整潔」令他印象頗深。[85]孫中山亦有同感。1923年孫中山在香港大學講演時曾說：「我於三十年前在香港讀書，暇時則閒步市街，見其秩序整齊，建築閎美，工作進步不斷，腦海中留有甚深之印象。我每年回故里香山二次，兩地相較，情形迥異，香港整齊而安穩，香山反是。」[86]在這樣的城市中生活日久，人們對西方事物的認識和看法都會自覺不自覺地受到影響。

另外，來港謀生的華人感受到城市生活方式的巨大影響力。城市是一個多元彙聚之所，包容着各色人等和各類訊息。社會學家認為，「城市改造着人性」，「城市生活所特有的勞動分工和細密的職業劃分，同時帶來了全新的思想方法和全新的習俗姿態，這些新變化在不多幾代人的時間內就使人們產生巨大改變。」[87]香港城市是在嚴格管理下建設起來的，一批又一批新移民踏上這片土地後便被按部就班地納入到城市生活的軌道中來。香港華人在都市文化氛圍的濡染下，有意無意之中改變着原有的行為規則、生活方式及價值觀念，培育出近代城市居民的社會生活方式。在從內地鄉村到外國管治下的城市，從鄉民到市民的巨大轉變中，人們對於西方風俗的認識也經歷了從新奇詭異、排斥漠視到習以為常的過程。

85　《康南海自編年譜》，見中國近代史資料叢書：《戊戌變法》（四），頁 115。

86　中山大學歷史系孫中山研究室等合編：《孫中山全集》，第七卷，北京：中華書局，1985 年，頁 115—116。

87　R.E. 派克、E.N. 伯吉斯、R.D. 麥肯齊著，宋俊嶺、吳建華、王登斌譯：《城市社會學》，北京：華夏出版社，1987 年，頁 265。

經過西方文化和習俗風尚的多年浸染，香港社會逐漸展現出東西合璧的獨特風韻。請看1940年代末文人墨客筆下的香港風情：

> 香港可以說是中西古今熔於一爐的特殊都市，夜市中既有出售孝女經、太上感應篇的小書販，也有出售西洋裸體美女照片與淫書淫畫的推銷客，既有出售馬票，頭獎幾十萬元港元為餌，也有求菩薩保佑，捧一柱香低頭默禱，希望來一個財喜臨門，殖民地思想與封建舊意識互為補充，這類現象是舉不勝舉的。…… 從市容到整個社會風貌，也到處體現中西結合、土洋混雜，奇裝異服、坦胸露肩的與長衫馬褂旗袍坎肩的趨時與保守，各有習慣與愛好，梳着道士頭的「時髦女」與拖着大辮子的「廣東妹」也各行其是，霓虹燈廣告與黑底金字招牌，一稱洋行、一稱商號而不分彼此，吻手為禮與抱拳作揖相映成趣，穿着英國警裝的山東佬與戴着墨鏡穿黑紗唐裝的香港仔，各有氣派，畫棟雕樑與西式裝璜的舖面，互相輝映。[88]

社會問題及其控制

吸毒與禁毒

在鴉片氾濫的社會環境中，沾染吸毒惡習的華人為數眾多。據統計，1906年，全港15歲以上居民約為26.2萬人，而鴉片煙民人數達到25,309人，約佔15歲以上人口的十分之一。[89]然而，長期以來，港英當局沉醉於鴉片公司的巨額盈利和鴉片銷售帶來的龐大賦稅而不願禁煙。截止到1906年，鴉片貿易總值超過500萬鎊，港英當局所得的鴉片稅收亦達200萬港元以上。[90]1898—1904年擔任香港總督的卜力爵士，在給《泰晤士報》的信中宣稱：「若將各

88　張文元：〈40 年代末期香港社會見聞〉，魯言：《香港掌故（第六集）》，香港：廣角鏡出版社，1983 年，頁 127。

89　楊思賢：《香港滄桑》，北京：中國友誼出版公司，1986 年，頁 118。

90　金應熙主編：《香港史話》，頁 116－117。

煙館封閉，則鴉片公司每年所受之損失為40萬元。現香港商務比前顯有遜色，稅餉收入因之銳減，況現正擬增加清淨局各費，而九廣鐵路又需用鉅款。若封閉煙館後，照章賠償鴉片公司損失，則政府無此財力。」[91]

巨大的現實利益使得港英當局對煙毒之禍視而不見。許多港府的高級官員曾經造訪過煙館，並給予煙館以正面評價。港督盧押辯稱，煙館是「疲乏的苦力得以歇息並享受一點鴉片而富有者又得以聚集友朋、商談事務的好地方」，還稱禁煙將導致出現更多的酗酒和其他罪行。[92]總督梅含理認為，苦力在辛苦了一天之後可以在煙館休養生息。苦力們在煙館消磨上二、三個小時，一身輕鬆地回家酣睡一宿，早晨在開始一天的勞作之前再到煙館抽上幾口。[93]

十九世紀末二十世紀初，港英當局在禁煙問題上的頑固立場受到來自各方面的抨擊。十九世紀末期，英國國內對於鴉片貿易的譴責之聲日益高漲。1891年，英國議會通過了譴責鴉片貿易的法例。原來靠販煙起家的怡和洋行等機構已經另尋財路，放棄了鴉片走私。1908年英國下議院的兩名議員提出了限制鴉片貿易的問題，其中特別提到了中國內地和香港。英國國會通過議案，要採取措施逐步減少印度鴉片出口數量，並指令香港關閉所有鴉片煙館。[94]1909年，國際禁煙會議遠東區會議在上海舉行，議決限制販賣麻醉毒品。

在英國和中國的禁煙壓力下，1907年，港督盧押建議香港採取走中間道路的政策。據此，香港將逐漸取消鴉片貿易並減少煙館數量。1908年，港府奉命停開煙館。[95]1909年關閉了26家煙館，並宣佈1910年以後煙館牌照不再

91　楊思賢：《香港滄桑》，頁 119。

92　金應熙主編：《香港史話》，頁 116—117。

93　W.A.Wood, *A Brief History of Hong Kong*, Hong Kong: South China Morning Post, 1940, p. 251.

94　W.A.Wood, *A Brief History of Hong Kong*, Hong Kong: South China Morning Post, 1940, p. 250.

95　〈百年來香港大事記〉，華僑日報社編：《香港年鑑》，1948 年香港出版。

延期。這意味着1910年港九及新界的所有煙館都將關閉。[96]1910年，所有煙館盡行停歇。由於嚴格控制銷售鴉片，1921年香港人口普查時，銷售鴉片的人數從139人下降為60人。[97]在關閉煙館之後，在很長時間裏吸食鴉片仍然是被允許的。只要是從官方指定的銷售點購買鴉片，並在癮君子自己的私人住所吸食，吸食鴉片在香港仍然是合法的。直到二戰以後的軍政府統治時期，香港才完全禁止吸毒。[98]

色情業及其控制

二十世紀初年，香港的色情業進一步氾濫。1903年，政府想利用妓院促成新填海地石塘咀地區的「繁榮」，下令將水坑口的妓院遷往石咀嘴營業。此後，石塘咀成為香港的妓院區，號稱「塘西風月」。在煙花史上，這一地區繁華了32年。[99]「石塘咀全盛時代，……娼寮以字號計，大小有50餘家，約容妓女2千餘人。」[100]

1870—1880年代，香港根據《傳染病法令》而建立的妓院制度受到英國某些人士的抨擊。人們認為，妓院登記意味着官方對這種不道德行為的寬恕。1886年，英國議會取締了《傳染病法令》，英國國務大臣隨後指示各殖民地政府仿效英國的做法。英國道德改革協會注意到香港的情況，開始向殖民地部施加壓力。1893年，英國新任國務大臣指示香港政府立即停止妓院登記和妓女定期體檢。在此期間，港督多次向英國政府反映，香港的華人領袖反對取消妓女登記制度，但毫無效果。1894年起，香港改變了原有做法，妓

96　C. Collins, *Public Administration in Hong Kong*, London: Royal Institute of International Affairs, 1952, p. 143.

97　Report of the Census of the Colony for 1921, in *Hong Kong Census Reports, 1841—1941*, Hong Kong: Government Printer, 1965, p. 164.

98　W.P. Morgan, *Triad Societies in Hong Kong*, Hong Kong: Government Printer, 1982, p. 74.

99　魯言：《香港掌故（第七集）》，香港：廣角鏡出版社，1984年，頁78。

100　馬沅：《香港法例彙編》，第1卷，香港：華僑日報，1936年，（乙）頁97—98。

女不再進行例行體檢，妓院也開到了原先不允許開設的地點。結果，軍人性
病發病率激增。迫於此種情形，英國國務大臣採取了某些變通的辦法，允許
香港仍然按照舊規行事。此後二十年間，禁娼問題被擱置下來。[101]

第一次世界大戰結束後，香港禁娼舊話重提。1929年，英國工黨政府在
各團體的壓力下，要求港府以新加坡為榜樣，關閉所有妓院。其時，新任
港督貝璐多次向倫敦表示，希望維持現行制度。他說，軍隊、政府高官、
團防局紳都反對取消妓院登記。「華人相信政府會尊重他們的習俗。我擔
心這樣會動搖華人的忠誠與信心。」1931年11月，英國政府的禁娼指令到達
香港。[102]1932年，港督貝璐奉命宣佈禁娼，所有西洋娼妓及東洋娼妓一律須
於該年6月30日停止營業。華人娼妓則有三年時間尋找轉業的機會，因此規
定1935年6月底妓院全部停止營業。其間的過渡措施是首先停止發放新的妓
女牌照，並不准已領牌照的妓女過戶。據當時的華民政務司活雅倫解釋，
之所以逐漸施禁，是因為靠此行業為生者不下一萬餘人，如果操之過急，
立即取締，妓女們必將流離失所，不勝救濟。若逐漸施禁，她們會有較多
時間另謀職業。關閉妓院的過程十分緩慢，1935年6月底，隨着最後一家妓
院關閉，石塘咀的妓院全部結束營業。

從1935年6月30日起，香港所有的妓院都遵照禁令停止營業了。但是，
色情業是不可能絕跡的。一些妓院改頭換面，以其他合法的面貌繼續存
在。公娼被禁後，以舞場、浴室、按摩院等形式開設的地下妓院大量出
現。[103]此外，也有變相的合法妓院，即導遊社。最早的導遊社是香海和南
針兩家。到1939年，導遊社多至八十餘所，導遊女達千餘人。[104]魯言撰寫

101　N. J. Miners, *Hong Kong Under Imperial Rule, 1912—1941*, Hong Kong: Oxford University Press, 1987, p. 193.

102　同上。

103　N. J. Miners, *Hong Kong Under Imperial Rule, 1912—1941*, Hong Kong: Oxford University Press, 1987, p. 204.

104　魯言：《香港掌故（第七集）》，頁80。

的〈香港娼門滄桑〉稱：「1935年7月開始，港九各區開設了很多『導遊社』，這些導遊社不少開設在鬧市之中，如德輔道中、皇后大道中等。導遊社的設備，如同二四寨，一層住宅樓宇，間了六七間房，每社有六七位姑娘，好此道者到了裏面，名義上是找姑娘出街導遊，實際上是在房中『臥遊』。」[105]

黑社會組織及其活動

　　二十世紀以後，香港黑社會組織日益成為罪惡的淵藪。中華民國成立後，香港三合會失去了愛國的政治目標，迅速分化。其成員一部分人接受進步思潮影響，擺脫了幫會控制；而一部分人則徹底走向墮落，為政治黑暗勢力所控制利用，三合會逐漸演變成黑社會組織。三合會組織的蛻變有其深刻的內在根源。三合會受中國封建制度的影響，以宗教迷信為聯繫紐帶，以開山立堂的方式招募會眾，在內部實行家長式管理，講究輩份和名份，帶有很大的局限性。它分成許多獨立的支派（堂口），沒有集中統一的領導。各派為了爭奪活動地盤，常發生利害衝突。三合會成員成份複雜，許多是無業遊民，極易被人操縱利用。為了募集經費，他們從事包娼、庇賭等不正當行業，並參與鴉片走私，販賣華工出洋等罪惡活動。

　　1914—1939年間，香港三合會演變成為我們今天所看到的犯罪組織。七個主要的幫會各自確立了自己的勢力範圍，西區和油麻地是「和」，東區是「同」，旺角是「全」，深水埗客家人是「勝」，福佬人中是「福義興」，潮州人中是「義安」。1930年以前，另一集團「聯」在東區和油麻地發展很快。[106]1941年以前，估計香港居民中三合會會員所佔比例約為8—9％。[107]

105　魯言：《香港掌故（第二集）》，香港：廣角鏡出版社，1979 年，頁 112—113。

106　W.P. Morgan, *Triad Societies in Hong Kong*, Hong Kong: Government Printer, 1982, p. 65.

107　W.P. Morgan, *Triad Societies in Hong Kong*, Hong Kong: Government Printer, 1982, p. 67.

每當香港發生社會動盪之時，黑社會組織就沉渣泛起，活動格外倡狂。省港大罷工期間，黑社會組織趁機四出活動，以「代客挑水」、「代客購物」等名義巧取豪奪。倘若拒絕他們的「服務」，必遭報復。日軍進攻香港時，香港的黑社會組織趁火打劫，大肆焚掠，釀成諸多慘禍。日本佔領時期，三合會得到前所未有的機會去鞏固他們的黑道勢力。有些大規模的三合會組織向日本侵略者求得庇護，以向日本人提供情報及協助維持秩序為條件，獲准經營香港的非法生意。日本人公開鼓勵賣淫，三合會就全面控制着繁榮的「賣肉」生意。

第五節　社團組織的發展

二十世紀上半葉是華人社團組織迅速發展的一個時期。商會、同鄉會、工會等社團組織大量湧現。根據1930年代末的統計，香港有約三百個社團，名義會員11.4萬人，其中有28個商會、28個手工業行會、4個同姓宗親會、36個同鄉會、84個工會以及若干俱樂部性質的聯誼機構。[108]這些社團組織具有扶貧濟困、辦理喪葬事宜、舉辦子弟教育事業以及造福桑梓等多種功能，在香港的經濟及社會生活中發揮着日益重要的作用。各類社團組織為人們的社會活動開闢了更為廣闊的天地，並成為調控社會秩序、整合社會關係與社會利益、規範價值取向與行為方向的另一支社會整合力量。

二十世紀上半期，促使華人社團組織迅猛發展的歷史背景可以從以下三個方面進行考察。

首先，香港社會人口的增長與工商業的繁榮呼喚着適應新的社會環境

108　H. R. Butters, *Report on Labour and Labour Conditions in Hong Kong*, Hong Kong Sessional Papers 1939, p. 119.

的社團組織。二十世紀上半葉，香港人口規模急劇膨脹。新移民踏上香港的土地後，亟需一種社會力量幫助他們解決相應的就業、救濟、技能培訓、糾紛調解等事宜，以便他們儘快融入當地社會。在這種情況下，原有的以辦理善事義舉為主要宗旨的社會團體顯得陳舊落伍，無法適應新形勢的需要。於是，大量新型社團組織應運而生。另外，隨着香港經濟的發展，華人社會階級關係逐漸明晰，工人階級的階級意識覺醒後組建了自己的工會組織，而華商階層的商人組織亦層出不窮。

其次，各地移民的小群體意識更形明顯。十九世紀下半期，華人社會表現出了一定程度的統一性，華人社會內部相對團結，以應付外界的種種壓力。當人口規模擴大以後，籠統、寬泛的華人身份的凝聚力相對減弱，地緣及血緣關係將華人社會劃分為某些小群體的現象更形突出。在殘酷的生存競爭中和遭遇離亂變故時，傳統的宗族關係紐帶和地緣關係的內在凝聚力成為人們可以信賴與依靠的資源。各式血緣、地緣組織具有持久不衰的號召力正是這種社會需求的反映。當來自某一地區的移民達到一定數量後，移民們便會萌生建立同鄉組織的意願並付諸行動。如旅港福建同鄉會便是為解決抗戰後來港福建難民「由於語言不通，謀職不易，許多鄉親顛沛流離，求助無門」的困境而成立的。[109]

第三，社會風氣的影響。在十九世紀下半期的西學東漸浪潮中，中國人逐漸認識到「合群結社」在社會中的力量和影響。香港華人受到內地新思潮的影響，對於社團組織產生了全新的認識。「大凡工商事業不可無團體」日益成為人們的共識，如旅港福建商會在成立宣言中便明確表達了這種看法。其成立宣言稱：「近世以商立國，非設會無以衛商，通都大邑之間，靡商不會，…… 集眾擎以固團體，而八閩商旅，竟無壹會焉，以聯絡

109　《香港福建同鄉會金禧紀念特刊 1939—1989》，香港，1989 年，頁 67。

群情，不其渙乎。今夏旅港同人，籌念及此，謀重建而振興之。[110]

　　需要指出的是，在社團組織迅猛發展的浪潮中，香港政府的態度是着重防範帶有政治色彩、可能引起香港社會動盪的某些組織，對於其他各種社團組織則不做過度的干涉。1911年，香港政府制定了社團法案，旨在控制某些組織的政治活動。根據此項法令，所有社團須向政府註冊。由於四邑商工總會的活動涉及到廣東政局，香港政府較多疑慮，1917年終於將其解散。

　　與十九世紀下半葉相比較，二十世紀上半葉香港社團組織的發展出現了一些新的特點。第一，傳統的華人社團組織逐漸向近現代社團演化。一般對「近代社團」的界定是，有一致認同的宗旨，活動具有社會性。有付諸文字的規章制度，層級明確，職權分明。二十世紀以後，香港原有的傳統社團依然存在，同時具有資本主義性質的近代社團也陸續面世。此外，諸多社團自身也存在着新舊並存的狀況。就原有的傳統社團而言，它們與不斷擴大的資本主義的社會因素有着不可避免的互動關係，從而使社團的組織體制、功能作用以及成員素質逐漸增加近代因素。就新生的社團而言，雖然它們在組織模式上具有明顯的近代社團的特徵，但在功能結構及成員素質上會不同程度地帶有傳統的因素。這是社會團體轉型時期的必然現象。

　　從華商團體來看，十九世紀下半葉，香港華商團體以商人行會為基本的組織形式。1896年，香港第一個近代意義上的華人商會中華會館（The Chinese Chamber of Commerce）成立後，出現了商人行會與近代商會並存的局面。商人行會以團結同業，聯絡同行，防止同業競爭，保護同行利益為宗旨，具有同業壟斷、自我封閉的性質；而近代商會的宗旨是搜集市場情報，調處工商業內部糾紛，維護營業利益，具有資產階級工商團體的屬性。前者如成立於1868年的南北行公所，該組織是一個較大的華商團體，但

110　〈福建商會緣起〉，吳在橋編：《香港閩僑商號人名錄》，香港：旅港福建商會，1947年。

僅限南北行同業參加。後者如香港華商總會，其章程規定，「凡港內華人各邑商會及商業行頭、港內華商行店公司、華人在香港有商務生意或屋宇物業者皆可成為其會員」。[111]顯示出香港華商總會是一個不分行業、具有廣泛包容性的團體。

從同鄉組織看，新型同鄉會大量湧現。來自不同地區的移民在業已建立會館會所的情況下，順應新形勢組建新型同鄉會。以東莞同鄉組織為例，1893年居港東莞人士成立了東義堂，創辦動機是「因生活貧苦的邑僑，間有老死港土，無以為殮，或草草寄葬於公共墳場，年代更易，人事變遷，難免骸骨散亂，遊魂滯魄，無所歸宿，物傷其類，何況誼屬同鄉，因此毅然以為己任，分向同邑紳商，募捐善款，先後在香港仔華人永遠墳場及長洲地方，各建義塚，歲時祭掃，以慰羈魂。」[112]1910年前後，東莞人又組成了同鄉商會「東莞工商總會」，1913年註冊為有限公司，並接管了東義堂的資產及業務。[113]

三水同鄉組織情況相仿。清朝末年，居港三水人出於安排喪葬事宜的動機創辦了三水敦善堂。1912年，為了適應「本邑人來往香港者既眾，自非結集團體，無以促進商業，聯絡鄉情」的新形勢，三水移民組織了旅港三水商工務局。後來，為使各界邑僑咸得加入，三水商工務局擴大組織規模，不再局限於工商界，成為三水同鄉會，希望借此「集中人材物力，以求永固之基」。[114]

第二，社團組織的功能擴大。早期華人團體多為以地緣或業緣為紐帶、以某某堂或某行公所名義組成的小團體。其主要的工作在於聯絡感

111　戴東培主編：《港僑須知》，香港：永英廣告社，1933年，頁396。

112　《東莞工商總會會刊》，香港：東莞工商總會，1956年，頁37。

113　同上。

114　區少軒、陳大同、麥顯揚主編：《香港華僑團體總覽》，香港：國際新聞社，1947年，第四章，頁6—7。

情，並為同業工友操辦紅白二事。[115]二十世紀上半期，華人社團組織的功能明顯擴大。香港華商總會成為了代表全體華商與政府進行交涉的機構；同鄉組織也不再局限於喪葬祭祀、同鄉互助的狹隘範圍，而是投身於社會服務活動。各同鄉組織以社會化的全新事業維繫、團結同鄉，發揮其社會整合作用。如福建同鄉會提出，「今後吾人更應奮發精神慨傾義囊，將從救濟同鄉事業中，擴展到社會福利教育事業，冀期達成福利人群而後已。」[116]旅港潮州同鄉會則表現出從愛鄉到愛國的轉變。《旅港潮州同鄉會會刊》指出：「外人批評中國人只有鄉里觀念，而無國家意識，殆非虛語。然自日本勢力侵入整個中國以後，…… 人民因受外力之直接壓迫，愛國之心，油然而生。故往日囿於地域之見，各固吾圉者，至是亦不得不打破其傳統之保守性，由愛鄉運動進而為愛國運動。本會產生之社會意義，謂為愛鄉心之表現也可，謂為愛國心之表現，亦無不可。」[117]

第三、社團組織的組織形式發生變化。任何的組織制度，只有隨着新的政治經濟環境的改變而改變，才會具有綿長的生命力。自民國成立到抗戰爆發前的二十餘年間，舊式會館陸續轉型為同鄉會組織。同鄉會的組織形式由會館制度的會首制，變成會長制、委員制、理監事制。[118]另外，1910年代以後，不少社團組織出於長期運作及保障資產的考慮，註冊為有限公司。

各類社團組織的發展情況簡介如下：

工商業組織。1900年，馮華川、陳賡如等為推進商務，增進團結，組成華商公局（The Chinese Commercial Union）。華商公局規模很小，會員只有百人左右，且未獲港府認可，影響力有限。1913年，劉鑄伯、葉蘭泉、何澤生、陳啟明等發起成立了華商總會（The Chinese General Chamber of

---

115　魯言：《香港掌故（第五集）》，香港：廣角鏡出版社，1982 年，頁 36。

116　吳在橋編：《香港閩僑商號人名錄》，香港：旅港福建商會，1947 年，序四。

117　《旅港潮州同鄉會會刊》，香港，1934 年，頁 7。

118　孔東：《蘇浙旅港同鄉會之研究》，台北：台灣學生書局，1994 年，頁 3。

Commerce），並將華商公局併入該會。華商總會成立後，很快成為香港華商的核心團體，在香港商界具有代表性和權威性。二十世紀上半期，香港工商業組織的發展主要體現在三個方面，一是出現了代表全港華商的大型商人組織——華商總會。二是隨着華商涉足行業的增多以及經營地域的擴大，相應的商人組織應運而生。如隨着華資銀行數量的增加，香港華人銀行公會於1919年成立；隨着九龍逐漸成為商號雲集之地，九龍半島的三百餘家商號於1938年組織了九龍商業總會。[119]三是出現了許多新的行頭商會，有些業已組建行會的行頭又成立了新商會。1909年成立的普益商會、1912年成立的米業商會、1916年成立的集木行商會、1921年成立的匹頭行商會就是持久不衰的組建商會浪潮中的幾個縮影。

　　同鄉組織。二十世紀上半葉，香港同鄉組織有兩個特別活躍的歷史階段。二十世紀初期，香港同鄉組織數量激增，同鄉商會和同鄉會是同鄉組織的兩種主要形式。根據1917年4月《香港政府憲報》的統計，當時的同鄉商會組織有駐港寶安商會、駐港東莞闔邑總商會、香邑僑商會所、旅港番邑華僑工商公所、旅港三水商工務局、旅港雲南商會、南邑僑商樂善公局、香港籌賑八邑公所、香港新寧商務會所、新會商務公所、順邑旅港商務局、駐港增城闔邑商會、清遠僑港商會，等等。[120]1909年，第一個同鄉商會——四邑商工總會成立。1930年間，同鄉商會數量已經達到34個，增長相當迅速，甚至只有數十人在港的雲南商人也成立了同鄉商會。[121]

　　抗戰初期是香港同鄉組織異常活躍的另一個時期。新成立的同鄉組織有中山隆鎮同鄉會、南海同鄉會、福建旅港同鄉會、蘇浙同鄉會，等等。這一時期同鄉組織的創設動機和活動內容不外乎兩個方面，一方面是幫助

119　區少軒、陳大同、麥顯揚主編：《香港華僑團體總覽》，第一章，頁5。

120　The Hong Kong Government Gazette, Vol. 63, No. 5, 27 April 1917, p. 263.

121　王賡武主編：《香港史新編（上冊）》，香港：三聯書店（香港）有限公司，1997年，頁185。

來港避難的鄉親，如1938年成立的南海同鄉會，便是「因感中日戰爭蔓延，邑民流入港地漸眾，饑寒交迫，待賑孔亟」而創辦的。[122]另一方面是組織人力，援助家鄉的抗日鬥爭。1932年成立的旅港瓊崖同鄉會原是純粹聯絡感情的民眾團體。1937年以後，在保衛祖國的熱潮中，該同鄉會曾經會同瓊崖商會組織歸鄉服務團，援助家鄉抗戰。[123]

工會組織。香港最早的工會是在行會、同鄉會、聯誼會、三合會或其他秘密社團的基礎上產生的，而且常常難以劃分彼此界限。[124]二十世紀初期，香港工會組織發展較快。其中影響較大的工會組織有從中國研機書塾演變而來的香港華人機器總工會、創立於1919年的中華海員工業聯合總會，等等。1920年，香港華人機器總工會發動以要求加薪為目的的罷工，並吸引纜車、電車、水務、工務等部門工人參與，參加行動的工人達到萬餘人。[125]受機器工人罷工勝利的影響，香港工會組織數量激增。據當時的華民政務司報告：「半年來最有趣、最重要的變化是工會數量的迅速增加，它們公開宣稱按西式工會運作。」[126]

省港大罷工之後，香港的工會組織面臨着嚴峻的生存環境。為了防止類似事件的再次發生，香港政府採取嚴厲措施，防止有政治動機的罷工和鼓動行為。中華海員工業聯合會和香港總工會被政府宣佈為非法組織。1927年，港府通過了有關非法罷工的法例，這是香港專門針對工會的首項立法。此後，工會組織的發展一落千丈。據勞工大臣畢特觀察，保留下來的

122　區少軒、陳大同、麥顯揚主編：《香港華僑團體總覽》，第四章，頁 8。

123　同上，頁 9。

124　Joe England and John Rear, *Chinese Labour under British Rule*, Hong Kong: Oxford University Press, 1975, p. 74.

125　區少軒、陳大同、麥顯揚主編：《香港華僑團體總覽》，第三章，頁 1。

126　Chan Wai Kwan, *The Making of Hong Kong Society*, Hong Kong: Oxford University Press, 1991, p. 164.

工會組織成為聯誼團體，只着力於改善生活條件及提供喪葬費等項事務。[127]

　　全面抗戰爆發後，受抵禦外侮的愛國主義情緒感染，香港的工會組織恢復了生機和活力。這一時期，許多沉寂多年工會組織仿佛突然之間復甦。與此同時，新的工會組織亦不斷湧現，香港皮具業工會、香港理髮業工會、港九餐室職工總會、染磨紙業總工會、香港印刷業工會等都是新成立的工會組織。[128]此外，來自上海等地的工人也帶來了自己的工會組織。據勞工大臣畢特估計，1939年香港有84個工會組織，會員總數4.4萬人。[129]

127　　H. R. Butters, *Report on Labour and Labour Conditions in Hong Kong*, Hong Kong Sessional Papers 1939, p. 117.

128　　區少軒、陳大同、麥顯揚主編：《香港華僑團體總覽》，第三章，頁 10—20。

129　　H. R. Butters, *Report on Labour and Labour Conditions in Hong Kong*, Hong Kong Sessional Papers 1939, p. 118—119.

第十章

二十世紀前期文化教育

革命黨人在香港創辦的《中國日報》

文藝界人士在淺水灣蕭紅墓地（約1948年底，丁聰提供）
前排左起：丁聰、夏衍、白楊、沈寧、葉以群、周而復、陽翰笙
後排左起：張駿祥、吳祖光、張瑞芳、曹禺

香港電影之父黎民偉（黎錫提供）

香港大學主樓（攝於1912年，香港大學提供）

第一節　中文報業

　　二十世紀上半期，香港報業進入了初步繁榮時期。在這一次發展浪潮中，中文報紙的崛起頗為引人矚目。何東曾評價說：「香港華人進步的另一個顯著標誌是華文報業的大量增加，私人或合營企業在任何行業中都不如在報紙印刷業中那樣有活力。……普遍而言，華文報業出現了較大的繁榮。」[1]

　　進入二十世紀以後，香港人口持續增長，除省港大罷工和世界經濟危機時期外，香港經濟亦穩步成長。穩定的社會環境自然刺激了香港社會對新聞事業的需求。香港獨特的言論環境亦是促使報業繁榮的重要原因。香港開埠以後，華人基本上被排斥在本地政治活動之外，但卻可以相對自由地評論香港以外的中國政事。省港大罷工期間，港英當局認為時局動盪，如果任由報紙自由發展，將對香港不利，甚或會影響人心，進一步擴大罷工事件。因此，「總督史塔士（即司徒拔）乃飭令華民政務司設立新聞檢查處，委派人員檢查新聞。各報館凡採訪的新聞、翻譯的電訊、轉載各地的消息，評論時局的文章，以及小說、歌曲、圖畫，都須經過檢查委員認為對香港無礙，才准印行」。[2]專門針對中文報紙的新聞檢查出台後，香港新聞出版自由受到一定程度的壓制。但是，由於關注焦點的不同，即使在新聞檢查制度之下，可供運作的空間仍然存在。香港特殊的地利之便至少在以下三個方面刺激着報業的興盛。

　　首先，在各個歷史時期中，各方人士都希望借助於香港的地利之便，在香港創辦報紙，對中國政局發表評論，並宣傳自身的政治主張。辛亥革命準備時期，革命黨人在香港創辦了多家報紙，鼓吹反清革命，充分發揮

1　Robert Ho Tung, 'The Chinese in Hongkong', in W. Feldwick, *Present Day Impressions of the Far East and Prominent and Progressive Chinese at Home and Abroad*, London: Globe Encyclopedia, 1917, p. 530.

2　陳謙：〈香港舊事聞見雜錄〉，《廣東文史資料》第 44 輯，廣州：廣東人民出版社，1985 年，頁 48。

了革命輿論的威力。1936年，著名報人鄒韜奮流亡香港，於1936年創辦《生活日報》，宣傳抗日救亡。抗日戰爭時期，內地文化人在香港主辦多家報紙，使香港成為一個溝通海內外，傳播中國人民正義聲音的窗口。根據內地文化人在香港辦報的經驗，香港新聞檢查處有幾種最通不過的文字，如提倡勞工運動的文字、帝國主義，等等。但是，在香港發表抗敵救國的言論比內地自由得多。鄒韜奮回憶說：「如在上海有許多地方為着『敦睦邦交』，只寫『抗X救國』，在那裏（香港），這抗字下的字是可以到處明目張膽寫出來的。」[3]

其次，華南地區對香港報紙有大量需求。民國時期內地政局動盪多變，各種政治派別之間的鬥爭錯綜複雜，新聞輿論受到壓制。在這種情況下，香港報紙能夠相對客觀地及時報導內地的新聞事件，刊登在內地不允許發表的政治評論。這些報紙輸入內地，在一定程度上滿足了華南地區讀者的需求。例如，民國元年，龍濟光在廣東執政時，「報局復受非常之束縛，大抵言論不能自由，莫如粵省今日之甚。」[4]在龍濟光的高壓干預下，廣州新聞事業一片凋零。原有的27家廣州報紙中每日能照常出版的「不過半數，且多空白」。[5]因龍氏倒行逆施，大失民心，香港《中外新報》對龍濟光的施政大加抨擊，深得讀者擁護，一時銷量大增，印刷二萬餘份，報販仍然陸續加訂，幾乎無法應付。當時廣東禁止香港報紙進口，但《中外新報》因為《孖剌報》的關係，由駐廣州沙面的英國領事出面交涉，准許入口，因之大為暢銷。這是《中外新報》的全盛時代。[6]廣東在陳濟棠時代，新聞檢查也是很嚴苛的。廣東報紙對於本地新聞不敢依事實報導，廣東民眾不信任本地報紙的報導，只能從香港報紙上獲取有關廣東的真實消

3 鄒韜奮：《經歷》，北京：生活・讀書・新知三聯書店，1978年，頁144。

4 《申報》1916年3月14日。

5 上海《民國日報》1916年3月29日。

6 吳灞陵：〈《華僑日報》的過去與現在〉，《香港年鑑》第八回，1955年，頁12。

息。[7]第三，政客們黨同伐異的需要。當報紙強大的輿論威力逐步顯現的時候，官僚、軍閥、政客們知道了報紙是宣傳自己，打擊政敵的手段，因此着意在香港辦報作為政爭的工具。陳炯明於1920年11月出任廣東省主席兼粵軍總司令後，派遣陳秋霖在香港開辦《香港新聞報》，力捧陳炯明。陳炯明背叛孫中山以後，陳秋霖一夜之間將《香港新聞報》改名為《中國新聞報》，轉而擁護孫中山先生。這是香港報壇上有名之「報變」。[8]此類報紙在經濟上多接受政客的津貼，在新聞政評方面以人物或政見畫地為牢，黨同伐異，或大肆吹捧或大加撻伐，全然不具備新聞事業及時、客觀、公正的基本要素。因此，政客報紙的特點是旋起旋滅，隨着出資者的興衰榮辱而起伏不定。

20世紀上半期香港報業的發展大致可以劃分為三個階段。

二十世紀初年，革命黨人在香港大力創辦報紙鼓吹反清革命，掀起了報業發展的第一個浪潮。1900年1月25日，《中國日報》創刊。該報由孫中山指派陳少白在香港創辦，是第一家號召推翻清朝，振興中華的報紙。[9]當時鄭貫一為《中國日報》撰文，「儘量闡發新名詞及新思想，旗幟為之一新。」[10]受《中國日報》影響，香港的革命派報紙異常活躍。新創辦的報紙還有鄭貫一主辦的《世界公益報》、《廣東日報》、《有所謂報》和黃世仲主辦的《香港少年報》。[11]這一時期比較知名的報紙還有《維新日報》、《香港商報》、《香港新報》、《香海日報》等。[12]此外，孫中山請基督徒尹文佳等在香港籌辦了《大光報》。《大光報》於1912年創刊，該報雖然由

7　穆欣編：《韜奮新聞工作文集》，北京：新華出版社，1985 年，頁 296。

8　李家園：《香港報業雜談》，香港：三聯書店（香港）有限公司，1989 年，頁 26。

9　鍾紫主編：《香港報業春秋》，廣州：廣東人民出版社，1991 年，頁 14。

10　林友蘭：《香港報業發展史》，台北：世界書局，1978 年，頁 24。

11　同上，頁 22。

12　戈公振：《中國報學史》，上海：商務印書館，1935 年，頁 119。

教會中人創辦，但其內容並無宗教色彩，只在聖誕節時出版一份特刊以示紀念。1938年《大光報》遷回內地。

相對於人口數量來說，新創報紙與歷史悠久的《華字日報》、《循環日報》等幾家中文報紙加在一起，香港報紙數量已經頗為可觀。只是這一時期「各報設備，尚屬簡陋，報業人才亦少。當時香港的報社最着重者為主筆，而『社論』即為一報之靈魂，至於新聞，亦非常貧乏，所以銷路不廣，而告白（即廣告）更遑論了，加以當時洋紙相當昂貴，所以清末之際，香港報紙每日出紙最多者，也不過三張。」[13]

1920年代，兩大商業報紙的問世迎來了報業發展的第二個浪潮。在報業的風雲變幻中，適應各個時期政治需要而創設的各種報紙使香港報界出現繁榮的景象。但是，在一時興旺的炫目表象之下，有一類報紙具有綿長的生命力，像一條靜寂的溪流，貫穿歲月的長河。這就是香港的商業報紙。1925年，香港報業史上具有重要地位的兩大商業報紙相繼面世，這就是《華僑日報》和《工商日報》。

《華僑日報》的前身是《香港華商總會報》。華商總會創辦報紙的動因是當時香港的報紙以政治性報紙居多，一般沒有多大篇幅替商人講話。香港華商總會彙聚了全港華商精英，需要表達對香港應興應革之事的見解。另外，那時華人議員數量很少，大眾對港府有什麼意見難以表達。有鑒於此，華商總會主席劉鑄伯倡議創辦報紙表達民意，為華商總會會員及廣大市民謀福利。[14]1925年，《香港華商總會報》因經營不夠理想，轉由岑維休接手，改出《華僑日報》。《華僑日報》「以宗旨純正，言論正確，消息靈通，電報快捷，星期號外，撰述豐富，印刷精美七大特色為號召。」[15]《華僑日報》創刊不久即逢省港大罷工，印刷工人大多離港返穗，

13　李家園：《香港報業雜談》，頁22。

14　同上，頁60。

15　陳謙：〈香港舊事聞見雜錄〉，《廣東文史資料》第44輯，頁45。

香港各大報紙被迫停刊。《華僑日報》抓住時機，採用石印方法，於1925年6月22日印發號外，讀者爭相搶購。7月14日報社又以重金聘用工人正式復刊，從此在香港報界奠定根基。《華僑日報》讀者多為一般群眾，發行數量超過萬份，遠遠超過《循環日報》和《華字日報》。[16]

　　與《華僑日報》幾乎同時創刊的還有《工商日報》。省港大罷工發生後，洪興錦、黃德光等人以斡旋工潮為目的，於1925年7月創辦《工商日報》，當時只出紙半大張。1930年《工商日報》由何東接辦，從此走上正軌。《工商日報》有其獨立見解和主張，相當長的時間裏沒有依附於國內黨派的政治勢力。戰前選聘的幾位總編輯，都是具有一定民主思想的人士，主張新聞自由。該報的「新聞議論較多是比較客觀和公正的」。[17]《工商日報》的讀者主要是工商界人士。

　　這一時期，歷史悠久的《華字日報》和《循環日報》仍然是著名的大報。《華字日報》宗旨較《循環日報》為保守，以提倡風雅，保存國粹為號召。每日出兩大張，發行量少於《循環日報》，但廣告不少，可以維持。讀者對象多是知識份子。[18]

　　《循環日報》多採用譯電，並有專人採訪香港新聞，尤其對法院案件報導詳細。至於出入口輪船的船期和南北行的米麵雜貨價格，也派專人負責採訪，各商行認為準確可靠。因此《循環日報》的讀者對象以各大商行及洋行銀業界為主。[19]

　　全面抗戰爆發後，上海、南京、武漢等地相繼淪陷，許多南方的文化機構紛紛移師香港，為香港新聞界增添了新生力量，報業隨之出現異彩紛呈的局面。這是二十世紀上半葉香港報業的第三個發展浪潮。在中文報紙

16　同上，頁45。

17　鍾紫主編：《香港報業春秋》，頁57。

18　陳謙：〈香港舊事聞見雜錄〉，《廣東文史資料》第44輯，頁44。

19　引書同上，頁44。

方面，由上海等地遷往香港繼續出版的報紙主要有：

《申報》。該報於1938年3月在香港出版。主持人史詠賡，報紙風格沿襲上海《申報》。

《星報》。該報於1938年3月在香港出版。主持人為上海「四社」。

《立報》。該報於1938年4月在香港出版。主持人為成舍我，辦報宗旨秉承上海《立報》，從業人員多是一流水平的文人。《立報》的特點是言論精闢，新聞多經過改寫，摘要精編，使篇幅小而容量大，副刊多彩多姿，其風格對香港報紙產生了重大影響。[20]

《中國晚報》。該報於1938年5月在香港出版。由內地報人主持。[21]

《大公報》。該報於1938年8月在香港出版。1937年12月，滬版《大公報》因拒絕日軍檢查而停刊，主持者胡政之、張季鸞等人到香港另闢出路，終於在上海抗戰周年紀念日出版港版《大公報》，並於同年11月起加出晚報，行銷當地。《大公報》初創時期未能得到香港市民的認同，銷量不太高，廣告收入也不多。後來，《大公報》以「社評及中肯的時事分析和報導，逐漸吸引了香港的知識界。」[22]

另外，胡文虎系統的《星島日報》於1938年8月在香港創刊，由內地文化人金仲華、戴望舒等主持編務。1939年6月，局促於西南一隅的國民政府為了擴大對外宣傳，在香港創辦了《國民日報》，主持人為陶百川。1941年4月，香港《華商報》創刊。這是中國共產黨領導下的報紙。

在本地報紙方面，最值得一提的是1939年何文法等人創辦的《成報》。《成報》以「在商言商」為宗旨，以小市民為主要對象，看重趣味性和娛樂性，避免捲入政治爭議。《成報》問世後獲得相當成功，很快從早期的

20　成舍我：〈序言〉，林友蘭：《香港報業發展史》，台北：世界書局，1978 年。

21　馮愛群編著：《中國新聞史》，台北：學生書局，1967 年，頁 142。

22　吳倫霓霞、余炎光編著：《中國名人在香港——30、40 年代在港活動紀實》，香港：香港教育圖書公司，1997 年，頁 146。

三日刊小報發展成為全港銷量居前的日報。

經過這一時期的快速發展，香港報紙的數量頗為可觀。據1930年代末的調查，香港共有《華字日報》、《循環日報》、《工商日報》、《華僑日報》、《珠江日報》、《星島日報》、《成報》、《人生報》、《南強日報》、《香港朝報》、《天光報》、《南中報》、《南華日報》、《華星報》、《星報》、《天演日報》、《申報》、《大公報》、《立報》、《東方日報》、《果然日報》、《香港日報》、《中國晚報》、《自然日報》等多家報紙。[23]

隨着中文報紙數量的增多，讀者隊伍的擴大，香港中文報紙的品質也發生了明顯的改變。

首先，中文報紙的內容日漸豐富。

早期中文報紙的產生在很大程度上源於傳播商情的需要，主要內容是經濟資訊，其次才是新聞。二十世紀以後，香港中文報紙上國內與國際新聞的內容明顯佔居了主要地位。除此之外，各大報紙開闢了副刊，極大地豐富了報紙的內容。香港報紙闢有副刊始於《中國日報》，當時稱為「諧部」，專門刊登小說、掌故、打油詩等輕鬆諧趣的文字。《工商日報》副刊的小說和雜文，頗能迎合香港市民的口味。傑克、望雲、平可等人的新派小說，靈蕭生、王香琴的文言小說，都曾吸引過讀者的興趣。[24]《循環日報》除了報導中外新聞外，並有社論、說部。社論就事論事，未見出色。說部則每登載何恭第撰的香豔小說，和一些南音、粵謳，具有趣味性，得到舊式家庭婦女的欣賞。[25]

其次，報紙版面出現新氣象。

23　安平、林興炯主編：《港九剪影》，香港：港九文化出版公司，1949年，〈文化教育篇〉第 2 頁。

24　鍾紫主編：《香港報業春秋》，頁 57。

25　陳謙：〈香港舊事聞見雜錄〉，《廣東文史資料》第 44 輯，頁 44。

　　中文報紙在創辦初期，無師可承，只得仿效英文報紙。從報紙內容、報頭設計以至各版編排，無不緊跟英文報紙，亦步亦趨。從報紙外觀上看，報名橫排及版面內容排列都與西報如出一轍。1911年後，大陸報紙普遍採用報名直排、橫線分欄的方式後，香港報紙亦採用這一排列。這樣中文報紙在外觀上擺脫了英文報紙的影響，展現出中文報紙的特色。[26]在版面編排上，1911—1925年間，香港中文報紙的版面編排仍以廣告、經濟、航情消息為主。一版為船期消息或廣告、經濟消息。內版是國際新聞、本地新聞與副刊。1925年6月5日《華僑日報》創刊，革新版面安排，第一版不再刊登廣告，而是副刊文字。日後隨着中國國內形勢的急劇轉變以及國際形勢的變化，各報紛紛以中國新聞或國際新聞為主，廣告及航訊則轉移到內版。[27]

　　第三，現代新聞業運作方式顯露頭角。

　　進入二十世紀以後，香港報業開始遵從現代新聞業運作原則，以第一時間搶新聞，追蹤熱點時事，強調新聞的快捷、準確和詳細。在這方面，《中國日報》開風氣之先。《中國日報》特約隨軍訪員（記者）用電報拍發戰地新聞、通訊，如萍鄉起義、安慶起義、鎮南關起義，該報報導戰訊迅速，吸引了許多讀者。[28]《華僑日報》創刊後，搶新聞的觀念更形突出。《華僑日報》開設了廣州和廣東省各縣的新聞欄，派有得力專人在廣州採訪和聯繫各縣地方，遞送新聞資料，因而能較多較快地反映廣東的重要新聞。另外，重視上海新聞。香港報紙報導即日上海新聞始於《華僑日報》。滬港兩地生意來往密切，《華僑日報》初辦時，即派記者到上海探訪新聞，將即日發生的新聞，以第一時間拍電給《華僑日報》，因而常常能較迅速地報導上海的消息，「這一點，在當時新聞資訊尚感落後的情況

26　張圭陽：《香港中文報紙組織運作內容：公民教育》，香港：廣角鏡出版社，1988年，頁1。

27　同上，頁2—5。

28　鍾紫主編：《香港報業春秋》，頁17。

下是較具特色的。」[29]《工商日報》發展的轉捩點是1933年對於「福建事變」的及時報導。當時陳銘樞、李濟深等在福建成立人民政府時,《工商日報》記者專程赴閩採訪。全國報紙有關閩變消息以《工商日報》最為翔實。該報因以第一時間刊載獨有而詳盡的閩變新聞而銷路大增。[30]從《華僑日報》和《工商日報》的成功可以看出,香港報紙已經逐漸步入現代新聞業運作的軌道。

第二節　文學

進入二十世紀以後,香港的文學事業開始了艱難的起步。香港的文藝刊物漸次面世,雖然大多數期刊出版時間難以持久,擺脫不了旋生旋滅的命運,但文學園地中總有文學愛好者在默默耕耘。香港最早的文藝期刊,是1907年間出版的《小說世界》和《新小說叢》。其後有《妙諦小說》和《雙聲》面世。根據楊國雄的研究,這些舊派文藝期刊,早期多用文言文,「五四」以後漸趨用白話文。[31]自《中國日報》開辦副刊(諧部)以後,報紙副刊為文學作品提供了另一片生存的土壤。1927年,香港報紙開始接受白話文,出現了刊載新文藝作品的副刊。[32]

1928年,香港的第一本白話文學期刊《伴侶》創刊,刊登詩歌、散文和小說。其後《伴侶》的主要作者又先後創辦了《鐵馬》和《島上》,宗旨和內容與《伴侶》相去不遠,但都只是曇花一現。吳灞陵在其1928年發

29　鍾紫主編:《香港報業春秋》,頁52。

30　李家園:《香港報業雜談》,頁63、71。

31　黃維樑:《香港文學再探》,香港:香江出版有限公司,1996年,頁4。

32　羅孚:《香港文化漫遊》,香港:中華書局(香港)有限公司,1993年,頁94。

表的《香港的文藝》一文中指出,「香港的文藝是一個新舊過渡的混亂、
衝突時期」,新文藝已經開始萌芽,並「衝破那沉寂的空氣」,特別是
一批「努力文藝的青年」的出現,使香港文壇「不致於大寂寞」。[33]1930
年代,香港新創的文藝刊物明顯增多。僅以香港大學孔安道紀念圖書館
搜集的刊物為例,1931—1937年間面世的文藝刊物有《白貓現代文集》、
《人造一月》、《激流》、《人間漫刊》、《新命》、《繽紛集》、《晨
光》、《春雷半月刊》、《小齒輪》、《紅豆》、《今日詩歌》、《時代
風景》、《文藝漫話》、《華燈》、《南風》等。這一時期,一批香港本
地的文學青年開始漸露頭角,其中比較著名的有侶倫、張吻冰、謝晨光、
亞荔、天夢、昆侖、天石、冰子、爾雅、實秀等。

　　抗日戰爭初期,內地大批知名文化人士南下香港,使香港文壇充滿朝
氣與活力。1938年以後,上海遷來的《東方雜誌》、《東方畫刊》、《大
風》、金仲華的《世界知識》、商務印書館創辦的《兒童世界》、《少年
畫報》等刊物相繼在香港出版。在外來風氣的帶動下,香港本地停辦已久
的刊物紛紛復刊。香港中文刊物在1939—1940年間陡然增多,刊物種類也
趨於齊全。[34] 在內地文化人第二次南下浪潮之後的1941年6月,茅盾主編的
《筆談》、《文藝陣地》、郁風主編的《耕耘》、張鐵生主編的《青年知
識》、馬國亮主編的《大地畫報》、周鯨文創辦的《時代文學》等刊物紛
紛面世。[35]

　　這一時期,眾多的報紙副刊和文學刊物為文學作品提供了生長園地。
在報紙副刊方面,最重要的是《大公報》的副刊「文藝」。「文藝」刊載
了許多有份量的作品,如老舍的長詩《成渝路上》、 巴金的《在轟炸中過

33　王一桃:《香港藝術之窗》,香港:當代文藝出版社,1996 年,頁 10。

34　黃增章:〈抗戰期間香港的中文刊物〉,見《中山大學學報(社科版)》1992年第3期。

35　鍾紫:〈抗日戰爭期間香港新聞傳播業概況〉,鍾紫主編:《香港報業春秋》,第63頁。

白馬》、茅盾的《追憶一頁》、沈從文的中篇小說《湘西》等等。[36]曹禺、李健吾、何其芳、陳夢家、蕭紅等著名作家都曾經在「文藝」發表作品。《星島日報》的文藝副刊「星座」也名噪一時，先後由戴望舒、朱沃華、葉靈鳳主持。袁水拍、徐遲、樓適夷、郁達夫、胡愈之、蕭乾、梁宗岱、李健吾、艾蕪等名家的作品，常常在「星座」上刊出。張愛玲發表過《到底都是上海人》一文，蕭紅的長篇小說《呼蘭河傳》也曾在「星座」連載。正如茅盾後來所說：「沒有一位知名的作家是沒有在『星座』裏寫過文章的。」戴望舒主持下的「星座」，無論就作者陣容或作品質素而言，都是當時其他香港報紙副刊所望塵莫及。《立報》的文藝副刊「言林」曾經由茅盾擔任主編。由於茅盾的聲望，「言林」吸引了不少內地著名作家來稿。茅盾自己也常常在這個副刊發表文章，還創作了以抗戰為題材的小說《你往哪裏跑？》在這裏連載。[37]

在刊物方面，茅盾主編的《文藝陣地》影響最大，它的作者大部分是左翼作家，如茅盾、穆木天、張天翼、丁玲等。[38]鄒韜奮主持的《大眾生活》也是當時香港刊物的傑出代表。茅盾飲譽中外的長篇小說《腐蝕》、夏衍的中篇小說《春寒》均首發於該刊。

從香港文學作品的內容來看，不同歷史時期顯然有不同的側重。早期的《中國日報》以宣傳革命為宗旨，其副刊刊登了不少鼓勵革命的文藝作品，堪稱「革命的文學」、「載道的文學」。但是，在香港這個商業社會中，供讀者娛樂消閒的文學作品始終是文學形態的主流。《小說世界》和《新小說叢》主要刊載鴛鴦蝴蝶派的小說，也有偵探奇情的作品。《妙諦小說》等刊物多是國粹派的大本營，其內容方面，以傳奇諧趣為主，多為

36　周雨編：《大公報人憶舊》，北京：中國文史出版社，1991年，頁183—184。

37　吳倫霓霞、余炎光編著：《中國名人在香港——30、40年代在港活動紀實》，頁77。

38　紀輝：〈30年來香港文壇的發展〉，魯言：《香港掌故（第八集）》，香港：廣角鏡出版社，1984年，頁126—127。

風花雪月的消閒文字。就連號稱「文壇第一燕」的《伴侶》，所載的文字
也以言情小說、抒情散文、弄情小說為主。[39]1928—1932年出版的《字紙
簍》是文學期刊的最佳代表，每期的內容都有「街頭卷語」、「不三不
四」等部分，可見所載的雜文，都是漫談閒話，小說更是「吟風弄月」的
消閒故事。同時期的《激流》，據侶倫的記憶，格調比《字紙簍》高，
「文藝氣味較為濃厚」，但不脫軟性的風格。同時跟隨這種風格的還有
《人造一月》及《人間漫刊》。至於《島上》與《白貓現代文集》，則是
走純文藝的路線，但這種作風，究竟與國內的潮流有異。[40]

　　1930年代以後，隨着中國民族危機的加深，民眾的民族意識空前覺醒。
時代潮流對香港的文壇產生了一定的影響。1932年創刊的《新命》在「編後
語」說：「我們重新來開始！在黑暗的人間，大家抖擻精神去找我們的新
命。」這種「新命」是對中國的認同，從而激發起民族的熱情，為民族的
存亡而奮鬥。稍後出版的《晨光》，創刊號中有玉壺冰的短文「由漢奸聯
想到兒童教育」，是有抗日意識的。從1933年到七七事變，除《華燈》外，
差不多所有創刊的文藝期刊，都有強烈的民族意識，這是當時香港文壇的
新風氣。這種新風氣配合了中國內地文學的潮流。從不同期刊的開場話或
編後語中，可以看出不同作家的共同理想，「這就是文藝作品中要有社會
意識、時代氣息、現實反映與奮鬥精神。」[41]

　　香港文壇面貌的巨變發生在七七事變以後。內地南下文化人在祖國危
亡之際，激於民族大義，憑藉着深厚的文學素養和如椽之筆，發出了正義
的怒吼。他們的作品或歌頌前線將士衛國守土的英勇壯烈，表達出民族新
生的願望與勝利的信心，或描繪戰區及淪陷區的種種慘狀，或反映海外華

39　黃康顯：〈「九一八」至「七七」期間香港文壇的民族覺醒〉，吳倫霓霞、鄭赤琰
　　編：《兩次世界大戰期間在亞洲之海外華人》，香港：香港中文大學出版社，1989年，
　　頁346。

40　同上，頁347。

41　同上，頁348。

人的救亡熱潮。他們的文學活動在某種程度上掃除了香港文壇的萎靡之音，救亡圖存的主題使得文學作品具有了陽剛之氣。

第三節　電影事業

在中國電影事業的拓荒之旅中，香港電影人的貢獻不可磨滅。1913年，香港電影之父黎民偉與美國電影商人本傑明‧布拉斯基（Benjamin Brodsky）創辦華美影片公司，這是香港第一家影片公司，香港的電影業由此起步。當年由黎民偉編導並主演，完成了短片《莊子試妻》。該片與同年在上海拍攝的《難兄難弟》是中國最早的故事片。《莊子試妻》完成後，試映效果頗佳，並由布拉斯基攜回美國放映，成為第一部輸往美國的中國電影。[42]

1920年代，香港電影處於草創階段。1921年，黎民偉等人籌建民新影片公司，在香港拍攝了數部體育新聞片和風光片。1924年黎民偉又攜機北上，邀梅蘭芳拍攝了《黛玉葬花》等五部戲的片段。同年年底，民新又攝製了根據《聊齋志異》中〈胭脂〉改編的同名時裝片，也受到觀眾歡迎。[43]除民新影片公司以外，當時尚有光亞、兩儀等幾家公司。省港大罷工發生後，香港電影人大多北上上海、廣州等地發展，民新公司遷往上海，光亞公司則遷往廣州，香港本地的電影事業因此進展緩慢。1920年代後半期，只有黎北海的香港影片公司還有出品，該公司在1928年出產了《左慈戲曹》、《客途秋恨》等數部影片。[44]

42　朱劍、汪朝光編著：《民國影壇》，南京：江蘇古籍出版社，1997年，頁 8—9。

43　同上，頁 36。

44　酈蘇元、胡菊彬：《中國無聲電影史》，北京：中國電影出版社，1996年，頁 197。

　　1930年代，香港電影經歷了從無聲到有聲的轉變，電影事業也呈現出初步的繁榮。促使香港電影事業的發展的主要原因在於香港電影擁有本地與海外兩個市場。一方面，香港市民普遍接受電影這種休閒娛樂方式。「香港接受西方風氣較早，故香港居民，多注重於物質之享受，與身心之娛樂，對於文化上，能差強人意者，厥為電影一途，十里洋場，影院林立，每日觀眾，千百成群，放映名片座無虛席。」[45]另一方面，香港地理位置獨特，其所出產的影片可以輻射至東南亞地區。這促使電影製片商在香港建立生產基地，由此帶動香港影業的繁榮。這一點在有聲電影問世後更形明顯。有聲電影問世後，上海出產的國語片在廣東、香港和南洋一帶遭遇語言障礙，觀眾看得一頭霧水，而香港出產的粵語片則借語言便利趁勢開闢獨立發展的道路。

　　這一時期，香港規模較大的影片公司有香港聯華分廠、天一公司、大觀聲片有限公司等。主要出品的影片有香港聯華分廠的《鐵骨蘭心》、《古寺鵑聲》、《夜半槍聲》、《暗室明珠》和《波浪》等。天一公司出品了《哥哥我負你》、《泣荊花》、愛情戲《閨怨》、根據民間故事金玉奴棒打薄情郎改編的《再生緣》以及神話片《嫦娥奔月》等。大觀公司拍攝了《翻天覆地》、《金屋十二釵》、《花開富貴》，主題是提倡自由戀愛，反對包辦婚姻。[46]總的來看，香港電影的主流與內地電影是脫節的，多數作品思想意識陳舊，藝術水準也不高。

　　與報業和文壇的情況相類似，香港電影在七七事變後迎來了一輪發展高潮。在民族危亡的時刻，香港電影人表現出同赴國難的情懷。香港的大觀、南粵、南洋、合眾、全球、啟明等幾家公司聯合拍攝了描寫中國人民抗擊日本侵略軍的《最後關頭》，這是一部具有中國人民傲骨的紀實性電影。[47]這一時期，內地南下電影工作者對香港電影的發展做出了突出的貢

45　黎晉偉主編：《香港百年史》，香港：南中編譯出版社，1948 年，頁 166。

46　湯曉丹：《路邊拾零》，太原：山西教育出版社，1993 年，頁 66。

47　同上，頁 67。

獻。上海淪陷前，廣東籍藝術家蔡楚生、司徒慧敏等南下赴港。他們對香港的人文環境比較熟悉，到港後迅速開展工作。他們首先與新時代影片公司合作拍攝了《血濺寶山城》，後又為啟明公司拍攝了粵語片《遊擊進行曲》。《血濺寶山城》是中國較早完成的描寫抗日戰爭的優秀影片，在香港、南洋及國內放映時引起轟動。香港輿論認為該片扭轉了粵語片粗製濫造、低級無聊的風氣。[48]《遊擊進行曲》一片充滿抗日的激昂之情，公映後引起日本駐港領事的抗議，結果被當局禁映。大觀公司一批抗日影片的成功亦有賴於南下電影人的貢獻。大觀公司拍攝了《上海火線後》、《小廣東》、《民族的吼聲》、《昨日之歌》、《生命線》等一批抗日題材的影片。其中《生命線》充滿民族激情，使大觀公司聲名大噪。[49]《小廣東》由蔡楚生執導，《上海火線後》則由湯曉丹執導。

　　1939年，重慶中國電影製片廠為擴大宣傳陣地，在香港設立大地影業公司，進一步推動了香港抗日電影的發展。大地公司完成的第一部故事片《孤島天堂》是香港影壇第一部國語片，影片由蔡楚生編導，受到香港觀眾的熱烈歡迎。大地的第二部影片是夏衍編劇、司徒慧敏導演的國語片《白雲故鄉》。大地影業公司結束後，留港進步影人大都參加新生影片公司，蔡楚生為其編導了描寫幾個汽車司機參加抗戰的國語故事片《前程萬里》。

　　全面抗戰爆發後，香港、重慶和上海「孤島」成為了中國電影製片的三大中心。到香港淪陷前，電影工作者在香港共拍攝了五十多部激動民心的抗敵電影。[50]

48　吳倫霓霞、余炎光編著：《中國名人在香港——30、40年代在港活動紀實》，頁215。

49　李安求、葉世雄合編：《歲月如流話香江》，香港：天地圖書公司，1989年，頁118。

50　同上，頁120。

第四節　教育的發展

從1911年辛亥革命到1941年太平洋戰爭爆發的三十年間，香港的教育取得了一定發展。這一時期影響香港教育發展的主要有以下幾個因素：首先是經濟的發展。進入二十世紀以後，香港做為遠東轉口貿易中心的地位進一步確立，對外貿易持續增長，與貿易有關的金融業也獲得長足發展，一批近代化的華資銀行紛紛建立。此外，從1920年代開始，以加工和製造為主的工廠企業也開始逐漸增多。經濟的發展在客觀上造成了對人才的大量需求。其次是人口的迅速膨脹。由於內地爆發革命和局勢動盪，內地遷港人數日增，使得香港人口總數驟升。人口的大量增長，使得學齡兒童的就學問題日趨緊迫。

這一時期是香港教育發展史上一個很重要的時期。具體表現在：香港建立了第一所綜合大學——香港大學，中文教育取得長足的發展，出現了第一部教育法規——《1913年教育法例》，教學的體制和內容有了一定程度的改革。這一切均對以後的香港教育的發展產生了重要影響。

香港大學的建立

二十世紀初，香港高等教育取得重大進展，其重要標誌便是香港大學的建立。

在香港興辦高等教育的想法由來已久。早在1872年，英國安立甘教會的牧師哈奇森（A. B. Hutchson）就曾提出在香港開辦一所大學。1880年，港督軒尼詩（J. P. Hennessy）曾下令成立一個專門委員會，研究把中央書院改造成大學。但是，當時的委員會否定了這一想法，認為香港所需要的只是商業學校，建立大學不太現實。然而，香港各界興辦高等教育的努力並未放棄。1887年，在香港著名華人領袖何啟的鼎力襄助與籌劃下，香港歷史上第一所大學專科學校——香港西醫書院（The Hong Kong College of Medicine

for Chinese）正式成立。香港西醫書院的出現，為日後在港創建綜合性高等
學府打下了堅實的基礎。

二十世紀初葉，英國的高等教育發展迅速，相繼建成曼徹斯特、利物
浦、伯明罕等多所大學，宗主國高等教育的發展為香港開辦大學創下了一
個良好的氛圍。在中國內地，自清末廢除科舉制以來，新式教育蓬勃發
展，一大批西式學堂的學生在畢業後紛紛踏出國門，繼續留洋深造。有鑒
於此，一些西方國家如美、英、法、日等國為擴大本國在華影響，開始考
慮在中國開辦大學。在此形勢下，在香港創立一所大學的想法再次被提了
出來。

1905年12月15日，香港《德臣西報》（*China Mail*）刊發了一篇題為
〈在香港設立一所帝國大學〉的社論，再度極力宣傳在香港開辦大學。該
文指出，中國的將來操縱在日本與大英帝國手中，日本正在中國花費鉅資
擴大其在思想領域的影響，而在這方面英國做得很不夠。作為對策，英國
應該在香港設立一所大學，以吸引中國南方甚至北方的學生前來就讀，這
是一筆對於英國的繁榮來說頗有價值的投資。《德臣西報》是在港英商的
喉舌，其言論具有很強的代表性，全港上下反響甚大。

1907年7月，港督盧押（Frederick Lugard）上任後，對在港開辦大學的
主張大表支持。1908年1月，盧押在出席聖士提反男書院的畢業典禮上，首
次公開提出要在香港創建一所大學。此建議一出，立刻獲得香港各界的熱
烈響應和贊助，創建大學遂即轉入實質性籌辦階段。來自印度的富商麼地
（H. N. Mody）爵士慷慨捐資15萬港元用作建校經費，香港的華人商紳何
東、何啟、曹善允等人和包括港督盧押在內的香港政府官員以及在港各國
商行也紛紛解囊捐輸。建校也得到了祖國內地的鼎力協助。兩廣總督張人
駿送來20萬元捐款。郵傳部尚書、天津海關道等清朝政府官員也都捐出善
款。到1909年底，來自內地的捐款已達65萬元，佔當時已募集捐款的一半左
右。此外，建校經費也得到了大批海外華人的積極捐助。大學校址選定在
般咸道和薄扶林道的會合處，由香港政府撥出地皮。這所大學被命名為香

港大學，港督盧押兼任校長，另聘著名的東方學家愛理鄂（C. Eliot）為副校長，具體負責學校的管理。大學於1910年奠基，1912年2月11日正式宣告成立，同年9月正式開學。大學起初只設工學院與醫學院，醫學院的前身是香港西醫書院。及至翌年，始增設文學院，聘請賴際熙、區大典兩位太史講授「中國經典和歷史」選修課。[51]

　　香港大學的建立，開香港高等教育之先河。它的建成，對於提高全港的學術研究水準和培養高級專門人才，起到了一定的促進作用。由於香港毗鄰內地，港大的建立，同時也對內地產生了重要影響。在大學成立之初制定的《1911年香港大學堂憲章》中，曾對香港大學的辦學宗旨作出過如下的描述：設立香港大學，「其目的在促進文學科學研究，供應高深教育，使學生畢業後得受大學學位。而對於來學各生，不分種族、國籍、宗教、信仰，一律予以身心之訓練。而與我友邦中華，彼此更得深切之瞭解。」[52]港大建立初期，一直注重吸引和鼓勵內地學子前來就讀，受此影響，當時北洋政府與各省的教育部門陸續選送多批學生赴港公費留學，在早期內地赴香港大學的人員之中，大都學成返回內地，在中國成為了許多領域中的棟樑之材，湧現出像中國機械工程學的奠基人劉仙洲、醫學專家林宗揚、美學泰斗朱光潛、心理學巨子高覺敷、鐵路專家石志仁、港口專家趙今聲等一批傑出代表人物。[53]

中文教育的發展

　　港英當局統治香港以來，在教育上一直採取推崇英文教學的精英教育

51　金應熙主編：《香港史話》，廣州：廣東人民出版社，1988年，頁138 — 142。

52　王齊樂：《香港中文教育史》，香港：波文書局，1982年，頁273。

53　參見劉蜀永主編：《一枝一葉總關情》（香港：香港大學出版社，1993年）一書有關內容。

政策。受其影響，香港的中文教育發展緩慢。大部分華人子弟主要依靠一些私立學校來接受教育。這些私立學校大多規模較小、很少接受政府資助、資金匱乏，處於自生自滅的狀態。教師也多為舊式文人，教學內容以經史為主，教學水準普遍不高。這種中文教育滯後緩慢的狀況一直延續至二十世紀初。

進入二十世紀以後，香港的中文教育逐漸開始勃興。其主要原因，從香港自身而言，二十世紀初以來，香港經濟發展較為迅速，華商的經濟實力不斷壯大，社會地位迅速提高，隨之而來的是華人要求改善中文教育落後狀況的呼聲日切。其次是外部影響，亦即來自祖國內地政治變革和新文化運動的衝擊。從1911年的辛亥革命到1919年的五四運動，內地經歷了翻天覆地的政治變革，在中國歷史上延續達二千年之久的封建王朝制度被推翻，愛國主義和民族主義成為了時代的主旋律，新思想、新文化開始大量傳播。內地發生的一切對整個香港社會，包括香港的教育，均產生了重大的影響。特別是五四運動，其對香港的文化教育影響至深。作為一場愛國運動和新文化運動相結合的革命運動，五四運動對香港的文化教育所造成的影響主要有以下幾點：（1）學界愛國民族意識得到進一步加強；（2）與此相關，中文教學在全港各校得到普遍推行；（3）白話文取代文言文日漸普及。

從1920年代初開始，面對教育領域發生的這些變化，香港政府為了防止民族主義思潮在各私立中文學校中傳播，對中文教育的發展表現出關注，並採取了一些鼓勵措施。香港政府首先從市區華人社團開辦的漢文小學中選出27間，給予小額資助。為加強中文教育的師資，香港政府特別在1921年開辦男女漢文師範學校各一所，每校每年各招收學生20—30名，學期三年。學生畢業後，如有意辦學，可獲政府資助。1922年，港府還專門在教育諮詢委員會下設立一個中文教育小組，以為政府提供有關中文教育的意見。

1925年底，港督金文泰（Cecil Clementi）上任後，為緩和由於省港大罷工所造成的反英緊張局面，力主提高香港的中文教育程度。在金氏的大力

宣導下，香港的中文教育取得積極進展，其重要成果就是香港官立漢文中學的創設與港大中文學系的成立。

官立漢文中學（即金文泰中學的前身）正式成立於1926年3月1日，是香港第一座由政府創辦的漢文中學，其辦學宗旨為：（1）於注重中國文字中仍兼顧實用英文，從而造就良好青年以便應世；（2）訓練優良的中文教師以供中文學校使用；（3）培養適當學子，使能升讀港大，專研中國語言、文學、歷史及哲學等科。學校的編制仍依照中國舊制的中學四年級，另外附設高小一、二年級及漢文師範班，學生約共200人。課程方面，與其他私立中文學校相比，中英文並重是該校的主要特點。漢文中學的創立，在一定程度上適應了當時香港華人要求政府改善中文教育的呼聲，因而受到了民眾的歡迎。而漢文中學自創立後也培養出一批精通中英文、品學兼優的畢業生，許多人升讀港大或內地大學就學，最後成為了香港社會有影響的人物。[54]

在開辦漢文中學的同時，香港政府也注意中文教育在高等學府的發展。港督金文泰提出在香港大學設立中文學系設想，為此他特召集香港紳商及華人領袖開會商討。金文泰的提議得到當時全港上下的一致贊同。經過一年的籌辦，港大中文學系於1927年正式成立，即聘賴際熙、區大典兩位太史為專任講師，林棟為助理講師，以賴際熙為系主任，並請溫肅、朱汝珍、羅憩棠、崔伯樾等為兼任講師。這些人均為通悉經史典籍的舊學大師，在課程安排上以講授古文經典為主，研習方法也完全是舊的一套。對港大早期的中文教學，胡適曾作出過尖銳的批評：「中國文學的教授完全在幾個舊代科舉文人的手裏。大陸上的中文教學早已經過了很大變動，而港大還完全在那大變動潮流之外。」港大中文學系的這種因循守舊的教學方式一直延續到1935年

54　吳倫霓霞、鄭赤琰：〈香港華文教育發展與中國的關係〉，鄭赤琰、吳倫霓霞編：《兩次世界大戰期間在亞洲之海外華人》，頁 171 — 174。

著名文學家許地山出任系主任時才發生根本的改觀。[55]

　　1920年代，是香港中文教育大發展的一個時期。雖然當時香港政府大體上仍維持原來的英文精英教育政策，但是，官立漢文中學以及港大中文學系的建立，對中文教育的提倡是有積極作用的。因此，在1920年代，香港私立中文學校迅速增加，就學學童日增。在1920年代的十年間，香港英文學校的學生從9,000多人增至14,000人左右，但中文學校的學生則從18,000多人驟增到45,000多人，增幅達兩倍半。除了量的發展，私立中文學校在質的方面也有很大進步，一些頗具規模的著名學校開始出現，如子褒學校、湘父男女中學、敦梅中學等，它們成為了香港一支重要的教育力量。

　　雖然1920年代香港中文教育有了較大發展，但問題仍然很嚴重。據1931年香港人口統計，全港共有市民849,751人，其中5—14歲的兒童119,008人，但全港在校學生總數僅為68,953人，僅佔學齡兒童的60%。這個比例，僅就初級教育來說，距離「普及」的標準還相差很遠，同時它也就意味着當時全港尚有近五萬名學齡兒童流於失學。

教育政策的變革

　　作為英國的「殖民地」，香港的教育發展同樣帶有濃烈的殖民主義色彩。首先，由於香港的殖民地特質，殖民地的統治者港英當局對在香港興辦教育並不十分熱心，採取了一種順其自然的政策，對教育的投入非常有限。從1841年英佔香港島一直到二十世紀初，香港的教育發展緩慢。在教育的普及上，香港政府所做的工作也只是興辦了為數不多的政府學校和在財政上予部分私立學校以少量資助。其次，在辦學方針上，香港政府也完全出於維護殖民統治的需要和殖民地商業發展的實際所需，實施精英教育，

55　王齊樂：《香港中文教育史》，頁 299 — 314。

推崇英文教學。二十世紀初，香港政府的這一教育政策仍無實質性的變化。1901年，香港政府曾專門成立一個教育委員會，以研究香港未來教育發展計劃。該委員會在隨後向香港政府提交報告書中闡述了政府當局在港所應採取的教育政策：

> 本委員會深信，為少數上層社會華人提供一全面的教育，較普及一般華人教育更見成效，因為前者能以其所學影響後者。因此，政府應鼓勵及資助英華學校而非華文學校，同時，政府辦學之原則，應儘量使接受教育者付出全部費用，不足之處始由納稅者負擔。[56]

該報告書對此後香港教育的發展影響很大。1903年，香港政府修訂教育條例，基本上依照了該報告書的建議。此時香港政府所確定香港的教育對象依然是少數華人上層子弟，教育方針以擴展英華學校推廣英文教學為主。對佔人口絕大多數的香港中下層華人子弟的教育，香港政府根本無意發展。

1911年中國內地爆發辛亥革命，波及香港，香港的教育發展發生了新的變化。為躲避戰亂，大批華南居民南移香港，香港人口驟增。為解決大批來港學齡兒童的就學，一些華人有識之士陸續興辦多所私立中文學校，香港的中文教育發展迅速。辛亥革命同時也喚起了廣大港人的愛國熱情，在私立中文學校的講台上，許多教師紛紛向學生傳輸愛國思想。為適應此種形勢的變化，強化對教育的控制和影響，港英當局開始加強政府的參與。其標誌之一便是《1913年教育條例》的頒佈。

《1913年教育條例》是香港有史以來第一個以立法形式公佈的教育法例。根據該條例，全港所有學校——政府及軍部所辦者除外——均需向教育司申請註冊，未經正式註冊的學校，將被視為非法，並被處以500港元以內

56　謝家駒：〈分析香港的教育政策〉，香港專上學生聯會、中文大學學生會編：《香港教育透視》，香港：廣角鏡出版社，1982年，頁40。

的罰金；教育司有權接受、拒絕或取消任何一間學校的註冊，並有權對已註冊的學校在紀律和課程安排上實施監督。此外，該條例還對校舍建築、衛生設施、教師任用、學童名額等做出了詳細的規範。[57]

《教育條例》的實施，在香港政府來說，是出於對全港所有學校實行有效的控制，然而，它的頒行，對於香港的教育發展來說，仍具有一定的積極意義。首先，隨着香港第一個教育立法的逐步落實，香港的教育制度自此得以確立。其次，由於立法的規範，香港一般學校的辦學水平有了較大的改善。

1914—1918年間，香港的教育事業逐漸有所發展。到1918年，全港共有學生25,544人，其中8,962人在英文學校就讀，而在中文學校學習的學生則達16,582人。

隨着香港經濟的發展，教育上的許多問題日漸引起各方面的關注，迫於各界的壓力，同時也為檢討香港的教育狀況，1935年，香港政府邀請了英國教育學家賓尼（E. Burney）來港，調查香港的教育狀況。在調查報告書中，賓尼對香港的教育狀況進行了嚴厲的批評，並提出了一系列解決方案。賓尼報告書對此後的香港教育發展影響至深，報告中的許多建議均為香港政府所採納，是香港教育發展史上具有劃時代意義的一份文獻。

賓尼報告書內容涉及到香港教育的各個方面。關於中小學教育，賓尼極度不滿當時香港政府對中小學的教育投入，僅為香港全部教育經費的7%。他指出：「香港貧苦大眾的子女只能有機會讀小學，而政府卻完全不辦中小學。這就是說，最沒有能力自助的人，反而受到政府最少的資助。」賓尼建議，香港政府應首先完善小學教育，盡可能多地直接開辦設施完備的官立小學，使私立小學有所效法。

賓尼還對英文學校的辦學方針提出了看法。他認為，香港華人兒童學

57　王齊樂：《香港中文教育史》，頁 275 — 276。

習英文，主要目的是作為一種謀生工具，因此英文中學的英語教學應重實用。為此他建議應把英文中學的畢業會考與香港大學的入學考試分開。賓尼還主張，香港應大力發展工業教育，以為社會多培養有用人材。

關於教育行政人材，賓尼指出，香港的教育部門一直由政務官員擔任教育司一職是錯誤的，應選派教育專家擔任此職。這樣才能真正發揮教育領導的職責。

關於學校課程方面，賓尼極力主張，香港的學校應注重學生的健康和衛生，增強學生音樂、體育、圖畫及工藝等科目的學習，使學生得到全面發展。

賓尼還就師資的培訓提出意見。他建議香港政府開辦一所規模完備的師範專科學校，積極培訓師資，以提高學校的教學品質。

根據賓尼的建議，港府於1937年聘任馬來西亞督學蘇理士（C. G. Sollis）來港，擔任高級視學官，並於1938年將其提升為教育司。此後，教育司一職，一律由教育專家來擔任了。

蘇理士抵港後，立即着手改革香港的教育體制，並取得了重要成果。其內容包括：（1）改良學校課程。1937年首次舉辦英文中學會考，完全脫離港大的入學考試。（2）開辦音樂、體育、圖畫、工藝各科教師班，訓練教師，派往各校任職。（3）獎勵中文學校的發展。改革補助制度，開始核發建校費及學校傢具等津貼。增加政府及補助學校的免費學額，以扶助家境貧寒的學生。（4）師資培訓。1940年成立了羅富國師範專科學校。（5）擬定了一項發展中小學教育十年規劃。根據該計劃，港府將直接開辦中小學，並將於十年內，建立50所中小學。[58]但是，由於太平洋戰爭爆發和香港淪陷，香港的教育改革未及全面展開，便告擱淺。

58　鄭棟材：〈二十五年來之香港教育〉，牟潤孫等：《星島日報創刊二十五周年紀念論文集 1938 — 1963》，香港：香港星系報業有限公司，1966 年。

第十一章

日佔時期的香港

1941年日軍進攻香港

日軍佔領香港後，大肆搜查香港居民。

港九獨立大隊在行軍途中

戰後英國軍事法庭在香港審判日本戰犯

第一節　香港的陷落

大戰前夕的香港防務

　　太平洋戰爭爆發之前的香港防衛狀況與英國政府的指導思想密切相關。第一次世界大戰結束後，英國明確地認識到，下一次爭霸的地域在中國和西太平洋。1931年，日本入侵中國東北，邁出了稱霸亞洲的第一步。迫於形勢，英國政府着手加強香港要塞的建設和守軍裝備現代化。日本全面侵華後，英國政府對香港仍然很重視，認為香港是一個「應當盡可能長期保衛的重要基地」。[1]但是，1938年秋日軍控制華南地區後，英方的看法發生了變化。英國方面感到，香港海灣已經處於大陸炮火的威脅之下，從而放棄了把香港當作海軍基地的計劃。1940年6月，英國三軍總參謀長依士梅勳爵（Lord Hasting Ismay）就保衛香港作出決斷，他說：「香港並不重要，過去認為當地守備部隊不能長期抵抗日軍攻擊的看法是正確的。即使我們能夠向遠東派遣強大的艦隊，面對已在中國大陸上站穩腳跟的日軍，能否確保香港仍屬疑問。在任何情況下，香港都不能作為一個前哨海軍基地使用，對於既不能救援，又不能長期抗戰的香港，只能作盡可能長久保持的前哨陣地。對於主張加強守備部隊的壓力，應當堅決頂住。」[2]可見，英國沒有固守香港的意圖，也不打算進一步充實香港守軍的實力。

　　戰爭爆發前夕，有人曾將香港政府比作駝鳥，也就是說，他們認為，只要不正視危險就可以避開危險，生動地揭示出香港保衛者的心態。在這種形勢下，戰前香港的防務狀況令人擔憂。

1　日本防衛廳研究所戰史室著，天津市政協編譯委員會譯：《香港作戰》，北京：中華書局，1985年，頁7。

2　同上。

1938年底，格拉塞特少將（Major-General A. E. Grasett）就任駐港三軍司令，主持部署香港防務。根據格拉塞特的計劃，新界設有兩道防線，第一道是邊界防線，東起沙頭角，經羅湖沿深圳河向西至後海灣，沿線無險可守。第二道是城門防線，也稱醉酒灣防線。西起荃灣東南的醉酒灣，經城門水塘北部到大圍、沙田，再沿慈雲山和九龍嶺北麓向東南延伸到馬遊塘（今油塘）。[3]整個防線連綿18公里，深溝高壑，算得上是一道屏障。在格拉塞特少將看來，城門防線固若金湯。格氏藐視日軍的作戰能力，佈防時不免輕敵。

香港守軍兵力方面，主力為四營，即米杜息士營、皇家蘇格蘭營、印度兵彭加普營和拉治潑營，共有兵員近四千人。此外，還有炮兵連、工兵野戰連3,000人，香港義勇軍1,700人。這基本上就是香港守軍的全部陣容。因為海、空軍實力不值一提。海軍只有一艘驅逐艦、四艘炮艇和八艘魚雷快艇。空軍只有幾架喪失了戰鬥力的飛機。

1941年8月，格拉塞特少將卸任回國後，說服英國政府向香港增援兩營加拿大兵。1941年11月中旬，加拿大軍來福槍營和溫尼伯榴彈兵營共2,000人到港。這樣，在港部隊達到了空前的13,000人。[4]

1941年8月，馬爾比少將（Major-General C.M. Maltby）接任駐港三軍司令，加緊備戰。馬爾比將香港駐軍分為兩旅，分守新界和港島。蘇格蘭營、彭加普營和拉治潑營駐紮於新界的城門防線，米杜息士營和加拿大軍兩營駐守港島。在深圳邊界，英軍只配備了少部兵力，其主要任務是破壞橋樑和道路，以延緩敵軍南進的速度。

3　關禮雄：《日佔時期的香港》，香港：三聯書店（香港）有限公司，1993年，頁14。

4　同上，頁14。

新界、九龍的失守

日本在承擔香港作戰任務的是華南駐軍第23軍的第38師團。第38師團的兵力再加上海空軍以及輔助部隊，總兵員在15,000人以上。投入實戰的為第228、229、230聯隊。1941年11月30日，第23軍司令官酒井隆中將下達了戰鬥命令：「我軍以攻佔香港為目標，12月7日以後，準備隨時急襲突破英中邊界，一舉進入大帽山東西一線」。[5]

從1941年11月開始，駐港英軍不斷接到中國方面傳來的情報，稱華南日軍頻繁調動。12月6日，英軍得到確切情報，知日軍三個師團已經到達邊境13公里以內地區。馬爾比將軍着手採取必要的抵禦措施。12月7日晚，所有守軍進入戰鬥位置。政府在電影院熒幕上打出通知，要求所有工作人員返回各自的崗位。12月8日凌晨4時45分，英軍司令部情報官監聽東京的廣播獲悉，日本同英、美的戰爭即將爆發。隨後，來自新加坡的消息證實馬來亞遭到日軍進攻。黎明時分，粵港邊界的日軍開始大舉行動，拉開了進攻香港的序幕。

12月8日上午8時，日軍12架轟炸機在36架戰鬥機的掩護下襲擊啟德機場。機場上五架英國皇家空軍戰鬥機與八架民用飛機傾刻之間被擊毀。與此同時，日軍以驚人的速度在深圳河上架設浮橋。伊東支隊上午9時即越過邊境，主力部隊於正午全面突破邊境線。邊界守軍在日軍突襲之下，稍事抵抗便向大帽山以南退去，撤退時按預定計劃破壞了道路和橋樑。

日軍入境後，分為東西兩路向南推進。東路229聯隊穿越打鼓嶺平原，8日黃昏到達大埔地區；西路228和230聯隊去往大帽山西麓方向，9日下午抵達城門陣地以北，威脅着醉酒灣防線的西翼。此時，酒井隆司令官推測，英軍將會竭盡全力固守九龍主防線。為謹慎起見，日軍計劃用幾天時間聚集彈藥，先以重炮轟擊英軍防線，而後發起總攻。不料，事態的發展急轉

5　日本防衛廳研究所戰史室著，天津市政協編譯委員會譯：《香港作戰》，頁 16。

直下。12月9日午夜，228聯隊在探測英軍陣地時，意外地發現了城門防線在佈防上存在着漏洞，當即向城門水塘南側堡壘發起猛攻。12月10日凌晨4時，這一城門防線的咽喉陣地陷落。[6]指揮半島旅的窩利斯（C. Wallis）旅長考慮到英軍兵力不足，沒有要求強行反攻。10日下午，城門水塘守軍蘇格蘭營退往金山西南部，在那裏組成了新的防線。12月11日晨，日軍追擊而至，向蘇格蘭營發起進攻。當日上午，日軍佔領金山西南部，城門防線全面喪失。這對英軍是致命的一擊。這樣一來，日軍不但打開了通往九龍的道路，而且威脅着英軍的退路。11日中午，馬爾比下令半島旅放棄九龍，向香港島撤退。

至此，日軍指揮官也改變了謹慎推進的策略，決定迅速進佔九龍北部高地。12日拂曉，日軍組織了挺進隊，衝入九龍，用了不到半天時間佔領九龍市區。英軍撤退時，馬爾比為了防護香港島，曾計劃長久據守從魔鬼山到馬遊塘之間的地區。在日軍的強大攻勢下，英軍被迫放棄該計劃，將半島旅悉數撤回。12月13日早晨，所有英軍退回港島，分成東、西兩旅進入港島的戰鬥位置。新界本土和九龍的戰役遂告結束。

港島的淪陷

日軍攻佔新界、九龍後，着手籌劃攻取香港島。日方希望港島能夠不戰而降，先期進行了勸降工作。12月13日上午，日方派出勸降使臣。多田督知中佐押着香港總督秘書的夫人作人質，乘小艇從九龍渡海來到港島，轉交酒井隆司令官的招降信。信中威脅說，日軍炮兵及空軍業已準備就緒，香港覆滅指日可待，繼續抵抗必將使百萬良民生靈塗炭。楊慕琦（Mark Young）總督幾乎是不加思索地回絕了日軍的招降。香港政府發表公告表

6　同上，頁111。

示，香港能夠抵禦任何侵略。大英帝國、美國和中國都在支持香港，為和平而戰的人們盡可放心，港府不會投降。

勸降失敗後，日軍轉而訴諸武力。日方首先以重炮和空軍摧毀港島的防禦體系，為登陸行動作準備。12月15日，晴空萬里，日軍飛機傾巢而出，大肆轟炸香港仔的英軍炮艇和炮台。次日，日軍調來正在菲律賓一帶作戰的陸海航空隊，進行陸空一體的猛烈轟擊，港島北海岸很多碉堡和探照燈中彈，通訊網遭到破壞，防禦體系幾乎陷於癱瘓。與軍事手段相配合，日軍還展開了心理戰。日軍飛機投下傳單，上面瘦小枯乾的中國人與肥碩健壯的英國人比肩而立，意在煽惑華人與英人的對立情緒。越海飄來英文歌曲，日軍借此渙散英軍的鬥志。

12月17日，日軍進行了第二次勸降，同樣遭到楊慕琦的斷然拒絕。隨後，日軍加緊轟炸軍事設施，其重點攻擊目標是港島東北海岸的碉堡。重擊之下，北角至筲箕灣之間的交通中斷，觀察所、海傍碉堡和許多炮台遭到摧毀。18日，北角的亞洲石油公司儲油庫中彈起火，港島東北部久久地籠罩在濃煙之中。

12月18日，日軍實施登陸行動。當晚，夜色濃重，煙雨濛濛。8時50分，日軍首批登陸部隊從三處渡海地點出發。10時許，230聯隊在北角、228聯隊在太古、229聯隊在西灣同時登陸。隨後，日軍派出了第二批登陸部隊。午夜時分，共六營登陸部隊全部登陸。

日軍登陸地點屬於英軍東部旅拉治瀠營防區，該營在日軍的攻勢面前一籌莫展。18－19日，馬爾比調集英軍在銅鑼灣、大坑一線組成防線，阻止日軍開往中環。事實上，日軍無意突破該防線。為了避免陷入巷戰的泥潭，日軍各登陸部隊迅速向南部高地大力推進，其戰略意圖是搶佔港島中部的諸多山峰。英軍竭力阻止日軍深入，但其抵抗能力明顯不敵日軍的強大攻勢。結果，19日黎明，230聯隊、228聯隊和229聯隊分別佔領了渣甸

山、畢拿山和柏架山。日軍在一夜之間便控制了港島東半部。[7]英軍東部旅曾試圖反攻，奪回失守諸峰，然而均遭敗績。東部旅被迫向南退往大潭。日軍229聯隊緊追不捨，南下直取設在大潭的東部旅指揮部，迫使東部旅繼續南撤至赤柱村和馬坑山一帶。

19日上午，日軍集合各部全力進攻黃泥涌峽。西部旅指揮部設在山峽入口處的五叉路，情勢十分危急。馬爾比派出了大批後備部隊趕來救援。遺憾的是，增援部隊在途中與日軍發生血戰，傷亡慘重，未能及時到達指定地點。西部旅指揮官勞森準將（J. K. Lawson）力戰身亡。

19日下午，馬爾比計劃從黃泥涌北部和南部進行反攻，遂命令東部旅退往黃泥涌，以匯合東西兩旅協調行動。不料，20日天明時，日軍出乎意料地到達了淺水灣，進入港島南部海岸大道，將英軍分割在東西兩個地區。馬爾比的反攻計劃化為泡影。日軍則在從淺水灣到黃泥涌，再向北到大坑及北角一線牢牢地站穩了腳跟。被分割在不同區域的英軍則面臨着逐一遭到擊潰的厄運。

在港島東部，退至赤柱的英軍東部旅定於20日舉行反攻。當天上午，東部旅派出部分軍隊前往淺水灣酒店，旋即陷入日軍包圍之中。東部旅旅長窩利斯不得不放棄反攻計劃。馬爾比為防止日軍插入淺水灣，命令不惜代價固守酒店。22日，窩利斯準備向黃泥涌推進，與西部旅配合進攻。此時，日軍已經佔領了蓮花井山和白筆山高地，英軍在推進過程中損兵折將，被迫後撤。接着，窩利斯又按照馬爾比的命令，從南面向黃泥涌五叉路口全力突破。這次行動仍然是無功而返。23日，堅守三天的淺水灣酒店陷落。東部旅各部只得退回赤柱，進行最後的抵抗。

在港島西部，日軍步步緊逼，佔據了金馬倫山高地，沿馬己仙峽道直下中區。灣仔峽和摩利臣山先後陷落。日軍定於12月25日對扯旗山方面的最

7　G. B. Endacott, *Hong Kong Eclipse*, Hong Kong: Oxford University Press, 1978, p. 91.

後目標發起總攻。[8]

香港在戰爭的硝煙中迎來了「黑色的聖誕日」。黎明時分，楊慕琦總督發表節日祝辭，號召香港軍民繼續反擊侵略者。上午，日軍進行最後的勸降。從淺水灣酒店出來的兩名英籍要人來到英軍指揮部，告訴總督，繼續抵抗是徒勞無益的。總督和抵抗委員會則表示，仍然要戰鬥到底。下午，日軍空軍及全體炮兵部隊向着倉庫山峽、灣仔峽、歌賦山、扯旗山和西高山萬炮齊發。3時45分，馬爾比少將看到大勢已去，遂報告總督，已經無法再進行有效的軍事抵抗了。楊慕琦與抵抗委員會商議後，決定接受慘遭失敗的現實。英軍指揮部命令英軍各部就近向日軍投降。英軍東部旅與指揮部失去聯絡，接獲命令有所延誤，與日軍一直激戰到聖誕節午夜。12月25日晚7時，楊慕琦總督與馬爾比少將在九龍的半島酒店向日軍無條件投降。東京方面於當晚21時45分宣佈，日軍佔領香港。[9]

在香港戰役進行的過程中，日軍先後在西灣山炮台、筲箕灣慈幼會修院、黃泥涌、淺水灣等地濫殺戰俘。在攻入用作戰地醫院的聖士提反書院時，日軍殘忍地刺死約七十名手無寸鐵的英軍傷兵，輪姦並殺害醫院護士，製造了駭人聽聞的聖士提反書院慘案。[10]

8　日本防衛廳研究所戰史室著，天津市政協編譯委員會譯：《香港作戰》，頁 221。

9　同上，頁 225。

10　劉智鵬、丁新豹主編：《日軍在港戰爭罪行──戰犯審判及其研究》上冊，香港：中華書局（香港）有限公司，2015 年，頁 106─119。

第二節　日本統治下的香港

日本殖民政府架構

　　日軍佔領香港後，於1942年元旦成立了軍政廳，酒井隆出任最高長官。軍政廳下設總務、民政、經濟、司法、海事五個部門。在地方管治上，則採用分區管制的方法。1942年1月21日，佔領當局設置了區政聯絡所，港島和九龍分別有12個和6個區政聯絡所。區政所由日方指派的華人負責，職責是管轄區內的遣散、生意、公共衛生、居民福利等事務。

　　軍政廳是佔領初期的過渡性統治機構。1942年2月，根據東京方面的指示，日軍成立香港佔領地總督部，接替軍政廳管治香港地區。陸軍中將磯谷廉介擔任首任總督。

　　香港佔領地總督部下設民治部、交通部、財務部和報導部。在地方行政方面，進一步加強分區管制制度。1942年4月，當局制訂了地區事務所規章，在港島、九龍和新界地區各設一個地區事務所，作為總督部與區政所之間的中介。事務所內設有綜合部、經濟部和衛生部。所內重要職位概由日本人把持。[11]在地區事務所之下，重新規劃分區，將港島劃為12區，九龍劃為9區，新界劃為7區，共計28區。區政聯絡所的正、副所長均由華人擔任。各區內還設有區議會，與所長共同管理分區政務。1942年7月，區政制正式運行。[12]區政聯絡所作為基層管理組織，根據佔領當局的指令，負責物資配給、戶籍調查、市容衛生及人口往來等事務。分區管制及其啟用華人的作法，具有政令直達平民百姓的特點。日本統治者通過區政制和以華制華，可

11　G. B. Endacott, *Hong Kong Eclipse*, Hong Kong: Oxford University Press, 1978, p. 130.

12　謝永光：《三年零八個月的苦難──香港淪陷時期珍貴史料》，香港：明報出版社，1994 年，頁 80。

以很便利地下達指令，使佔領當局與被佔領土的各個部分保持密切的聯繫。

此外，日本人還籠絡當地知名華人組成諮詢機構，協助當局推行政令。1942年1月初，在佔領當局授意下，羅旭龢等人組織了「香港善後處理委員會」（亦稱「香港新生委員會」），羅旭龢和周壽臣分任正副主席。委員會的工作是協助解決迫在眉睫的社會及民生問題。香港佔領地總督部成立後，1942年3月，磯谷廉介聽取陳廉伯的建議，以「華民代表會」和「華民各界協議會」（合稱「兩華會」）取代「香港善後委員會」。華民代表會屬於諮詢機構，由羅旭龢等四人組成。華民各界協議會由21名社會各界的頭面人物組成，主席為周壽臣，其職責是參與地區事務，協助日本人進行行政管理。該會聽從華民代表會的指導，每週舉行兩次例會，討論有關華人的各種問題，並將有關情況轉達給華民代表會。日本佔領當局設置這兩個機構意在利用少數華人上層人士，加強對香港的殖民統治。

1945年2月，新總督田中久一到任後，對總督部進行了精簡，以適應與日俱增的戰爭壓力。但總體而言，磯谷廉介任內確立起來的統治機構，在整個日佔時期沒有發生實質性的變化。

在磯谷廉介就任總督時，日方的喉舌《香港日報》曾發表評論說：「統治香港與統治朝鮮或台灣不同，要把香港當作一個堡壘來管治。香港的首要用處是軍隊供給中心。」[13]香港擁有海軍基地，建有充足的軍營設施、軍械庫、炮台、碉堡以及機場，具有相當的軍事價值。日本駐港守衛部隊始終保持在25,000人，此外還配備有海軍部隊。佔領期間，日軍在香港各處增建碉堡和防禦工事，炮兵演習的通告幾乎每週見諸報端。可見，日本人對於香港的管制，主要服從於侵略戰爭需要。日本殖民政府的架構並不屬於正常的政府管理體制。

13　G. B. Endacott, *Hong Kong Eclipse*, Hong Kong: Oxford University Press, 1978, p. 124.

日本的殖民統治政策

遣返人口

　　日本人管治香港的出發點是一切服從於軍事需要。為了滿足侵略戰爭的需要，必須極大地減輕人口負擔。日軍佔領香港後，刻不容緩地推行遣返華人的政策。佔領當局的預定目標是將香港人口數量減少到100萬人。為此，軍政廳民政部設立了遣返局，並組織了「歸鄉指導委員會」。1942年1月初，當局發出通告，限令所有一無工作，二無居所的華人離開香港。從而開始了貫穿於整個佔領時期的遣返華人行動。

　　當時華人離港回鄉是一個艱辛的歷程。日軍迫不及待地清除人口，但這並不意味着所有的人都可以自由地離去。日本侵略者對不同的人實行不同的政策。對於貧民階層，佔領當局竭力強迫他們返回家鄉。對於有產階級，日本人則要求他們留在香港。1942年1月，民政部發佈所謂「解放住宅」通告，允許業主收回其房屋，表明了當局挽留有產階級的態度。[14]對於因戰爭而困留香港的抗日人士和進步文化人士，日本當局則大肆搜捕。所以，為了甄別歸鄉者的身份，當局要求離境的人要辦理相應的手續。當局規定，離境以前須申請離境許可，接受憲兵隊的檢查。很多人為了避免落入虎口，經秘密路線逃亡返回內地。

　　華人回鄉可走陸路或水路兩條路線。經陸路回鄉的居民，每天清晨從九龍出發，或是取道大埔北行進入深圳，或是取道青山，經元朗到邊界。1942年6月以後，廣九鐵路每天開出回鄉列車，難民可以乘火車到大埔或深圳，再轉回內地。水路回鄉路線於1942年1月中旬以後開通。當時，香港至廣州、澳門、汕頭等地的航線逐漸恢復營運，佔領當局提前公佈船期，供回鄉難民選擇。歸鄉者為了上船，常常要排隊等候兩天兩夜。

　　1943年3月，日本當局加快遣返人口的速度，制定了每天遣返1,000人的

14　謝永光：《三年零八個月的苦難——香港淪陷時期珍貴史料》，頁21。

目標，並規定，1943年9月30日以後，無居住許可證或配給卡的華人，一經發現，即交由憲兵隊強制遣返。許多難民的歸鄉之路變成了死亡之路。日軍將難民一船一船地運到海上任其自生自滅，甚至將老弱病殘用刀斬殺推落入海。日軍還曾將數百名難民遺棄在香港南部荒無人煙的島嶼螺洲島，導致他們相繼死亡。[15]

由於當局大舉推行遣返人口政策，再加上日本殖民統治極為血腥殘暴，生存環境嚴酷，大批香港居民被迫逃回故鄉。日本佔領期間，香港人口急劇減少。1941年3月，香港人口約為165萬人左右。1943年2月，佔領當局進行了人口統計，香港人口約為96萬人。到1945年8月，估計只剩下50－60萬人。這表明日佔期間平均每月減少23,000人。[16]

經濟政策

日本統治香港時期，對於香港經濟如何運行，完全沒有通盤計劃。其經濟政策的核心是瘋狂掠奪香港的資源，以支持所謂「大東亞聖戰」。

日本佔領當局的經濟政策主要有三個方面的內容。

第一，掠奪性的金融政策。首先，日本人摧垮了香港原有的金融體系。戰前香港共有47家銀行，其中華資31家，英資5家，美資4家，日資2家。1942年2月，佔領當局准許永利銀行等22家華資銀行復業，對於華資的廣東、中南等9家銀行，則以營業困難為由令其自行關閉，銀行資產被日本人控制或吞佔。對於英美等交戰國銀行，佔領當局一律予以清算。日本橫濱正金銀行清算了滙豐、渣打、有利、華比等四家銀行的資產，日本台灣銀行清算了萬國寶通、大通、美國運通、友邦、安達、荷蘭小公等銀行。[17]

---

15 劉智鵬、丁新豹主編：《日軍在港戰爭罪行——戰犯審判及其研究》上冊，頁 22—23。

16 G. B. Endacott, *Hong Kong Eclipse*, Hong Kong: Oxford University Press, 1978, p. 142.

17 葉德偉等編著：《香港淪陷史》，香港：廣角鏡出版社，1982 年，頁 122。

其次，發行軍用手票，大肆掠奪。日本侵略者為了達到「以戰養戰」的目的，在香港大量發行軍用手票。軍票是日本政府用於發軍餉的貨幣，它與日本銀行發行的日元迥然不同。軍票沒有準備金，只印刷一面，無編號，無從知曉其發行數額。軍票匯率由日軍任意決定。1942年1月，佔領當局規定二元港幣兌換一元軍票，港元與軍票同時流通。日本人又在暗中散播謠言，稱將不承認十元以上的港幣，結果，大額港元在流通中大貶其值。1942年7月，日方的搜刮變本加厲，將港元與軍票的兌換率改為四兌一，商品價格一律標以軍票單位。1943年6月，佔領當局宣佈停止使用港幣，強迫市民將港幣兌成軍票。據估計，1942年底，軍票發行額為2,000萬元，1944年達到近三億元。日本戰敗前夕，發行額已經接近二十億元。日本當局還增加港幣發鈔量，強令滙豐、渣打、有利三家發鈔銀行的經理在印製完成的港幣上簽字，發行了沒有額外支持的迫簽港幣1.2億元。[18]

第二，貿易壟斷政策。佔領初期，香港商人希望重新進行貿易活動，華人商會就此向佔領當局提出了許多建議。然而，日本當局有自己的考慮，他們要把香港當作「東亞共榮圈」的中繼線。1942年10月，日本商人組成香港貿易聯合會，其成員包括近百家商業和交通運輸企業，控制了香港全部的海外貿易。在香港與其他地區進行物資貿易的過程中，這個組織賤買貴賣，以次充優，從中牟取暴利。

第三，壓制華人工商業。1942年3月底，日本當局公佈香港佔領地管理法，嚴格限制當地人民遷移及從事經濟活動。根據該項法令，任何人出入境、在港居住或經營生意，都必須得到總督的批准。[19]華人如欲從事經營，必須提供詳盡的資料，僱用經理或尋找合作夥伴也必須上報憲兵隊批准。實際操作過程中，填表擔保手續繁雜，申報後獲准經營的為數甚少。按照規定，所謂「敵國人士」、「具有敵國傾向的人士」，或是「不利於軍事

18　范叔欽：《香港經濟》，新加坡：大學教育出版社，1972 年，頁 66。

19　G. B. Endacott, *Hong Kong Eclipse*, Hong Kong: Oxford University Press, 1978, p. 134.

及公共安全的人」提出的申請不予批准。而事實上，批准與否完全玩弄於日本人的股掌之上。另外，日軍佔領香港後，見到香港貨倉中儲存的大批貨物，如獲至寶，全數據為己有，不許任何人提貨。華人公司或機構的大量貨品被封存其中，無法提取。兩華會曾多次向佔領當局反映有關情況，日方置若罔聞。從1942年3月起，磯谷廉介總督還不斷地發佈命令，宣佈對多種物品實行管制，禁止自由買賣。許多存貨成為管制物品不得提取，華人工商業難以為繼。[20]在這種情形下，許多人被迫放棄香港的生意，隻身逃回內地。殘留的工廠在市場混亂、貨幣不穩、航運短缺、原料不足以及日方過度勒索的大背景下，生產日益陷入困頓。1943年以後，多家工廠被迫關閉，只有醬油等極少數食品工業勉強維持下來。

文化教育政策

日本當局文化政策的中心意圖是，確立日本文化的正統地位，向香港居民強行灌輸奴化教育。為此，日軍進駐香港後，立即剷除英國文化以及英國統治的所有痕跡。當局派出人馬，拆卸公共場合的英文招牌、路牌、告示等。1942年4月，又將若干主要街道及部分建築物改換日本名稱，如半島酒店改為東亞酒店，堅尼地道改為東正大道，英皇道改為豐國通，甚至跑馬地的賽馬也被冠以日式名稱。隨後，佔領當局對香港的文教事業實行嚴格控制，使之成為日本人的傳聲筒。

香港淪陷後，旅港文化人士紛紛逃回內地，大多數文化機構亦自行關閉。對於所剩無幾的文化機構，佔領當局嚴加管制。當時，總督部下設有報導部，統管文化事業，只有甘為佔領當局傳聲筒的文化機構才有生存的可能。淪陷之初，親汪偽政權的《南華日報》、《天演日報》和《自由日報》均獲准復刊。商業報紙《華僑日報》、《星島日報》等在表明了與佔

20　謝永光：《三年零八個月的苦難——香港淪陷時期珍貴史料》，頁 70。

領當局合作的態度之後獲准繼續出版。與此同時，對於日本人經營的《香港日報》則不惜血本，在中文版復刊以後，又出版了日文版和英文版。十家中文報紙加上三種文本的《香港日報》，便是這一時期香港報業全部陣容。不過，這一陣容也只是曇花一現。由於戰時物資嚴重短缺，紙張供應不足，1942年6月，佔領當局指令對幾家報社進行合併。將《大眾日報》併入《華僑日報》，《華字日報》併入《星島日報》，成為《香島日報》，汪偽政權的三家報紙並為一家《南華日報》。經過此番合併，全港只剩下五家中文報紙。

佔領當局對報業實行嚴格的新聞檢查制度。報導部組織了記者俱樂部，每週招集各報記者開會，就宣傳方針作出指示。當局對報紙的新聞來源嚴格限制，除了某些無關痛癢的市井新聞，報導部的消息幾乎是唯一的新聞來源，各報的任務便是為日本侵略者歌功頌德。此外，戲劇和電影也在報導部的監控之下。所有劇目、影片均須審查後才可放映。

在教育政策方面，佔領當局為了推行奴化教育，重開學校的願望十分迫切。當局在報紙上刊出告示，宣佈原來的中文學校經過甄別可以復課。同時，當局規定，復課學校必須配備足夠的日語教師教授日語。為此，當局開辦了廣播課程和許多私人課程班，培訓日語教師。1942年2月，經考試選拔了150名日語教師參加了官方的教師訓練課程。1942年5月，12所學校開課。當局編訂了灌輸奴化教育的新版教科書，飭令各校採用。日佔時期，香港共有59所學校，其中以日語教學為主的學校多達57所，共有學生4,300餘人。日方曾經商議過重開香港大學，但純屬紙上談兵。戰前香港有六百餘所學校，學生11萬人。兩相比較，不難看出日佔時期香港教育的凋敝程度。

人民的苦難生活

日本侵略者是打着把中國人從英國統治下解放出來的旗號佔領香港的。

日軍入城後，又廣為張貼告示，宣稱：「我大日本帝國皇軍，高舉聖

戰的旗幟，出於攻略香港之舉，是為了推翻白色人種侵略者的勢力，通過有色人種的大團結，建設大東亞共榮圈。」1942年1月10日，酒井隆在半島酒店宴請羅旭和等百餘位香港紳商時，又老調重彈，鼓吹中日親善，攜手合作。就是在這片被日本人稱頌為「王道樂土」的土地上，香港市民度過了三年零八個月的艱難歲月，其間出演着一幕幕人間慘劇。

在日本人的統治下，人民生活的種種艱辛數不勝數。從日軍進城的第一天起，香港居民便生活在朝不保夕的境遇中。酒井隆指揮的日軍第23軍是一支雙手沾滿中國人民鮮血的隊伍。該部隊進入香港後，燒殺劫掠，無惡不作，又對香港居民欠下累累血債。日軍初入九龍，沿彌敦道由北向南步行推進時，見到有人，不問青紅皂白，一律開槍射殺。深水埗到油麻地之間的馬路上，被殺害的居民不可勝數。[21]軍政府統治時期，社會秩序完全失控。日軍、漢奸、黑社會頭目輪番出台，大肆施展其姦淫擄掠的「本領」。

在民政府接替軍政府統治後，香港的法律制度和警察組織形同虛設，香港仍然是一個無法無天的黑暗世界。1942年10月，佔領當局建立了一個僅有民事裁判權的法庭，這是當局在依據法律制度管治香港方面所作的唯一一點表面文章。刑事裁判權則始終控制在軍事管理機構手中，刑事犯罪由軍事法庭審判，民事法庭和軍事法庭的判決都要由憲兵隊批准。憲兵隊操縱生殺大權，處決人犯概不需要理由和證據。落在日軍手中的疑犯，只要被指為重慶特務或抗日份子，便會人頭落地。

在警察組織方面，根據磯谷廉介的命令，憲兵隊統一接管了所有的警察局，並招募華人和印度人，按東、西港島、九龍、新界和水上警察的格局組成了警察部隊。然而，在日常生活中，憲兵隊的首要任務是搜捕抗日份子，對於維持社會治安等普通警務根本無暇顧及。[22]案件事主報案後每每遭到憲兵隊的凌虐，因而幾乎無人敢於報案。流氓、土匪趁機為所欲為。

21　謝永光：《戰時日軍在香港暴行》，香港：明窗出版社，1993年，頁15。

22　李樹芬：《香港外科醫生》，香港：李樹芬醫學基金，1965年，頁152。

佔領期間，社會秩序極為混亂，罪案遍地。

　　1942年到1943年7月，約有20,565名香港勞工被運往海南島從事苦役勞動、開礦、修築鐵路、機場。在極其惡劣的勞動條件下，死亡者萬餘人，死亡率高達50%以上。[23]

　　對於僥倖生存下來的人們來說，三年零八個月是一場揮之不去的噩夢。在日本人統治下，香港居民度過了前所未有的饑荒年代。戰爭爆發之前，香港政府曾大量貯存大米等生活必需品，在短期內香港並無缺糧之虞。可是，日本佔領香港後，馬上封存了貨倉中的儲備米糧。佔領當局忙於上演入城慶祝遊行等粉飾太平的鬧劇，對於民眾生活根本不屑一顧。日軍佔領香港後半個月內，市面上沒有一家米店營業，市民陷入恐慌。直到一月上旬，才有米店開始營業，糧店門前長龍般的隊伍不見頭尾。當時，三人一排的隊伍從中環一直延伸到皇后劇院。2月初，當局對米糧供應稍事安排，在每區設置了一、二間米站，每人可買本人口糧兩斤。排隊買米成為市民們的唯一任務。1942年4月，佔領當局宣佈實行白米配給，定量為每人每天六兩四錢。由區政所負責編訂戶籍，按照計口授糧的辦法，向居民發放米證。總督部經與米商協議，成立了白米批發處，由批發處將白米分發給零售米商，以配給方式賣給市民。其他副食品如糖、油、鹽以及柴薪等均實行配給。在百物奇缺的情況下，香港市民過着饑寒交迫的日子。

　　香港是一個毫無生產的城市，戰時交通阻塞，來源斷絕，居民的糧食供應，當時只是依靠香港政府遺下的貨倉存糧。日治時期香港糧食極端短缺的主要原因是日軍對香港糧食儲備的大肆掠奪。薩空了在《香港淪陷日記》中記述：「連日敵人將米以及其他物資自港地他運一事，已引起香港民眾的恐慌。……這幾天港海內停泊的運輸船，今天（註：1942年1月14日）數過一次，多至三十艘以上。這幾天為了運走在港掠得的物資，敵寇

23　居之芬：〈論日軍強擄虐待華南強制勞工的罪行〉，《民國檔案》2010年第4期。

強迫拉去作搬夫的勞動者為數極多。這些人也就是宣傳他們搬走物資的有力證人。」據唐海《十八天的戰爭——香港淪陷記》記載：「敵人將香港95萬擔存米，運走80萬擔充作軍米」。[24]

日本佔領香港一年半以後，原有存貨所剩無幾，由越南、泰國等地來港的運糧船常被美軍軍艦擊沉，戰時物資短缺日益加劇，人民生活陷入絕境。1944年4月，當局取消了大米配給，只有為日軍服務的工作人員、修建防禦工事的勞工方可領到配額。到1945年，所有配額都已經是有名無實，市民主要依靠黑市生存。日佔時期，大米價格不斷暴漲，最初是每斤4角港幣，1944年底為每斤18元軍票，1945年7月達到每斤90元軍票。政府人員、教師、記者等人酬金均以大米支付。大米的昂貴價格令許多人望而卻步，只能以豆腐渣充饑。人民掙扎在死亡線上。據天主教香港教區統計，他們每天在市區街道上拾到的屍體有三、四百具之多。據原香港政府醫務總監司徒永覺記載，日佔期間，人口的出生與死亡記錄如下：1942年，出生10,343人，死亡82,435人；1943年，出生20,732人，死亡40,117人；1944年，出生13,687人，死亡24,936人；1945年前8個月，出生3,712人，死亡23,098人。人民生活的艱辛可想而知。到日本投降前夕，香港已經成為一個死港。

第三節　港九獨立大隊的抗日鬥爭

1941年12月香港戰事一起，廣東人民抗日遊擊隊第三大隊即派出黃冠芳、劉黑仔、江水等率領武工隊進入沙頭角、西貢、大埔地區，第五大隊派出曾鴻文、周伯明、黃高陽等率領武工隊進入羅湖、元朗、沙田等地

24　薩空了：《香港淪陷日記》，北京：生活・讀書・新知三聯書店，1985年，頁150。

區，伺機發展武裝。[25]日軍進佔港九後，兵員不足，只能駐守市區、交通要道及前沿防線，無力顧及新界山區。在新界東部沿海，日軍只駐守了沙頭角和大埔，西貢一帶也是空白地區。入港遊擊隊便趁勢在這些真空地帶謀求發展。

遊擊隊初進港九便有兩大收穫：一是收集武器。日軍進攻香港時，新界英軍一觸即潰，倉惶退卻中遺棄了大量武器彈藥及其他物資。遊擊隊在新界的沙田、元朗，九龍的牛頭角、雞寮等地拾獲輕重機槍三十多挺，步槍數百枝，還有大批醫藥和糧食。另一個收穫是取得了立足之地。英軍棄守新界、九龍以及日軍長驅過境後，這一地區群匪並起。遊擊隊迅速肅清大小數十股土匪，開拓了自己的勢力範圍。

1942年1月，中共南方工作委員會副書記張文彬致電中共中央，提出「擬堅持展開新界遊擊戰」。同時，張文彬在寶安遊擊區白石龍村主持會議，決定將派進港九地區的幾支武工隊統一組成港九大隊。[26]1942年2月，港九獨立大隊在新界西貢黃毛應村成立。原香港工人蔡國梁任大隊長，原香港青年知識份子陳達明任政委。大隊人員有內地遊擊隊派來的幹部，有來自洋務工會、中華書局、東華三院等社團和企業的進步青年，還有港九淪陷後進入根據地短期受訓又重返香港的愛國民眾。1942年5—6月間，中共粵北省委遭到破壞，又有一批共產黨員撤退到香港加入港九大隊。

在三年多的遊擊戰中，港九大隊的建制時有變動。從大隊成立到1943年6月，西貢區有沙田短槍隊、坑口短槍隊，沙頭角區有長槍隊、短槍隊，上水區有林沖短槍隊，元朗區有蘇光武工隊，分頭活動。此外還有海上隊和大嶼山隊。1943年6月港九大隊將各小隊統編為西貢中隊、沙頭角中隊、元朗中隊、海上中隊等地區中隊，並於1943年12月組建市區中隊。各個部隊四

25　《東江縱隊史》編寫組：《東江縱隊史》，廣州：廣東人民出版社，1985 年，頁 84。

26　港九獨立大隊史編寫組：《港九獨立大隊史》，廣州：廣東人民出版社，1989 年，頁 25。

處出擊，捷報頻傳。

黃冠芳、劉黑仔麾下的沙田短槍隊多次在獅子山下、茶果嶺、牛池灣、大灘海、窩塘等地襲擊日軍。兵營、哨所、住宅、酒樓都是殺敵除奸的戰場。他們先後消滅罪惡昭彰的日本特務東正芝及多名漢奸密探。1944年初，短槍隊偷襲啟德機場告捷，迫使掃蕩西貢、沙田的日軍退回市區。機智果敢的劉黑仔成了使敵人聞風喪膽的傳奇英雄。[27]

林沖短槍隊進入新界後，以南涌、沙螺洞為活動據點。1943年夏天短槍隊擴編為沙頭角中隊，先在吉澳島襲擊日軍，後在上水至沙頭角之間的萊洞坳公路擊斃沙頭角偽區長。1944年4月，他們拔除了元洲仔碼頭的日軍哨所。同年冬天，連續三次深入大埔墟清鋤漢奸特務。

在元朗地區，數名賣身求榮的民族敗類葬身於元朗武工隊槍下。1944年10月，武工隊發展為擁有六十餘人的隊伍，編為元朗中隊。他們在青山礦場、新田牛潭尾農場攻襲日軍據點，多有收穫。

在香港市區，市區中隊不斷發動政治、軍事攻勢。1944年4月，日軍對大帽山、沙田、西貢反復掃蕩，欲置遊擊隊於死地。為配合「反掃蕩」，市區中隊主動出擊，一連數天在旺角、深水埗、油麻地、筲箕灣、中環、紅磡等地散發傳單及《告港九同胞書》，並於4月21日深夜爆炸旺角窩打老道街四號鐵橋，迫使敵人把隊伍拉回市區。[28]

海上中隊誕生於搶救滯港文化人的秘密大營救中，逐漸由護航小隊發展為近百人的海上中隊。他們在香港附近海域頻繁襲擊日軍海上交通線。1943年10月，海上中隊在果洲外海繳獲一條滿載物資的日軍運貨船，並解救中國勞工五十餘人。1944年夏天，又在大鵬灣截獲數條裝滿生鹽前往香港資敵的漢奸走私船。海上中隊先後經歷較大海戰十多次，繳獲敵船13艘，擊沉10艘，並截獲數百噸貨物上交東江縱隊總部。

27　徐月清編：《活躍在香江》，香港：三聯書店（香港）有限公司，1993年，頁67。

28　廣東省檔案館編：《東江縱隊史料》，廣州：廣東人民出版社，1984年，頁256。

　　港九大隊還與英美等盟國開展了多方面的國際合作。香港淪陷後，集中營成了許多盟國人士的歸宿。從1942年到1944年7月，賴濂仕上校（Lindsay Tasman Ride）、京上校（G. King）香港警司譚臣（W. P. Thomson）、祁德尊中尉（J. D. C. Clague）等數批英軍官兵從集中營逃出後，都是在港九大隊的幫助下，才得以平安地抵達中國內地。港九大隊多次營救盟軍飛行員。例如，1944年2月，美國飛行員克爾中尉（Donald. W. Kerr）在襲擊啟德機場時，因飛機油箱中彈，被迫跳傘降落在機場北面觀音山。日軍出動千餘人搜捕達17天之久。港九大隊小戰士將克爾隱藏在山洞養傷，並設法將其平安地轉移到坪山東江縱隊司令部。港九大隊還曾幫助盟軍獲取情報。1943年初秋，英軍服務團請求港九大隊協助拍攝日軍在香港的重要軍事設施。後由沙田短槍隊幫助他們以觀音山和獅子山為拍攝地點，拍下了啟德機場、軍火倉庫、炮台、兵營等重要軍事目標。港九大隊的情報工作為反法西斯戰爭的最後勝利做出了貢獻。

第四節　英國重佔香港

中、英、美對香港問題的看法

　　1941年太平洋戰爭爆發後，美國的軍事力量遭到日軍的沉重打擊，而英國在遠東和東南亞的殖民體系則開始分崩離析。香港的淪陷和東南亞諸地的丟失標誌着大英帝國的沒落，同時也表明列強在遠東的國際均勢已被打破。中國、英國和美國正是在這種錯綜複雜的國際政治背景下站到了反對日本侵略的同一立場上而成為盟國。

　　美國政府為了牽制日本，並填補西方列強在太平洋戰爭後退出遠東和東

南亞諸國造成的軍事真空，迫切需要中國這個亞洲最大的盟友協同作戰。在這種情況下，繼續保持在中國的殖民體系及在中國的種種特權顯然是不合時宜的。因此，它不僅聲稱要放棄部分在華特權，而且也要求英國放棄在中國保留的殖民體制、取消在中國的治外法權、並將香港歸還中國等。

1943年3月，美國方面趁英國外交大臣艾登（Anthony Eden）訪美時，敦促英國同意在戰後把香港歸還中國。 11月開羅會議期間，美國總統羅斯福（Franklin P. Roosevelt）向蔣介石表示，他同意中國在戰後收回香港，然後把它宣佈為國際自由港。1945年2月，在雅爾達會議上，羅斯福又對蘇聯領導人斯大林說，他希望英國於戰後將香港交還中國，然後由中國宣佈該地為自由港。4月5日，美國駐華大使赫爾利（Patrick Hurley）赴倫敦會見英國首相邱吉爾（Winston Churchill），要求英國按照《大西洋憲章》的精神，放棄重新佔領香港的企圖，以換取蘇聯放棄其對大連享有的「優越權益」。

1942年10月10日，英國政府宣佈，準備與中國政府談判「放棄在華治外法權及解決有關問題之條約」。從這時起，中英兩國開始了艱難的談判。中國政府在談判中要求英國歸還香港新界。然而，英方並未予以認真考慮。1943年1月，中英兩國《關於取消英國在華治外法權及其有關特權條約》簽定，但有關新界問題付之闕如。中國希望收回香港新界的目標落空了。1943年開羅會議期間，蔣介石曾請求羅斯福與英國方面討論收回香港一事，但邱吉爾強硬地宣稱：「不通過戰爭就休想從英國手中奪去任何東西」。1943年12月13日，英國戰時內閣正式通過決議說，戰後英國「不打算放棄任何領土」。[29]1944年6月6日，英美聯軍在諾曼地登陸，該日，英國議員阿斯特（Astor）公開宣稱，香港「屬於英國」，7月10日，英國政府根據議會中類似的論調確定了用武力重新佔領香港的方針。

29　Cab.65/40.

　　1945年7月，英國工黨上台執政，全盤繼承了保守黨的殖民主義政策，開始以實際行動重佔香港。

英國重新佔領香港的計劃和措施

　　早在1944年初，英國即成立了一個名叫「香港計劃小組」（Hong Kong Planning Unit）的機構，該機構在陸軍部和殖民地部的指導下工作，任務是制定在香港恢復英國統治的計劃。

　　英國還有一個在中國活動的組織叫「英軍服務團」（British Army Aid Group, BAAG）。該團成員活動於中國東南沿海一帶，原先的任務是收集情報，掩護人員登陸或空降，營救被日本關押的戰俘等，後來成了英國政府重佔香港的秘密工具。

　　1945年5月德國投降。7月，日軍開始從華南撤退，英國急忙研究對策。它決定與美國杜魯門政府達成諒解後，不顧中國態度如何，派出先頭部隊，搶在中國軍隊之前佔領香港，成立港英臨時政府，以造成既成事實。8月上旬，美國在廣島和長崎投下兩枚原子彈和蘇聯對日宣戰，迫使日本於8月10日接受令其無條件投降的《波茨坦公告》。與此同時，中國各抗日武裝力量開始全面收復失地。8月11日，英國政府見情況緊急，密電英國駐重慶大使薛穆（Horace Seymour），要求他立刻通過英軍服務團指揮官賴濂仕（Lindsay T. Ride）中校與被日本人囚禁於港島赤柱的前香港政府布政司詹遜（F. C. Gimson）取得聯繫，授權他在日本投降後，立即恢復英國在香港的行政機構，以迎接英國海軍抵達香港。

　　1945年8月15日，日本宣佈無條件投降。次日，日本軍官在香港市區宣讀了天皇的「終戰詔敕」。當天，詹遜會見赤柱拘留營的日本司令官，要求成立以他為首的港英臨時政府。

　　8月23日，英軍服務團的地下工作人員親自將英國政府授命詹遜成立過渡性政府的訓令送達他本人。於是，詹遜率領前香港政府官員等人離開拘

留管，到市區組織臨時政府。8月28日，詹遜通過廣播電台宣佈，他已在香港成立政府機關，並準備在英軍抵達後「恢復英國政府」。

在軍事行動方面，英國政府為了達到搶先抵達香港，奪取勝利果實的目的，命令停泊在菲律賓蘇比克灣的英國太平洋艦隊的海軍少將夏愨（C. H. J. Harcourt）率領皇家海軍特遣艦隊開赴香港，去接受香港日軍的投降，並組建軍政府。

在外交上英國也採取了相應的措施。1945年8月16日，英國駐重慶使館奉英國政府之令，向中國政府遞交了一份備忘錄，單方面宣佈英國將派遣軍隊去重新佔領香港並恢復當地的政府機構。為了得到美國政府的支持，8月18日，新任英國首相艾德禮（Clement Atlee）通知美國總統杜魯門（Harry S. Truman），英國海軍正開赴香港「解放」該地，去那裏「恢復英國的行政機關」。杜魯門一反前羅斯福政府的態度，竟對此立即表示同意。

1945年8月30日，英國太平洋艦隊在夏愨將軍指揮下駛進香港維多利亞港，並立即派兵登陸港島接管了海軍船塢和一些民政、軍事單位。港島被接管後，九龍和新界的接管開始進行，日軍被拘禁起來。

9月1日，夏愨宣佈以他為首的軍政府正式成立，取代以詹遜為首的臨時政府。次年5月1日，香港淪陷後被日本囚禁了三年零八個月的楊慕琦返回香港重任總督，接管了軍政府的行政權，恢復了文官政府。

受降權儀式之爭

日本無條件投降之後，其駐港日軍是向中國投降還是向英國投降，關係到中國的國家主權與榮譽。英國堅持其傳統的殖民主義政策，與中國政府在這一問題上發生了嚴重的爭執。

中國對香港日軍享有受降權，是理所當然的。按照盟國的約定，蔣介石從1942年即是中國戰區的最高統帥。其統轄範圍為越南北緯16度線以北的整個地區，中國大陸和香港地區皆在其內。按道理，只有中國政府才有

權接受日軍在該地區的投降事宜。國際社會也認同這一觀點。例如，杜魯門曾於1945年8月2日通知蔣介石，越南北緯16度線「以北之地歸入中國戰區」，一切盟國未經蔣介石批准，在此戰區內「不得執行任何軍事、半軍事及秘密活動」。盟軍最高統帥麥克亞瑟（Douglas McArthur）於8月15日的第一號受降令也宣告：「凡在中華民國（滿洲除外）、台灣、越南北緯16度以北之日軍，均應向蔣委員長投降。」香港屬於中國戰區的廣東作戰區，自然應由中國受降。

然而，英國方面聲稱，香港是日本從英國手中奪走的，應該由英國受降，以恢復英國的「榮譽」。8月16日，英國通知中國政府說，駐港日軍須由英國受降。對此，中國代理外交部長立即向英方遞交了一份備忘錄，堅持香港日軍應由中國受降，希望英國不要攫取受降權。

英國政府見中方在這一問題上毫不退讓，於是便向美國杜魯門總統求援。8月18日，英國首相艾德禮密電請求杜魯門，讓他指示麥克亞瑟，令駐港日軍於英國海軍到達時「向其司令官投降」。

杜魯門接獲艾德禮8月18日的密電後，當天回電，表示美國「並不反對由一名英國軍官在香港受降」。英國得到美國支持後，便無所顧忌。8月19日，英國駐重慶大使薛穆通知中國方面：杜魯門已致電艾德禮，同意英國接受香港日軍的投降。蔣介石得知此事後，非常憤慨。當天，中國政府重申，中國對香港享有主權，有權收復該地並有權派代表赴香港受降。8月21日，蔣介石通過美國駐華大使赫爾利（Patrick Hurley）向杜魯門送交一封急件，請他從中調停，然而遭到杜魯門的拒絕。杜魯門的態度使蔣介石十分被動，不得不向英國讓步。8月23日，他再電杜魯門，把由他派代表去香港受降，改為由他「授權一名英國軍官」作為他的「代表」去香港受降，同時再指派一名中國軍官和一名美國軍官前往參加受降式。經過再三交涉，最後中英雙方同意，由英國海軍少將夏慤以同時代表英國政府和中國戰區

最高統帥的雙重身份受降，受降權問題上的中英爭端總算了結。[30]這種結果只是給中國保留了一個面子，英國則獲得了實際的利益。

9月16日，夏愨以英國政府和中國戰區最高統帥的雙重身份，在香港總督府接受了日軍的投降，駐港日軍岡田梅吉少將和日本華南艦隊司令藤田類太郎中將雙雙在投降書上簽字。《投降書》內容如下：

> 簽立降書人岡田陸軍少將和藤田海軍中將，茲根據 1978 年 9 月 2 日在東京灣簽立投降文書所載，任何地域所有日本武裝部隊和日本轄下的部隊，均須向盟國無條件投降，因此，我們代表日本天皇和日本帝國大本營以及我們轄下所有部隊，謹向夏愨海軍少將無條件投降，並負責履行海軍少將或其授權人所頒發一切指示和發出一切命令，俾能予以實現。1945 年 9 月 16 日，陸軍少將岡田梅吉、海軍中將藤田類太郎在英國政府代表兼中國戰區最高統帥代表夏愨海軍少將之前，簽立於香港總督府。

簽字後，岡田少將取下佩刀，以示解除武裝。在受降儀式上，浴血抗戰達八年之久的中國的代表形同虛設，而遠離抗日主戰場的英國竟然以解放者自居。

---

30 劉存寬：〈英國重佔香港與受降問題〉，余繩武、劉蜀永主編：《20 世紀的香港》，香港：麒麟書業有限公司，1995 年，頁 223。

第十二章

二十世紀後期政治

香港十八區區議會會徽

1984年12月19日，中國國務院總理趙紫陽和英國首相戴卓爾夫人簽署中英聯合聲明。

1985年，中國常駐聯合國代表、林則徐後裔凌青（右）和英國常駐聯合國代表（左）向聯合國
政治法律部代表（中）遞交中英聯合聲明備案。（凌青提供）

1997年6月30日午夜至7月1日凌晨，中英兩國香港政權交接儀式在香港會議展覽中心新翼五樓
大會堂舉行。

第一節　政治制度的變化

楊慕琦計劃

第二次世界大戰結束以後，世界殖民主義體系土崩瓦解。1945年6月26日國際社會通過的《聯合國憲章》明確規定殖民地人民享有自治權。同時，英國重佔香港以後，也存在重拾民心的問題。在此種形勢下，香港政府不能不考慮對傳統的統治方式作一些改變，實行有限度的政治改革。

1946年8月28日，港督楊慕琦（Mark Young）通過廣播向香港市民提出一個改革草案，主要內容是通過選舉產生市議會。同年10月，他又提出修正案。其主要內容為：（1）市議會職權範圍限於港島、九龍和新九龍，屬於農業地區的新界大部分地區不包括在內。（2）市議會議員人數為30名，其中通過直選產生的華人及非華人議員各佔三分之一，其餘10名議員則分別由香港總商會（2名非華人）、中華總商會（1名華人）、非官守太平紳士（華人、非華人各1人）、香港僑民協會（非華人1人）、九龍僑民協會（非華人1人）及官方承認的工會（華人2人）等團體提名。（3）市議會初期負責消防、公園、花園、遊樂園、車輛執照、娛樂場所的牌照及管理，及市政局的全部工作。以後再逐步負責教育、社會福利、公共工程，以及監督公用事業等。具體辦法另議。（4）選民的資格：年滿25歲，具有擔任陪審員的條件或每年納財產稅超過200港元；非英籍華人必須在過去十年中在香港居住滿六年，英籍人士必須在年滿23歲後曾在香港居住一年。（5）市議會議員的資格是：年滿30歲，必須掌握英語，包括口語、閱讀和書寫。非英籍華人在近15年中必須在香港居住滿十年。（6）立法局議員從原來的17名減為15名，包括當然官守議員5名，官守議員2名，非官守議員8名。非官守議員的人選，按戰前慣例由香港總商會和非官守太平紳士各提

名1人，由新成立的市議會提名2人，其餘由港督提名。[1]

楊慕琦表示，改革的目的是協助香港「培養主動的公民意識」，使香港居民能夠公開表達「留在英國的管治之下並反對中國吸納」的願望。[2]

1947年5月，葛量洪（Alexander W. G. H. Grantham）出任港督。他上任伊始即向市民保證：香港「將通過成立市政機構和使非官守議員在立法局中居於多數的辦法，在民主大道上闊步前進」。但他實際認為香港應實行「一種仁慈的獨裁政治」，對楊慕琦計劃長期拖延不辦。

1948年末，中國政情發生巨大變化，國民黨政權大勢已去。英國殖民地部擔心港英統治從此會受到威脅，認定這時不是實施楊慕琦計劃的適當時機。負責香港事務的官員賽德博坦（J. B. Sidebotham）建議停止實行改革，並向葛量洪徵求意見。葛量洪和行政局議員們均贊成拋棄楊慕琦計劃，但他們認為港英當局曾就實行改革作出正式承諾，此時若宣佈停止，將會失信於民，政治上對港英不利。因此，葛量洪決定通過立法局另提一套方案來推翻楊慕琦計劃。

1949年4月，資深非官守議員蘭代爾（D. F. Landale）代表全體非官守議員提出動議，要求放棄成立市議會的計劃，同時建議將立法局議員從17名增加到20名，其中包括官守議員9名，非官守11名；後者一部分由港督指定，一部分由英國籍人士選舉產生。同年6月他們又提出一個修正案，議員總數仍保持17名，但將官守議員減為6人。

同年8月，葛量洪將立法局的提案推薦給殖民地大臣，並補充了幾點重要說明，提出：

（1）作為「基本原則」，英國屬土的重要政事應由英國人處理，香港

1　Steve Yui-sang Tsang, *Democracy Shelved: Great Britain, China, and Attempts at Constitutional Reform in Hong Kong*, Hong Kong: Oxford University Press, 1988, pp. 34—36.

2　Steve Yui-sang Tsang, *Democracy Shelved: Great Britain, China, and Attempts at Constitutional Reform in Hong Kong*, Hong Kong: Oxford University Press, 1988, p. 37.

大多數市民沒有英國國籍，他們無權過問。因此，立法局提案可以由殖民地大臣直接審定，不必徵求港人意見。

（2）「楊慕琦計劃」中的市議會只管市區，不包括鄉村，香港政府仍需保留原有的公共工程和衛生等部門，造成機構重疊。同時市議會實行選舉制，親共份子可能選入市議會。因此，對楊慕琦計劃應予否定。

（3）立法局的選舉人限於英國籍人士，可以起防共作用；同時議席的分配也具有這種作用：儘管民選的華人議員是「潛在的危險因素」，但是歐人非官守議員和委任的華人議員可以與他們抗衡，再加上官守議員，足以保證政府方面的優勢。

葛量洪極力推薦立法局的改革方案，但殖民地部遲遲沒有表態。1950年5月，殖民地部一些高級官員提出：目前英中關係日趨緊張，香港處於「冷包圍」之中，鑒於這一情況，立法局不宜進行重大改革。英國外交部對葛量洪的方案不以為然，於1950年末致函殖民地部，認為該方案毫無民主色彩，可能受到中國的嚴厲譴責，成為英國言而無信、無視港人合法權利的新例證。新上任的殖民地大臣格里菲思（J. Griffith）也對這一方案持否定態度，認為與楊慕琦計劃相比是明顯的倒退。由於這些原因，葛量洪的方案如同楊慕琦計劃一樣，也被擱置起來。[3]

1980 年代以來政制的變化

1960—1970年代，許多港英官員一再強調指出，急劇的改革將破壞香港的穩定與繁榮，不符合公眾的願望。1966年市政事務署副署長羅能士（Martin Rolands）說：「尋求改革與進步，雖然勢在必行，惟本人深悉市民超過一切之最高願望，乃係期待政府應緊握穩定航線按海圖所示之水

3　余繩武、劉蜀永主編：《20世紀的香港》，香港：麒麟書業有限公司，1995年，頁29—31。

域，破浪前進，直趨其所預知之目的地，而並非冀望吾人航入無知之境以
招觸礁之禍」。1971年新界政務專員布雷（D. C. Bray）說，香港的政治
地位和地理位置不允許實行急劇的政制改革，「無論把權力真正移交給市
政局之類的團體，或建立一個像民選議會那樣的獨立論壇，都是不可能
的」。同年九龍專員賴大衛（David Lai）說，香港決不能急劇改變現行的政
治體制，「如果我們向着那個方向走，我們必將冒破壞香港政治穩定的巨
大危險，而這種穩定是香港繁榮和人民生活不斷改善的關鍵」。1978年《香
港政府年報》中更指出：「香港是由香港政府管治並按照英國殖民地的傳
統方針來組織的。英國對香港的政策是，不應進行重大的憲制變動」。[4]

　　1980年代初，在撤出香港已是大勢所趨的情況下，英國着手「非殖民
化」的部署，加緊發展香港的民主架構，大力推行代議政制。英國前首相
戴卓爾夫人（Margaret Thatcher, 又譯為撒切爾夫人）在她的回憶錄中寫
道：「1983年1月28日星期五上午，我和大臣、官員及香港總督舉行會議檢
討局勢。我們獲悉，中國人計劃在6月單方面宣佈他們對香港未來的計劃。
我們一致認為應該防止此事發生。我對我們的目標作過根本性的重新考
慮，並提議，鑒於談判缺乏進展，我們現在必須發展香港的民主架構，使
其在短期內實現獨立或自治的目標，如同我們在新加坡做過的那樣。」[5]

　　為了配合「非殖民化」計劃，香港政府積極推行地方行政計劃。1980年
6月，港府發表《地方行政模式綠皮書》，1981年公佈《地方行政白皮書》
和《區議會條例》，對地區施政作出重大改革。其主要內容：一是設立地
區管理委員會。把全港共分為18個區域，每區設立一個地區管理委員會，
由政府部門的官員組成，其主要功能是協助各政府部門在區內的行政和活
動，協調各部門。二是將地區諮詢委員會改為區議會，其成員由政府委任
的官守及非官守議員、民選議員和當然議員（在新界，鄉事委員會的現任

4　余繩武、劉蜀永主編：《20世紀的香港》，頁38—39。

5　Margaret Thatcher, *The Downing Street Years*, London: HarperCollins, 1993, p. 488.

主席，在市區，市政局的同區全部民選議員和若干名委任議員）組成，區議會議員的任期為三年。

區議會是諮詢性質的機構，其職權主要是就影響區內居民利益的問題，如區內人士的福利、公共設施及服務的供應、區內小規模的環境改善、舉辦區內康樂文娛活動等，以及政府推行的計劃提出建議。可以說，它只是擔當溝通政府與市民關係的角色，不是地方的立法機關，不是權力機構。而地區管理委員會是政府的代表，是地方的權力機構。[6]

1982年3月4日和1982年9月23日，香港第一屆區議會選舉分別在新界和港九市區舉行。403個候選人角逐132個民選議席。委任和官守議席則有361個。

市政局是港英三層諮詣機構中的中層機構，是1980年代前，香港唯一設有民選議席的所謂「民主櫥窗」，但是對選民的選舉權有各種限制。1980年，港府發表《關於地區行政管理的綠皮書》，承認有限制的選舉權不夠正常，決定改變這種狀況。自1981年起，選民條件有所變動，除已登記的選民之外，凡居住在港滿七年，超過21歲的成年人，不論國籍、性別和教育程度，前往登記為「登記選民」，即享有選舉權。

1983年3月8日，市政局選舉首次進行分區選舉。市區分為15個選區，每個選區選出一名民選議員，41名候選人角逐15個民選議席。這屆市政局由議員30人組成，港府委任非官守議員和分區直接選舉各佔一半。[7]

在中英談判後期，1984年7月，香港政府發表了《代議政制綠皮書——代議政制在香港的進一步發展》。[8]該綠皮書在第一章「引言」中指出，主要目標之一是「逐步建立一個政制，使其權力穩固地立根於香港，有充分權威代表香港人的意見，同時更能較直接向港人負責」。綠皮書建議，立

6　周建華：《香港政團發展與選舉（1949—1997）》，香港：密思達蕾科藝公司，2003年，頁28、29。

7　同上，頁39、40。

8　之所以稱為「進一步發展」，是因為1980年6月和1981年1月，香港政府曾先後發表過《香港地方行政模式》的綠皮書和白皮書，對香港的區域組織進行過一些改革。

法局委任議員由29名減少為1985年的23名，1988年的16名。官守議員由18名減少為1985年的13名，1988年的10名。由選舉團和功能組別間接選舉產生的議員則由無人變為1985年的12名和1988年的24名。1991年民選議員可增至28名或40名。[9]

同年11月，在中英聯合聲明正式簽署前，香港政府發表了《代議政制白皮書——代議政制在香港的進一步發展》。該白皮書稱：「本港市民普遍贊同綠皮書的目標，而且大致贊成以循序漸進的方式實施綠皮書的建議。」該白皮書建議提前實施綠皮書關於間接選舉的建議，間接選舉產生的立法局議員1985年即為24名，而同年委任議員減為22名，官守議員減為10名。關於立法局直接選舉問題，白皮書說：「除少數例外，各界人士都認為應該慎重其事，在一九八八年逐步開始，先直接選出很小部分議員，然後按次遞增，至一九九七年便應有相當多的議員通過直接選舉產生。只有少數人提議由直接選舉選出立法局全體非官守議員。不少市民擔心太急促實行直接選舉會危及香港未來的安定和繁榮。總括說來，雖然大多數人贊成直接選舉，但極少數人希望在短期內便實行。」[10]

中國政府對英方突然加緊發展香港民主架構的做法，一直懷有疑慮，並保持高度警覺。曾任國務院港澳辦公室副主任的李後後來寫道：「英方為了阻止中國對香港恢復行使主權，並便於它繼續保持對香港的影響和控制，在整個中英談判的過程中，以及中英達成協議之後，都表露出這樣的意圖，就是盡快發展香港的所謂「民主」架構，以便讓香港像英國官員說的那樣，『實質上獲得獨立』。」[11]

中國政府曾多次聲明，香港回歸祖國後，是直轄於中央人民政府的享

9　《代議政制綠皮書——代議政制在香港的進一步發展》，香港：香港政府印務局，1984 年 11 月，頁 4、12。

10　同上，1984 年 11 月，頁 3、7。

11　李後：《百年屈辱歷史的終結——香港問題始末》，北京：中央文獻出版社，1997 年，頁 211。

有高度自治權的一個特別行政區。絕不允許有人利用香港特區的高度自治，企圖把它變一個獨立的政治實體。當港英當局開始在香港推行代議制改革時，中國政府聲明說：「這是英國人搞的，中國政府不承擔責任，『九七』後香港特別行政區的政治體制應由基本法規定。」[12]

1985年3月7日，香港進行第二次區議會選舉。1985年9月26日，香港舉行首次立法局選舉，由9個功能組別和12個選舉團通過間接選舉的辦法，選出24名民選議員進入立法局。選舉團由區議會、市政局及臨時區域議局的成員組成。1986年3月又進行市政局和區域市政局選舉。這一系列選舉標誌着香港的三級議會架構基本形成。

1985年10月19日，國務院港澳辦公室主任姬鵬飛在會見來訪的香港政務司廖本懷時，進一步表明了中國政府的立場：希望香港政治體制在過渡時期不要出現急劇的變化；「九七」後的香港政治體制要由基本法加以規定；香港過渡時期的政制改革要與基本法銜接。隨後，中國政府正式向英方提出將香港政制改革與基本法銜接問題列入中英聯合聯絡小組的議程。同年11月中英聯合聯絡小組在北京開會，雙方同意「九七」以前香港的政制改革和「九七」後香港特別行政區的政治體制，有銜接的必要。[13]

1987年5月27日，香港政府發表《綠皮書：一九八七年代議政制發展檢討》，列舉了對1988年立法局是否開始直選的四種不同意見。綠皮書發表後，港府成立「民意匯集處」，負責匯集香港居民對1988年立法局是否開始直選的意見。

1988年2月11日，香港政府發表《白皮書：代議政制今後的發展》，指出：「為了保持穩定，香港代議政制的發展應該繼續是循序漸進而不是突變。每一步驟都應經過小心考慮，而任何改變都應取得社會人士的廣泛支持和信心。」「這些演變也必須有助於一九九七年政權的順利交接。」

12　同上，頁213。

13　同上，頁213—214。

「在考慮一九九七年前進一步發展香港的代議政制時，必須顧及中英聯合聲明的有關規定，和基本法起草委員會對一九九七年後怎樣執行這些規定的商議。」白皮書說：「一九九七年以前在立法局內加入若干名由直接選舉產生的議員，將會是香港代議政制發展進程中一個合理和可取的步驟。」「至於實行直接選舉的時間，政府的結論是：鑒於社會人士在這問題上有十分明顯的分歧，在一九八八年實行這樣重大的憲制改革將不會是正確的做法。……政府因此決定在一九九一年採用直接選舉選出若干名立法局議員。」[14]

中英圍繞1988年香港立法局直接選舉和香港政制改革銜接基本法問題進行的交涉，從此告一段落。中方表示，如果1990年通過的基本法，規定立法機關有部分直接選舉，香港立法局在「九七」前適當時候開始部分直接選舉，中方原則上不持異議。但直接選舉的名額，需要等基本法定了之後才能確定。[15]

1991年，立法局選舉制度有重大改變。選舉團的十個區議會組別業已取消，並由新設立的直選制度取代，從九個各自具有兩個議席的按地區劃分的選舉組別共選出18名議員進入立法局。功能組別的議席亦由14個增至21個。1991年9月12日的選舉中，共有40名候選人競逐21個功能組別議席。登記選民48,755名，投票率為47％。9月15日的分區組別選舉中，共有54名候選人競逐18個議席。登記選民1,916,925名，投票率為39.1％。[16]

彭定康的政改方案

1992年4月，英國首相馬卓安（John Major, 又譯為梅傑）委派在議會選

14　《白皮書：代議政制今後的發展》，香港：香港政府印務局，1988 年 2 月，頁 9。

15　李後：《百年屈辱歷史的終結——香港問題始末》，頁 227。

16　《香港 1992》，香港：香港政府印務局，1993 年，頁 25。

舉中落選的保守黨主席彭定康（Christopher Pattern）擔任第二十八任，即最後一任香港總督。

1992年10月7日，彭定康在立法局發表了就任後的第一份施政報告，提出了對香港當時政治體制作出重大改變的憲制方案，即政改方案。他說：「我相信在現階段的政制發展，行政與立法兩個機關的角色有可能混淆不清，引致削弱行政機關的效能，同時阻礙立法機關成為一個制衡政府的獨立組織。」他提出，行政局和立法局議員的身份不應重疊，打算暫時把行政局和立法局非官方議員分開。關於1995年立法局選舉，他提出直選議席的數目由18個增至20個，投票年齡由21歲降至18歲。他提議改變1991年實行的雙議席選區制度，實行單議席單選票，即在單議席選區中，讓每一名選民投一票，選出一名由直接選舉產生的代表。在功能組別方面，他建議所有形式的法團投票均應以個人投票取代，把30個功能組別的選民範圍，擴大至全港270萬工作人口中所有符合資格的選民。關於1995年將選出10名立法局議員的選舉委員會，他建議讓全部或大部分委員由直選產生的區議會內的區議員出任。關於區議會，他提出擴大區議會的職責、功能和預算。同時，由1994年起，除了新界的區議會的當然議員外，所有區議員都應由直選產生。[17]彭定康的政改方案得到英國政府「全力支持」。英國政府還要求中國政府同意修改基本法，規定直選議席有更大增幅。[18]

彭定康的政改方案公佈後，引起了中國政府的強烈反應。中方指出，彭定康的政改方案違反了中英聯合聲明，違反了與基本法銜接的原則，也違反了中英之間達成的諒解和協議，要求英方改弦易轍，回到「三符合」的軌道上來。

為了解決彭定康政改方案引發的分歧，中英雙方從1993年4月21日至11

17　《香港的未來：五年大計展新猷》，香港：香港政府印務局，1992 年 10 月 7 日，頁 26—33。

18　《香港代議政制》，香港：香港政府印務局，1994 年 2 月，頁 8。

月27日，就香港1994/1995年的選舉安排，進行了17輪會談。在此期間，中國外長和英國外交大臣也多次對此問題進行磋商。但是，在英國政府支持下，香港政府不顧中方反對，已先後將彭定康的政改方案刊登憲報，並提交立法局通過。中方認為英方的行動破壞了原先由雙方建立起來的政制銜接的橋樑，決定「另起爐灶」，「以我為主」地完成對香港恢復行使主權的各項準備工作。[19]

1995年9月17日舉行的立法局選舉中，議席首次全部由選舉產生：20席由地方選區選舉產生，30席由功能組別選舉產生，10席由選舉委員會選舉產生。地方選區選舉中，有92萬名選民投票，投票率為35.8％。功能組別選舉投票人數46萬人，投票率為40.4％。選舉委員會方面，283名民選區議員構成的選民，只有一名沒有投票。[20]

9月18日，新華社香港分社發言人說，香港政府單方面搞的三級架構不可能跨越九七。所有選舉是按照彭定康「三違反」的政改方案進行的，是不公平不合理的。愛國愛港人士通過參與，得到了鍛煉，積累了經驗。同日，港澳辦發言人也發表了類似談話，並指出港英最後一屆立法局的議員不能坐「直通車」過渡，也不存在「部分直通」的可能性。[21]

19　李後：《百年屈辱歷史的終結──香港問題始末》，頁 257、259、266。

20　《香港 1996》，香港：香港政府印務局，1997 年，頁 5。

21　李宏編著：《香港大事記（公元前 214 年─公元 1997 年）》，北京：人民日報出版社，1997 年，頁 351─352。

第二節　中英聯合聲明的簽署

中國政府解決香港問題的基本方針

　　取消帝國主義在華特權，收回香港，統一祖國，是中華人民共和國政府堅定不移的立場。在實施步驟與方法上，則主張既要考慮過去的歷史背景，又要照顧已經形成的實際情況，採取靈活機動的態度，以利在戰略上保持主動地位。早在新中國成立前夕，中共中央和毛澤東主席從東西方兩大陣營尖銳對立的全域出發，審時度勢，就已決定把香港問題作為一個歷史遺留問題，留待時機成熟時通過和平協商加以解決。新中國成立後，周恩來總理提出對香港要實行「長期打算、充分利用」的方針，即暫不考慮收復香港，但應充分利用香港的特殊地位，為中國的社會主義建設和外交戰略服務。同時，中國政府實行一系列有利於香港穩定和繁榮的政策，長期不輟，為以後對香港恢復行使主權創造了有利條件。

　　香港問題是中英兩國間的歷史遺留問題，中國政府反對國際組織或任何其他國家插手其事。1972年3月，中國常駐聯合國代表黃華致函聯合國非殖民化特別委員會主席，重申了中國政府的立場，強調：「香港和澳門是被英國和葡萄牙當局佔領的中國領土的一部分」；港、澳問題與通常的殖民地問題有別，其前途應由中國政府來決定，「聯合國無權討論這一問題」。[22]同年11月，第27屆聯合國大會通過相應的決議，確認了中國對香港問題的立場和要求。

　　1978年12月中共十一屆三中全會以後，中國進入了一個新的歷史時期，國際形勢和對外關係發生了重大變化。中共中央和國務院及時調整了內政

22　《香港問題文件選輯》，北京：人民出版社，1985年，頁17；*United Nations document A/AC.109/396.*

和外交政策，把完成祖國統一大業提上議事日程。隨着「新界」租期屆滿日趨接近，中國政府確定：（1）一定要在1997年收回香港，恢復行使主權，不能再晚；（2）在恢復行使主權的前提下，保持香港的繁榮與穩定。

為順利實現香港回歸，中國領導人鄧小平根據香港的歷史和現實情況，主張按中共中央為和平解決台灣問題提出的「一個國家容許兩種社會制度」的構想，採取一系列特殊政策來解決香港問題。1979年3月29日，他在北京向來訪的港督麥理浩（Crawford Murray Maclehose）首次表明了上述意向（當時尚未使用「一國兩制」的提法）。後又向來訪的英國外交大臣卡林頓（Lord Carrington）、英國前首相希思（Edward Heath）等人多次重申了這一立場，並說這是中國政府的一項長期政策，而非權宜之計，因此請投資者放心。[23]據此，中國政府及時擬訂了對香港的基本方針、政策（即「十二條」）。其要點是：1997年，中國恢復行使對香港的主權；設立直轄於中央人民政府的香港特別行政區，由香港當地人自己管理（即「港人治港」），高度自治；香港現行的社會、經濟制度不變，生活方式不變，法律基本不變；保持香港自由港和國際金融中心的地位；照顧英國和其他國家在香港的經濟利益；這些方針政策在特別行政區成立後50年不變。

1982年6月，鄧小平在北京分別會見香港大學校長黃麗松和香港《大公報》社長費彝民、香港中華總商會會長王寬誠等人，說明了中央人民政府收回香港的決定和有關政策。

英國的策略

英國是西方大國中率先承認新中國的國家，但它始終無意將香港交還

23　中共中央文獻研究室編：《鄧小平年譜（1975—1997）》（上），北京：中央文獻出版社，2004年，頁500—501；中共中央文獻研究室編：《鄧小平年譜（1975—1997）》（下），北京：中央文獻出版社，2004年，頁729、812。

給中國，甚至企圖借助美國的軍事力量來防止中國收復香港。1972年中英兩
國正式建交後，香港問題成為中英雙邊關係中唯一懸而未決的政治問題。
面對日益臨近的「九七大限」和中國的堅定立場，英國外交部認為，佔香
港總面積92％的「新界」應如期歸還，但餘下的九龍和香港島難以獨立生
存，最理想的結局是「以主權換治權」，即在承認中國對整個香港地區名
義主權的基礎上，與中國簽訂新約，使英國現行對香港的管治權得以延續
下去。在1982年7月的決策會議上，英國首相戴卓爾夫人反對英國外交部
官員提出的主動放棄主權的主張。她強調：「依據英國理解的國際法」，
十九世紀有關香港的「所有這三個條約都是有效的」，應當繼續遵守；中
國現代化建設有賴於香港的繁榮，繼續維持香港現狀係中國的迫切需要，
這是英國在談判中足以令中國就範的王牌。[24]戴卓爾夫人是以英帝國傳統
的思維方式來考慮香港問題的，她對中國政府的決心與能力缺乏基本的瞭
解，這就不能不給即將開始的中英談判帶來巨大的困難與障礙。

艱辛的談判歷程

中英兩國關於解決香港問題的談判歷時兩年，大體可分為兩個階段。
第一階段從1982年9月戴卓爾夫人訪華至1983年6月，雙方主要就原則和程式
問題進行商談。第二階段從1983年7月至1984年9月，兩國政府代表團就具
體的實質性問題進行了22輪正式會談和多次非正式接觸。爭議主要集中於
香港的歸屬和主權、1997年後香港應作的安排以及設立中英聯合機構等三
個方面。會談一波三折，最終達成了協議。 1982年9月23日，中英兩國政府
首腦在北京會晤，揭開了會談的序幕。戴卓爾夫人從談判一開始就提出了

24　Percy Cradock, *Experiences of China*, London: John Murray, 1994, pp. 177—178; Robert Cottrell,
The End of Hong Kong.The Secret Diplomacy of Imperial Retreat, London: John Murray, 1993, pp. 69—
72.

香港歸屬問題，強調有關香港的三個條約「仍然有效」，香港的信心和繁榮「全賴英國的管治」；「如果英中兩國政府能就香港未來的管治權達成令英國議會滿意和港人信任的安排，英國政府便會考慮（中國提出的）主權問題。」[25]針對上述言論，鄧小平在9月24日與戴卓爾夫人會晤時坦率地指出，主權問題是不能談判的，1997年中國要收回整個香港，這是談判的前提。至於用什麼方式收回，我們可以談判。我們的目標是既要恢復行使主權，又要保持穩定、繁榮，這兩者是統一而不可分割的。在保持繁榮方面，中國希望得到英國的合作，「但這不是說，香港繼續保持繁榮必須在英國的管轄之下才能實現。」1997年後能否繼續保持繁榮，「根本上取決於中國收回香港後，在中國的管轄之下，實行適合於香港的政策」。[26]鄧小平隨即闡述了以「一個國家，兩種制度」的方式解決香港問題的構想，並說中國政府會制定能為香港人民和在香港的其他投資者首先是英國也能夠接受的政策。但是，戴卓爾夫人斷言，如果現在實行或宣佈對香港管治權作出重大改變，「香港就會崩潰」，就會危及中國「四化」建設。鄧小平答道，「這個估計不正確」，「如果中國把四化建設能否實現放在香港是否繁榮上，那末這個決策本身就是不正確的」。[27]最後，鄧小平告訴戴卓爾夫人，如果在十五年的過渡時期內，香港發生嚴重的波動，中英雙方根本談不攏，那時，中國將被迫重新考慮收回香港的時間和方式。

中英兩國高層會談結束後，中國外交部副部長章文晉（1983年1月起由外交部副部長姚廣繼任）與英國駐華大使柯利達（Percy Cradock）在北京繼續就談判的基礎與程式問題進行商談。在此後的半年裏，由於英方在香港主權問題上立場不變，磋商未能取得進展。在此期間，中方為妥善解決香港問題作出了新的努力。1982年12月，全國人大五屆五次會議通過了《中

25　Margaret Thatcher, *The Downing Street Years*, London: HarperCollins, 1993, p. 260.

26　《鄧小平文選》，第3卷，北京：人民出版社，1993年，頁13。

27　同上，頁13—14。

華人民共和國憲法》，其中第三十一條規定：「國家在必要時得設立特別
行政區。在特別行政區內實行的制度按照具體情況由全國人民代表大會以
法律規定。」這就為中國政府在恢復行使主權後在香港設立特別行政區並
實行不同於內地的制度和政策，提供了法律依據。同時，中方以「一國兩
制」的科學構想為指導，在充分調查研究，反復徵求各界人士包括香港同
胞意見的基礎上，進一步修改完善了對香港的基本方針、政策（即「十二
條」），準備在第二階段談判一開始，就把它作為談判的基礎提到對方面
前，或在必要時單獨予以公佈。

面對中方毫不動搖的立場和談判停滯的局面，1983年1月英方決定把防
止中方自行公佈治港方案作為當前的行動目標，以避免出現令英方被動應
付的嚴重事態。3月，戴卓爾夫人根據柯利達的建議，致函中國總理趙紫陽
說，英國不反對中國以其對香港主權的立場進入談判。[28]4月，中國總理覆
函同意儘快舉行正式談判。6月，雙方就三項議程和其他程式問題達成協
定，決定談判不從主權問題開始，而從「1997年後」的安排問題入手。對
此，鄧小平在會見來京的港澳人士時表示：「要給英國人下台階」。如果
先談「1997年後」怎麼辦的問題，就可避開主權問題的障礙；這個問題談好
了，恢復行使主權問題也就沒什麼可談了。同時，他強調談判不能拖得太
久，拖久了對信心不利；中英會談若於1984年尚無協議，中國屆時將公開宣
佈自己的解決方案。

1983年7月，中英會談進入第二階段，兩國代表團團長先是中國外交部
副部長姚廣與英國駐華大使柯利達，1984年1月第八輪會談起，分別由中國
外交部部長助理周南和英國新任駐華大使伊文思（Richard Evans）接替。
會談前期的主要議程是1997年後為保持香港繁榮與穩定所作的安排。在第
一輪會談中，英方提出了以「主權換治權」的主張，力謀「在承認中國對

28　Margaret Thatcher, *The Downing Street Years*, London: HarperCollins, 1993, p. 489.

香港的主權的原則下，由英國繼續大體上像過去那樣管治香港」。中方堅持主權和治權不可分割的立場，指出「主權屬中、治權屬英」論的真正目的是否定中國的主權，延長英國在香港的管治，用一項新的不平等條約代替舊的不平等條約，這是中國政府和人民絕對不能接受的。由於英方堅持1997年後繼續管治香港，直至9月第四輪會談毫無進展。香港經濟出現了大的波動，港元匯率急劇下瀉，市民搶購食品，擠兌美元，迅速釀成「九月風暴」。針對上述情況，鄧小平在北京會見來訪的英國前首相希思時說，英國想用主權換治權是行不通的；他勸告英方改變態度，以免出現到1984年9月中國不得不單方面公佈解決香港問題方案的局面。戴卓爾夫人在香港歸屬和主權問題上僵持了一年多以後，權衡得失，終於決定調整策略，作出順應時勢的選擇，於10月間致函中國總理趙紫陽，表示雙方可在中國建議的基礎上探討香港的持久性安排。基於上述立場，在第五輪（10月19—20日）、第六輪（11月14—15日）會談中，英方確認不再堅持英國管治，也不謀求任何形式的中英共管，並表示理解中國方案的前提與基礎是1997年後整個香港的主權和治權應該歸還中國。至此，中英會談的主要障礙開始排除。

在1983年12月第七輪會談中，英方同意以中方的「十二條」為基礎進行討論，並承諾不再提出任何與中國主權原則相衝突的建議，談判於是進入實質性階段。但此後英方在討論中仍不時提出許多與其承諾相違背的主張。例如，英方一再以「最大程度的自治」來修改中方主張的「高度自治」的內涵，反對香港特區直轄於中央人民政府，並一再要求中方承諾1997年後不在香港駐軍，力求使未來香港變成英國能夠影響的某種獨立或半獨立的政治實體。英方的上述主張，直接與中國的主權原則相抵觸，為中方所拒絕。

此外，雙方還就會談期限、協定的內容、形式與性質，以及過渡時期的相關事宜等問題進行了討論，但並未達成共識。

從1984年4月第十三輪會談起，雙方側重討論今後13年過渡時期香港的

安排和有關政權移交的事項。討論中爭議最多的是在香港設立中英聯合機構問題。為實現平穩過渡，中方於1984年2月提議過渡時期在香港設立常設性中英聯合小組，其任務是協調中英協議的執行、商談有關實現政權順利移交的具體措施。對此，英方堅決反對，強調不要正式確定1997年前為「過渡時期」，不應在香港建立這樣的常設機構，以免造成中英「共管」的印象，損害它的權威。針對英方要求「保持尊嚴」的心態，中方一再表示，過渡時期仍由英國負責管治，中方不加干預；聯合小組不是權力機構，只起協商和諮詢作用。但英方仍堅持己見，致使此後三個多月談判停滯不前。

為推動談判，英國外交大臣賀維（Geoffrey Howe, 又譯為傑佛里·豪）於1984年4月和7月兩次應邀來京，與中國領導人會晤。雙方本着互諒互讓的精神，就上述重大問題進行了深入的討論，並於7月底基本達成一致。8月1日，雙方宣佈在中英協定生效時成立聯合聯絡小組，該小組於1988年7月1日進駐香港，並繼續工作到2000年1月1日為止。此後，兩國政府代表團又就國籍、民航、土地等具體問題舉行了最後三輪會談，終於在9月18日全部達成協定。

中英聯合聲明的簽署

1984年9月26日，中英兩國政府代表團團長在北京草簽了關於香港問題的聯合聲明和三個附件（即《中華人民共和國政府對香港的基本方針政策的具體說明》、《關於中英聯合聯絡小組》、《關於土地契約》）。同年12月19日，中英兩國政府首腦趙紫陽和戴卓爾夫人在北京正式簽署了《中華人民共和國政府和大不列顛及北愛爾蘭聯合王國政府關於香港問題的聯合聲明》[29]。同時，雙方還就香港居民的旅行證件問題互換了備忘錄。1985年

29　協定中文本全文見《香港問題文件選輯》，北京：人民出版社，1985年，頁63—88。

5月27日，中英兩國政府在北京互換批准書，中英聯合聲明從此生效。

中英聯合聲明明確規定，中華人民共和國政府於1997年7月1日對香港恢復行使主權，英國政府於同日將香港交還給中華人民共和國。同時聯合聲明載入了中國政府對香港的基本方針政策（即「十二條」），並作出了使香港保持穩定和繁榮的其他安排。

中英聯合聲明的簽署，是中國現代史和世界現代史上的一件大事。它不僅圓滿地解決了兩國之間歷史上遺留下來的香港問題，為香港的長期繁榮和穩定提供了堅實的基礎，有利於促進祖國的統一，也為和平解決國際爭端、特別是解決國與國之間的歷史遺留問題，提供了新的經驗。因此，得到包括香港同胞在內的全國人民的擁護和世界上許多國家的歡迎。戴卓爾夫人也表示：「聯合聲明在香港的生活史上，在英中關係的歷程中以及國際外交史上都是一個里程碑。」[30]

第三節　基本法的制定

《香港特別行政區基本法》的起草

中國政府在1984年的中英聯合聲明中宣佈，在1997年7月1日對香港恢復行使主權時，將設立香港特別行政區（以下簡稱「香港特區」），全國人大將根據《中華人民共和國憲法》（以下「簡稱憲法」）制定並頒佈《香港特別行政區基本法》（以下簡稱「基本法」），規定香港特區成立後不

30　《人民日報》1984 年 12 月 20 日。

實行社會主義的制度和政策，保持香港原有的資本主義制度和生活方式，
50年不變。

　　1985年4月，第六屆全國人大第三次會議決定成立香港特區基本法起草
委員會，負責基本法的起草工作。7月1日，由內地和香港人士共59人組成的
起草委員會正式成立並開始工作，姬鵬飛任主任委員。根據起草委員會的
決定，1985年12月在香港成立了由香港各界人士180人組成的基本法諮詢委
員會，負責在香港就基本法起草工作徵詢當地居民的意見，安子介當選為
主任委員。

　　起草委員會在制定了工作規劃，確定了基本法結構後，設立了由兩地
委員共同組成的中央和香港特別行政區的關係，居民的基本權利和義務，
政治體制，經濟，教育、科學、技術、文化、體育和宗教等五個專題小
組，負責起草有關條文。在各專題小組完成條文的初稿之後，成立了總體
工作小組，從總體上對條文進行調整和修改。1988年4月，起草委員會第
七次全體會議公佈了《中華人民共和國香港特別行政區基本法（草案）徵
求意見稿》，接着用五個月的時間在香港和全國其他地區及各有關部門廣
泛徵求了意見，並在此基礎上對「徵求意見稿」作了百餘處修改。1989年1
月，起草委員會第八次全體會議採取無記名投票方式，對準備提交全國人
大常委會的《中華人民共和國香港特別行政區基本法（草案）》以及附件
和有關文件逐條逐件地進行了表決，除草案第十九條（關於司法管轄權）
外，所有條文、附件和有關文件均以全體委員三分之二多數贊成獲得通
過。同年2月，第七屆全國人大常委會第六次會議決定公佈《中華人民共
和國香港特別行政區基本法（草案）》、附件及其有關文件，再次在全國
範圍內廣泛徵求意見。經過八個月的徵詢期，起草委員會各專題小組在研
究了各方面的意見後，共提出了專題小組的修改提案24個，其中包括對第
十九條的修正案。1990年2月，起草委員會第九次全體會議對這些提案採取
無記名投票的方式逐案進行了表決，均以全體委員三分之二以上多數贊成
獲得通過，並以此取代了原條文。至此，基本法（草案）包括附件及其有

關文件的起草工作全部完成，前後歷時四年零八個月。與此同時，香港特別行政區區旗、區徽圖案的徵集、評選工作也順利結束。

由內地和香港兩地委員共同起草一部全面體現「一國兩制」方針的基本法，無先例可循，任務十分艱巨。起草工作能按計劃順利完成，首先是由於指導方針明確。以憲法為依據，以「一國兩制」為指導，緊密聯繫香港的實際，把中國政府對香港的各項方針政策用國家基本法律的形式規定下來，達到既維護國家的主權、統一和領土完整，又保持香港穩定繁榮的目的，是基本法的立法宗旨，也是起草委員會工作的既定目標。

民主、開放、群策群力，是基本法起草工作得以成功的重要因素。起草委員會中的兩地委員，由於生活環境和社會閱歷各異，思維方式、工作習慣和處事方法不盡相同，但彼此都有高度的歷史責任感，互相尊重、互相體諒，努力通過民主協商，消除分歧，取得共識。起草期間，起草委員會先後舉行9次全體會議，25次主任委員會議，2次主任委員擴大會議，73次專題小組會議，3次總體工作小組會議，5次區旗區徽評選委員會議，真正做到了集思廣益、博採眾長。每次召開會議，都隨時向記者作詳細介紹，會後及時向基本法諮詢委員會通報情況，透明度很高。

基本法的起草工作是在全國大力協作、香港各界人士密切關注和廣泛參與下完成的。尤其是基本法諮詢委員會，對基本法的起草工作一直給予積極有效的協助，委員們在香港通過多種形式開展對基本法的宣傳、推廣工作，收集了大量有關基本法的意見和建議，及時向起草委員會作了反映，發揮了溝通意見的橋樑作用。

起草香港特區基本法是中國的內政。但是為了香港的繁榮穩定和政權的順利交接，在基本法起草過程中，中英雙方就1997年前後香港各方面如何銜接的問題，經常進行磋商，並達成了協定和諒解。基本法中有一些條文，如香港特區立法會產生辦法、行政會議的組成等就是參考了英方的建議擬訂的。

關於中央和香港特別行政區的關係

　　中央和香港特區的關係，是基本法的主要內容之一，中英聯合聲明對此已有原則規定。在基本法中如何以法律條文形式規定下來，涉及香港基本法的法律地位、香港特區在國家中的法律地位、香港特區高度自治權的基本性質與地位等三個問題。三者密切相聯，關鍵是如何正確全面理解「一國兩制」中「一國」與「兩制」的關係。一般而言，內地人士強調「一國」是「兩制」的前提，香港人士則擔心「一國」損害「兩制」。經討論，起草委員會決定遵循如下基本原則：（1）維護國家主權、統一與保證香港特區高度自治相結合；（2）在「一國」的前提下，社會主義（國家主體）與資本主義（香港特區）「兩制」共存；在不損害國家統一、主權和領土完整的前提下，凡是可以下放給香港特區的權力，盡量下放，以利香港的穩定和繁榮，中央主要是保留一個統一國家的國防、外交以及憲法賦予的其他權力，這些權力都是體現國家統一和主權所必不可少的。

　　據此，基本法（草案）「總則」和第12條規定：香港特區是中華人民共和國不可分離的部分，是一個由全國人大授權實行高度自治權的地方行政區域，直轄於中央人民政府。這一規定明確了香港特區的法律地位，是具體規定香港特區職權範圍及其同中央的關係的基礎。它表明，香港特區是中國單一制國家結構形式下直轄於中央人民政府的一個享有高度自治權的地方行政區域，不是一個獨立或半獨立的政治實體，不具有任何主權特徵。

　　關於基本法的法律地位，即憲法與基本法的關係問題，爭論的焦點是憲法能否在香港特區適用。基本法是根據憲法第31條起草的。中國憲法是一部社會主義類型的憲法。有些香港人士擔心憲法在香港適用會使「一國兩制」難以實現，因此主張在基本法中寫明，憲法除第31條外，其他均不適用於香港特區。多數委員則認為，從法理上說，憲法是國家的根本法，具有最高的法律效力，基本法的制定必須以憲法為依據，兩者是母法和子法的關係。事實上，憲法不僅規定了國家實行社會主義制度，而且還就全

國人大及其常委會、國家主席、國務院（即中央人民政府）、中央軍委等
中央最高國家機關的設置，以及國旗、國徽、國歌等作了規定，這些對香
港特區都是有效的和適用的。經討論，起草委員會同意，憲法作為一個整
體對香港特區是有效的，但是由於國家對香港特區實行「一國兩制」，憲
法中有關社會主義制度和政策的規定，不適用於香港特區。據此，草案一
方面規定：香港特區不實行社會主義制度和政策，保持原有的資本主義制
度和生活方式，50年不變；同時又規定：根據憲法第31條，香港特區的制度
和政策，包括社會、經濟制度，有關保障居民的基本權利和自由的制度，
行政管理、立法和司法方面的制度，以及有關政策，均以基本法的規定為
依據。上述規定說明，基本法是香港特區的立法基礎，香港特區制定的任
何法律都必須以基本法為依據，均不得同基本法相抵觸；特區立法機關制
定的任何法律，如果同基本法相抵觸，都將失去其法律效力。這樣，既維
護了「一國」的原則和憲法的尊嚴，又體現了「兩制」的精神，使基本法
在香港特區的法律地位和適用得到了充分的保障。

　　關於中央最高國家機關與香港特區地方國家機關之間的許可權劃分、
即香港特區高度自治權的基本性質與地位問題，是起草過程中討論時間最
長、爭議最多的問題之一。香港人士強調高度自治與港人治港，認為中央
管得越少越好。有人主張把通常適用於聯邦制國家的所謂「剩餘權力」學
說，用來處理中央和香港特區的關係，提出除外交、國防事務由中央負責
外，其餘的一切權力即所謂「剩餘權力」和「歸屬不明」的權力（即「未
界定權力」），統統歸香港特區行使。多數委員則認為，中國是單一制國
家，不能把中央和香港特區的關係混同於聯邦制國家中聯邦政府與邦（主
權成員國）的關係，中央與香港特區之間不存在什麼「剩餘權力」或「未
界定權力」。事實上，中英聯合聲明也規定：香港基本法要由全國人大制
定，行政長官和主要官員要由中央任命，立法機關制定的法律、財政預
算、決算以及主要法官的任免須報中央備案，可見並非除外交和國防事務
外，中央對香港特區的其他事務都不能管。最後，根據多數委員的意見，

草案規定：香港特區依法實行高度自治，享有行政管理權、立法權、獨立的司法權和終審權。基本法賦予作為一個地方行政區域的法院以終審權，這是為貫徹「一國兩制」方針所作的特殊安排，它擴大了香港特區的司法管轄權和審判權。此外，還規定香港特區可享有全國人大、全國人大常委會及中央人民政府授予的其他權力。這樣，既迴避了「剩餘權力」的不當提法，體現了國家主權，又符合香港特區享有高度自治權的原則，妥善地解決了問題。

香港特區享有的自治權，內容十分廣泛，不僅世界上任何一國的地方自治區域不能與之相比，即便是一些聯邦制國家的成員單位（如州），在某些方面也不能與之相比（如中央不在香港特區徵稅，特區享有貨幣發行權等）。但中國是單一制國家，香港特區享有的權力無論多大，都不是它本身固有的，而是從國家主權派生的。它同中央的關係，是授權與被授權的關係。高度自治，不等於「完全自治」，其性質仍屬於地方自治權範疇。

基本法草案對中央和香港特區的許可權作如此嚴格的劃分，旨在為正確處理兩者的權力關係提供法律依據。

此外，起草委員會對一些屬於中央的職權而又與香港特區高度自治權有聯繫的問題，例如關於基本法的解釋權和修改權問題，關於少數全國性法律適用於香港特區問題，香港特區法院對國防、外交等國家行為有無管轄權問題，關於香港特區立法機關所定法律的審查權問題，都曾有過長期激烈的爭論，最終使這些涉及內地和香港兩種不同法律體系的矛盾，在基本法條文中得到了協調和統一，較好地解決了問題。

香港特別行政區的政治體制

政治體制主要是指政權的組織形式與運行規則，涉及政治權力的分配，攸關社會各階層的利益。因此，如何進行設計，始終是起草過程中分歧最大、爭論時間最長的問題。爭論的焦點，一是行政機關和立法機關的

關係，二是行政長官和立法機關的產生辦法。一種意見認為，立法機關是決策機關，居主導地位，行政機關須服從立法機關；另一種意見則認為現行香港以行政為主導、行政與立法密切配合的政府運行機制，應予保留。另有人主張未來香港特區的政制模式，可以「三權分立」為原則；但不少委員認為香港特區不是一個國家，只是一個地方政權，除了「三權」之外，還有一個中央的權力，因此不能因襲西方國家「三權分立」的模式。凡主張立法主導者都強調加快民主步伐，要求1997年香港回歸後立即實行選民一人一票的直接選舉。主張行政主導的人都認為發展民主應以穩定和繁榮為前提，循序漸進，不贊成馬上實行一人一票的直接選舉。由於眾說紛紜，「政制」專題小組在工作之初確定，首先探討設計政治體制應遵循的原則，然後再研擬具體的法律條文，並於1986年11月達成如下共識：（1）要符合「一國兩制」方針和中英聯合聲明的精神，既有利於維護國家的統一和主權，又能保證香港特區享有高度自治權；（2）要有利於香港的穩定和繁榮，促進資本主義經濟的發展，同時要兼顧社會各階層的利益；（3）既不能照搬國內，也不能照搬外國，而要從香港的法律地位和實際情況出發，既保持原有政治體制中行之有效的部分，又要循序漸進地逐步發展適合香港情況的民主制度。根據上述原則，經過長期、反復的討論和修改，終於擬就了具體條文，對香港特區政治體制作了規定。其主要特點是「行政主導」；司法機關獨立進行工作，不受任何干涉；行政機關與立法機關既互相制衡又互相配合。

為了保持香港的穩定和行政效率，起草委員會認為行政長官應有實權，但同時也要受到制約。草案規定，行政長官既是香港特區首長，又是香港特區政府首腦，一身二任，擁有廣泛的行政權、部分立法權和人事任免權，並在一定條件下有權解散立法會。這些規定，體現了「行政主導」精神。為避免權力過於集中，草案又規定，特區政府必須遵守法律，對立法會負責，執行立法會通過並已生效的法律，定期向立法會作施政報告，答覆立法會議員的質詢，徵稅和公共開支須經立法會批准。立法會並可依

法彈劾行政長官，要求行政長官辭職。這些規定體現了立法會對行政長官的監督和制約作用，使行政長官與立法會之間形成有效的相互制衡機制，目的是使兩者正確地行使自己的職權，互相配合，各得其所。

為便於實現行政機關與立法機關的相互配合，草案規定設置行政會議，協助行政長官決策。行政會議由行政長官委任政府主要官員、立法會議員和社會人士組成，發揮集體商議問題的作用，有利於溝通情況，協調行政、立法和社會各方面的關係，照顧社會各方面的利益，提高行政效能。

關於行政長官和立法會如何產生的問題，爭論十分激烈，迄至1988年夏基本法（草案）徵求意見稿公佈後的第一次全國徵詢期，仍無定案。1988年9月，經「政制」專題小組耐心協調，各方達成兩點共識：（1）以漸進的方式發展政制；（2）最終達到行政長官和立法會全部議員由普選產生的目的。不久，形成了此為基礎的「政制」專題小組的「主流方案」，其突出特點是確定了從1997年香港回歸起為期十年的政制發展時間表。該方案經起草委員會第八次全體會議通過，於1989年2月作為《中華人民共和國香港特別行政區基本法（草案）》附件一、附件二（即行政長官和立法會的產生辦法）公佈。此後不久，北京發生政治風波，香港各界對「政制」的爭論再起波瀾。「政制」專題小組研究後認為，1986年提出的幾項原則是正確的。政治體制要建立在「一國兩制」的基礎上，不能出現一個與中央對抗的立法機關；政治體制要保證香港長期的穩定與繁榮，為此，政制發展要循序漸進，寧穩勿亂，政治體制要確保社會各階層的均衡參與。委員們同意，香港特區成立後，政治體制至少要穩定十年。據此，1990年2月起草委員會第九次即最後一次全體會議，對草案及附件一、附件二作了相應的修改，規定在1997—2007年的十年內，行政長官由有廣泛代表性的選舉委員會選舉產生，報中央人民政府任命；立法會由選舉產生，在香港特區成立的頭十年內，逐屆增加分區直選的議員席位，到第三屆立法會，功能團體選舉和分區直選的議員各佔一半。同時規定，2007年後行政長官與立法會的產生辦法如需修改，由香港立法會全體議員三分之二多數票通過，行政長官

同意,並分別報請全國人大常委會批准和備案。

此外,居民的基本權利和義務、經濟、教科文各專題小組在起草有關的條文時,也曾遇到許多比較複雜和困難的問題,最後都以高度負責的精神,在「一國兩制」的原則基礎上,通過民主協商的方式獲得了解決。

香港特別行政區的區旗和區徽

草案規定,香港特區除懸掛中華人民共和國國旗和國徽外,還可使用香港特區區旗和區徽。區旗是一面中間配有五顆星的動態紫荊花圖案的紅旗。紅旗代表祖國,紫荊花代表香港,寓意香港是中國不可分離的部分,在祖國的懷抱中興旺發達。花蕊上的五顆星象徵着香港同胞心中熱愛祖國,紅、白兩色體現了「一國兩制」的精神。區徽呈圓形,其外圈寫有「中華人民共和國香港特別行政區」和英文「HONG KONG」(香港)字樣,其中間的五顆星動態紫荊花圖案的構思及其象徵意義與區旗相同,也是以紅、白兩色體現「一國兩制」的精神。

《中華人民共和國香港特別行政區基本法》的頒佈

1990年4月4日,第七屆全國人大第三次會議審議通過了《中華人民共和國香港特別行政區基本法》包括附件一、附件二、附件三以及香港特別行政區區旗、區徽圖案。同日,國家主席楊尚昆命令予以頒佈,自1997年7月1日起實施。[31]

基本法包括序言,第一章、總則,第二章、中央和香港特別行政區的關係,第三章、居民的基本權利和義務,第四章、政治體制,第五章、經

---

31 《中華人民共和國香港特別行政區基本法》,載《人民日報》1990 年 4 月 7 日。

濟,第六章、教育、科學、文化、體育、宗教、勞工和社會服務,第七章、對外事務,第八章、本法的解釋和修改,第九章、附則,共有條文160條。另有三個附件,即附件一《香港特別行政區行政長官的產生辦法》、附件二《香港特別行政區立法會的產生辦法和表決程式》、附件三《在香港特別行政區實施的全國性法律》。

　　基本法是一部完整體現「一國兩制」方針的全國性法律。它把維護國家主權、統一與授權香港特別行政區實行高度自治、保持繁榮穩定有機地結合在一起,既是香港特區實行高度自治的法律依據,又是中央對香港特區行使主權的法律依據和中央所屬各部門、各省、自治區、直轄市處理與香港特區關係的準繩,也是全國人民都要遵守的行為規範。這不僅為1997年香港回歸祖國後保持長期繁榮穩定提供了重要的法律保障,而且對促進香港的平穩過渡和政權的順利交接,具有極其重要的指導意義。同時,基本法的誕生,對以後解決澳門問題、台灣問題,繼續完成祖國統一大業,起着示範作用。鄧小平曾給予高度評價,稱這是「一部具有歷史意義和國際意義的法律。說它具有歷史意義,不只對過去、現在,而且包括將來;說國際意義,不只對第三世界,而且對全人類都具有長遠意義。這是一個具有創造性的傑作。」[32]基本法頒佈後受到中國內地、香港和各國的普遍好評。1990年4月5日,英國外交部也曾發表聲明,認為基本法是香港前途的一個重要里程碑,它體現了中英聯合聲明的精神,是一項可以接受的法律。

32　《鄧小平文選》,頁 352。

第十三章

二十世紀後期經濟

工廠女工（1976年，攝於柴灣）

葵涌貨櫃碼頭

1970年代香港證券交易所內緊張交投的情況

1965年2月27日，廣東省副省長林李明在東江—深圳供水首期工程竣工典禮上剪綵，後排右起為王寬誠、陳耀材、高卓雄。

第一節 工業化的成功

1949年10月1日中華人民共和國成立以後，因恢復國民經濟需要大批物資。英國從其在華利益考慮，在西方國家中率先承認新中國，因而香港與內地的商貿活動能夠大量進行。1950年香港的對外貿易額超過75億港元，1951年達到93億港元。1951年香港對中國內地的輸出總額為16億多港元，佔香港出口總額的36.2%。

禁運對香港經濟的影響

1950年6月25日朝鮮戰爭爆發以後，英國政府屈從於美國的壓力，實行對華禁運。

1950年7月1日，港府憲報公佈工商處所頒《1950年輸出統制令》，規定椰油、銅、鑽石、鋁、胡椒、汽油產物、樹膠、錫、銀、桐油等11種商品，及1950年禁輸出令或其他法令所列禁止出口貨，一律禁止輸往中國大陸（包括台灣）及澳門。同年8月12日，港府接受英國政府命令，在憲報上公佈了空前大宗的禁止出口物資名單，包括金屬機器、鋼鐵製品、非鐵金屬、石油、石油器材、交通器材、化學原料、化學儀器、電子器具、交通設備等。

在美國的壓力下，香港政府着手管制進出口貿易。但是，為了維護英國在香港的經濟利益，港府列入禁運的貨物種類不多。內地列為主要採購對象的五金、樹膠、化工原料等，在初期並未禁止出口或入口。但在1951年5月25日，港府實施進出口管制新法例，並公佈了管制進出口貨品的新名單，把五金、樹膠等若干戰略性的化工原料列在管制之列。同時，過去只禁止出口的物資，現在也要限制入口。

1951年4月27日，港府頒佈1951年各種貨品及糧食輸出管理條例，規定對於各管制物資，工商署有權指定集中地方。對於裝運禁運出口物資企圖

非法出口的車船，除貨品充公以外，沒收裝運的車船。

1951年6月25日起，港府實施更為嚴格的進出口禁令，規定13類200多種貨物進出口均受限制。一切禁限以內的貨物，凡是6月25日以後在產區裝船者，抵達香港後須一律存入公倉，然後分批售予香港工業用戶。由於存入公倉的禁限貨物數量極大，遠非香港廠家所能消納。

1950年12月初，美國商務部下令實施對香港及中國內地輸出的嚴格禁令以後，日本、加拿大、菲律賓先後採取同樣行動。至1951年，自美國運往香港的西藥、鐵皮、鉛片、車胎、化工原料等項物資在舊金山、日本、馬尼拉被截留的不下四、五百宗，價值400萬美元。在美國裝箱即將裝船的約200宗，價值200萬美元。在美國以聯合國名義施加的壓力下，法國、比利時、澳洲、南美、荷蘭、意大利等先後宣佈管制戰略物資運往香港與中國內地。香港訂購的澳洲紅礬鈉鉀等2,000噸、南美樹皮羔、德國烏煙、法國氯酸鉀等皆被取消訂單。

在美國的壓力下，港府於1952年2月19日修正了1951年輸出入「特定物品」的管制法令，把原訂13類特定物品的管制範圍進一步擴大。2月22日，又頒佈了1952年緊急（主要供應品）規則，規定對商人申請「主要物品供應證」作不實報告，要加以嚴刑重罰。7月24日，港府通告，限令商人在辦運貨物進出口的72小時或48小時內據實報告，否則將處以罰款。

禁運使戰後出現轉機的香港經濟受到沉重打擊。轉口貿易衰退，商業蕭條，企業大量倒閉，失業人數劇增。1951年香港已出現貿易凋敝的現象，1952年情況更為嚴重。

1952年3月5日，港督葛量洪發表演說，稱1951年是「衰落和貿易凋零的一年」。貿易凋零的原因在於聯合國對中國實行戰略和半戰略物資禁運，以及美國對中國和港澳實行更多的限制。[1]

1　Hong Kong Hansard, Session 1952, p. 63.

1952年香港進出口貿易總值為66.7億港元，與1951年相比減少了28.2％。造成1952年香港貿易總值大幅度下降的主要原因在於香港對中國內地貿易的萎縮。1951年，中國內地是香港轉口最重要的市場。該年對中國內地的輸出總額為16億港元，佔出口總額的36％。1952年香港對內地進出口總額為13.5億港元，較1951年減少45.1％。其中香港對內地出口貿易總額1952年為5.2億港元，較1951年減少10.8億港元，即67.1％。約十年後，對內地的出口額更降至不足一億港元。1952年內地對港出口總額為8.3億港元，較1951年僅減少0.32億港元，即不足4％。進出相比，內地已由1951年對香港入超7.4億港元，一變為對港出超3億港元。

禁運使香港對西方國家的出口額也大幅度下降。對美國的出口額由1950年的3.09億港元減至1953年的0.62億港元。對英國的出口額由1951年的2.15億港元跌至1953年的1.19億港元。

香港《華僑日報》1953年出版的《香港年鑑》寫道：「這一年（1952年）的香港商業的歷史，是以近百行商號累億元的虧折，逾百家商行的擱淺與傾覆，上千家商業機構的自行收束與改組，數以萬計店員的失業寫成的。」

禁運造成1952年香港一般進出口貨物批發價普遍下跌。五金、工業原料、花紗布、西藥、洋瓶及出口貨等六大類主要進出口貨物批發價的總指數，1952年較1951年下跌36％。市場上出現從未有過的「跳樓盤」（即低於市價和成本價的盤）及拍賣事件。凡是受禁運管制影響，受日貨傾銷影響，以及貨物不能內銷內地的商行，如工業原料行業、五金行業、匹頭行等普遍虧損。當時做生意的大部分要虧本。區別僅在於有些「崩大圍」，有些「崩小堤」，有些「蝕皮費」。真正能夠獲大利者，鳳毛麟爪。能夠獲得微利者，亦不多見。估計有近一半的行業要「蝕通行」。估計1952年全港各行商人虧折數值達三億港元之多（包括行外人士與炒家在內）。估計虧折百萬以上而告倒閉的商行約有五、六家，虧折五十萬左右而告倒閉的商行有十餘家，虧折20—30萬元而告倒閉的有三十餘家，因蝕皮而告收束、改組的商行數以千計，其中歷史較長的近百家。商號的倒閉、收束或

改組，使香港商業從業人員近一萬人加入了失業者的隊伍中。[2]

工業化的進程

禁運給香港經濟帶來沉重的打擊，港人傳統的生計幾乎完全斷絕。面對困境，港人並未束手無策，向命運屈服。他們表現出自強不息的性格，及時調整經濟結構，另尋出路，發展工業。出口貿易亦由依賴轉口改為以輸出本地產品為主。

1950—1960年代，香港逐漸完成了從轉口港時期向工業化時期的過渡。1947年香港僅有工廠998家，僱用人員51,000多人；1959年工廠增加到4,860家，僱用人員18萬多人。1959年，在香港的出口貿易中，港產品的比重已經上升到70％，超過了轉口貨物的比重。這是香港實現工業化的標誌。

1960年代中期，香港出現若干次嚴重的社會動盪，使工業發展遇到很大困難。首先是1964年與1965年的銀行擠兌。接着是1966年天星小輪加價事件與1967年事件。雖然，這些事件對經濟的發展帶來一定不利的影響，香港工業產品的出口貿易，在1960年代的十年中，仍有顯著增長。1970年的工業產品出口總值是十年前的4.3倍。按照複增率計算，每年平均增長率為16％。

表 13.1 香港工廠統計資料（1947—1962 年）

年份	工廠數	工人數
1947	998	51,627
1948	1,137	61,714
1949	1,284	65,271
1950	1,525	89,512

---

2 香港《華僑日報》：《香港年鑒》第六回，上卷，頁21。經貿部特派員辦公室研究室：《1952 年香港對外貿易情況》，頁 35。

續上表

年份	工廠數	工人數
1951	1,788	93,837
1952	1,987	92,852
1953	2,131	100,952
1954	2,303	106,291
1955	2,557	118,568
1956	3,145	138,836
1957	3,290	148,053
1958	3,765	168,138
1959	4,860	186,142
1960	5,135	228,999
1961	6,245	259,774
1962	7,305	297,897

資料來源：《星島日報創刊二十五周年紀念論文集（1938—1963）》，香港：星系報業有限公司，1966年，頁24。上表所列工廠，均屬登記在案者，其他未經登記的小工廠及從事家庭工藝者為數甚多，未計算在內。

表 13.2　香港產品出口統計資料（1953—1962 年）

年份	出口額 （單位：億港元）	佔外貿總出口額的比例
1953	6.35	25 %
1954	6.81	30 %
1955	7.30	29 %
1956	11.14	24 %
1957	12.02	40 %
1958	12.60	42 %
1959	22.82	70 %
1960	28.67	73 %
1961	29.39	74 %
1962	33.17	76 %

資料來源：《星島日報創刊二十五周年紀念論文集（1938—1963）》，頁24。

　　1950—1960年代香港的主要工業部門有紡織業、製衣業、搪瓷業、塑膠業、電子工業、人髮製品工業、金屬製品工業和鐘錶業等。下面分門別類簡述這些工業部門的發展情況。

紡織業

　　戰後香港工業建設中最突出的成就是紗廠紛紛設立。紗廠大多為蘇浙籍工業家來港開設，所需資本較大，動輒數百萬元至一、二千萬元，非小資本家所能經營。1947年底戰後第一家紗廠大南紗廠在九龍紅磡建立，機器均屬新型設備，僅有紗錠5,000枚。翌年有五家成立，包括半島紗廠、偉綸紡織有限公司、南洋紡織有限公司、九龍紡織工業有限公司和南海紡織股份有限公司。

　　香港棉紡工業的草創時期，是在1947—1954年間。在這短短的幾年期間，棉紡生產能力增加了十倍。1954年末，香港已有紗廠13家，共擁有紗錠30萬錠。在其後七年中，即1955—1961年，香港的棉紡工業更有長足的進展，使海外同業側目相視，以致激起了限制港產棉品進口的要求。

　　截至1962年底，香港紗廠共有35家，紗錠達60萬枚，僱用工人19,000餘名，每年出產棉紗60萬包，價值五億港元左右，成為香港工業的主幹。1955—1961年，紡紗業生產能力每年平均增加率為16％。

　　香港各大紗廠大多設有布廠，採用最新式自動布機，織製各種花色布匹，一部分供香港本地製衣廠使用，一部分銷往英美及印尼等國。二戰以後，初期香港只有舊式織布機約2,000台。但至1954年，全香港已有新式織布機6,000餘台。截至1961年底，香港共有大小布廠263家，擁有布機2萬台，僱用工人25,600餘名。1955—1961年，織布業生產能力每年平均增加率為20％。

　　因棉紗、棉布多需染色，染廠亦應運而生。截至1962年底，香港共有大小染廠146家，僱用工人5,200餘名。

　　香港很早已有針織廠，但戰後發展較快。截至1962年底，香港共有針織

廠307家，僱用工人13,400餘名。

1959—1969年的十年間，香港的紡織設備製造工業發展迅速。到1969年3月，香港有196家紡織機械製造廠，僱用勞工人數達8,530人。[3]

製衣業

1958年美國與日本之間實行棉織品貿易限制，美商開始轉向香港大量購買，外銷劇增，奠定了以後輸美市場的良好基礎。製衣廠出品主要銷往英美兩國。截至1962年底，香港擁有製衣廠689家，僱用工人達42,300餘名。1967年服裝出口總值合計港幣23億港元，佔全部工業產品出口總值港幣67億港元的35％。

搪瓷業

搪瓷工廠亦多屬於蘇浙籍人士經營。因出品精良，價格廉宜，在世界搪瓷市場上很有競爭力。截至1962年底，香港搪瓷工廠共有21家，僱用工人4,300餘名，設有爐窯90隻，每年出品值7,000萬港元，大多銷往英屬地區及非洲各地。[4]

塑膠業

塑膠製品是戰後香港的新興工業，分為塑膠花、塑膠玩具及塑膠日用品等，其中塑膠花的出產轟動一時，幾乎可囊括國際市場，在香港出口工業中長期佔有突出的地位。截至1962年底，香港共有塑膠工廠977家，僱用工人三萬餘名，每年製品輸出達3億港元。1967年出口總值達到8.23億港

3　《星島日報創刊二十五周年紀念論文集（1938—1963）》，香港：星系報業有限公司，1966年，頁23。《香港工業出品銀禧展覽會紀念特刊》，香港：香港中華廠商聯合會，1968年，頁54。香港棉紡業同業公會編：《香港棉紡業二十五年紀念冊》，香港，1973年，頁46、48。

4　《星島日報創刊二十五周年紀念論文集（1938—1963）》，頁23。

元，佔全部工業品出口總值的12％。

　　玩具和公仔多為塑膠製品。在1960年，有85％的玩具由塑膠製成，僅佔香港產品出口總量的4％。但是到了1964年，其比例增至7％。在1964—1969年之間，玩具出口總值增加了三倍。1969年玩具出口總值為11億港元，佔香港產品出口總值的9％。從1964年起香港成為世界第二大玩具出口地。

電子工業

　　主要產品為收音機、電晶體與電子配件。1967年的出口總值為6.1億港元，佔香港全部工業品出口總值的9％。1959年，香港電子工業僅有一家工廠，僱員接近二百人。到1969年末，香港共有146家電子工廠，員工人數超過37,000人。

　　電子工業開始時只是裝配晶體管收音機，甚至維修佔主要地位。1959年晶體管收音機的出口價值還不到50萬港元；1964年卻增加到9,600萬港元，佔香港工業製品出口總值的2％。此後不久，香港超越了其他地區，成為世界收音機出口的第三大地區，僅次於日本和聯邦德國。1969年出口價值達到4.94億港元，佔香港工業製品出口總值的5％。

人髮製品工業

　　人髮製品工業發展迅速。它的出口值由1964年的最低點800萬港元開始，1965年增長到7,200萬港元，1966年7,100萬港元，1967年1.97億港元，1968年3.19億港元，到了1969年最高達到6.47億港元。五年內出口值增加了80倍。

金屬製品工業

　　金屬製品工業產品範圍廣泛，由傳統的產品，例如手電筒、家用器具、搪瓷、針和釘等，直到精製品，如窗格、餐具、錶殼和錶鏈等。此外還有機械和輕工業產品。

製鋁業在1950年代幾乎微不足道，但在1960年後，出口增長迅速。由1960年出口值1,560萬港元，增加到1969年出口值3,600萬港元。十年內出口值增加了一倍多。

餐具出口值從1960年少於60萬港元至1969年超過3,000萬港元。十年內品質亦大為提高。當時香港的不銹鋼餐具，在品種和品質上已可以和世界先進工業國的產品媲美，贏得世界餐具市場的好評。

鐘錶業

鐘錶業在1960年代後期獲得較大的發展。錶的機件主要由瑞士進口，錶殼由香港製作。鐘錶及其配件的出口值，1967年僅有420萬港元，到1969年則增至7,800萬港元。香港已經成為瑞士錶的主要裝配中心。[5]

工業迅速發展的因素

移民、有利的國際環境、港府的積極不干預政策、香港華人的奮鬥精神、內地低廉的副食品供應和港府的公屋政策等，是香港工業迅速發展的重要因素。

移民

1946年香港的人口恢復到戰前水平，達到160萬人。後來由於國內戰爭的影響，大量移民湧入香港。1950年春，估計香港人口達到236萬人。這批新移民中的成年人由中國內地來港後，馬上成為有用的勞動力。他們中間一些優秀的技術人才和管理人才，在很大程度上成為香港工業化的先鋒。

1950年代的少年移民和移民引起的出生率急速上升，使勞動力隊伍不斷

5　莊重文：《香港工業之成長》，香港：三聯書店（香港）有限公司，1986年，頁8—10。

得到補充。到1960年代後期至1970年代初期，以前嗷嗷待哺的人口已形成另一股龐大的勞動力。1961—1966年，15—64歲的勞動人口的年平均增長率為3.1％。1971—1976年則為3.5％。

有利的國際環境

資本是工業生產的先決條件。第二次世界大戰以後，亞洲及太平洋地區先後爆發了朝鮮戰爭和越南戰爭，香港卻處於相對穩定的狀態，世界各地的資金源源不斷地流入香港。據統計，從1946—1950年間，以商品、有價證券、黃金和外幣的形式，從中國內地流入香港的資金不下五億美元。從1950年代末到1970年代初，東南亞流入香港的資金超過了百億港元。歐美主要資本主義國家和日本的資金也不斷流入香港。

1950年代初期，歐洲和美國的購買力和消費水平開始上升，因而世界貿易自1950年代起即迅速增長，直至1973年。在這段時期內，世界出口量每年平均增長率如下：1950—1958，5.3％；1958—1961年，7.4％；1961—1967年，7.3％；1967—1973年，10.2％。在這種情況下，對香港工業品的需求大增。

在香港工業逐步發展之際，正值世界貿易趨向自由化。戰時多種國際收支差額管制的解除，促使歐洲經濟合作組織於1958年採用自由化法則和恢復貨幣的可兌換性。香港因而獲得機會進入更多市場。國際貿易關稅一般協議（GATT）主辦的多次削減關稅會議有助於擴展世界貿易，香港也因此得以增加出口。迪龍關稅會議（Dillon Round）於1960—1961年舉行，會議達成的協議於1962年起實施。更重要的肯尼迪削減關稅協議（Kennedy Round）則於1968年實行。

與此同時，西方主要資本主義國家逐步放棄了發展輕紡等勞動密集型傳統工業，重點發展資本密集和技術密集型工業，使世界經濟結構中出現「空缺」，為香港發展勞動密集型工業和開拓國際市場提供了良好的機遇。

積極不干預政策

香港政府實行的自由港政策和積極不干預政策也是香港工業迅速發展的一個因素。從1960年代起，香港政府對香港經濟奉行「積極不干預」的政策。「積極不干預」政策，實際上是一種適度的積極干預政策。它具有兩層含義：其一，奉行自由主義經濟哲學，努力保持自由港地位，堅持自由企業制度和一系列自由經濟政策，營造鼓勵競爭的投資環境，鞏固市場機制得以順暢運作的經濟基礎。其二，通過一系列政策措施對採取自由放任經濟政策造成的缺陷加以補救，即進行適度的必要干預。[6] 作為自由港，所有日用品進出香港都是免稅的，這使香港工業所需材料及貨物能在最佳的競爭價格間作出選擇。香港政府對資金的流動予以最少的干涉，吸引大量的資金從鄰近國家和地區流入香港，把香港視為理想的投資地點。堅持自由企業制度和一系列自由經濟政策，則使企業家能夠不受外來干擾，充分發揮自己的經營才能。

香港政府還是採取過一些措施，支持一些半官方和民間的機構促進工業的發展。1960年港府制定法例，成立香港工業總會。這是一個半官方的法定工商社團。工業總會初期的一項重要工作，是請英國經濟學人資料社，調查香港的資源與當時的工業情況。同時，就可以取得的資源與可以開拓的市場，研究香港工業的發展潛力及仍能繼續建立的新工業。因為科學管理對工業發展極為重要，工業總會在1960年建立了香港科學管理協會，在香港工商業中，推廣現代管理技術。後來，香港工業總會建立了三個技術中心，對香港工業提供有價值的服務。第一個是香港標準及檢定中心，負責協助提高產品的品質印象與標準。最初的工作對象是紡織品。後來範圍逐步擴大，又增加了電器、電子製品、化學品、鞋履、玩具、手錶及食品等等。第二個是工業設計中心，負責鼓勵優良產品設計的發展，主要的活動

---

6 陳多、蔡赤萌：《香港的經濟（一）》，北京：新華出版社，1996 年，頁 153。

是每年舉行一次的「香港總督優異設計獎」比賽。第三個是包裝中心，在促進包裝工作方面，負責培養創造能力與進行改良運動。

1960年港府成立了半官方的香港出口信用保險局，1966年，港府又成立了兩個半官方的機構——香港貿易發展局和香港生產力促進局。

香港出口信用保險局對香港工業產品的出口商，負責賠償不能收到的貨款。香港貿易發展局負責推動香港的對外貿易，尤其是香港出口產品的貿易。他們為廠家提供市場研究和貿易諮詢，協助製造商和出口商打開海外市場。香港生產力促進局負責提高香港工業的生產力，特別注意中小型企業。他們為工業界提供各類工業與管理顧問服務，技術輔導服務及人才培訓等。

此外，成立於1934年的香港中華廠商聯合會每年舉辦香港工業產品展覽會，觀眾經常在百萬人以上。1967年12月5日至1968年1月9日舉辦的銀禧工展會參展單位1,630個，觀眾達一百六十多萬人。工展會不僅使香港廠商獲得了介紹他們產品的機會，並且使人們及時瞭解香港工業的最新發展。

香港華人的奮鬥精神

香港工業化的過程並非一帆風順。香港華人以堅韌不拔的奮鬥精神和靈活機動的作風，面對種種挫折和困難，不斷開創工業發展的新局面。

著名紡織企業家安子介先生在回憶1950年代創業的情況時說：「當時建廠十分艱苦。華南染廠建在九龍青山道。那時香港經常斷水，而染廠正需要大量用水。我們只好到山上去泵水使用，十分困難」。[7]

開工廠創業難，在變幻莫測的國際市場中求生存更艱難。

1957年英國國會認為香港搪瓷充斥英帝國市場，使英國搪瓷業陷於沒落之境，引起嚴重失業問題，一度對香港搪瓷製品實行抵制，使本來一枝獨

7　屈月英：《我眼中的安子介》，香港：華英信息社，1992 年，頁 20。

秀的香港搪瓷業遭遇困難，發生減產停工事件。至1960年代中期，90隻爐窰只有八成開工。一部分工廠只好到非洲另起爐灶，就地生產，就地銷售。

1961、1962年是香港紡織業的多事之秋。當時各紗廠正在大事擴充，英美兩大輸出市場卻成功地限制了香港棉紡織品的輸入。1965年美國突然限制香港布匹及成衣進口，英國、加拿大亦對香港實行限額，使香港紡織業再一次受到無情打擊。

塑膠花生產正在蓬勃發展期中，1965年忽然遭受美國停止購買及大批退貨的打擊，一些根底薄弱的膠花廠因而倒閉。

香港企業家為適應國際市場的變化，常採用開闢新市場及改換品種等方法。例如1966年香港棉紡工業側重高級棉紗生產，將產量壓縮，藉以減輕生產過剩的心理壓力，並將棉紗售價提高。例如1965年輸英棉織品亦向高值貨品方面發展，雖然限額沒有增加，貨值卻增加不少。又如，當年南非政府對香港紡織品入口嚴格限制，提出每吋布要有172根紗，不足此數則徵重稅。香港業內人士認為，很難達到此要求。安子介努力嘗試設計，終於成功，使香港紡織品無障礙地進入南非市場。再如塑膠業積極向推出新產品及精工製造方向努力，以吸引國際市場新訂單，頗見效果。

香港工人的吃苦耐勞也是香港工業化取得成功的重要因素。香港工人曾經創造過世界上低工資的記錄。1950年代，車內衣女工每日工作14小時，最高報酬為3港元。塑膠女工每日工作8小時，最高報酬為2.5港元。糊火柴盒終日所得不及1港元。當時香港工人對生活要求甚低。「一張床位可以住一家五口。半斤米碎，兩塊腐乳，可以支持一餐。」[8]他們在極其艱難的生活條件下，勤奮地工作。他們是香港實現工業化的無名功臣。

8　魯林：〈低廉工資和香港工業〉，《九龍總商會二十周年紀念特刊》，香港，1959年。

副食品供應及公屋政策

長期以來，香港的副食品供應主要依靠中國內地。內地供應香港的產品不僅數量大，而且價格一般低於外國同類產品。

香港的住房問題一向嚴重。二戰以後隨着人口激增，住房形勢更加嚴峻。1950年代木屋區多次大火以後，香港政府開始興建公共房屋，以解決市民的需要。

最早推出的是低入息家庭使用的廉租屋。租金約佔住戶平均家庭收入的7—8％。早期廉租屋（即徙置區屋邨）每戶面積11.14平方米，設備簡陋，沒有廚房、洗手間、浴室，水喉樓層公用。後期廉租屋每戶面積23—46平方米，每戶有單獨的廚房、洗手間，租金100—200港元。1978年，房屋委員會又推出居者有其屋計劃，以遠低於市價的價格，將公屋出售給中等及低入息家庭和公屋租戶。

內地低廉副食品穩定均衡的供應以及香港政府的公屋政策，降低了香港的勞動力成本，提高了香港產品在國際市場的競爭力。

第二節　經濟多元化發展（1970—1984年）

促使香港經濟多元化發展的原因

1960年代末期，香港工業化已經取得重大成就，由傳統的轉口貿易港轉變為以工業為基礎、貿易為主導的工業化社會。製造業產值佔到本地生產總值的30％，就業人口佔全部就業人口的47.7％。在整個1960年代，香港本地生產總值實質增長每年平均高達11.7％。

但進入1970年代，香港製造業卻面臨種種衝擊。

香港本地產品成本提高，競爭力下降

　　1970年代，香港成衣、玩具、塑膠錶和鐘錶等產品的出口金額或出口數量都已名列世界第一位，成為亞洲地區輕工業品製造中心之一。但由於內部市場狹小、資源匱乏，使香港工業的發展呈現以下特點：產業結構單一，屬於出口導向的加工貿易型，主要為勞動密集型的輕工產品製造業，且中小企業佔絕對比重。紡織製衣業曾是香港工業化起步的代表性行業，1970年代該行業仍然位居香港工業之首，是當時最主要的支柱產業。1974年，紡織衣業的就業人口佔製造業就業人口的47％左右，其產品在出口總值中則佔到54％。香港這種以紡織製衣業為主導的勞動密集型生產方式，其局限性在1970年代日漸顯露。香港工業化發展過程基本上處於充分就業狀態，製造業的發展有利地促進了金融、貿易、航運等相關服務業的發展和壯大，而後者的發展又會與製造業爭奪人力資源，工資上漲壓力開始顯現。1970年代以後，香港勞工的工資成本已升至亞洲第二位（僅次於日本）。與此同時，香港的土地成本也持續大幅上升。據統計，1970年代以來，港產品出口每擴大一倍，工業用地價格就上漲三倍。再加之高通脹和高利率因素影響，香港工業經營成本逐漸上漲，影響了產品的國際競爭力，成為香港製造業面臨的一大難題。

貿易保護主義抬頭

　　1973年的世界石油危機之後，西方發達工業國家紛紛採取貿易保護措施，非關稅貿易壁壘加強。1974年，國際間的「多種纖維協定」取代1960年代初制定實施的「國際棉紡織品貿易長期協定」，國際紡織品貿易中的配額限制更加嚴厲。1977年歐洲共同市場對香港實施整體限制，限制範圍由布匹擴展到成衣，由棉織品擴展到棉、人造纖維、羊毛及混合紡織品製成的成衣。美國迫使香港改簽將於1978年初生效的港美五年紡織品貿易協定，把十類熱門紡織品的數目調用彈性大幅削減，年度間的借用及預用更被徹底取消。1983年末開始，美國更對香港採取隨時隨地「叫停」的做法，進一步

限制香港紡織及成衣進口。貿易保護主義氣氛日益高漲，歐洲共同體及美國已先後對香港輸入的錄影帶、彩電、相簿、錄音帶及牛仔布等多種產品提出傾銷指控，在相當程度上影響了港產品的訂單和銷售。

亞洲其他新興工業國家和地區的挑戰

1960年代末期以後，台灣、韓國、新加坡等先後採取出口導向發展模式，出口的產品及出口市場分佈與香港極其相似，再加上其相對豐富和低廉的勞動力資源，因而成為香港強有力的競爭對手，出口額在1970年代先後趕上並超過香港。新加坡還在本國政府的扶持下逐漸向高科技方面發展。泰國、馬來西亞、印尼等國家也致力於發展本國經濟，工業化開始起步，在勞動密集型產品方面以其低廉的成本，對香港產品的競爭力帶來挑戰。香港面對亞洲「三小龍」以及東盟國家的激烈競爭，有利的國際環境已逐漸喪失。

在上述因素的綜合影響下，香港傳統出口工業的優勢在1970年代以後受到挑戰和威脅，繼續依賴中低檔的輕紡產品作為香港工業乃至香港經濟發展的重要支柱，面臨諸多困難。1970年代中期以後，香港除在成衣、玩具和首飾以及儀器和鐘錶等少數產品的出口量方面尚能保持領先外，在機械和電器方面，已被台灣超過，而韓國則緊隨其後。

香港商家認識到原有的產業結構及生產經營模式的局限，他們在積極地對現存工業進行改造，努力提高其技術密集程度的同時，還引入新工業，開拓新市場，從而踏上了工業多元化和經濟多元化的發展之路。

工業的多元化

香港的工業多元化主要是通過以下三條途徑推進的：

原料產地多元化

主要是進口市場分散化。香港工業的原料基本上依靠進口,過去進口
市場主要是日本、美國與中國內地,其中對日本的原材料和元器件嚴重依
賴。1970年代以後,香港從歐美進口的工業原材料數量下降;在亞洲方面,
原先對日本原材料的依賴性有所下降,而從台灣、新加坡和韓國進口的數
量成倍增長。

出口市場多元化

主要表現在中國內地市場的拓展上,力求改變出口市場嚴重依賴美國
等少數大國的情況,廣泛拓展國際市場,增大工業發展的迴旋餘地。1969
年港產品出口中,美國佔42.1%,英國佔13.9%,到1984年美國依然是第一
大市場。但由於內地的改革開放以及經濟的快速發展極大地拉動了市場需
求,從1979年到1984年五年間,香港產品對內地的出口額(按當年的價格
算)由6.03億港元猛增至122.83億港元,佔港產品出口的比重由1.1%升至
8.7%。

產品高值高質化及行業多元化

1970年代起,香港廠商主要從三個方面推進傳統行業和傳統產品升級
換代:一是隨着行業結構調整增加高品質產品類型;二是普遍提升產品品
質,主要產品的品種、規格、款式和花色增加,檔次提高;三是發展小批
量生產,以產品種類繁多和花色款式的頻繁更換,適應市場變化潮流,吸
引客戶和拓展市場。產品多元化對港產品在國際市場上保持旺盛生命力起
到了十分重要的作用。

通過以上措施,香港工業出現兩大變化:

第一,電子、鐘錶和玩具等新興行業迅速崛起,改變了過分偏重紡織
和製衣的單一產業結構,促進香港工業的主導產業及出口結構優化和多元
化。從1970—1980年,電子業工廠從230家增至1,316家,僱員從3.84萬人增

至9.3萬人，出口值從10.74億港元猛升至 134.17億港元，成為僅次於製衣業的第二大行業。玩具工業異軍突起，1972年出口數量超過日本而居世界第一位，是香港第三大出口行業。鐘錶出口數量也在1978年達到49,383,000隻，超過日本而居世界第一位，出口值僅低於瑞士和日本，居世界第三位，是香港第五大出口行業。

　　第二，紡織、成衣和塑膠等傳統產業產品升級換代。擯棄了過去主要生產中檔面料和服裝的做法，轉而依據國際市場的變化，生產品位高、式樣新、質素高的高增值產品。紡織業出口額由1970年的12.77億港元增加到1980年的45.35億港元；同時，製衣業出口額也由43.37億港元增加到232.58億港元，是香港第一大出口行業。至於塑膠業，香港當地能生產世界一流的注塑機，從而大大提高了香港塑膠業在國際市場上的競爭力，出口額由1971年的1.35億港元增加到1980年的9.49億港元，年遞增率高達24.1％，成為香港第四大出口行業。

　　總體而言，這一階段香港在產品多元化方面取得一定成就。香港工業在品種、質量、生產發展水平以及出口規模方面都迅速擴大，標誌着工業已經成熟，形成了以製衣、電子、鐘錶、塑膠、紡織和印刷為支柱產業的多元化體系。但是整體而言，仍然保持了輕工業品出口加工的特點，而且仍舊在相當程度上保留着勞動密集型這一傳統特色。1984年，製造業產值擴大至555.35億港元，但佔香港本地生產總值（GDP）的比重卻下降至24.1％。而台灣、新加坡和韓國則相繼在政府的政策扶持下，把發展汽車、機械工業等資本和技術密集型工業作為製造業結構調整的重點，產業結構朝着高級化方向發展。香港在產業升級方面與亞洲「三小龍」之間開始出現一定的距離。在香港，像電子、化學等技術較為先進的工業行業，主要是通過吸引外商投資建立起來的。香港本地企業因規模小、財力弱，在政府奉行「積極不干預」政策的情況下，主要傾向在現有工業產品中實現多元化，而不去開發新的產業。

經濟結構多元化

在1970年代，金融、貿易和專業服務等部門的發展速度都相繼超過製造業，有力地擴展了香港的經濟基礎。製造業雖因產品和行業多元化發展取得進展，仍能在香港產業結構中維持第一大行業的地位，但其相對地位和重要性已開始下降。也就是說，香港經濟結構在1970年代以後發生了巨大變化，第三產業增長迅速，多元化發展的經濟結構逐漸形成。金融業、建築地產和旅遊業以及貿易、航運和製造業三大先行行業一起共同構成香港經濟的支柱產業。進入1980年代，香港逐漸成為亞太地區重要的國際金融、貿易、航運、旅遊、信息和輕工業製造中心之一。

金融業

1970年代，香港的金融業務迅速增長，不同類型的金融機構，諸如商業銀行、投資銀行、國際資本銀行以至本地小型財務公司紛紛成立。金融業在經濟中比重日益上升，1981和1982年，分別達到23.8％和22.5％，金融業創造的增加值在1982年達129.26億港元。反映了香港經濟多元化的程度和國際金融中心崛起的力度。

香港的金融業首先是從銀行業起步發展的。1970年香港註冊銀行只有73家，直到1978年香港政府重新開始簽發銀行牌照之前，也只有74家。但是此後兩年，由於其高度開放的經營環境以及拓展中國內地的業務需要，大批外資銀行來香港設立分支機構，1980年香港已有持牌銀行115家，其中外資銀行88家，佔76.5％。1981年5月香港政府為提高香港銀行業的國際地位，再次宣佈接納外資銀行在香港營業的申請。到1984年底，香港的銀行數目已增至140家，總行及分支機構共達1,547家，被人們稱為「銀行多過米舖」。

香港的金融市場也不斷趨於多元化和國際化。1970年代末，香港的黃金市場成為世界四大金市之一。1974年1月，香港政府解除對黃金進出口的管制後，當年即在傳統的金銀貿易場之外形成了一個無形的「倫敦金市

場」。1980年8月，香港商品交易所推出黃金期貨合約交易，使香港黃金市場成為擁有傳統的金銀業貿易場、本地倫敦金市場和期金市場三位一體的完整市場體系。香港的股票市場早在1980年代已成為東南亞主要的股票市場，有香港、遠東、金銀和九龍四家證券交易所。1986年「四會合一」，成立了香港聯合交易所，證券交易規模越來越大。外匯市場在1973年解除外匯管制後也逐漸發展起來，成為國際外匯交易在遠東的重要交易點。香港開始發展成為亞太地區的金融中心。

旅遊業

香港旅遊業發端於1950年代，1960年代後期開始蓬勃發展，並逐步轉向以購物、度假和一般商務為主，到1970年代，已成為亞太地區的著名旅遊中心，長期位居亞洲各旅遊市場之首。1971年來港遊客90.6萬人次，全年旅遊收益21.19億元，人均旅遊消費1,819港元；到1984年來港遊客已達到315.2萬人，旅遊收益增至140.32億港元，人均消費額升至4,302港元。從1971—1984年，香港每年所創造的旅遊收益，大約佔香港本地生產總值的4.5—7.5％之間，旅遊業成為香港第三大創匯行業，為彌補香港的貿易赤字貢獻巨大。

香港旅遊業的先天條件並不優越，更多的是利用其經濟條件、地理位置、地緣條件和文化條件。香港出入境手續便利，是東西方文化薈萃之地，各種各樣為遊客提供服務的旅行社、酒店、酒樓、食肆、店舖、攤檔和娛樂場所應有盡有，是舉世聞名的「購物天堂」和「美食樂園」，並且氣候適宜，四季皆適合旅遊。1970年代末中國內地改革開放後，香港以其位居華南門戶的特殊地理條件，旅遊業發展更為迅速。

房地產業

1970年代香港房地產業承接1960年代的發展勢頭，進入繁榮時期，迅速成為一個熱門的投資領域。金融、旅遊和製造業的發展，市場對高級寫字樓、酒店以及旅遊設施的需求不斷增加，促使大批工商業樓宇拔地而起。

1978年香港房屋委員會實施「居者有其屋」計劃，也促使私人住宅樓宇量的增加。建築業投資在1970年代年平均增長11.2％，略高於同期本地生產總值年平均9.1％的增幅；建築業產值佔本地生產總值的比重也從1970年的4％增至1981年的8％。而同期香港總建築投資的增長與人口自然增長之間的比例約為4：1，即人口增長1％，建築投資約增4％。[9]

　　同時香港的房地產價格不斷上升，投機炒作之風日益盛行，不少地產商通過股票上市籌得大量發展資金，也在土地買賣中獲利豐厚。1974—1975年因西方經濟衰退，香港樓市、股市也相應進行調整，但很快便隨着經濟的復甦進入了前所未有的蓬勃發展時期。到1980年，香港的房地產在多方面已經達到世界水準，商業樓宇的租金升至亞洲第一、世界第三。地價的不斷攀升使港府獲得巨額的財政收入，1980/1981財政年度，港府土地拍賣收益高達百餘億港元，佔當年財政收入的28％。

　　同時，香港的貿易、航運等行業也得到長足發展。香港自開埠以來的一百多年間，對外貿易一直是香港經濟的重要支柱和發展動力，有學者將其稱之為「推動增長的引擎」，在1980年代起進入國際貿易先進國家和地區的行列。1984年，香港進出口貿易總額為4,448億港元，佔全球貿易總額的11.5％，排名世界第13位。[10]1984年香港海運進出口貨物總量為5,366萬噸，其中集裝箱處理已接近紐約，在當時位居全球第三。[11]

多元化過程中的經濟危機

　　多元化階段是香港經濟全面發展並高速增長的時期。1970年代平均增長率為9.2％，在亞洲新興工業化國家和地區中增速最快。1980年代前五年年

9　鄭德良：《現代香港經濟》，北京：中國財政經濟出版社，1985年，頁196。

10　《香港經濟導報》編：《香港經濟年鑑（1986年）》，香港：香港經濟導報。

11　同上。

平均增長率略為放緩，但仍保持在7.2％的高水平上。不過這一時期香港經濟也經歷了兩次嚴重的危機。

（一）1973—1975年世界性的能源危機

1973年，中東石油生產國聯合行動提高石油價格，引起全球能源危機。西方發達國家在石油危機的衝擊下出現經濟衰退，香港經濟由此發生較大波動，出口市場萎縮，1974年實質出口額下降7％，工廠開工不足，小廠更是紛紛倒閉，股票市場大瀉，跌去市值七成以上。

幸運的是，香港以輕紡工業為主的產業結構對能源消耗較小，內地又及時增加對港石油產品供應，所以很快消化了這次衝擊造成的影響。1976年經濟開始全面復興。而其他一些新興工業化國家，有的復甦緩慢，有的則放棄了出口導向的經濟策略。

（二）1982—1983年香港前途不明朗導致的危機

1981年西方再度陷入經濟危機，失業人數大增，通貨膨脹率居高不下，經濟開始出現負增長，其貿易保護主義措施更加嚴厲。同時1982年，中英雙方就香港問題進行談判，香港前途未卜。於是經濟開始出現動盪，投資者信心下降，資金外流，股市下跌，港元匯率急度下挫。1983年10月17日，香港政府實施「發鈔固定匯價制」（即港元聯繫匯率制）以挽救港元。在這次危機中，香港房地產市道低迷，銀行信貸萎縮，固定資產的投資增長率由1980年的19.7％下降至1982年的1.7％。1982年香港本地生產總值增幅從上一年的9.4％銳減至3％。直到1984年9月，中英兩國草簽關於香港問題的聯合聲明後，香港局勢才基本穩定下來。伴隨着世界經濟的逐步復甦，香港經濟在1984年也恢復了9.6％的高速增長。

政府的引導與支持

如前所述，香港的工業化是抓住了國際上勞動密集型工業由發達國家向發展中國家和地區轉移的機遇而實現的，且一向依賴市場自行調節，港府在政策上很少進行扶持。但是在香港經濟面臨巨大衝擊和工業處於發展的困境之時，政府「不干預主義」開始出現鬆動和變化，以財政司夏鼎基（Philip Haddon-Cave）為代表的決策者開始對核心政策進行修正，提出了「積極的不干預主義」，而工業多元化應該是這一改變的具體體現。

1977年10月港府成立了經濟多元化諮詢委員會，負責研究香港的工業政策。1979年委員會向港督提交了《經濟多元化諮詢委員會報告書》。該報告書認為當局的工業政策重點應放在促進以「勞動密集」為特徵的輕紡工業結構向以「資本和高度技藝」為特徵的輕工業轉變，同時建議政府着手改善當時工業輔助設施與技術支持服務，建立「工業發展委員會」。另外1977年成立的香港工業村公司，計劃開發工業村，增加工業用地，改善投資環境，引進新技術，以擴展香港工業的技術基礎。

第三節　趨向成熟的服務型經濟（1985—1997年6月）

困難與機遇

1980年代初期的經濟危機，使香港經濟困難重重，但是1984年中英兩國政府「關於香港問題的聯合聲明」簽署後，香港前途問題基本明朗，開始進入回歸前的過渡時期。同時在內地改革開放的鼓舞下，兩地經濟合作不斷加強，貿易（特別是轉口貿易）打破了多年來的沉寂氣氛，大量貨品源

源不絕地經港轉銷外國和中國內地，每年均有雙位數字的增長率，不斷刷新着香港出口和轉口貿易的紀錄。與此同時，香港與內地在金融、旅遊、房地產及諮詢服務業等領域也建立起合作關係。而受高成本困擾的香港製造業則大規模內遷，實現了香港經濟史上最大規模的結構性變革。此後工業在香港經濟中大幅度萎縮，而服務業迅速成長並逐漸替代工業部門成為香港最主要的經濟產業，香港經濟結構逐步轉型為一個多元化、全方位的服務型經濟，也有學者將之稱為從新興工業化經濟走向成熟經濟的過渡。[12]

製造業內遷及在本港地位的衰退

香港缺乏天然資源，地域範圍狹窄，在經濟高速增長時期，對勞動力的需求遠遠超過勞動人口的增長。高昂的土地及勞動力成本嚴重制約了香港以勞動密集型為基本特徵的出口加工業的進一步發展，也成為其產品在國際市場上競爭力難以提高的一大障礙。中國內地對外開放使香港經濟的發展空間豁然開朗。香港在地理位置上與華南地區接壤，擁有共同的語言文化，方便洽談和管理跨境生產業務。國內廉價的土地和勞動力，加上對外商投資提供的種種優惠政策，港商在內地不但可以享受優惠，還可以擴大生產規模，並以極為低廉的生產成本來維持港產品在國際市場的低價位競爭能力。

香港製造業的內遷使土地和勞動力短缺這兩個問題暫時得到解決，加上內地廣闊的消費市場，香港廠商在華南地區製造業的投資迅速形成規模，並成為內地最大的外來工業投資者。另一方面，香港公司在華南建立新的生產設施，採取最新的生產設備，也為內地提供了技術轉讓管道，對於擴大就業，促進經濟增長起了積極作用。但是以中小企業為主體的香港製造業主觀上已經不再感覺到改進技術的重要性和迫切性，客觀上也沒有

12　陳多、蔡赤萌：《香港的經濟》，北京：新華出版社，1997 年，頁 130。

足夠的財力和技術，加上香港政府既未採取有效措施扶持，又未投入足夠
資金開發高新技術，因而仍舊停留在中間工序和較低的科技水平上，未進
入知識和技術導向的生產模式，或者說未能真正向高增值、高科技化方向
發展，轉型和產業升級換代的步伐進展緩慢。

　　這一時期，香港有80%以上的製造業轉移到內地，在珠江三角洲一帶就
僱用了近五百萬工人，規模不斷增長。然而香港本地製造業產值在GDP中
所佔比重則逐年下降，從1984年的24.3%跌至1994年9.3%。就業人數佔總就
業人數的比重也是持續下跌，由1984年佔就業總人數的40.7% 急跌至1995年
底的37.58萬人，僅佔就業人口總數的12%。這充分說明，經過持續多年的
不斷萎縮，製造業已不再是香港經濟的支柱產業。

服務型經濟的形成

服務業成為主導產業

　　在製造業萎縮的同時，服務業在香港經濟中的地位迅速上升，向更高
水平發展，並成為香港經濟的主導產業，主要表現在：

　　進出口貿易、金融、地產、運輸業等都有較大幅度的增長，產值比重
佔絕對優勢。1996年服務業佔香港本地生產總值84%，並且早在1991年進出
口貿易業就已從增加值、佔本地生產總值的比重兩個方面取代了製造業的
地位，成為最大的行業。同時就業人數比重也不斷攀升。1996年服務業就
業人數高達236萬人，佔香港總就業人數的78.8%。1984—1993年間以進出
口貿易業就業人數比重的上升最為顯著，由8.0%上升為18.4%。另外從增
長率來看，1984—1996年香港服務業產值以年均16%的速度增長（按市值計
算）[13]，遠比世界其他地區快。香港多個服務業的競爭力在世界或亞洲都居

13　香港貿易發展局研究部：《香港服務業的競爭優勢》，香港：香港貿易發展局，
1998 年，頁 3。

於領先水平，如運輸服務、貿易與相關服務、金融與商業服務、旅遊觀光服務等。香港成為世界上最依賴服務業的經濟體系之一。

服務業的主要特點

長期以來，香港的服務業有兩個突出特點：一是生產性服務業在經濟發展中具有顯著作用，增長速度遠高於消費性服務業。香港生產性服務業在本地生產總值中的百分比在世界主要國家中居於前列。從香港內部服務業的構成看，1997年按時價計算的本地生產總值中，金融、地產、商用服務、運輸、倉儲、通訊業在本地生產總值中的比重佔35.8%，說明服務業與生產貿易存在密切關係。二是服務業的外向型特徵明顯，香港的貿易以轉口貿易為主。香港貿易發展局資料顯示，香港是世界第九大服務出口地，服務業吸納的外商投資佔外商投資總額的92%。

行業發展狀況

進出口貿易

這一時期，貿易出現高速增長，是整個服務業進一步發展的領頭雁。1986—1995年十年間，貿易總額從5,525億港元躍升到28,352億港元，增長5.1倍。1996年外貿總值29,335億港元，位居全球第八位。原因之一是由於內地改革開放以及經濟持續高速發展，香港轉口貿易的活躍。從1985年起，中國內地再次成為香港的最大貿易夥伴（1959年以前內地也是香港最大貿易夥伴）。1988年香港轉口貿易超過港產品出口，佔出口總值的56%，1994年升至81%。

金融業

1980年代中期以後，金融業呈現出蓬勃發展的態勢，成為香港經濟中僅次於進出口貿易業、房地產業的第三大產業。1986年政府修訂銀行業條例以後，香港銀行業進入了持續平穩發展時期。進入1990年代，香港銀行業已形

成一個健全而高效率的體系。1998年，銀行業為香港創造了882億港元的增值額，相當於本地生產總值的7.5％，是1990年的三倍，成為香港經濟中發展最迅速的行業之一。1996年年底，香港擁有持牌銀行182家。全球前100家銀行中，有80家在香港營業。

香港金融市場的特點是資金流動性高，市場根據有效、透明而又符合國際標準的規則運作。香港的銀行同業拆借市場相當發達，各認可機構之間及香港與海外機構之間的銀行同業拆借非常活躍。香港的外匯市場也已發展完善，買賣活躍，成為全球外匯市場不可或缺的一部分。根據國際清算銀行的調查，1995年4月，香港平均每日成交額為910億美元，佔全球總額的6％，在世界列第五位。1990年代中期，香港金融市場以股票市場的發展最為蓬勃。按總市值計算，1996年香港已經成為全球第十大股票市場，在亞洲區排第二位，僅次於東京。1990年代以來，香港的金融衍生工具市場有了長足的發展，1996年已成為亞洲最大的市場之一。香港也是全球流動性最高的政府債券市場之一。

香港還是世界上第四大黃金市場，僅次於紐約、倫敦及蘇黎世。金銀業貿易場是世界上最大的黃金買賣市場之一。這一時期，債券市場和期貨市場也日益活躍。1986年5月，香港期貨交易所推出香港恒生指數期貨合約交易，標誌着香港期貨市場進入一個新階段。1987年上半年，恒生指數期貨的交易量在全球僅次於美國標準普爾指數期貨市場，名列世界股票指數期貨市場的第二位。

旅遊業

進入1980年代以後，海外來港旅客人次數、旅遊業收益及遊客平均消費額等指標均位居世界前列。1990年，海外來港旅客590萬人次，旅遊業收入400億港元。香港繼1992年獲世界長途旅遊首選目的地之後，1993年再次榮登榜首，1994年來港旅遊者突破千萬人次大關，1995年旅遊收入達750億港元。到1996年，海外來港遊客再創1,170萬人次的新紀錄，以每天迎來30,000

名遊客的成績，創下世界旅遊業的奇跡，旅遊業收入達到870億港元，佔本地生產總值的7.1％，在世界旅遊業中排名第八位，亞洲第一位。在香港各大產業中賺取外匯額也躍居第二位。

航運業

香港是遠東重要海運及航空運輸中心。它與世界一百多個國家和地區的460多個港口建有航運關係，形成一個以香港為樞紐、航線通達五大洲、三大洋的海上運輸網絡。擁有全世界六分之一的船隊，是世界上少有的繁忙港口。1996年抵港遠洋輪船達到41,000艘，內河貨輪停靠香港11.1萬次，全年處理貨櫃1,330萬個標準箱，高踞全球首位。同時，1996年飛機航班達到158,797班，全年處理空運貨櫃156萬噸，旅客2,960萬人次。

地產業

長期以來，地產業與香港經濟同步發展。尤其是在服務型經濟中，地產業更是作為主要產業之一得到了迅速的發展，在香港經濟中具有舉足輕重的影響，被稱為香港經濟的寒暑表。

1996年地產業的運營機構單位共有8,298個，就業人數64,028人，比1987年分別增加了101％和92％。

1980年代初高峰時期地產業在香港GDP的比重曾一度達到13.6％，其後在1984年跌挫至6.4％，再逐步回升，到1996年地產業的增加價值達1,157億港元，佔香港GDP的比重回升到10.2％。這時期，地產業已超過製造業、金融業等成為香港經濟中僅次於進出口貿易的第二大行業。

港府的經濟政策及措施

這一時期香港經濟的發展並非一帆風順。1982—1985年的銀行危機，1983年的港元危機，1987年的全球性「股災」，1990年的海灣戰爭和1992年的歐洲貨幣危機等，都使香港經濟受到很大衝擊。1988年下半年至1996年上

半年香港經濟出現連續八年的高通脹。加上香港經濟轉型期工業面臨的產業空心化威脅及國際競爭力的急劇下降，香港政府儘管仍堅持「積極不干預主義」的思維，但準工業政策逐步形成。

1982年起，香港政府開始建立準工業政策的組織體系，設立對工業進行決策與管理的政府機構，後來又相繼設立了工商科和工業署、科學與工業研究諮詢委員會等，還於1988年設立科學技術委員會，1989年設立香港科技大學，1993年提出建立香港科學園計劃等。

準工業政策的主要內容是工業支持推廣服務計劃，包括生產力增進服務、技術資料服務、科技創新促進服務以及促進品質服務等。1993年以後，政府資助的力度也開始加大。

準工業政策的核心是為工業提供服務，但政府限制過多，成效並不理想。在推進工業結構變化方面，缺乏長遠的目的與系統性，仍然局限在「積極不干預主義」的框架中，對工業的萎縮仍採取旁觀態度，放任市場力量的盲目發展，留下了經濟過分偏重房地產和股市的結構失衡和經濟泡沫的嚴重隱患。

第四節　香港與內地的經濟聯繫

香港與內地的商貿聯繫

內地是香港最大的貿易夥伴

新中國成立伊始，在政治上尚未得到多數西方國家承認，經濟上也因連年戰亂而百廢待興，加之已有的港口建設又比較落後，對外貿易發展緩慢。但香港憑藉其地緣優勢和與內地特殊的歷史淵源，很快就成為內地的

主要貿易對象，與內地的貿易大幅增加。1949—1959年十年間，內地一直
是香港最大的貿易夥伴。1950年前後，內地在香港貿易總額所佔比例約為
25％，後受文革和三年自然災害影響，內地與香港的貿易有所減少，由香
港第一大貿易夥伴降至第四大貿易夥伴，直到1972年才回升至第三位，並一
直保持到1980年。內地實行改革開放政策以後，兩地商貿關係進入一個新的
階段。以貿易總值計，1981年內地成為香港第二大貿易夥伴，1985年躍居第
一位，兩地貿易佔到香港貿易額的25.8％。1979—1989年間，兩地有形貿易
總值以平均每年35％的高速增長，1989年兩地貿易總額達3,434.4億元，兩地
互為對方最大貿易夥伴，分別佔對方貿易總額的30％和31％。1985—1997年
香港回歸這十餘年間，內地一直是香港最大的貿易夥伴，兩地貿易總額佔
香港貿易總額的比重更是逐年上升，在1997年已經達到了36.3％。

表13.3　中國內地與香港雙邊貿易統計表（1949—1997年）

年度	兩地貿易額（百萬港元）	佔香港貿易總額（%）	在香港貿易夥伴中排名	年度	兩地貿易額（百萬港元）	佔香港貿易總額（%）	在香港貿易夥伴中排名
1949	1,178	23.2	1	1974	6,287	9.8	3
1950	2,043	27.2	1	1975	6,970	11.0	3
1951	2,467	26.5	1	1976	7,908	9.3	3
1952	1,350	20.2	1	1977	8,288	8.9	3
1953	1,397	21.1	1	1978	10,845	9.3	3
1954	1,083	18.5	1	1979	17,048	10.5	3
1955	1,080	17.3	1	1980	28,195	13.4	3
1956	1,174	15.1	1	1981	40,478	15.5	2
1957	1,254	15.4	1	1982	44,733	16.6	2
1958	1,553	20.5	1	1983	61,227	18.2	2
1959	1,148	14.0	1	1984	95,100	21.4	2
1960	1,306	13.3	2	1985	120,175	25.8	1
1961	1,127	11.4	3	1986	140,549	25.4	1
1962	1,298	11.7	4	1987	205,398	27.2	1

續上表

年度	兩地貿易額（百萬港元）	佔香港貿易總額(%)	在香港貿易夥伴中排名	年度	兩地貿易額（百萬港元）	佔香港貿易總額(%)	在香港貿易夥伴中排名
1963	1,557	12.6	3	1988	288,572	29.1	1
1964	2,030	14.2	2	1989	343,440	30.3	1
1965	2,394	15.5	2	1990	394,512	30.8	1
1966	2,838	16.1	2	1991	501,078	32.4	1
1967	2,330	12.1	3	1992	628,412	33.4	1
1968	2,474	10.7	4	1993	740,089	34.9	1
1969	2,737	9.7	4	1994	854,720	35.3	1
1970	2,894	8.8	4	1995	987,078	34.8	1
1971	3,392	9.1	4	1996	1,049,814	35.8	1
1972	3,950	9.6	3	1997	1,116,117	36.3	1
1973	5,905	10.7	3				

資料來源：據香港歷年統計年報整理。

內地成為港產品出口的重要市場

中華人民共和國成立後，為了恢復國民經濟，需要進口大量物資，港商抓住這一有利時機，迅速擴展與內地的商貿往來。1951年香港對中國內地的出口額（包括轉口額）為16.04億港元，佔香港出口總額的36.2%，超過香港第二大出口目的地國1.2倍。然而好景不長，朝鮮戰爭爆發後，以美國為首的西方國家開始對華實行「禁運」，並不斷擴大「禁運」範圍，人為割裂了香港與其經濟腹地中國內地的經濟聯繫，香港對內地的出口貿易受到沉重打擊。隨後中國內地發生的「大躍進」和「文化大革命」更使香港對內地的出口雪上加霜。1952—1978年27年間，香港向內地出口的貨值由5.2億港元減少到0.81億港元，兩地貿易額佔香港貿易總額的比重均遠遠低於1951年的水平，兩地貿易長期停滯。這一局面一直持續到1978年內地實行改革開放政策以後才有所改善。隨着改革開放後內地的經濟發展突飛猛進，對進口物資的需求越來越大，香港向內地出口和轉口的高科技含量產品

（通訊器材、電子元件、機械及運輸設備、自動化設備等）也大量增加。1985年，內地便成為香港的第二大市場，1990年香港向內地出口已佔到香港出口總值的21％，1993—1997年香港回歸，內地一直是香港本地產品出口的第一大市場。

內地是香港重要的進口貨物供應地

內地一直是香港重要的進口貨物來源地，即使是在建國初期的二十幾年裏兩地經歷了幾次特殊的歷史事件，香港從內地的進口也未受到很大影響。這是因為香港從內地進口的主要是食品、製造業原料和半成品，其中一半以上是食品。中國政府為了保障香港居民的生活和生產需要，對向香港輸送這些商品持鼓勵態度。1952—1978年，香港由內地進口的貨值從8.3億港元增加到105.5億港元。內地改革開放以後，香港從內地進口的貨值繼續增加。從1985年起，內地取代美國成為香港第一大貿易夥伴，也成為香港最大的進口來源地。到1990年，香港從內地進口貨物已佔到香港進口總值的37％。進口商品的結構也發生了很大改變，從以食品、原材料和半成品為主，變為工業製成品佔主導地位。

內地產品通過香港轉口到其他國家

早在1870—1880年代，香港就已經確立其轉口港地位，成為遠東地區著名的轉口貿易中心。但在二次世界大戰期間，香港經濟受到重創，對外貿易幾乎全部停頓，工業生產萎縮，香港轉口港地位變得有名無實。新中國成立後，香港因地近廣州，海港優良，成為內地遠洋貿易的主要中轉地，受香港與內地轉口貿易的影響，僅僅幾年時間，香港就恢復了原來的轉口港地位，對外貿易額超過戰前最高水平，香港也從對內地的轉口貿易與航運中，獲得了巨大的利益。後來由於「禁運」、「大躍進」和「文化大革命」，內地經港轉口貿易量驟降，香港轉口經濟再次遭受打擊。1978年內地改革開放後，中國內地開始大量與其他國家進行商貿往來，而內地與世界各國的貿易大部分要經過香港轉口，這就促成兩地轉口貿易回暖。從1985年

起，內地就一直是香港最大的轉口貨物市場。內地經港轉口商品以每年雙
位數的速度增長。1991年在全世界經濟不景氣的情況下，內地經香港轉口海
外的貿易額仍比上年增長38.2％。據統計，1996年內地商品經香港轉口到其
他國家的貨值達6,840億港元，佔香港轉口來源地貨值的58％；經香港轉口
到內地的貿易貨值為4,177億港元，佔香港轉口目的地貨值的35％；兩個方
向的貿易流量合計，1996年經香港轉口的貨值中，有11,017億港元與內地有
關。內地產品通過香港轉口到其他國家，為香港的進出口企業創造了巨額
財富。據統計，僅1994年一年，內地經港的轉口貿易就給香港的進出口企業
帶來了近1,600億港元的毛利。

表 13.4 香港與內地出口、進口和轉口貿易統計表（1950—1996 年）

（單位：百萬港元）

年份	港產品出口輸往中國內地	總出口輸往中國內地	從中國內地進口	轉口輸往中國內地
1950	1,461	1,461	858	—
1951	1,604	1,604	863	—
1952	520	520	830	—
1953	540	540	857	—
1954	391	391	692	—
1955	182	182	898	—
1956	136	136	1,038	—
1957	123	123	1,131	—
1958	156	156	1,397	—
1959	9	114	1,034	105
1960	13	120	1,186	107
1961	8	99	1,028	91
1962	8	85	1,213	77
1963	8	70	1,487	62
1964	13	60	1,970	47
1965	18	72	2,322	54
1966	15	69	2,769	54

續上表

年份	港產品出口輸往中國內地	總出口輸往中國內地	從中國內地進口	轉口輸往中國內地
1967	6	48	2,282	42
1968	9	45	2,429	36
1969	7	37	2,700	30
1970	30	64	2,830	34
1971	19	62	3,330	43
1972	21	103	3,847	82
1973	49	271	5,634	222
1974	99	296	5,991	197
1975	28	165	6,805	137
1976	24	147	7,761	123
1977	31	207	8,082	175
1978	81	296	10,550	214
1979	603	1,918	15,130	1,315
1980	1,605	6,247	21,948	4,642
1981	2,924	10,968	29,510	8044
1982	3,806	11,798	32,935	7,992
1983	6,223	18,406	42,821	12,183
1984	11,283	39,348	55,753	28,064
1985	15,189	61,213	58,963	46,023
1986	18,022	58,916	81,633	40,894
1987	27,871	88,041	117,357	60,170
1988	38,043	132,938	155,634	94,895
1989	43,272	146,764	196,676	103,492
1990	47,470	158,378	236,134	110,908
1991	54,404	207,722	293,356	153,318
1992	61,959	274,064	354,348	212,105
1993	63,367	337,928	402,161	274,561
1994	61,009	383,844	470,876	322,835
1995	63,555	447,599	539,480	384,043
1996	61,620	479,372	570,442	417,752

註：第五列1950—1958年資料包括在第二列中

資料來源：據香港歷年統計年報整理。

兩地無形貿易大幅增長

1980年代以後，兩地無形貿易大幅增加。主要原因是香港製造業北遷帶來了兩地間大量的人員流動，最初相當一部分人是為製造業提供服務。後來隨着中國內地經濟的騰飛，兩地間的經濟交流愈加頻繁，香港開始為內地提供許多專業服務和商務服務，包括旅遊、運輸、金融、會計以及推銷等，特別是港商離岸貿易所需的融資、保險、理賠、仲裁等相關的貿易服務都是由香港公司提供，香港逐步成為華南地區的主要服務中心。

內地是香港最大的生產基地

1970年代中後期，由於香港租金和人工成本上升，香港企業開始嘗試投資內地，同期內地開始推行改革開放政策，以各種優惠條件吸引外資以滿足不斷擴大的投資需求，這為香港經濟提供了新的發展動力。這項政策不僅使香港重新恢復了它作為中國對外貿易最重要的轉口港的地位，而且鼓勵香港企業在中國的經濟特區、經濟開發區內設立三資企業（即外商獨資、中外合資和中外合作企業）及進行外發加工方式的生產，解決了香港製造業1970年代後期面臨土地價格昂貴及勞動力不足的兩大發展障礙，也使香港有限的資源更加專注於本地服務業的拓展，推動了香港經濟多元化的發展。

香港製造業北遷，「前店後廠」格局形成

從1980年代中期開始，香港的製造業開始大規模向內地，尤其是廣東珠江三角洲遷移，引發兩地生產要素與資源重新配置，逐漸形成了「前店後廠」的分工格局。「前店後廠」的合作模式，主要是基於「比較優勢」原則所產生的資源要素的互補，香港憑藉其在資金、技術、設備、市場和管理方面的優勢，與內地廉價豐富的土地、勞動力和優惠政策相結合，既提升了香港產品在價格方面的競爭優勢，又促進了內地（特別是廣東珠江三角洲地區）的工業化進程，加快了內地的城市化發展，增加了就業機會。

據香港工商專業聯會發表的研究報告《香港廿一：展望香港經濟十年路向》的估計，到1990年代初，「在華南地區，有300萬以上工人直接受僱於港資公司，以全國計算，受僱者更多達500萬人。香港的廠家，約七成半在中國設廠，單以廣東省一地計算，合資經營企業和加工工廠，便分別為23,000家和80,000家。香港出口的機械設備，估計六成銷往中國」。[14]當時，在香港出口商品中，由中國內地製造的部分佔60％以上的，有成衣、紡織品、電器用品、皮革、玩具、鞋履、旅遊用品及旅行袋等，電子產品接近六成，而不足四成的僅珠寶、鐘錶兩項。據香港工業署統計，至1995年，在廣東珠江三角洲設廠的港資企業就有三萬多家，僱工三百多萬人，相當於香港製造業工人的五倍，而平均工資僅為香港的1/10，僅此一項，每年即可節約1,700億港元。這樣，香港利用機會成本，將有限的人力和資源專注於金融、貿易、資訊等服務業的發展，香港逐漸轉化為專業服務中心。中國改革開放促成香港製造業的大規模北移，並由此推動香港本地服務業的發展，這成為香港經濟結構多元化的直接動因。

香港製造業之所以能及時把握中國改革開放所帶來的契機，原因是多方面的。第一，香港在地理上與廣東珠江三角洲鄰近，方便洽談及管理跨境生產業務。第二，香港與廣東在文化淵源上同出一脈，有着千絲萬縷的血緣聯繫，有利於推動商業交易。第三，1980年代中期以後香港已步入回歸中國的過渡時期，它與中國內地既有着密切聯繫又保持了獨立關稅區的地位，按照「一國兩制」的原則，港商在內地的投資被視同外資，得以享受中國政府特定的優惠政策。最後，中國內地為香港廠商提供了廉價而充足的土地資源和勞動力，雙方形成了利益互補的關係。

14　香港工商專業聯會：《香港廿一：展望香港經濟十年路向》，香港：香港工商專業聯會，1993年，頁16。

北遷的製造業帶動香港離岸貿易興起

伴隨着香港製造業的大規模北遷、生產能力空前擴大以及生產技術日益精良，港資企業在內地工廠製造的產品越來越多的走出國門，憑藉其價格優勢，迅速佔領國際市場。同期，香港離岸貿易也應時而生。這種貿易方式與兩地以往傳統的進出口、轉口不同。在傳統貿易下，兩地間貨物的進出口、轉口都要經過香港境內。在離岸貿易中，香港企業在內地工廠製造的產品，在內地清關並直接出口到國外，無需再經香港轉口。這種新興的對外貿易方式同時反作用於兩地經濟，愈發刺激內地港資製造業的發展和香港對外貿易的發展。

到了1980年代後期，內地的投資環境日臻完善，港口建設愈加成熟，倉儲、運輸能力也得到了極大提高，這在客觀上促進了香港離岸貿易的繁榮。據推算，1988—1997年十年間，香港離岸貿易額增長近6.6倍，平均每年遞增25％。隨着香港出口產品中內地製造產品的比重不斷增加，採用離岸貿易方式出口的比重也不斷上升。1997年港商在內地生產的產品中，有28.2％採取離岸貿易方式出口。離岸貿易減少了商品在兩地間迂迴運輸的程式，既節約了時間又降低了成本，迅速成為兩地間貿易的新亮點。

香港成為內地最大的外資來源地

香港作為一個全球聞名的經濟中心，其對內聚集、對外擴展的功能集中體現在投資上。從中國內地實行改革開放以來，香港一直是內地最大的外資來源地。分析其原因，主要有兩點：一是香港發展多年積聚下的資本需要新的投資途徑；二是內地為吸引投資向港商提供了許多優惠政策。1984年港商在內地的投資只有十幾億美元，1988年已超過30億美元。至1989年底，香港工商界到內地投資辦企業已佔到內地外資的70％，居第一位。據中國國家統計局資料顯示，僅1992年一年，港商在中國內地外商直接投資總額中所佔的比重就高達68％，合計為112.9億美元。1978—1996年，內地吸引外商直接投資累計達1,772億美元，其中香港對內地的直接投資總值達

1,010億美元,佔外商直接投資額的57%。在投資的行業分佈上,港商投資的行業從製造業一枝獨秀到房地產、金融、旅遊、交通等行業百花爭豔;在投資的地域分佈上,港商涉足的地區從珠江三角洲及東南沿海地區逐步向內陸中西部地區縱深發展,香港對內地的投資結構不斷趨於完善。

與此同時,內地在港投資也與日俱增。1991年,內地在港經營的企業有一千五百多家,分散在不同的產業,由商品交易到製造業、酒店、超級市場、金融、房地產以及基本設施工程等。到1996年底,內地對香港累計投資425億美元,建立中資企業二千餘家,成為內地製造業、金融業和其他服務業向境外延伸的一部分。重要的中資企業有中銀集團、華潤集團、招商局集團、中旅集團、中保集團、光大集團、中信集團、中遠(香港)集團、中國海外集團、航太科技國際集團、粵海集團、上海實業集團、華閩集團、深業集團和聯合出版集團等。中資在香港的發展壯大,支持了香港經濟的繁榮穩定,也豐富了香港的產業門類。

香港與內地的金融聯繫

兩地在貨幣市場上的合作

香港和內地在貨幣市場上的合作,主要體現在貨幣資金的雙向流動、銀行業互設機構以及資訊和人員的交流方面。作為一個高度開放的經濟體,香港對資本的流動沒有限制,因此吸引了大量發達國家的資本,加之香港幅員狹小,本土產業對資金需求有限,過剩的資本紛紛流向內地及周邊地區。

香港是內地在海外籌措銀團貸款的主要地點。內地在海外獲取的銀團貸款中,70%左右是通過香港獲得的。據統計,香港的金融機構對13家中資銀行集團的負債由1979年底的2億多元,增至1987年底的484億元,增幅達227倍;同期前者對後者的債權數額,也從59億元增至658億元,增幅達11倍多。1980—1996年,香港的三級金融認可機構對內地金融機構的債權已超

過3,000億港元。中資銀行也成為香港銀行同業拆借市場的重要資金來源。1990年代中後期中資銀行在香港的存款一直保持在500億港元左右。此外，在香港的中資銀行機構與海外註冊銀行的交易也十分活躍，交易量約佔香港認可同業市場中與海外註冊銀行總交易量的30％左右，從而使這些銀行在港元同業市場中作為港元資金淨提供者的能力不斷提高。[15]

　　兩地銀行業互設機構最具代表性的是在香港的中銀集團。中銀集團在香港有數十年歷史，是香港第二大銀行集團，從1994年5月開始成為發鈔銀行之一，在香港的信貸市場上佔有相當份額。1995年，中國工商銀行、中國建設銀行、中國農業銀行也獲發牌照在港開展業務。香港也是最早在內地設立分行並獲得執照經營人民幣業務的地區，香港滙豐銀行、東亞銀行和渣打銀行是在內地最具代表性的三家外資銀行。

　　香港銀行業務經營範圍廣泛，幾乎涉獵全球各大金融中心銀行業所經營的全部業務品種，這種業務環境培養了一批優秀的銀行業專業人才。這些人才金融理論扎實，熟悉新交易品種，業務分工詳細，實務操作純熟。隨着兩地銀行業之間交流日益頻繁，這些專業的金融服務人才開始進入內地，把他們先進的理念、管理和經驗引入到內地的銀行體系，加速了內地銀行業的發展。

兩地在資本市場上的合作

　　香港的資本市場運作規範，體制成熟。截止到1997年3月底，香港股市共有599家上市公司，1,378種上市證券，上市公司總市值達34,760億港元，居世界第七位，亞洲第二位。1996年股市日平均成交量為56.7億港元，外匯基金票據和債券的平均日成交額為162億港元，每日有超過30％的票據在市場轉手，香港成為全球流動性最高的政府債券市場之一。

15　陳多主編：《港澳經濟年鑒》，2000年卷，北京：港澳經濟年鑒社，2000年，頁409。

香港與內地在資本市場上的合作，是兩地在金融領域開展合作的新亮點。

從1984年開始，中資企業開始介入香港股市，最初是注資香港上市公司，隨後發展到通過收購香港公司達到上市目的，直到1992年才在真正意義上實現在香港註冊公司公開上市，此後內地企業逐漸在香港的證券市場上嶄露頭角。1990年代中後期，紅籌股（由在香港註冊的中資企業控股30%以上的上市公司）在香港股市上異軍突起，到1997年5月初，在香港上市的紅籌股已有63家，市值達3,897億港元。紅籌股的崛起對香港股市的發展產生了積極的影響，一定程度上緩解了香港股市工業股比重偏低、地產股比重過高的結構性矛盾。1993年7月15日，青島啤酒在香港聯交所正式掛牌上市，標誌着H股（內地國有企業直接來港掛牌上市）的誕生，開創了內地國有大企業進入國際資本市場的先例。到1997年5月初，在香港上市的H股有28家，總市值447億港元。截止到1997年5月，紅籌股和H股兩者合計共佔香港股市總市值的11%。此外，香港股市總市值中三分之一以上與內地有關，特別是有一些以內地作為主要生產基地、銷售市場或盈利來源的「中國概念股」，更是帶動香港股市向一個大的「中國概念」市場發展。香港越來越多的上市公司與內地有經濟上的聯繫，在內地資本市場尚未開放的情況下，許多國際投資者（特別是機構投資者）通過香港股市間接投資內地企業，發掘利用內地市場的潛力和機會。

債券市場是內地機構從港融資的又一渠道。1987年8月，廣東國際信託投資公司在香港發行5,000萬美元的亞洲美元債券。1996年10月，中國建設銀行在香港發行了12億港元7年期的浮息票據，同時在聯交所掛牌買賣，這是內地企業首次在香港發行H債。內地機構之所以樂於從香港債券市場融資，一方面是因為香港債券市場的交易工具種類較內地豐富，不僅包括傳統的政府債券、金融債券和企業債券，還包括許多變息債券、浮息債券以及可轉換債券等，選擇的範圍廣；另一方面是作為國際性的金融中心，香港債券市場的效率高、流通量大，有許多外國政府、國際組織和大的機構投資者作為交易主體，在這樣的市場上發行債券更易獲得成功。

內地支持香港經濟發展的舉措

香港經濟的繁榮和發展有多方面的原因，例如得天獨厚的地理位、自由貿易和外匯制度、法治精神和健全的法律制度等等，但不可否認香港背靠內地，長期得到國家的大力支持，是其取得經濟成就最為關鍵的因素之一。從東江水供港、「三趟快車」到供電、供氣，中央政府和內地各省不遺餘力保障香港基本生活物資的供應，為香港經濟的發展創造了良好的條件。

香港淡水資源缺乏，歷史上多次發生水荒。隨着人口的急劇增長和工商業的發展，矛盾更加突出。1963年香港出現60年來最嚴重的水荒，全港水塘存水僅夠43天食用。6月13日，香港政府宣佈限制用水，每隔四天供水一次，每次四小時。

中國內地十分關心香港的淡水供應問題。1960年11月15日，廣東省寶安縣人民委員會代表與香港當局代表簽訂協議，每年由深圳水庫向香港供水50億加侖。水費為每1,000加侖人民幣1角。但這仍然不能滿足香港的需求。後來，周恩來總理下令修築東江—深圳供水工程。1964年4月22日，廣東省人民委員會代表與香港當局代表簽訂了《關於從東江取水供給香港、九龍的協議》，規定廣東省人民委員會舉辦東江—深圳供水工程，於1965年3月1日開始，由深圳文錦渡附近供水站供給香港、九龍淡水。每年供水量定為6,820萬立方米。水費標準為每一立方米人民幣1角。1964年工程建設初期，在國家遭受自然災害、經濟尚未復甦的情況下，中國政府從援外資金中撥款3,584萬元，確保了工程的順利進行。首期工程於1965年3月1日竣工，並在當年就向香港供水6,000萬立方米，佔當時香港全年用水量的三分之一。為了滿足香港不斷增長的用水需求，1970年代、1980年代和1990年代，東江—深圳供水工程三次進行擴建，累計耗資逾20億人民幣。1994年底，第三期擴建工程完工後，對香港的供水能力增至11億立方米。[16]

16　C.O.1030/1280, p.38; C.O.1030/1657, pp. 149—150; 李健：〈香港飲水靠天靠地靠內地〉。

　　「東深」工程始終堅持把有限的淡水資源優先供給香港同胞。1983年廣東大旱，當地居民用水緊張，有的工廠被迫停產，但香港依然24小時無限制供水。據香港水務署統計，1960年12月至1996年6月底，內地向香港供水總量達91.59億立方米。香港很大部分淡水依靠內地供應。例如，中國內地輸往香港的水量1995年為6.9億立方米，佔當年香港耗水量（9.19億立方米）的75％；1996年為7.2億立方米，佔當年香港耗水量（9.28億立方米）的78％；1997年為7.5億立方米，佔當年香港耗水量（9.13億立方米）的82％。[17]

　　為了解決香港物資保障問題，中華人民共和國建立以來，國家按照「長期打算，充分利用」的方針，給香港予以大力支持。早在1962年，內地還處在三年自然災害以後的初步恢復過程中，在經濟十分困難的情況下，周恩來總理就下令每天開三趟快車，分別自上海、鄭州、武漢（或長沙）三地始發，每日經深圳運抵香港，供應鮮肉、活魚、蔬菜、水果。由於「定期、定班、定點」每日開行三趟，所以都習慣稱其為「三趟快車」。「三趟快車」開行以後，鐵路部門制定了一系列特殊政策，如「一保（保車源）三優先（優先配車、優先裝貨、優先掛運）」，除了中途加水外，沿途不停直抵香港，使運輸時間縮短了三分之二，保證了鮮活貨物「優質、適量、均衡、應時」地供應港澳。一直以來，媒體都稱呼「三趟快車」為「香港同胞的生命線」，她就像一根動脈，把香港和祖國內地緊緊地聯繫在一起。「三趟快車」即使在「文化大革命」期間也未中斷。[18]據統計，至1997年3月，三趟快車累計運送的活豬已達8,700多萬頭，活牛570多萬頭，這兩種肉類佔香港市場供應量的98％以上。此外，內地每年還供應

17　陳多、蔡赤萌：《香港的經濟（一）》，頁82；《香港1996》，香港：香港政府新聞處，1997年，頁182。《香港1997》，香港：香港政府新聞處，19978年，頁182；《香港—邁進新紀元》，頁179。

18　歐陽湘、唐富滿：〈從內地對港澳地區的出口供應看中國共產黨的港澳工作方針（1949—1978）〉，《中共黨史研究》2012年第10期，頁34。

香港市場五萬多噸鮮蛋、六萬多噸凍肉、數十萬隻活雞鴨、幾十萬噸新鮮蔬菜以及大量的糧油食品和水產品。目前香港市場三分之二的鮮活冷凍食品、二分之一的蔬菜是由內地供應的。[19]

在供電、供油、供氣等方面，廣東大亞灣核電站於1987年8月7日開工建設，1994年5月6日全面建成投入商業運行。大亞灣核電站為香港提供了穩定的電力，其供電量約佔香港用電量的四分之一。[20]中國最大的海洋天然氣田——崖城13-1氣田在回歸前也已經開始源源不斷地向香港輸送着優質天然氣，支撐香港總發電量的25％。[21]

1995年建成通車的京九鐵路，將香港同祖國的心臟北京連成一體，又與「黃金水道」長江航線及中國東西部交通大動脈隴海線形成網絡，加強了香港同內地西南、西北、東北地區的聯繫，促進了物資與人員交流。它對維護香港的穩定和繁榮，對促進祖國的建設都具有重要的意義。

---

19 郭志儀：〈香港回歸及其經濟發展〉，《蘭州大學學報（社會科學版）》1997年第3期，頁49—50。

20 易運文、蔡侗辰：〈守護粵港二十載——中廣核大亞灣核電站安全運行20年記〉，《光明日報》2014年5月7日。

21 〈「崖城13—1」19年供氣香港不斷愛〉，《中國海洋石油報》2014年12月10日。

第十四章

二十世紀後期社會狀況

1960年代的皇后大道中

1967年暴動期間，左派群眾到港督府示威的情形。

石硤尾舊式的香港徙置屋邨（劉蜀永攝）

在香港維多利亞公園舉行的年宵市場（劉蜀永攝）

第一節　人口

人口增長概況與模式的重大變化

　　從香港重光到大陸政權易手前後，戰前人口的回流以及新移民的湧入使得香港人口迅速回升，並超過戰前最高水平。1947年年中，香港人口達到175萬人。1950年年中，香港人口進一步增至223.7萬人，比1949年同期的185.7萬人增加38萬人，增幅高達20.5％。中華人民共和國成立初期，有些居民選擇返回內地生活，1951年香港人口減至201.5萬人，較上年同期減少9.9％。[1] 這種人口驟然增減的情形與戰前頗有幾分相似。經過這一階段的人口數量劇烈波動，香港人口進入持續穩定增長時期。

表 14.1　1951—1991 年香港人口增長統計表 [2]　　　　　　　　（單位：人）

年份項目	1951	1961	1971	1981	1991
人口總數	2,015,300	3,129,648	3,936,630	5,109,812	5,674,114
人口增長數	—	1,114,348	806,982	1,173,182	564,302

資料來源：《1961年香港人口普查報告書》、《1991年香港人口普查簡要報告》。

　　從上表可以看出，1951—1991年，香港人口從201.5萬人增至567.4萬人，新增人口365.9萬人，增加1.82倍。四十年間，香港人口的增長速度呈逐漸下降趨勢。1950年代是香港人口急劇增長時期，1951—1961年間人口增長111.4萬人，增幅為55.3％，年均增長率高達4.5％。1960—1970年代，香港人口增長速度明顯放緩，1961—1971年和1971—1981年間，年均增長率分別

1　*Hong Kong statistics, 1947—1967*, Hong Kong : Census and Statistics Dept., 1969, p.40.

2　1961、1971 年數字中不包括暫時離港的人口。1981、1991 年數字中包括暫時離港的人口。

為2.23％和2.64％。1981—1991年，香港人口的年平均增長率進一步下降到1.04％。

開埠後的一百年間，香港人口的增長完全是依靠機械增長實現的。從1950年代開始，內地民眾無限制湧入香港的歷史宣告結束，移民對香港人口增長的推動力大為削弱。香港開埠以來，邊界形同虛設。1937年全面抗戰爆發後，香港政府為了遏制洶湧的難民潮曾經實行過入境限制。二戰結束後，港府即於1945年11月宣佈撤銷戰前的華人入境限制令。[3]大陸政權易手前後，港英當局的態度發生了變化。粵港兩地間人口的自由流動開始受到限制。1949年4月1日，港府宣佈實施《1949年移民管制條例》。規定香港負責移民的官員有權拒絕某些移民入境。1950年5月，港英當局封鎖邊界。

從1952年2月起，大陸方面要求所有出境者申辦出境許可證。[4]1955年3月，港英當局進一步實施「出入平衡」辦法，使每日從內地進入香港的人數和從香港返回內地的人數保持平衡。[5]在中英雙方均實施限制出入境政策以後，香港與內地間的人員往來受到了嚴格的管制。百年來的香港人口供給模式從此發生了重大改變。值得一提的是，限制人口出入境的政策並非鐵板一塊，有時會略有鬆動。1960年代初內地經濟困難時期和1970年代末內地改革開放之初，都曾經出現過大量內地居民湧入香港的景象，許多人甚至是以偷渡方式赴港。1970年代末，香港需要大量的勞動力，香港政府對內地居民來港眼開眼閉，甚至推行「抵壘政策」，即非法入境人士只要到達了市區就能登記申請並取得居住權，移民潮一度捲土重來。據《香港：1980年》估計，過去二年內從中國內地來港定居的合法和非法移民，估計至少有25萬人。[6]1980年10月，香港政府取消「抵壘政策」，非法入境者一經發

3　經濟資料社編：《香港工商手冊》第 3 編，香港：經濟資料社，1946 年，頁 82。

4　Edvard Hambro, *The Problem of Chinese Refugees in Hong Kong*, Leyden: Sijthoff, 1955, p. 16.

5　《香港與中國——歷史文獻資料彙編》，香港：廣角鏡出版社，1984 年，頁 240。

6　〈越南難民〉，載《香港：1980 年》，香港：香港政府印務局，1980 年，頁 2。

現立即解遞出境，同時禁止香港居民收留和僱用非法入境者。與此同時，經與中國政府商議，對合法入境的數額亦加以限制，移民浪潮遂告遏止。

另外，1970年代末期以後，香港人口的機械變動出現了另一種現象，即香港人向海外移民。港人移民國外人數從1981—1986年的平均每年2.1萬人上升到1987—1991年的4.8萬人。這一情況改變了百餘年來舊有的移民格局，也影響到香港人口的增長狀況。

表 14.2　1951—1981年香港人口增長的構成

時 期 （每年年中）	自然增長		移民		合計	
	人 數	%	人 數	%	人 數	%
1951—1961	730,600	63.4	422,200	36.6	1,152,800	100.0
1961—1966	443,600	96.1	18,200	3.9	461,800	100.0
1966—1971	318,200	76.6	97,200	23.4	415,400	100.0
1971—1976	296,600	74.4	101,900	25.6	398,500	100.0
1976—1981	290,000	42.0	400,000	58.0	690,000	100.0

資料來源：Alex.Y. H. Kwan ed., *Hong Kong Society*, Hong Kong: Writers' & Publishers' Cooperative, 1989, p. 16.

由上表可見，1951—1961年，自然增長對香港人口增長的貢獻率達到63.4％。1961—1971年間更達到86.8％。1970年代後期，在移民潮的捲土重來與人口出生率大幅度下降的共同作用下，移民一度成為人口增長的主要動力，這一現象在移民潮被遏制後即告消失。總體來看，從1950年代起，移民不再是人口增長的主要因素。與此同時，香港逐漸發展成為一個穩定的定居社會，人口的自然增長率迅速上升，自然增長成為人口增長的主要動力。香港人口增長模式從完全依賴機械增長轉變為以自然增長為主。

人口當地語系化與香港歸屬感的出現

二十世紀下半期，香港人口出現了當地語系化的趨勢，本地出生人口在香港人口中所佔比重大幅度增長。詳見下表：

表 14.3　1931—1991 年香港人口出生地結構　　　　　　　　　（比率：%）

出生地 ＼ 年份	1931	1961	1971	1981	1991
香港	32.9	47.7	56.4	57.2	59.8
中國大陸	65.0	50.0	41.6	39.6	35.6
其他地區	0.5	1.8	2.0	3.2	4.6
合計	100.0	100.0	100.0	100.0	100.0

資料來源：1931—1991年各年份《香港人口普查報告書》。

從上表可以看出，1931年，香港出生人口僅佔總人口的32.9％，1961年該比例上升到47.7％，1971年，本地出生人口已經達到總人口的半數以上，為56.4％。這表明，在香港人口增長模式發生重大轉變以後，本地出生人口逐漸構成了香港人口的主體。

香港人口出生地的變化無疑是反映人口當地語系化趨勢的一個重要指標，與此相伴而來的是香港歸屬感的萌生和成長。值得注意的是，人們心理上香港認同感和歸屬感的出現和確立是一個緩慢而漸進的過程。

1950—1960年代，昔日在粵港之間來來往往的人們在香港定居下來，但他們的心仍然如在旅途般地漂泊無依。這一時期，只有極少數居民能夠將他們在香港的根追溯到兩代或更早以前，絕大多數的香港成年人口都屬於第一代或第二代的移民。在思想觀念上，他們依然固守着對故鄉的忠誠。1950年代初，英國人哈樂德‧英格拉姆斯（Harold Ingrams）在其所著《香港》一書中寫道：「人們很快可以感受到，鮮有華人視香港為家。香港出生的華人

在理智上感激英國，但從內心熱愛中國，將香港視為中國的一部分。」[7]

1970年代以後，香港濃厚的移民社會色彩慢慢淡去。香港民眾對香港社會的認同感和歸屬感明顯增強，他們較以往任何時候都更加關注於香港的現狀與未來，香港開始成為數百萬香港人的生活家園和精神家園。

人口地域分佈的新格局

戰後初期，香港人口基本上沿維多利亞港兩岸均衡分佈。據漢布如（Edvard Hambro）的統計，1954年，港島和九龍分別承載了香港總人口的37.8％和43.3％。[8]

1950—1960年代，香港人口的地域分佈呈現出繼續向北推移的特徵。在政府實施城市開發及徙置規劃的影響下，徙置區建設帶動市區向外擴展。香港人口從港島和九龍的已開發地區向新九龍的新區遷移。[9]請看下表：

表 14.4　1931—1971 年香港人口地區分佈統計表　　　　　　（比率：%）

地區 ＼ 年份	1931	1961	1971
港島	48.7	32.1	25.3
九龍	28.6	23.2	18.2
新九龍	2.7	27.3	37.6
新界	11.7	13.1	16.9
水上	8.3	4.4	2.0
合計	100.0	100.0	100.0

資料來源：香港政府統計處：《1971年香港人口及房屋普查主要報告書》。

7　Harold Ingrams, *Hong Kong*, London: H. M. Stationery Office, 1952, p. 245.

8　Edvard Hambro, *The Problem of Chinese Refugees in Hong Kong*, Leyden: Sijthoff, 1955, p. 12.

9　Hong Kong. Census and Statistics Dept., *Hong Kong population and housing census, 1971: main report.*, Hong Kong : Govt. Printer, 1972, p. 2.

這一時期香港人口地域分佈格局的主要變化是：

第一，新九龍人口迅速增長。1961—1971年，香港人口增長26％，而新九龍人口增長了73％。新九龍的啟德、牛頭角及鯉魚門（包括觀塘區）三個地區興建了大量的公共樓宇，1971年已有多達100萬人在此居住，約為1961年該三區人口的3倍。[10]1931年，只有不足3％的人口居住在新九龍，1971年，該地區承載了香港總人口的37.6％，成為香港人口最集中的地區。

第二，港島及九龍人口在香港總人口中所佔的比重繼續下降。在香港人口迅速增長的1960年代，港九人口數量不升反降。1971年，港島和九龍人口分別佔全部人口的25.3％和18.2％。與此同時，在港島內部，人口的分佈也與以往不同。由於市區繁華地帶清拆重建商業樓宇及周邊地區興建公共樓宇等原因，港島人口逐漸由市中心區向周邊遷移。1971年，中環及上環的人口只有1961年的一半，而大量興建公共房屋的香港仔則成為人口密集的居住區。[11]

第三，荃灣等新興工業市鎮的崛起帶動了新界人口增長。二十世紀上半期，新界人口數量始終是高度穩定的。戰後，荃灣從一個滿是泥濘土地的靜謐村莊發展成為工廠林立的新市鎮。荃灣的崛起吸引了大批市民前來工作和居住。1961—1971年間，新界人口共增加25.6萬人，其中荃灣人口的新增達到了18.5萬人。「除荃灣外，新界其他地方人口所佔的百分比歷年來並無顯著變動。」[12]這表明，人口向新界地區的遷移還處於剛剛起步階段。

第四，船民數量持續下降。戰前，船民數量相當穩定，船民在總人口中所佔比例始終保持在8—11％之間。1950年代以後，船民的絕對數量和其在總人口中所佔的比重呈逐年下降的趨勢。1971年，船民數量降至8萬人，

10　Hong Kong. Census and Statistics Dept., *Hong Kong population and housing census, 1971: main report.*, Hong Kong : Govt. Printer, 1972, p. 13.

11　同上。

12　同上。

幾乎回復到1921年的水平。1961年及1971年船民在總人口中所佔比例分別為4％和2％，下降趨勢及下降速度均十分明顯。究其原因，一是有些船民家庭上岸工作，成為定居人口。二是有些艇戶獲得徙置，遷入新區居住。[13]

　　進入1970年代以後，香港人口的地域分佈經歷了更為劇烈的變動。請看下表：

表14.5　1971—1991年香港人口地區分佈表　　　　　　　　　　（比率：％）

地區＼年份	1971	1981	1991
港島	25.3	23.8	22.0
九龍及新九龍	55.8	49.2	35.8
新界	16.9	26.0	41.9
水上	2.0	1.0	0.3
合計	100.0	100.0	100.0

資料來源：1971—1991年各年份《香港人口普查報告書》。

　　這一時期，人口地域分佈的變動趨勢是香港人口實現了城鄉間的均衡分佈。1960年代，「香港是一個真真正正的城邦之地，大部分的人口——在300萬人中有250萬人都擠迫在港島上維多利亞港的市區及九龍半島市區。」[14]1970年代初期，市區——港島、九龍、新九龍及荃灣——約佔香港陸地面積的14％，而容納的人口超過90％。根據1971年的統計，九龍旺角是全港人口密度最高的地區，人口密度達到每平方公里15.5萬人。

　　1970年代，港府開始實施新界開發的龐大計劃，其主要目標是為200萬居民建造永久、獨立式住房。十數年間，沙田、大埔、粉嶺、元朗、天水圍、屯門、荃灣（和葵青）、將軍澳等新市鎮拔地而起。隨着新市鎮的開

13　同上。

14　葛量洪：《葛量洪回憶錄》，香港：廣角鏡出版社，1984年，頁147。

發，香港人口從人煙稠密的市區流入新界，1991年新市鎮人口已經達到230萬人。

從表14.5可以看出，1970—1980年代，九龍及新九龍和新界的人口分佈情況變化最大。1971年，九龍及新九龍地區的人口佔香港人口一半以上，到1991年該比例下降到35.8％。與此同時，新界人口大幅度增長。1971—1991年，新界人口從66.6萬人增加到237.5萬人，增加了2.5倍。同期，新界人口佔香港總人口的比例從16.9％上升到41.9％。

經過人口的重新分佈，香港各區人口密度相差懸殊的情況有所改善。1970—1980年代，九龍及新九龍區人口密度普遍下降，變化最為顯著的是旺角區，1991年該區人口密度下降至每平方公里11.7萬人。與此同時，新界地區（荃灣除外）的人口密度從1971年的每平方公里482人上升至1981年的828人。[15]香港人口在城鄉間的均衡分佈改變了人口過度集中在狹小市區的不良狀況，人口分佈趨於合理有利於香港城市的長遠後續發展。

趨於正常的人口結構

人口的年齡構成

戰後年代，香港人口年齡構成的變化過程大致可以劃分為兩個階段。1950—1960年代，香港人口年齡構成的突出特點是兒童在總人口中所佔的比重明顯上升。詳見下表：

15　香港政府統計處：《一九八一年香港戶口統計：簡要報告書》，香港：香港政府統計處，1981 年，頁 3。

表 14.6 1961—1971年香港人口年齡結構及全部撫養率 （比率：%）

年齡組＼年份	1961	1966	1971
0—14歲	40.8	40.1	35.8
15—64歲	56.4	56.6	59.7
65歲及以上	2.8	3.3	4.5
合計	100.0	100.0	100.0
全部撫養率（‰）	773	767	674

資料來源：《香港統計資料 1947—1967》第17頁。

兒童在總人口中所佔比例上升是人口出生率急劇攀升的結果。1931年，0—15歲人口在總人口中所佔比例為27.6％。經過1950年代的人口生育高峰，1961年，0—14歲年齡組人口在總人口中所佔比例達到了40.8％，其中，5歲及以下人口佔16％，5—9歲人口佔13.6％，10—14歲人口佔11.2％。1960年代末，隨着人口出生率的明顯下降，0—14歲年齡組人口所佔比例降至35.8％，其中5歲及以下兒童所佔比例從16％降至9.6％。[16]

人口年齡構成中另一個值得注意的變化是老年人在總人口中所佔比例有較大幅度的提高。1931年，65歲及以上人口佔總人口的比例僅為1.7％，1961年這一數字升至2.8％，1971年進一步上升至4.5％。老年人不再回鄉終老以及人口壽命延長是產生這一現象的主要原因。

另外需要指出的是，在各年齡組中，有兩個年齡組的人數特別少。1961年，10—14歲年齡組人數為35.1萬人，而15—19歲年齡組人數僅有16.5萬人，其後的20—24歲年齡組也只有20.3萬人。這兩個年齡組人數的銳減是由於日本佔領時期人口出生率過低而造成的。在1971年的統計中，該人口數量的低谷移至25—34歲年齡組。

16　Economic and Social Commission for Asia and the Pacific, United Nations, *The Demographic Situation in Hong Kong*, Bangkok: United Nations, 1974, p. 26.

　　1970年代以後，隨着年輕一代減少生育數量以及人口壽命日益延長，香港人口的年齡結構發生了新的變化。詳見下表：

表 14.7 1971—1991 年香港人口年齡結構及全部撫養率　　　　　　（比率：%）

年齡組 ＼ 年份	1971	1981	1991
0—14歲	35.8	24.8	20.9
15—64歲	59.7	68.6	70.4
65歲以上	4.5	6.6	8.7
合計	100.0	100.0	100.0
全部撫養率（‰）	773	457	420

資料來源：1971—1991年各年份《香港人口普查報告書》。

　　1970—1980年代，香港人口的年齡結構呈現出以下幾個特點：

　　第一，15歲以下兒童在總人口中所佔比重穩步減少，1991年僅為20.9％，較1961年的40.8％下降將近一半。這是人口出生率持續下降的必然結果。

　　第二，有幾個年齡組的人口數量比較特殊。1981年表現為35—39歲年齡組因受二戰影響人數特別少，而15—24歲年齡組則因1950—1960年代的生育高峰影響人數特別多。[17]據統計，15—29歲年輕人所佔比例，由1961年的20％和1971年的24％增加到1981年的32.7％。

　　第三，由於人口預期壽命的進一步延長，1981年男性和女性的平均預期壽命分別達到72.4歲和78.1歲，[18]65歲以上人口在總人口中所佔比重持續增長，從1971年的4.5％上升到1991年的8.7％。

17　香港政府統計處：《一九八一年香港戶口統計：簡要報告書》，頁 4。

18　Hong Kong Census and Statistics Department, *Demographic Trends in Hong Kong 1971—1982,* Hong Kong: Govt. Printer, 1983, p. 17.

第四，香港人口步入成熟期。1971—1981年間，香港人口的年齡中位數從21.7歲升至26歲，[19]1991年進一步上升到31.5歲。1975年，香港人口中以10—19歲人口佔最多數，1985年，則以20—34歲人口佔最多數。顯然，香港人口正從年輕走向成熟。

人口的性別構成

人口的性別結構取決於出生嬰兒的性別比例、兩性不同的死亡率及不同性別的移民。1950年代以後，長期以來香港人口性別比例嚴重失衡的狀況得到了扭轉。請看下表：

表 14.8 1931—1991 年香港人口的性別比

年份	1931	1961	1971	1981	1991
性別比	134.8	105.61	103.3	109.3	103.8

資料來源：1931—1991年各年份《香港人口普查報告書》。

總的來看，戰後年代，香港人口的性別比例比較平衡，只是在不同地區或不同時期略有波動。從不同地區看，戰前港九市區的男女性別比例嚴重失衡，而新界地區的人口性別比例則在正常範圍內。1960年代，香港市區人口的性別比例趨於正常，而新界某些地區卻出現了人口性別比例不平衡的現象。例如，1961年，荃灣地區人口的性別比為125.2，[20]這是由於該地區工廠林立，吸引眾多青年男性來此務工造成的。而在大埔和西貢，由於當地男性移居外地，出現了男性人口少於女性人口的情況。水上居民的性別比例則明顯高於陸地人口。1961年為113.0，1971年為115.0。據分析，有些水上人家

19　香港政府統計處：《九八一年香港戶口統計：簡要報告書》，頁 4。

20　Hong Kong Census and Statistics Department, *Hong Kong Statistics 1947—1967*, Hong Kong: Government Printer, 1969, p. 15.

的妻兒離舟登岸，搬到陸地居住可能是造成這一現象的主要原因。[21]

從不同的時期看，1970年代末期由於內地男性移民大量來港，1981年香港人口性別比略有上升，為109.3。其中，25—34歲年齡組及35—44歲年齡組的性別比最高，分別達到118.5和130.9。而1980年代末1990年代初，由於數萬名菲律賓女傭來港工作，香港人口的性別比又有所下降，1991年人口性別比為103.8。

第二節 社會結構

社會階層的變動

二戰以前，香港是一個商業城市。它的社會分層結構有不同於傳統社會的獨特之處。其一，在中上層社會中，商業貿易領域的華商構成了中堅力量。其二，在下層社會中，農民所佔的比例微乎其微，而服務於轉口貿易的各類苦力和從事家庭服務業的傭人數量龐大。

在香港實現工業化的過程中，其社會階層結構的最大變化，一是工業企業家階層的崛起，二是工人階級隊伍的壯大。1950—1960年代，一個規模龐大的工業企業家群體在香港社會脫穎而出。最先顯露頭角的是內地南下香港的企業家。其中上海企業家雄視一方，成為最引人矚目的特殊群體。他們帶來了資金、設備、技術以及與海外市場的關係，成為香港最具實力的華資製造商。上海企業家在香港的投資集中於他們最為熟悉的棉紡織

21　Hong Kong. Census and Statistics Dept., *Hong Kong population and housing census, 1971: main report.*, Hong Kong : Govt. Printer, 1972, p. 15.

業。此外，他們在針織品、服裝、搪瓷器皿和塑膠等行業也有投資。據統計，在1950年代香港的紡織廠中，只有一家由非上海人擁有。1978年，上海籍華商擁有的紗廠數目約佔紗廠總數的八成。[22]按香港標準來說，這些工廠是大型的企業1977年棉紡工廠的僱員平均人數是570人。[23]上海實業家中的佼佼者有香港紡織的王統元、南海紡織的唐炳源、南豐紡織的陳廷驊、永新企業的曹光彪、中國染廠的查濟民、南聯實業的安子介、周文軒及唐翔千等。

與內地來港企業家相伴而生的是本地工業企業家群體。二次大戰以前，香港曾經經歷過一個華資工業發展的黃金時代。二次大戰以後，香港華資工業逐漸恢復舊觀並開始向更高的發展目標邁進。

工業化時代，香港工廠數量迅猛增長。據統計，1951年，全港共有工廠1,788家，1961年這一數字達到5,554家，1971年進一步增至26,149家。[24] 1980年，香港共有製造業廠家4.5萬家，其中華資所佔比重高達97%。華資製造商中的香港紡織、南海紡織、南豐紡織、中國染廠、永新企業、南聯實業、麗新製衣、長江製衣、捷和集團、莊士集團、震雄集團等構成了香港製造業的骨幹。[25]由此不難推想，一個頗具規模的工業企業家群體的存在。

工業化時代社會階層變動的另一個重要方面是工人階級隊伍的擴大。經濟的變革使中上層社會增添了新生力量，也徹底改變了社會階層結構中的下層。隨着工業化的推進，製造業吸納了大量的就業人口。

22　馮邦彥：《香港華資財團 1841—1997》，香港：三聯書店（香港）有限公司，1997 年，頁 139。

23　喬‧英格蘭、約翰‧里爾著，壽進文、唐振彬譯：《香港的勞資關係與法律》，上海：上海翻譯出版公司出版，1984 年，頁 89。

24　香港勞工處年報及統計處普查資料，轉引自楊奇主編：《香港概論》，北京：中國社會科學出版社，1992 年，頁 309。

25　馮邦彥：《香港華資財團 1841—1997》，頁 231。

表 14.9　製造業就業人口佔全港就業人口的比重

項目 ＼ 年份	1961年中	1971年中	1981年9月
全部就業人口（人）	1,191,099	1,582,849	2,404,067
製造業就業人口（人）	475,520	755,534	990,365
製造業所佔比重（%）	39.3	47.7	41.2

資料來源：《香港經濟貿易統計彙編（1947—1987）》，香港：華潤貿易諮詢有限公司，1988年，頁19。

表 14.10　1961、1971 年就業人口職業構成表

職業 ＼ 年份	1961 人數	1961 %	1971 人數	1971 %
專業人員及技師	38,029	3.2	40,258	2.5
藝員、繪圖員及技術員	21,269	1.8	39,720	2.5
政務、行政及經理人員	110,771	9.3	74,496	4.7
文員及銷售人員	195,776	16.4	260,785	16.5
農民及漁民	15,020	4.2	51,259	3.2
礦工	4,699	0.4	5,163	0.3
交通運輸及通訊工作人員	57,278	4.8	92,726	5.9
技工、生產工人及非技術工	520,143	43.7	737,407	46.6
服務、體育及娛樂行業人員	179,742	15.1	238,987	15.1
軍人及未分類職業	13,191	1.1	42,048	2.7
合計	1,191,099	100.0	1,582,849	100.0

資料來源：香港政府統計處：《1971年香港人口及房屋普查主要報告書》，第51頁。

　　從上面兩表可以看出，在十數年的工業發展之後，1971年，製造業成為吸納就業人口最多的行業，該業就業人口已經達到全部就業人口的47.7%，由此培育出龐大的工人隊伍。經過工業化的洗禮，戰前下層社會中佔有相

當數量的苦力、傭人、小販等陸續轉向了工業領域。1966—1971年,不拿工資的家庭傭工的數量從7.9萬人降至3.6萬人,[26]便是一個很好的例證。總體來看,社會下層的構成趨於簡單化,即以工人為主體。

進入1970年代以後,香港社會階層結構明顯開始了從傳統向現代的演變過程,其典型特徵是社會中間階層的成長壯大。這一變化起因於香港經濟結構的巨大轉變,即從工業化經濟轉變為一個以加工工業為基礎,外貿為主導,金融、航運、房地產建築和旅遊等行業多元發展的經濟結構。隨着香港經濟結構的調整,就業人口的行業分佈和職業結構都發生了相應的變動。請看以下兩表:

表 14.11 1971—1991 年香港就業人口行業分佈表

年份 行業	1971		1981		1991	
	人數(千人)	%	人數(千人)	%	人數(千人)	%
製造業	756	47.8	990	41.2	768	28.3
建築業	83	5.2	186	7.7	188	6.9
批發、零售、飲食及酒店業	254	16.0	461	19.2	611	22.5
運輸、倉庫及通訊業	115	7.3	181	7.5	266	9.8
金融、保險、地產及商用服務業	41	2.6	116	4.8	287	10.6
社區、社會及個人服務行業	232	14.7	376	15.6	539	19.8
其他	102	6.4	93	3.9	56	2.1
就業人口總數	1,583	100.0	2,403	100.0	2,715	100.0

資料來源:1971—1991年各年份《香港人口普查報告書》。

26　喬・英格蘭、約翰・里爾著,壽進文、唐振彬譯:《香港的勞資關係與法律》,頁37。

表 14.12　1971—1986 年香港就業人口職業構成表　　　　　　　（比率：%）

職業 ＼ 年份	1971	1981	1986
專業、行政及經理人員	7.6	8.5	11.7
文員及有關工作人員	8.3	12.0	14.5
銷售人員	10.6	10.3	11.7
服務業工作人員	14.8	15.6	16.4
生產及有關人員、運輸設備操作人員及雜工	52.3	50.7	43.4
其他	6.4	2.9	2.3
合計	100.0	100.0	100.0

資料來源：1971—1986年各年份《香港人口普查報告書》。

　　從就業人口行業分佈表可以看出，就業人口從製造業轉入第三產業的趨勢非常明顯。製造業的就業人口在1970年代初期達到峰值後逐漸下降，從1971年的47.8％降至1991年的28.3％。就業人口增加最多的是批發、零售、飲食及酒店業和金融、保險、地產及商用服務業。1960年代初，批發零售及酒店業的就業人口所佔比重不足10％，1971年增至16％，1991年進一步增至22.5％。1971年，財務、保險、地產及商用服務業的僱員佔就業人口的2.6％，1991年已經上升至10.6％。此外，社區、社會及個人服務業的就業人口也有明顯增加。

　　從職業結構看，就業人口職業類型的變化也是極其明顯的。香港學者李明堃認為，根據1971年的人口統計資料，中產階級（包括專業及專門技術人員、行政及管理人員、文員及店員）約佔從事經濟活動者的35％。[27]1970—1980年代，隨着經濟結構的變化，社會中間階層的規模持續擴大。1971年，有52.3％的就業人口為生產工人，1986年這一比例降至

27　李明堃：《變遷中的香港政治和社會》，香港：商務印書館（香港）有限公司，1987年，頁 61—62。

43.4％。與此同時，專業、行政及經理人員的比例從7.6％上升到11.7％，文員的比例從8.3％上升至14.5％，表明從事白領職業的人數大量增長。總的來看，越來越多的香港人能夠從事具有一定聲望的職業，並享受其職業地位所帶來的經濟收入和生活方式。在資產階級和勞工階級之間提供非體力勞動的白領僱員逐漸發展成為一個龐大的中間階層。1986年所做的社會調查亦可以在某種程度上為此提供佐證。在是項調查中有525人接受了訪問，依據被訪者對其所屬階層之自我界定結果來看，無人認為自己屬於社會階層之上層；認為自己屬於中上階層者僅佔2.5％。而自認為屬於社會中等階層者佔37.7％，屬於中下階層者佔32.8％，界定自己屬低下階層者佔27％。可以看出，有多達70％的人自覺屬中等社會階層。[28]

社會流動的加劇

社會流動是指人們的職業和社會地位不斷變化的社會現象，它既是社會職業結構變化的表現，也是社會階級、階層構成的量變過程。二戰以前，香港作為外國統治下的資本主義社會，其社會流動的特點是，其一，社會流動明顯受到種族因素的制約。以英國人為主的外籍人士壟斷了政治權力，佔據了大多數政府和商業機構的行政管理職位，這一情形極大地阻礙了華人實現向上的社會流動。其二，華人社會內部不同階層之間的流動很少有制度上的障礙。香港是一個移民社會，它看重人的個人成就遠遠超過家世，出身寒微者通過經濟成就或專業人士渠道躋身華人中上層社會的例子俯拾即是。在這種情況下，華人社會內部不同階層之間的流動主要受制於經濟發展水平和教育普及程度。

戰後香港社會流動大致可以劃分為兩個歷史時期。1950年代初期，香

28　劉兆佳、尹寶珊：《香港社會指標研究的初步報告》，香港：香港中文大學香港研究中心，1987年，頁121—122。

港社會內外交困，在禁運及經濟蕭條的陰影籠罩下，200萬人困居於狹小都市，前路渺茫。由於香港的經濟規模無法吸納數量龐大的來港難民，整個社會人浮於事，大批難民經歷了向下的社會流動。根據漢布如的調查，移民來港後的職業結構發生了劇烈的變動。第一，農民幾乎全部轉換職業，主要從事其他的體力勞動職業。第二，失業比例大幅度上升。第三，高級職業所佔比例下降，從事體力勞動職業的比例明顯上升。[29]

香港實現工業化及經濟起飛後，社會分層結構的開放程度以及社會流動狀況呈現出不同於以往的全新景觀。經濟高速發展帶來了大量的「結構性流動」（指經濟結構轉型製造出更多行政、管理及專業職位，因而產生社會流動）機會，從而使人們實現了從較低社會階層向較高社會階層的流動。

戰後香港的社會流動情形具有兩個比較鮮明的特點：

其一，種族因素對社會流動的阻礙作用明顯淡化。隨着華人社會地位和教育程度的提高，港府管治策略的調整，華人進入政府機構和商業機構中擔任行政管理職位的機會大大增加，這為華人脫離低下階層行列開闢了前所未有的渠道。

其二，高度重視個人成就這一工業社會普遍法則在香港社會中得到極大發揮。在工業化和經濟起飛的過程中，人們實現上向社會流動的途徑是多元化的。自由企業制度下企業家白手起家成功創業的事例比比皆是，各行各業選拔行政管理人員的機制也是不拘一格。一部分人通過教育階梯，按部就班地成為行政管理群體的一員，另一部分人則是通過努力奮鬥來實現這一目標。根據香港學者呂大樂的研究，那些教育程度不高，但勇於「搏殺」的人們也有機會晉升到行政及管理的職級。對不同行業內部新中產階級所做的調查顯示，在公共服務及建造業工作的新中產階級，有大專或以上教育程度人士的比例較高，而在批發零售業及酒店業內，比較多人

29　Edvard Hambro, *The Problem of Chinese Refugees in Hong Kong*, Leyden: Sijthoff, 1955, p. 45.

可以憑預科以下的教育背景晉身新中產階級的位置。至於從事製造業工作的新中產階級，亦相對地缺乏學歷背景。[30]該項調查表明，香港的新中產階級可以通過不同的途徑取得現有的階級位置。

香港學者劉兆佳1986年所作的調查顯示，根據被訪者的自我估量，近半數的父母在他們年少時處身於社會階層之最低層。相比之下，有近四成被訪者自覺本身的社會階層較其父母在他們年少時之社會階層為高，亦即在隔代間發生了上向的社會流動。而經歷下向社會流動者只有略超一成，而且大部分是中年人，其社會地位出現隔代下降很可能是因為曾歷經戰亂，既失落家財，亦錯過了求學機會所致。其中大多數人目前只能從事生產行業或全職料理家務。[31]

另外，對被訪者出身的調查表明，中上階層中只有一成半出身於本階層，其餘七成半則來自較低階層的家庭。中層及中下層中各有約四成出身於本階層，由此可見，社會階層間的流動是相當明顯的。[32]

第三節　社會衝突的發生

1950—1960年代，香港工業化的過程中，經濟發展迅速，但普羅大眾卻未能及時分享到經濟發展帶來的利益，社會矛盾尖銳。因而在香港曾多次爆發社會衝突，引發騷亂，如1956年九龍及荃灣暴動事件、天星小輪加價事件和1967年暴動事件。其中有的事件，因政治因素的影響一度變得失控。

30　呂大樂、黃偉邦編：《階級分析與香港》，香港：青文書屋，1998年，頁98。

31　劉兆佳、尹寶珊：《香港社會指標研究的初步報告》，頁126。

32　同上，頁126。

1956年九龍及荃灣暴動事件

　　1956年的九龍及荃灣暴動事件是戰後出現的首次社會騷亂，其直接起因是懸掛國民黨旗幟引起的爭執。隨着事態的擴大，騷亂迅速蔓延成為大規模的社會動亂。

　　1947年中國內戰爆發後，大批難民湧入香港。新難民在幾年內達到全港人口總數的30％，相當多的難民是因國民黨政權崩潰而逃港的親國民黨人士。1954年聯合國難民署的調查顯示，66萬難民中有66％的人因恐懼共產黨政權而出逃，其政治傾向顯而易見。這批難民來港後，聚居於九龍等地的木屋區，大多數人境況淒慘，很多人淪為失業者，因而抱有強烈的反共情緒。他們在當地建立起活躍的右翼政治組織，成為社會的不安定因素。[33]

　　每年雙十節，親國民黨居民都要懸掛國民黨的旗幟，以示慶祝。1956年雙十節前夕，九龍李鄭屋村徙置區G座徙置大廈上升起了「青天白日滿地紅旗」。雙十節早晨，大廈管理人員按照市政局不得張掛旗幟的規定除下「青天白日滿地紅旗」，頓時引起居民聚集鼓噪，管理員驚慌失措，只好重新掛起旗幟以平息事態。但是，居民們並不甘休，強行要求管理員作出賠償，並在中文報紙上道歉。隨後，居民們搶劫焚燒徙置大廈辦公室，並用石頭和瓶子襲擊管理人員和聞訊趕來的警察。當晚，事態急劇擴大。在九龍，暴亂份子對防暴警察視而不見，隨心所欲地聚散離合，燒毀汽車，洗劫商店。暴亂的另一個中心是工業城鎮荃灣。10月9日，由寶星紗廠員工宿舍懸掛國民黨旗幟而引發爭執。10月11日下午，國民黨份子及三合會會員在工廠門前聚集示威，要求廠方升起青天白日旗，解僱所有左派工人。夜晚，千餘名暴亂份子大肆進攻工廠和左派人士的房屋，殘害左派工會的工人，造成多人死傷。

33　G. W. Catron, *China and Hongkong, 1945—1967*, Cambridge, Mass.: Harvard University, 1971, p. 178.

事件開始之初，香港政府反應遲緩，把希望寄託在事態的自動平息上，因而只派出警察維持秩序。警察部隊因交通工具不足以及缺少防暴訓練而未能果斷地撲滅騷亂，於是局面迅速失控。10月11日中午，港府決定調集軍隊協助警察。就在新界兵營的英軍整裝待發時，暴亂進一步升級。暴徒們在九龍攔截瑞士領事夫婦乘坐的出租車並縱火焚燒，領事夫婦嚴重燒傷，領事夫人後來不治身亡。至此，警務處長下令，必要時可以開槍。下午7時，軍隊將九龍分隔成三個區域來清除人群和暴徒。10月12日下午，九龍地區恢復平靜，荃灣的暴亂也在軍隊到達之後平息。

九龍暴亂事件的導火索有着明顯的政治傾向，事件發生過程中國民黨特務份子滲透其中，挑動唆使的情形顯而易見。但是，這一事件所反映出來的社會情緒也值得注意。隨着事態的發展，參與暴亂的人並不完全都是具有國民黨傾向的人，除荃灣地區的暴亂帶有鮮明的政治仇視色彩外，九龍發生的搶劫與縱火事件並無明顯的政治目的。暴亂的範圍集中於徙置區周圍，沒有徙置區的港島則平靜如初。顯然，1950年代，為躲避戰火而來的平民百姓大都謀生艱難，境況不佳，對現實生活極為不滿，他們與那些在政治上、經濟上遭受挫敗的親國民黨人士共同構成動亂的社會基礎。九龍及荃灣暴亂事件不僅使商店和車輛蒙受相當損失，而且還死傷二百餘人，後果是慘痛的。

天星小輪加價事件

步入1960年代以後，香港許多物品價格輪番上漲，平民百姓深感生活壓力巨大。1965年10月，天星小輪有限公司以員工薪水提高和碼頭、輪渡保養費用增加為由向政府申請提高輪渡票價。消息一經傳出，社會輿論反應強烈。11月下旬，市政局民選議員葉錫恩（Elsie Hume Elliot）女士向政府遞送一份二萬餘人簽名的呈文，反映民眾反對加價的要求。但是，港府對此置之不理，並於12月將加價申請移送公共交通諮詢委員會審議。1966年3

月，該委員會拿出多數委員的報告，聲稱輪渡票價支出只佔一般家庭支出的0.075％，因而對消費品價格以及整個經濟的影響極其微小。其後不久，港府又宣佈增加寄往中國內地等地的郵資，並提高若干廉租屋租金10％。報告書及政府的加價措施激起民眾的強烈反響，受到社會的廣泛批評。

　　1966年4月4日上午，香港青年蘇守忠身着寫有「支持葉錫恩，參加絕食，反對加價」等中英文字樣的外衣，在港島天星碼頭以絕食方式抗議輪渡加價。翌日上午，蘇再次舉行抗議時，有一些青年人參加進來。下午，警察以阻礙行人通行為由逮捕蘇守忠。隨後，一群示威者前往總督府呈遞請願書。當晚，人們以九龍天星碼頭廣場為起止點，沿彌敦道巡迴遊行，沿途高呼「我們反對加價」。4月6日上午，蘇守忠在西區裁判司署提堂，吸引大批支持者。同日，港島和九龍發生了零星的示威。

　　4月6日黃昏，示威演變成為暴亂。暴亂的中心是彌敦道。暴亂人群企圖佔領彌敦道，警察則竭力遏制。暴亂份子向警察投擲石塊，搗毀巴士，推倒警崗。警察動用警棍、催淚彈，並開槍示警驅散人群。凌晨時分，警方才將暴亂稍稍平息下去。7日傍晚，亞皆老街、西洋菜街、山東街一帶又有大批人群聚集，豉油街等地有一些青年放火焚車，彌敦道上人群阻止警察向北推進。警察部隊設法驅散了幾處人群。午夜以後，旺角和油麻地還有人在縱火，但被警察開槍驅散。8日，港府為防止暴亂再現，嚴加警戒，在九龍和新九龍實行宵禁。九龍騷亂就此平息。5月2日，天星小輪開始加價，但僅限於頭等艙。於是，大部分頭等艙乘客改搭二等艙，作為無聲的抗議。

　　事件發生後，香港政府組織了調查委員會，探究動亂產生的根源。當時，社會人士根據綜合分析的結果指出，這次事件在政治因素方面，與十年前的九龍暴亂迥異，其政治誘因是微不足道的；但經濟方面的因素則不可忽視。但是，港府的調查委員會只是泛泛地承認，假如本港社會沒有隱藏着對社會和經濟情況不滿的情緒，則示威可能不會得到民眾這麼大的支持。委員會認為，香港各方面狀況都已經獲得極大改善，如過去十年來，政府為解

決住房問題竭盡努力，對目前情況不滿的情緒並不普遍。[34]其結論是，騷亂的主要原因在於公共關係的失敗，即市民與政府之間存有隔閡。這是一個避重就輕、避實就虛的結論。其實，暴亂的根源在於廣大民眾遲遲不能分享經濟進步的果實，迅速提高生活水準的願望屢遭挫折，同時還要無休止地承受各種經濟壓力。調查委員會認為，為了避免事件的再次發生，宜在政府與民眾之間開通多種傳達路線，並借助報紙、廣播兩大媒介保證上情下達或下情上達。這些建議着眼於及時疏導和渲洩民眾的不滿情緒，無疑是有益的。但是，它所解決的只是極其表層的問題。如果政府不能從根本上消彌騷亂產生的原因，那麼社會的安定是難以得到根本保證的。

1967 年暴動

在一連串的勞資糾紛中，在內地「文化大革命」極「左」思潮的影響下，香港迎來了充滿衝突的1967年。

年初，渣華郵船公司、南豐紗廠以及四家的士公司因解僱職工引起工人強烈抗議。4月，青洲英坭紅磡工廠、新蒲崗香港人造花廠也捲入勞資糾紛。在青洲英坭廠，一名歐籍工程師毆打工人，工人們為此向資方提交請願書，提出若干要求。在人造花廠，因關閉部分工廠，資方解僱七名工人。隨後，資方又欲推行工作時間超長的兩班制，並規定在機器故障時扣減工人工資。於是工人們以靜坐方式示威，抗議解僱工人，力爭取消苛例。[35]這幾起勞工冤情，實為其後曠日持久的官民暴力衝突的導火線。

在事件發展的初期，香港工人獨立行動，聲勢一浪高過一浪。在人造花廠，勞資雙方的較量成膠着狀態，二十餘天僵持不進。資方態度頑劣，

34　《1966年九龍騷亂調查委員會報告書》，香港：香港政府印務局，1966年，頁102。

35　John Cooper, *Colony in Conflict*, Hong Kong: Swindon, 1970, pp. 2—3.

又解僱近百名工人。5月6日，被解僱的工人包圍了廠房，阻止廠方搬運貨物。當局出動警察前往干預，打傷數人，逮捕21人。隨後，左派報紙強烈譴責政府野蠻攻擊手無寸鐵的工人。香港九龍橡膠和塑膠工會因其主席被捕，向政府提出懲兇、賠償、釋放被捕工友等要求。許多工會組織起而回應，街頭上出現了聲援工人、攻擊政府、抗議警察暴行的大標語。左派群眾同情工人，絡繹不絕前往工廠慰問。5月11日，人造花廠外集結了大批工人，防暴警察動用催淚彈驅散人群，衝突中多人受傷。5月12日，港九各業工人組成反對港英破壞鬥爭委員會。騷亂從廠區迅速向外蔓延。12日、13日，當局在九龍地區實行宵禁，暫時穩住局面。

5月15日，形勢突變。中國外交部發表聲明，要求英國政府責成港英當局，立即接受香港工人和居民的全部正當要求，停止一切法西斯措施，釋放全體被捕人員，懲辦血腥暴行的元兇。聲明中說，「中國政府和中國人民決心把這場鬥爭進行到底」。北京、廣州等城市舉行了群眾大會，聲言「支持香港同胞的反迫害鬥爭」。這就把事態發展推入了第二階段。香港左派加大鬥爭力度，香港政府不遺餘力地大肆鎮壓，形成「你升級，我也升級」的針鋒相對局面。5月16日，港九各界同胞反對港英迫害鬥爭委員會成立，向當局提出四項要求：停止迫害，釋放被捕者，懲兇賠償，認罪賠禮。接着，總督府門前的示威與日俱增，總督府外圍幾乎淹沒於大字報的海洋中。安置在中銀大廈的高音喇叭不停地鼓動示威者到附近集結，一連數日，前往總督府遊行抗議的人群摩肩接踵，不絕於途。5月18日，英國政府表態，聲言全力支持港英當局「履行其維持法律及秩序的責任」，並派英國聯邦事務首席次官加斯華來港，會同港督戴麟趾應付事變。[36]

5月20日，香港政府宣佈：必須秩序井然地向總督遞交請願書，政府不再容許舉行遊行。其後兩天，在通往總督府的花園道口，大批警察列隊

36　港九各界同胞反對港英迫害鬥爭委員會編：《香港風暴》，香港，1967年，頁15—16。

成陣，以武力對付群眾隊伍，打傷若干人，並逮捕大批工人及學生，釀成五二·二血案。[37]此後，遊行示威被罷工罷市所取代。港九兩間巴士公司、電車公司、北角發電廠、中華煤氣公司、九龍船塢、天星小輪的數萬工人開始舉行定時罷工。6月3日，北京《人民日報》發表社論，號召香港同胞「進一步動員起來，組織起來，勇猛地向着英帝國主義展開鬥爭」。6月10日，港英機構和英資企業萬餘工人聯合罷工。6月24日，港九海運、水路交通、公用事業等25個部門五萬餘工人舉行聯合罷工。6月29日到7月2日，港九糧油、百貨、食品等行業舉行為期四天的聯合罷市。不久，邊境地區發生了數起中方工人、農民與港英軍警的衝突事件。

與此同時，港府的鎮壓措施節節升級。港府發出警告，將解僱參與罷工的政府僱員，罷工風潮所波及的私人公司仿而效之，以解僱威脅工人。港府動手清除街頭標語和大字報，在清除與反清除的對抗中，發生多起流血事件。政府還出動大批警察控制局面。6月8日，港府出動防暴隊鎮壓九龍中華煤氣廠工人。6月23日，警察圍攻港九樹膠塑膠業總工會會所。7月12日，代理布政司在立法局宣佈，政府決心抓住並掌握主動權，預示着政府的鎮壓措施將更趨嚴厲。港府連續出動軍隊和警察，大規模地武裝圍攻六十餘個左派工會和學校，逮捕人數超過1,500人，尤以上千防暴警察動用直升機，攜帶現代化武器進攻華豐國貨公司的事件最為慘烈。在文化教育界，港府也展開行動，逮捕左派報社的記者和參與風潮的左派名演員、名導演。8月中旬，查封左派周邊報紙《香港夜報》、《新午報》、《田豐日報》，並逮捕報社負責人。這一行動招致北京的強烈抗議。中國外交部向英國發出48小時內釋放三報負責人的最後通牒，遭到英方拒絕。8月22日，北京數萬名紅衛兵浩浩蕩蕩開赴英國代辦處示威抗議，並放火焚燒代辦處。

事態發展的第二個階段情況表明，動亂擁有相當廣泛的社會基礎，由

37　梁上苑：《中共在香港》，香港：廣角鏡出版社，1989年，頁136。

於勞工處境惡劣，充滿怨氣，工人們才會一呼百應，借助於政治行為發洩不滿，表達憤怒。工人們行動起來以後，由於受內地「文化大革命」極「左」思潮的影響，事態越出常規，以排山倒海之勢席捲全港。

8月下旬，北京方面指示，香港不宜照搬國內。但香港的衝突並沒有就此終止，左派組織在電汽車、輪渡、繁華鬧市等場所廣佈真假炸彈陣，炸彈攻擊事件多次發生。港英軍警暈頭轉向，動輒封鎖道路以防不測。據港府統計，警方共處置疑彈8,074枚，其中真彈1,167枚。由於炸彈攻擊目標不明，屢屢傷及無辜，市民們惶惶不安。在這種情形下，左派組織最終收手已是勢在必行。香港是多元化社會，以政治態度而言，左派和右派的支持者均在少數，一般市民最大的願望是經濟繁榮，生活安定。[38]

香港學聯在風暴初起時曾經表示「對香港的安寧受到騷擾感覺不安」，這是大部分港人心態的真實寫照。雖然1967年暴動擁有廣泛的社會基礎，但越出界限形成天下大亂之勢以後，多數市民憂心忡忡。尤其是不分青紅皂白的炸彈陣，擾亂民眾日常生活，使得左派的攻擊行動日漸失去民心。12月25日，炸彈陣偃旗息鼓。51人死亡，近千人受傷，數千人被捕，持續數月之久的1967年暴動終於平息。

由於指導思想和路線的錯誤，香港的左派隊伍在暴動中蒙受了重大損失。港九工會聯合會的會員人數從事件前的25萬，減少到18萬多人。《大公報》、《文匯報》、《新晚報》、《商報》、《晶報》等五家報紙的發行量由原來佔全港中文報紙發行總量的三分之一下降到十分之一。原來在香港和東南亞享有聲譽的「長城」、「鳳凰」、「新聯」三家電影公司也失去了市場，從此一蹶不振。[39]

1978年，中國國務院華僑事務辦公室主任廖承志在北京主持召開了關於

38　同上，頁162。

39　李後：《百年屈辱史的終結——香港問題始末》，北京：中央文獻出版社，1997年，頁56。

港澳工作的會議。會議清算了極左路線對港澳工作的干擾和破壞，重申了中央對港「長期打算，充分利用」的方針。會議指出：「1967年在香港發生的所謂『反英抗暴鬥爭』以及隨之而來的一系列做法，企圖迫使中央出兵收回香港，是與中央的方針不符合的，後果也是極其嚴重的。」[40]

1967年暴動事件的突出影響有如下兩個方面：

一是短期內香港經濟蒙受重創。騷亂開始以後，市面陷入混亂，百業蕭條，有產階級避之唯恐不及，走為上策，外國資本紛紛撤離，大量資金流出香港。旅遊業也因海外流佈着香港危機四伏的種種傳言而受到明顯影響。

二是香港政府吸取教訓，採取措施緩和社會矛盾。首先是緩和勞資關係，解決勞工合理怨忿。其次是加強官民溝通，大力拓展官民溝通管道。1967年以後，香港的勞資關係進入了持續緩和的時期。

第四節　社會生活狀況

民眾生活三大困境

1950—1960年代，香港民眾面臨着三大生活困境，住房的嚴重短缺首當其衝。二戰以後，香港人口持續增長，給香港本來就相當緊張的房屋緊缺問題增加了巨大的壓力。1950年代初，全香港共有住所約17萬間，尚不能滿足原有居民的需求。新移民只能在舊樓的天台和行人路上搭蓋臨時建築。如果這也辦不到，那就只有前往農地或山邊，用木板或紙板等材料搭蓋簡

40　同上，頁 59。

陋寮屋棲身。1956年以後，政府禁止搭蓋木屋，並着手清拆已有木屋。但是，由於木屋區人口的自然增長以及新入住者絡繹不絕，政府的管制措施很難奏效，往往是一邊清拆、一邊又有人在新建。

當時人們的居住品質更是不堪聞問。原本採光充足、空氣流通的公寓樓宇，經過一再分隔，成為暗無天日的數間斗室。對於許多人來說，「家」的含義只不過是一個床位。木屋區居民則終日處在垃圾的包圍之中。在乾燥的冬季裏，隨時可能因一場大火而傾家蕩產。1953年的石硤尾木屋區大火和1961年初的紅磡山谷木屋區大火就是適例，兩場大火使數萬人無家可歸。

第二個困境是勞工生活的困苦。1950—1960年代，隨着工業化的順利進行，香港經濟發展速度加快。1958年以後，每年的經濟增長速度達到10—15%，而同時期的勞工生活狀況則顯得黯然失色。一是勞動時間過長。當時普通工人每天工作10小時以上，每週7天。有評論說，「甚至按亞洲標準來看，1960年代末的香港工人工作時間也過長」[41]。二是收入微薄。1966年，熟練工人工資起點為每天9港元，普通工人為4—5港元。月薪僅及百元的人比比皆是。大部分工人家庭入息只敷日給，由此造成1960年代以後工潮此起彼伏。如1963年，各行業工會接二連三提出加薪要求，僅上半年因勞資糾紛損失的工作日即將近四萬個。[42]

第三個困境是物價急劇上升，人民生活充滿不安定感。據統計，1958年以後，除1959年生活費用略有下跌外，其餘各年皆逐年上漲。以1958年為基數100，1964年底已經漲至133。1960年2月以後，港府先後提高了水費、汽油稅、煙草稅、物業稅等，導致百物騰貴。[43]以房租為例，新樓業主

41　Ming K. Chan, Precarious Balance, *Hong Kong between China and Britain, 1842—1992*, Hong Kong: Hong Kong University Press, 1992, p. 137.

42　華僑日報社編：《香港年鑑》第 17 回，香港：香港華僑日報社，1964 年，頁 89。

43　經濟導報社編：《香港經濟年鑑 1965》，頁 301。

普遍提高租金10—15％。1961年3月，港府將出租樓宇的物業稅提高一倍，港九各區新樓馬上加租15—20％。1962年初，港府財政司郭伯偉（John J. Cowperthwaite）公開表示：「增租是香港經濟繁榮的徵兆。」[44]言外之意不外乎是政府無意管制新樓租價，於是房租開始一路上揚。1965年以後，政府開始新一輪加稅加費，提高了水費、郵費、汽油稅、煙葉稅等。此外，政府還增加了中學學費，師範學校則由免費改為收費招生，社會各界表示強烈反對，但這也未能動搖政府加費的決心，其結果是物價全面上漲。在這種情況下，民眾生活極不穩定。工人們為了應付物價飛漲的局面，紛紛要求僱主加薪，而加薪之後是掀起新的漲價浪潮。物價的輪番上漲，使民眾生活始終難以得到顯著改善。

七十年代以後民眾生活的改善

香港政府改善民生的重大舉措

十年建屋計劃的推行

1970年，在412萬香港居民當中，居住政府廉租屋的人數已經達到了160萬，大部分規模較大的木屋區已被清除，許多古舊破敗的戰前樓宇亦被新開發的私人樓宇所取代。與此同時，仍有一部分市民的居住條件亟待改善。1970年代初期，香港有30萬人居住在木屋或臨時房屋中，另有大批徙置大廈居民需要重新安置。住房短缺這個困擾政府多年的老大難問題仍然是揮之不去。

1972年10月，新任港督麥理浩在立法局會議上發表演辭，指出，房屋稀缺及其所引發的連帶後果，是政府和市民發生摩擦的最主要原因。[45]一年以

44　同上，頁 279。

45　Hong Kong Hansard, Session 1972/73, p. 4.

後，麥理浩再次表示，到任以來的所見所聞證實了這一看法。他進一步指出，犯罪和貪污這對孿生子也與房屋短缺相關聯。基於上述認識，麥理浩提出了一項雄心勃勃的房屋建設計劃，即在今後十年內，每一位香港居民只須支付其經濟能力所及的租金，便可擁有環境合理的獨立住房。屆時，政府的房屋建設成就將主要從三個方面體現出來，一是木屋區將在香港的土地上絕跡，二是徹底消除居住擠迫與合租房屋現象，三是在建設過程中需要重新安置的人口及自然增長的人口可以隨時獲得居所。後來的事實表明，十年建屋計劃規模過於龐大，它意味着在同期興建的私人樓宇之外，每年將要完成4.5萬個居住單位的新建公屋，共滿足180萬人的住房需求。若以1972年價格，以人均居住面積35平方英尺計算，總成本也將高達33億港元。建屋計劃在實施過程中遇到很多障礙，一是1973—1974年世界性石油危機所引發的經濟衰退影響了建房速度，二是財政司等官員擔心公屋搶奪私人發展商的生意，進而影響政府的賣地收入，所以一直控制撥款數額，致使建屋計劃難以如期完成。此外，有些公屋的建築品質也不盡如人意。由於房屋署壓低房屋造價，承建商相應地削減工程材料，出現了某些劣質公屋，如葵涌的26幢公屋建成後不久便成為危樓。儘管存在着某些不足之處，港府在房屋建設方面的成就可以說是有目共睹的。

為了推行新的房屋建設計劃，港府將分散於屋宇建設委員會、房屋協會、徙置事務處等部門的權力和職能集中起來，成立房屋署，由房屋署統一負責公屋的規劃、建設和管理。從1970年代中期開始，房屋計劃正式啟動。1976年港府又推行了「居者有其屋」計劃，其內容是建設三萬個居住單位的公共房屋出售給中低收入人士，當年，首批6千個單位的房屋開工修建，至1986年底共建設了9.9萬個單位。1978年，政府加快房屋建設速度，年內動工的建築工程多達57項，落成1.8萬個居住單位。該年，居住在政府公屋中的居民已經達到二百餘萬人，佔全港人口總數的46%。1979年首次達到每年落成4.5萬個單位的預定目標。到1982年麥理浩離任時，荃灣、沙田、大埔、元朗、屯門等五個新市鎮在昔日的新界農村拔地而起，政府先

後完成33個公屋大廈，16個居者有其屋大廈，11個再發展大廈，共安置了96萬名居民。[46]

勞工待遇的逐步改善

香港政府經歷1966、1967年兩次社會動盪後，終於將解決勞工生活困境提到議事日程上來。首先，政府設法縮減工人的勞動時間。1968年9月政府通過新的僱傭條例，推行勞工分期遞減工時計劃。1971年12月，香港最終實行每天8小時、一週48小時工作制，女工享有產假。[47]平均而言，1971年每週工作時數為56小時，1981年降至50小時。[48]其次，保障勞工權益。港府訂立了勞工賠償新例，擴大保障範圍並提高賠償金額。1970年1月，勞工賠償法的保障範圍擴大到包括家庭僱工和農業工人，同時大幅度增加死亡或永久致殘勞工的賠償額。例如，工人意外死亡最高賠償標準從8,000港元提高到4.5萬港元，最低賠償額標準由1,800港元提高到7,200港元。[49]為保障僱員權益，港府訂立新的法規以處置未付工資而潛逃的僱主。1973年，政府成立勞資審裁處，通過司法程式處理僱傭契約下發生的權益糾紛。到1975年，共有102項勞工立法出台，勞工境遇得到逐步改善。

社會保障制度的建立

麥理浩主政時代，香港政府終於將社會保障視為政府理應擔當的責任，開始了社會保障的制度化建設。1970年代以後，香港社會保障的範圍逐漸擴大，赤貧、年老、失業、傷殘等情況被逐步納入社會保障的範疇，現

46　K. K. Charha ed., *The Maclehose Years, 1971—1982*, Hong Kong: South China Morning Post, 1982, p. 50.

47　Hong Kong Annual Report,1970, Hong Kong: Govt. of Hong Kong, 1971, pp. 5—6.

48　香港政府統計處：《1981 年香港戶口統計簡要報告書》，頁 12。

49　華僑日報社編：《香港年鑒》第 23 回，1970 年香港出版，頁 6。

代的社會保障體系開始浮出水面。香港政府構築的保障體系主要包括：

第一，公共援助。

1971年，香港政府改進公共援助，開始實行入息審查的公援計劃。此前，只有某些志願機構向貧困者發放少量現金，而政府公共援助概以實物的形式派發。改革之後，公共援助改以現金形式發放，其金額隨物價變動而調整，以保證受援者的生活不致因通貨膨脹而下降。此後，公共援助真正成為保障經濟困難人士基本生活的一項措施。[50]1978年，政府進一步完善公援計劃，一方面，實行入息豁免制度，使一些收入微薄的公援人士能夠保留少量的收入；另一方面，設立長期補助金，發放給領取公援超過一年的人士。[51]1971—1983年間，公援總額由1,200萬港元上升到3億港元，其間八次提高援助標準，從1971年4月的每人70港元提高到1982年6月的每人450港元，受資助人數則從1.8萬人增加到6.9萬人。1993年，公共援助計劃改稱綜合社會保障援助計劃（簡稱「綜援」）。1993年底，綜援個案有92,000宗。年內政府綜援支出達20.74億港元。

第二，傷殘老弱津貼。

1972年4月，香港政府開始發放傷殘老弱津貼。到1974年，有五萬餘人領取殘疾津貼和老年津貼，津貼數額也比剛開始發放時增加了62%，用以抵銷生活費用上漲的影響。1978年，領取老年津貼的年齡標準從75歲降至70歲，惠及更多的老人。另外，增設老人補助金，發放給60—70歲之間接受公共援助的老人。[52]到1982年初，領取傷殘老弱津貼的人數超過了20萬人。

第三，失業救助。

1973—1974年，世界石油危機引發了香港的經濟衰退，通貨膨脹嚴重，

50　周永新：《富裕城市中的貧窮：香港貧窮現象剖析》，香港：天地圖書有限公司，1982 年，頁 35。

51　Hong Kong Annual Report, 1978, Hong Kong: Govt. of Hong Kong, 1978, p. 90.

52　Hong Kong Annual Report, 1978, Hong Kong: Govt. of Hong Kong, 1978, p. 90.

工人大量失業。工會等團體發起行動，要求政府放寬公共援助領取資格，容許失業人士領取公援或設立失業金。1977年，香港政府准許15—55歲的健康失業者領取公共援助。[53]

第四，意外傷害。

1979年，港府發表《進入八十年代的社會福利》白皮書，設立交通意外無辜受害者計劃，以緩解受害者的財政困難。1970年代末期，香港工傷問題嚴重，1980年在數十個工會宗教組織及勞工團體的要求下，工傷賠償金額得以提高。1982年政府還規定，強制僱主為僱員購買勞工賠償保險。[54]

經過多年建設，香港政府成功地建立起社會保障的基本架構，社會保障的規模和水準有了長足的進步。1967/1968年度，港府投入社會福利的資金僅為3,500萬港元，1970/1971年度為4,300萬港元。1978/1979年度，這一數字增至5.3億港元，1982/1983年度進一步達到13億港元，比1970/1971年度增長了三十多倍。與發達國家比較，香港的社會保障體系中缺少社會保險，這是由於強制供款性的社會保險一直遭到資方的反對而遲遲未能實行。

日益豐裕的物質生活

在經濟持續增長的背景下和政府改善民生政策的推動下，各個社會階層都逐漸分享到了（儘管並不平等）經濟成長帶來的成果。1970—1980年代，香港民眾的經濟收入和物質生活水平發生了質的飛躍，從工業化時代的溫飽有餘向富裕生活轉變。

從經濟收入情況看，1970年代以後，香港工人的工資沿續1960年代末期的良好增長趨勢，繼續穩步攀升。詳見下表：

53　莫泰基：《香港貧窮與社會保障》，香港：中華書局（香港）有限公司，1993年，頁68。

54　同上，頁68—69。

表 14.13　1970—1981 年香港工人工資變動表（1964 年 3 月 2 日＝ 100）

項目 年份	名　義　工　資		實質工資指數
	工資指數	日平均工資 （港元）	
1970年9月	176	17.94	135
1971年9月	200	20.41	148
1972年9月	220	24.46	154
1973年9月	250	25.75	145
1974年9月	262	26.79	135
（1974年調整基期，以1973年7月至1974年6月為基期100）			
1974年9月	102	26.79	96
1975年9月	106	27.89	99
1976年9月	122	32.06	109
1977年9月	137	35.95	116
1978年9月	158	41.52	127
1979年9月	185	48.31	132
1980年9月	215	56.29	134
1981年9月	250	65.28	136

資料來源：1975—1982年《香港經濟年鑑》。

　　由上表可見，1970年代中，除了1973—1975年受世界能源危機影響工人工資略有下降外，其餘年份的工資水準都有較大幅度的提高。另據統計，1976—1986年，香港工人工資大幅度上升。1976年，90％以上的工人每月收入不足二千港元。1986年，只有28.2％的工人月收入不足二千港元。按1976年價格計算，1976年中位數收入為742港元，1981年上升到1,010港元，1986年為1,125港元。[55]

　　與此同時，香港家庭收入明顯增長。詳見下表：

55　David Faure ed., *A Documentary History of Hong Kong: Society*, Hong Kong: Hong Kong University Press, 1997, p. 353.

表 14.14　1971、1981 年香港家庭住戶收入統計表

住戶收入（港元）	1971年（%）	1981年（%）
不足1,000	70.3	9.5
1,000—1,999	21.5	19.0
2,000—2,999	8.2	22.3
3,000—4,999	—	26.2
5,000—6,999	—	11.2
7,000—9,999	—	6.4
10,000及以上	—	5.4
住戶月入中位數（以時價計）	708港元	2,955港元
住戶月入中位數（以1971年價格計）	708港元	1,308港元

資料來源：香港政府統計處：《1981年香港戶口統計簡要報告書》，頁15。

　　由上表可見，1971—1981年，月收入不及千元的家庭所佔比例從70.3％降至9.5％，月收入在三千元以上的家庭從無到有，1981年有49.2％的家庭月收入在3,000以上。家庭月收入中位數增加了3.2倍。如扣除其間的消費物價上漲影響後計算，家庭收入的年均增長率達6.3％，實質增加了84.7％。[56]

　　工業化時代香港大多數普通家庭的日常開支主要用於滿足溫飽。1970年代以後，人們的消費支出迅速從滿足生活基本需求向提高生活品質轉變。居民們用於改善生活品質、接受教育、文化娛樂、旅遊度假等方面的支出明顯增長，享受生活逐漸成為日常的生活狀態。

　　香港學者劉兆佳1986年所做的調查充分反映出香港人生活的安居樂業。以往的很多調查發現大部分香港人為金錢問題而擔憂。而在本次調查中，表示常為經濟問題憂慮者不足二成，顯示一般被訪者大多已不用憂心於兩餐不繼等問題。該項調查反映出隨着生活水準的提高，香港人因金錢問題

56　香港政府統計處：《1981年香港戶口統計簡要報告書》，頁15。

所衍生的憂慮已逐漸減退。[57]

由於經濟文化條件不同，不同社會階層人士的生活相差懸殊。廣大的藍領工人，每日辛勤勞動，希望創造條件爭取較好的生活。各類專業人士，工作上為高職位高薪酬奮鬥，也重視生活享受。巨富階層在商戰之餘，講究豪華生活。不同社會階層人們的生活方式、物質享樂雖然千差萬別，但「拼命賺錢，盡情享受」幾乎是全社會的共識。

應當指出的是，在香港這樣一個富裕社會中，還存在着某些不和諧的音符。在大多數人的生活水平隨着經濟的高速成長而迅速提高的同時，香港社會中仍有少數人未能充分分享不斷增長的繁榮。根據周永新教授的研究，香港仍有一些非常貧窮的家庭。調查顯示，貧窮家庭中，獨居老人佔了很高比例，其次是子女眾多的家庭，特別是單親家庭。還有一些來港不久、子女較多的新移民也較為貧困。[58]1978年，據香港中文大學學生調查小組的調查，港九兩地各處共有一萬人生活於寄宿處，約40％為60歲以上的老人，被稱為「籠民」。寄宿處平均有900平方英尺，當中包括廚房與衛生間，住63人，平均每人15平方英尺。生活狀況令人震驚：過度擁擠、不通風，又髒又黑。約80％的老年居民於1960年以前來港，大多在香港無親無故，僅靠公援生活。[59]另據有關調查顯示，1979年，有67,500名老人生活在「不合標準，經常是非人的生活狀況中。」從貧窮家庭的情況看，貧窮主要是由於個人的年老或疾病等原因所致，因社會經濟發展程度較低而造成的絕對貧困現象基本上已經消失。

57　劉兆佳、尹寶珊：《香港社會指標研究的初步報告》，頁141。

58　周永新：《見證香港五十年》，香港：明報出版社，1997年，頁13—14。

59　David Faure ed., *A Documentary History of Hong Kong: Society*, Hong Kong: Hong Kong University Press, 1997, p. 348.

第五節 社會風尚的變化

二戰以後，在香港工業化和現代化的進程中，由於香港與國際社會空前密切的聯繫，香港的社會風尚發生了巨大的變化。這主要表現在以下幾個方面：

其一，傳統習俗受到衝擊。部分年輕人已經不再認同與固守老一代香港人所心儀的傳統習俗風尚。傳統習俗的淡化反映在許多方面，如婚喪嫁娶的儀制，人際交往的準則，等等。有學者指出：「香港社會中仍有傳統的人倫關係存在，可是傳統習俗已大大地變質，如過節、喜慶做人情的習慣不再如從前一般，而是公式化與商業化了。」[60]

其二，社會風氣趨於開放。社會風氣的開放，一方面表現在香港社會中的年輕一代熱衷於追隨世界潮流，樂於接受新奇事物。「在物質匱乏的五十年代，香港青年人的生活基本上是上一代生活方式的延續。而1960年代以後的年輕人文化，基本上是崇洋，組織樂隊，學習吉他，籌辦舞會，初嘗西方輸入的新奇玩意和在服飾上的改變。」[61]有些追求時尚的年輕人模仿歐美服式和行為舉止，嘗試新奇的髮型和服裝款式，故當時社會上有「飛仔」、「飛女」之稱。1960年代常有詬病奇裝異服的文章見諸報端。如1965年《華僑日報》的文章稱：「本港有些婦女，竟因遺忘我國本來禮教，反而趨向妖冶奇裝異服日甚一日，比諸文明西婦有過之無不及」，「識者無不認為世界行將末日的預兆。」[62]老派人物噴有煩言恰好反映出社會風氣新舊交替的現象。另一方面，社會各方對於新奇時尚的西方文化潮流也採取

---

60 香港中文大學群眾播導中心編：《香港社會變遷與報業》，香港：海天書樓，1971年，頁28。

61 張月愛：〈香港1840—1980〉，魯言：《香港掌故（第4集）》，香港：廣角鏡出版社，1981年，頁122。

62 陳祖澤：〈端正服裝是婦女道德〉，陳祖澤著：《益世論文集》，香港：陳更煥百貨公司，1968年，頁93。

更為開放和接納的態度。1963年開播的香港商業電台第二台以播放流行音樂為主，選歌緊跟外國唱片市場。「披頭士」樂隊來港時，其瘋狂的演唱作風引起保守人士的批評，呼之為「狂人樂人」。香港中文台曾經傳令禁播「披頭士」的歌曲。但是，後來香港社會漸漸接受了新奇的西方最新流行音樂，中文台也自動解禁。[63]

其三，追求享樂成為時尚潮流。老一輩的香港人歷經艱難困苦，又秉承刻苦勤奮的嶺南民風，其生活和消費都表現出比較保守的傾向。香港的年輕一輩適逢經濟高速成長的時代，他們的工作生涯幾乎是增多的工作機會和上升的實際工資的同義語。承平日久，老一代人推崇的克勤克儉的品德日益受到衝擊。1960年代，報章上對此曾經加以抨擊：「回憶三十年前，知慳識儉的婦人主持中饋，不只洗淨鉛華，節衣縮食，不敢過分享用。……時至今日，因歪風所趨，今非昔比，家庭主婦，多被物慾誘惑，不論身份，多慕虛榮，窮奢極侈，而性情傾向多邊享受，服裝儘量講求新奇華貴，嗜食美味珍饈。…… 試看上段世情，使人羨慕，下段世情則深以為懼。」[64]二十世紀末期，香港社會消費主義和及時行樂頗為盛行，香港人對華服美食的享用已經到了令人歎為觀止的程度，這種情形在年輕一代的身上表現得更為強烈。

其四，重實利的社會風習愈演愈烈。1970年代以後，這種風氣發展到新的階段。香港經濟起飛後，眾多香港家庭告別溫飽走向富裕，如何快速致富成為人們津津樂道的新話題。在這種情形下，可能一夜暴富的股票市場、房地產市場、黃金市場、外匯市場開始進入普羅大眾的視野，成為他們躋身其中的經濟活動舞台。1972年香港股市熱潮達到鼎沸，港府財政司曾經告誡說：「股市活躍情形，已達瘋狂程度，不論買賣，完全失去理智。

63　李安求、葉世雄合編：《歲月如流話香江》，香港：天地圖書有限公司，1989 年，頁 180。

64　〈賢能主婦其抉擇之〉，《華僑日報》1965 年 9 月 11 日。

投資股市雖為增加個人財富之途徑，然香港之經濟繁榮，重點係在工業生產，日以提高品質擴大輸出為務，倘拋棄生產而埋首股市求利，嚴重損害香港之經濟繁榮，實為不智，吾知我廣大市民必不肯愚昧至此也。」[65]1973年香港股市崩潰，投機者、投資者鎩羽而歸。但是，從此以後，炒股、炒樓、炒金、炒匯等行為成為都市紅塵繁華中濃墨重彩的一筆。普羅大眾熱衷投資是香港經濟與社會轉型後必然出現的現象，只是其中所蘊含的過度投機為香港社會平添了喧囂躁動、熱衷投機、渴望暴富的風氣。

第六節　社團組織

　　1970年代以後，香港的社會環境發生巨變。在新的社會環境中，傳統的華人社團組織依然存在和活躍，但其功能和地位都明顯不同於以往。

　　首先，社團組織在人們社會生活中濟危紓困的重要性大大降低。隨着移民社會色彩的逐漸淡去，香港成為香港人共有的家園，政府社會福利事業的擴張和教育事業的普及，使人們可以通過正規管道得到生活的扶助和事業的拓展，社團組織發揮作用的餘地遠不如前。比如，以往同鄉會、宗親會的主要服務項目是贈醫施藥、組織帛金會等，隨着市民生活水平的提高和社會保障制度的推進，民間團體所提供的福利漸漸顯得微不足道。再比如，1950年代，工廠募工以家庭關係和私人介紹為基礎。工頭或工長本人要對他所介紹工人的效率和行為負責，而這些人一般都是親戚或同族的人。[66]1960年代勞工短缺現象出現以後，同鄉組織所提供的求職便利也大打

65　華僑日報社編：《香港年鑑》第 26 回，香港：華僑日報社，1973 年，序言，頁 1。

66　喬・英格蘭、約翰・里爾著，壽進文、唐振彬譯：《香港的勞資關係與法律》，頁 83。

折扣。所有這些變化都影響到人們參與社團組織的熱情。根據謝劍對惠州社團的研究，香港出生的新一代人對傳統的志願社團有疏離的現象，從社團領袖很少是香港本地出生居民這一現象可以察覺到一點。即使是從惠州來港的新移民，時日既久，等到成家立業之後，往往投入以說廣府話為主的華人主體社會，從而和志願社團疏離。

其次，傳統華人社團組織對經濟發展的推動作用減弱。根據冼玉儀的研究，香港開埠後的最初一百年間，香港經濟發展主要依賴商人自行組織和推動。另外，從前華商與外商各立門戶，華洋分處，華人的經濟發展依靠華人社團如華商總會、中華廠商會、各邑商會、各行商會等互相扶持。[67] 戰後年代，世界經濟局勢變化很大，許多商業事宜如關貿協定、出口配額等問題需要通過國與國、政府與政府之間的外交談判才能解決。為此，香港出現了由政府策劃、推動成立的團體，如香港工業總會、貿易發展局，等等。這些全新的、更具包容性的組織出現後，傳統華人社團的功能和影響力不可避免地受到削弱。

各類社團組織的發展情況介紹如下：

工商業組織

二戰結束以後，香港迎來了恢復與創辦商會的熱潮，僅1946年成立的就有港九中國酒業商會、海味雜貨商會、香港麵粉商業總會、香港魚翅行商會、香港織布廠商同業會等多個商會組織。[68]新出現的商會組織多以發展業務、開拓市場為己任，富有新時代的朝氣。1960年代以後，香港工商業組織的發展則以政府的協調與統籌為主要特徵，比較重要的工商業組織有成立於1960年的香港工業總會和成立於1966年的香港貿易發展局。

67　王賡武主編：《香港史新編（上冊）》，香港：三聯書店（香港）有限公司，1997年，頁204。

68　區少軒、陳大同、麥顯揚主編：《香港華僑團體總覽》，香港：國際新聞社，1947年，第一章。

同鄉組織

二十世紀下半期，香港的同鄉組織仍然相當活躍。戰後成立的同鄉組織有東莞同鄉會、僑港禺北同鄉會、台山李氏旅港宗親會、僑港潮陽同鄉協進會，等等。在香港由傳統社會向現代社會變遷的過程中，香港的同鄉組織不斷調整自身結構，改進組織功能，成為集傳統與現代、鄉村與都市諸多功能於一身的團體，並依然在社會生活中發揮着力所能及的作用。根據孔東在1990年代所做的調查，香港有超過二百個同鄉會。[69]香港同鄉組織的發展歷程表明，鄉土意識、同鄉組織等帶有濃厚傳統社會色彩的觀念及團體在現代社會中能夠轉化為現代文化資源，並繼續發揮其社會整合作用。

工會組織

1950—1960年代，與工業的飛速發展以及工人數量的迅猛增長極不相稱，香港工會組織的會員人數基本上停滯不前，大致徘徊在18萬人左右。其間，1959年的統計曾達到23萬人，但這一數字的真實性令人懷疑。因為1961年政府規定只能呈報繳費會員後，會員人數僅有16.5萬人。[70]

這一時期香港工人對工會組織興致淡然既有政治原因，也有經濟原因。從政治原因看，戰後來港的大量難民對政治極其敏感，存有苟且偷安的逃避心理，懼怕加入任何組織活動。而香港的工會已經演變為非左即右，令害怕政治的工人無從選擇。與此同時，政府及資本家亦大力打擊工會活動，大眾傳播媒介也對工會充滿偏見，甚至極力醜化詆毀。[71]從經濟原因看，工會經濟職能的弱化是工會組織缺少吸引力的重要原因。

1970年代以後，香港工會會員人數迅速增長。1970—1976年間，工會會

69　孔東：《蘇浙旅港同鄉會之研究》，香港：學生書局，1994 年，頁 4。

70　香港中文大學崇基學院編：《廿五年來之香港，1951—1976》，香港：香港中文大學崇基學院，1977 年，頁 37。

71　同上。

員從18萬人增至40萬人，1979年全港共有345個僱員工會。[72]1980年的工會會員人數為40.9萬人，約佔全部受薪僱員和僱傭勞動者的23%。[73]

1970—1980年代，隨着香港經濟結構的轉變，白領行業的工會組織及會員數量不斷增加。社會上最活躍的工會團體，如香港教育專業人員協會、香港官立學校非學位教員職工會、香港社會工作者總工會等，都是中產階級工會。統計數字顯示，1976年，大部分屬中產階級工會的所謂「獨立工會」有122個。1976—1980年間，「獨立工會」會員人數從6.1萬人激增為10.1萬人，增幅達到64.4%。[74]根據1988年的調查，白領行業僱員加入工會的熱情明顯高於藍領工人。調查發現，具高學歷或從事專業、行政工作者中有近三成加入工會組織，但具低學歷或從事生產行業的被訪者中，則只有略超一成加入工會。[75]這是香港工會組織發展中一個值得注意的現象。

戰後年代，香港的僱員工會除少數保持中立和獨立外，大多數分別與兩個聯會有關係。1947年以後，香港工會組織中逐步出現了兩個核心，一個是親北京的香港工會聯合會，另一個是親台北的港九工團聯合總會。香港工會聯合會是左派組織，1976年，與其聯繫的工會有67個，會員大部分集中於船塢、紡織廠和公用事業。另有名義上獨立的工會29個，實則傾向該聯合會並參加其活動。港九工團聯合總會是右派組織，與其聯繫的工會有84個，並有名義上獨立而實際支持該總會的工會9個，會員大多數受僱於飲食業和建築業。[76]1967年暴動後，左派工會受到挫折。右派工會借機吸收

72　楊森著，何秉石譯：《香港經濟的成長及政策》，北京：港澳經濟研究中心，1985年，頁 19。

73　N. J. Miners, *The Government and Politics of Hong Kong*, Hong Kong: Oxford University Press, 1981, p. 50.

74　魯凡之：《香港：從殖民地到特別行政區》，香港：廣角鏡出版社，1982年，頁 116

75　劉兆佳、尹寶珊：《香港社會指標研究的初步報告》，頁 68。

76　《香港：1976年》，香港：香港政府印務局，頁 36。

會員，在九巴、中巴、渡海小輪工人中頗有進展。[77]1976年起，內地發生一系列事件：粉碎了「四人幫」；中共中央召開十一屆三中全會，停止使用「以階級鬥爭為綱」的口號，把工作重點轉移到社會主義現代化建設上來；中共中央又通過《關於建國以來黨的若干歷史問題的決議》，否定了「文化大革命」。這一切來得太突然，部分工會積極分子思想一時轉不過來。從1978年起，工聯會屬會會員人數連續下降七年。從1970年代後期起，中國開始改革開放，中英聯合聲明又於1984年簽署。這些有利因素，加上工會本身的努力，1985年工聯會屬會會員人數止跌回升。[78]

1990年7月，香港職工會聯盟（簡稱職工盟）成立。職工盟稱自己「是一個完全自主的工會組織，不依附於權勢，獨立於任何政權、政黨、財團」。職工盟在政治問題方面，往往採取與香港工會聯合會不同的立場。事實上，不同政治主張和不同背景的工會組織並存，反映香港是一個開放和多元化的社會。香港回歸以後，職工盟成為反對派陣營的成員。

77　香港中文大學崇基學院編：《廿五年來之香港，1951—1976》，頁 40。

78　香港工會聯合會：《工聯會與您同行——65 周年歷史文集》，香港：中華書局（香港）有限公司，2013 年，頁 58—59。

第十五章

二十世紀後期
文化教育

香港藝術節（1979年）

亞洲電視拍攝電視劇《王昭君》場景（1984年）

金庸在寓所書房

嶺南大學校園一景（劉蜀永攝於2007年）

第一節　報業

　　戰後初期，香港的新聞事業迅速擺脫了日佔時期的蕭條。到1946年底，香港各類報刊已基本復刊，計有《德臣西報》、《南華早報》、《香港電訊報》、《星期日先驅報》四家英文報紙；中文報紙14家，其中包括《華僑日報》、《星島日報》、《成報》、《工商日報》、《華字日報》、《循環日報》等九家日報，《新生晚報》等五家晚報。銷量最多的日報是《華僑日報》，晚報是《新生晚報》。[1]

　　從香港光復到中華人民共和國成立之前，香港再度發揮了各黨派宣傳陣地的作用。中共系統的報紙有復刊的《華商報》和新創刊的小型報紙《正報》。民盟和中國農工民主黨分別在香港辦有機關報《光明報》和《人民報》。此類報紙的共同特點是其目的在於供各政治黨派做宣傳之用，注意力並不在香港。如《華商報》的新聞報導方針是：國內國外，以國內為主；內地香港，以內地為主。[2]這類報紙多在中華人民共和國成立後離港而去。這一時期，還有一些外來勢力來港創辦報紙，這些報紙在未來漫長歲月中一直都是香港報業的組成部分。其中主要的有1948年徐鑄成來港創辦的香港《文匯報》和1949年國民黨創辦的《香港時報》。[3]

　　1950年代以後，香港報業走上持續穩定發展之路。從報紙數量看，1957年香港報紙總數為42家，1970年香港中英文日報、晚報共有七十家左右。1989年底，香港共有各種文字的報紙六十多家，其中每日印行的綜合性中文日報17家，英文報紙5家，馬經報28家，只登娛樂新聞的報紙2家。[4]從報紙銷量看，據1960年《香港年報》統計，當時全港報紙銷量大約為50萬份，

1　謝永光：《香港戰後風雲錄》，香港：明報出版社，1996 年，頁 125—126。

2　鍾紫主編：《香港報業春秋》，廣州：廣東人民出版社，1991 年，頁 187。

3　謝永光：《香港戰後風雲錄》，頁 136。

4　鍾紫主編：《香港報業春秋》，頁 305。

1964年增至90萬份。1989年底，香港報紙每日總發行量達180多萬份，以全港人口550萬計，平均每三人擁有一份報紙。同時，香港的不少大報還行銷世界各地的華人社會。

戰後的香港報業發展史上，不同報紙之間的競爭始終是激烈而殘酷的。戰後數十年間，香港報界旋起旋滅的報紙難以計數，能夠屹立多年長盛不衰，或者在某一時期內產生較大影響的報紙數量並不太多。歷史悠久的《華僑日報》、《成報》、《星島日報》等在戰後年代仍然具有一定的影響力；戰後新問世的報紙則有創辦於1952年的《香港商報》、創辦於1958年的《明報》、創辦於1959年的《新報》、創辦於1960年的《天天日報》、創辦於1963年的《快報》、創辦於1969年的《東方日報》、創辦於1971年的《信報》，等等。

電視機走進千家萬戶之前是香港晚報的黃金歲月。比較著名的晚報有《星島晚報》。1948年1月該報因及時報導「廣州市民焚燒沙面英國領事館」事件而銷量陡增，此後長期雄踞晚報銷量之首。[5]1996年底該報停刊。《華僑晚報》由《華僑日報》經營，主要版面有國際、本港新聞、華僑體育、東風西雨、夜聲晚趣等。1960年代後增添了股市、金融、馬經等內容。此外，《南華晚報》、《新晚報》、《明報晚報》也是1950—1960年代極具競爭力的晚報。《新晚報》的策略是加強體育報導和馬經，使報紙在下午時段成為球迷和馬迷手上的報紙。《新晚報》副刊還因刊登梁羽生、金庸的武俠小說，開報紙刊載新派武俠小說之風氣。因此，該報一度與《星島晚報》並列為當時最暢銷晚報。1980年代以後，在電視等傳媒衝擊下，晚報市場風光不再，逐漸萎縮。

英文報紙方面，1990年代初，香港每日出版的面向本地讀者的英文報紙，主要有1903年創刊的《南華早報》（*South China Morning Post*）和1949年

5　李家園：《香港報業雜談》，香港：三聯書店（香港）有限公司，1989年，頁152。

創刊的《虎報》（*Hong Kong Standard*）。《南華早報》主要股權長期由滙豐銀行、太古集團等英資財團控制，報紙內容始終為香港政經管理階層所看重。1986年，滙豐銀行將控股權轉售與澳洲國際報業大王默多克（Rupert Murdoch, 又譯為梅鐸）。1993年，馬來西亞「糖王」郭鶴年購得默多克擁有的股權，成為該報董事會主席。

戰後年代香港報業發展的主要特點是：

其一，香港報業敏於追趕時代潮流，從形式到內容不斷地推陳出新。為了滿足不同經濟社會環境下讀者的不同需要，香港報紙努力捕捉時代脈膊和潮流時尚，迅捷地為大眾提供各類資訊。

綜合性大報貼近大眾的主要方法是不斷地調整版面。1950年代末1960年代初，因大量外來資金流入香港，香港股票市場交投活躍，各報競闢股市版。1960年代，隨着新的居民消費熱點的形成，各報爭闢汽車版、旅行版、食經版、娛樂版、狗馬經版等。在本地新聞方面，隨着新市鎮的崛起，多家報紙增闢新界版。這一時期，由於娛樂新聞受到讀者追捧，大、中型綜合性報紙紛紛加大副刊、娛樂消息的報導份量，過度重視娛樂性報導構成了香港報紙的特色之一。副刊的娛樂性報導，有「娛樂」、「影劇」、「談天」、「說地」、「生活圈」等。它們頗能適合一般市民的口味，文筆通俗，俚語方言並用，文化程度不高的人也能看懂。[6]1970年代以後，越來越多的香港市民成為股票市場、房地產市場和黃金外匯市場的投資者，香港報紙開紛紛闢經濟版，《成報》、《明報》、《華僑日報》、《星島日報》等著名大報都開設了股市經濟專版以爭取讀者。

與此同時，專門性報紙是報業滿足讀者需求的另一種反應。1960年代以後，純娛樂性報紙大量出現。戰後初期的娛樂報紙中還有新聞的一席之地，如1947年創辦的《紅綠日報》，以港聞、娛樂消息及鹹濕（色情）內容

6　林友蘭：《香港報業發展史》，台北：世界書局，1977年，頁156。

為主，銷路頗佳。1949年創辦的《小說超然報》以小說和狗馬經為主，但亦報導本港新聞。1960年代以後創辦的娛樂性報紙則走上了純娛樂性的路線，把報紙的娛樂功能發揮到了極致。1967年創刊的《新燈日報》專門刊登有關電影電視的內容以及言情小說。1960年代末出版的《新星日報》亦大致如此。1969年創刊的《電視日報》是一份專門報導歌壇影視藝人動向和娛樂新聞的報紙，一直出版到1995年。[7]

馬經報紙是香港報業中的一道獨特風景。賽馬報導歷來是報紙娛樂內容的一個重要組成部分。1960年代初，不少報紙增加馬經版面。其後，專門報導馬經新聞並提供馬迷貼士的馬經報紙便大為風行。有的出紙僅半張，但售價與一般綜合性日報相同。1970年代，純娛樂和賽馬消閒的報紙不斷增加，幾乎佔報紙總數的一半以上。

1970年代以後，香港的經濟類報紙異軍突起，專門的財經日報亦應聲而出，1969年面世的《明報晚報》在創刊一年後轉向以報導財經消息為主。《信報》是香港第一張財經專業報紙，香港《經濟日報》亦於1988年創刊。

其二，報紙的當地語系化傾向日益彰顯。

二十世紀以來，香港一直是國內各種政治勢力傾力爭奪的宣傳重鎮。1950—1960年代，政治傾向依然是影響香港報紙分類的重要因素，不同政治傾向的報紙發表不同的言論，表達不同政治勢力和利益集團的觀點。香港的中文報紙按其政治傾向可劃分為左、中、右三大類別。

1950—1960年代，香港社會的中堅力量是第一代或第二代的內地移民，他們對故鄉的牽掛遠遠超過對香港的關注。在這種情況下，香港的中文報章所關注的政治，是內地和台灣的政治局勢，各種新聞報導也將內地情形置於特別重要的位置。《華僑日報》的創始人吳灞陵曾經指出，「因為僑居香港的，大部分是廣東同鄉，對於故鄉的動態最為關心，因之本報廣東

7　陳昌鳳：《香港報業縱橫》，北京：法律出版社，1997年，頁66。

各地新聞比別的地方特別多。」[8]

1960年代中後期，香港報紙明顯出現了當地語系化趨勢。這一趨勢的出現是讀者需求和報業人員構成共同變化的結果。當地語系化趨勢主要體現在以下兩個方面：

首先，香港報章的關注重點轉向本地新聞。1973年《香港年報》指出：「以前報章大部分皆着重刊載對外之問題。由於香港經濟須依靠世界各地市場銷售其產品，長久以來促使商界人士必須瞭解世界動態，但此種有限之激勵已無法滿足報章讀者之要求，彼等對海外奇異之政治問題及其對出口貿易之影響，已不如以往之重視。…… 本港報章報導之重心逐漸由世界新聞轉為本地新聞。」[9]根據對《南華早報》、《星島日報》和《大公報》經濟新聞所做的抽樣調查，1968年的經濟新聞中，58.5％是關於香港的，而41.5％是國際的（包括中國）。1978年，本地經濟新聞增至63.8％，而國際經濟新聞減至26.2％。[10]

從報紙版面安排上也可看出本地新聞重要性的攀升。香港中文報紙版面安排的傳統方式是將國內外要聞置於第一版，認為這樣的安排才能與大報的地位相匹配。1952年創刊的《香港商報》在第一版刊登本地新聞，是一次標新立異的嘗試。1970年代以後，香港本地新聞逐漸由報背（即第四版）佔據了報紙頭版的位置，已經很少中文報紙不將港聞放在頭版。[11]

其次，當地語系化的商業報紙成為香港報界的主流。在急速變化的社會環境中，一批當地語系化商業報紙日漸成為報業的主流。這些本地商業

8　吳灞陵：〈《華僑日報》的過去與現在〉，參見《香港年鑒》第 8 回。

9　1973 年《香港年報》，〈綜論〉，頁 3。

10　馮強：〈十年來香港報紙經濟新聞之演變〉，朱立、陳韜文編：《傳播與社會發展：香港中文大學新聞與傳播學系成立廿五周年紀念學術研討會論文集》，香港：香港中文大學新聞與傳播學系，1992 年。

11　張圭陽：《香港中文報紙組織運作内容：公民教育》，香港：廣角鏡出版社，1988 年，頁 39。

報紙以市場為依歸，強調本地意識，關注香港民生，其貼近生活、貼近大眾的風格贏得了讀者的認可。

第二節　文學

　　香港重光後，隨着社會經濟的復甦，香港文壇再度活躍起來。1940年代末及1950年代初，受外部政治環境的影響，香港文壇曾經出現過曇花一現的繁榮。其間，有兩股外來勢力先後對香港文壇產生了較大的影響。戰後初期，茅盾、郭沫若、夏衍、邵荃麟、聶紺弩、袁水拍、杜埃、秦牧等內地文化人士先後在香港進行文化活動，《華商報》、《文匯報》等報章上留存着許多內地文化人在港文學活動的印記。內地作家黃谷柳在香港完成了《蝦球傳》的前三部：《春風秋雨》、《白雲珠海》、《山長水遠》。小說以主人公蝦球從一個流浪兒成長為遊擊隊的小英雄為線索，廣泛描寫以香港、廣州為中心的珠江三角洲地區的社會生活及廣東遊擊區的艱苦鬥爭，既有時代特徵又有鮮明的地方色彩。《蝦球傳》故事曲折，引人入勝。在《華商報》連載時，「像磁鐵般吸引着萬千讀者，大家都像子弟親友般關切蝦球。」[12]秦牧在居港期間，出版了長篇小說《黃金海岸》和《賤貨》，他還撰寫了大量的雜文和散文，發表在《華商報》和《星島日報》的副刊上。[13]這一時期香港文壇的蓬勃景象隨中華人民共和國成立後大批文化人士北返而結束。

12　吳倫霓霞、余炎光編著：《中國名人在香港——30、40年代在港活動紀實》，香港：香港教育圖書公司，1997年，頁65。

13　同上，頁123。

　　1950年代初期，香港文壇受到美國「綠背文化」政策的影響，[14]呈現出畸形的繁榮。朝鮮戰爭爆發後，美國以強大的經濟實力為後盾，在香港大力佈署宣傳陣地。美國在香港成立「救難總會」（後更名為「亞洲基金會」）、「孟氏基金會」及「友聯研究所」，由這些機構提供經濟援助的雜誌社和出版社幾乎獨霸文化界。這一時期政治傾向鮮明的應命之作層出不窮。張愛玲的《秧歌》和《赤地之戀》、沙千夢的《長巷》、趙滋蕃的《半下流社會》、徐訏的《女人與事》、司馬長風的《殷老師的眼淚》以及黃思聘的《代價》、《選手》、《獨身者的喜劇》等是其中的主要作品。[15]隨着美元文化的撤退，喧囂一時的香港文壇再度歸於沉寂。

　　當外來勢力漸次消退之後，真正意義上的香港文學開始浮出水面。戰後的香港正在成為數百萬人的永久家園，香港文學也告別了如同浮萍般漂泊的命運。這一時期，香港文壇擁有了一支比較穩定的作家隊伍。1950年代，屬於南下文化人群體的作家主要有徐訏、曹聚仁、李輝英、葉靈鳳、徐速、趙滋蕃、黃思聘、林以亮、張愛玲、南宮博、劉以鬯、梁羽生、金庸、李素、思果、慕容羽軍、何達、王敬義等。屬於香港本地的作家或久居香港的作家，則有傑克（黃天石）、吳其敏、侶倫、夏易、舒巷城等。這兩個群體構成了當時香港文壇的中堅力量。1960年代以後，本地新一代文學青年開始顯露頭角。這一群體的主要成員有陸離、西西、亦舒、蔡炎培、古蒼梧、也斯、蓬草、海辛、李怡、甘莎（張君默）、韓中旋、戴天等。1960年代，戴天、蔡炎培、徐柏雄、也斯等人的詩作，無論在取材、視野、廣度方面，都更形圓熟深刻。小說方面，以西西、亦舒、朱韻成、江詩呂等成就最好，他們在題材的取捨、內容的剪裁、文字的技巧、意象的運用方面，都是勝出一籌。但是，無論是詩歌、散文或者小說，都帶有濃

14　「綠背」是美元的別稱。

15　何慧：《香港當代小說概論》，廣州：廣東經濟出版社，1996 年，頁 13。

厚的西方色彩。[16]

從文學園地來看，報紙副刊、文學雜誌和出版社為文學作品的發表提供了幫助。這一時期報紙副刊為文學發展，尤其是小說的發表提供了強大的助力。香港報紙副刊曾經流行過小說版，以整版篇幅刊登連載小說，以各種不同類型的作品，吸引不同愛好的讀者。左派的園地以《大公報》、《文匯報》和《新晚報》的副刊為主。《金陵春夢》曾在《新晚報》連載長達十年以上。雜誌和出版社方面，有美元背景的出版物有《大學生活》、《中國學生週報》、《人人文學》、《海瀾》、《兒童樂園》、《祖國》、《知識》等。《人人文學》和《中國學生週報》創刊於1952年。《人人文學》由黃思聘主編，刊登創作和評論，有名家之作，也有學生初試啼聲的篇章，出版時間二年多。《中國學生週報》是綜合性刊物，出版了22年，是香港文學史上的重要刊物。1940—1950年代出生的本地作家，或在本地成長的作家，有很多是它直接間接培養出來的。[17]屬於左派的刊物則有《文藝世紀》、《文藝伴侶》、《海光文藝》、《南洋文藝》等。其中，創刊於1957年的《文藝世紀》出版了十幾年，是香港最長壽的文藝期刊之一。

由於作家隊伍的壯大和文學園地的增多，這一時期香港文壇出現了一批比較有影響的文學作品。南下作家比較重要的作品有曹聚仁的《酒店》、唐人的《人渣》，均以逃港難民生活為題材；徐速的《星星·月亮·太陽》和《櫻子姑娘》是以抗日戰爭為背景的愛情小說，在香港和東南亞地區頗為暢銷；徐訏在1960年代初發表了《江湖行》；唐人的《金陵春夢》是以蔣介石一生為題材的長篇多卷現代歷史小說，發表後震撼文壇；劉以鬯則借助《酒徒》盡情揮灑他的文學才情與文學理想。被譽為「中國

16　紀輝：〈30年來香港文壇的發展〉，魯言：《香港掌故（第8集）》香港：廣角鏡出版社，1985年，頁136。

17　黃維樑：《香港文學再探》，香港：香江出版有限公司，1996年，頁10。

第一部意識流長篇小說」的《酒徒》反映了一個極具藝術品味的香港職業作家的困惑與仿徨、掙扎與妥協，曝露出社會和文壇的黑暗。

本地作家的重要作品首推侶倫的《窮巷》。侶倫是地道的香港作家，在香港的文學活動長達半個世紀，被稱為「貫串香港現代和當代文學的第一人」。《窮巷》圍繞四個不同經歷和身份的窮人，抗戰勝利後到香港尋求新生活的線索展開故事，描摹出戰後的香港社會百態。《窮巷》結構緊湊、節奏明快，深刻揭示了香港的社會問題，並具有一定的藝術感染力。這部作品至今被視為香港寫實主義創作方法的代表作之一。另外值得一提的本地作家及作品還有夏易的《變》和舒巷城的《太陽下山了》，等等。

這一時期香港的通俗小說創作蔚然成風。通俗小說品種繁多，大致有武俠小說、愛情小說、科幻小說、歷史小說和社會小說等。

香港通俗文學中最輝煌的作品是金庸、梁羽生的新派武俠小說，被譽為香港文學的奇葩。金庸的主要作品有《神鵰俠侶》、《倚天屠龍記》、《笑傲江湖》、《書劍恩仇錄》、《射鵰英雄傳》；梁羽生的主要作品有《龍虎鬥京華》、《萍蹤俠影錄》、《大唐遊俠傳》。金庸、梁羽生的新派武俠小說在努力吸收五四新文學以及世界優秀文學養份的基礎上，創新求變，從情節佈局、人物塑造到語言運用，都創建了獨樹一幟的鮮明個人風格。新派武俠小說情節緊湊逼人，語言典雅流暢，文學韻味濃鬱，其獨特魅力已經征服了全球華人世界。

言情小說是香港通俗文學的又一重鎮。香港的言情小說多以都市生活為背景，描寫男女之間的感情糾葛，恩愛情仇。1960年代以後，依達、亦舒、嚴沁、岑凱倫、林燕妮等年輕一代言情小說作家隊伍登上文學舞台，其作品溫柔纏綿，浪漫多情。依達的《垂死天鵝》、《蒙妮坦日記》等小說在1960年代風靡一時。此外，南宮博是擅寫古代才子佳人情愛的高手，其代表作品是《洛神》。

在科幻小說方面，1960年代初，倪匡推出了其首部科幻小說《妖火》，隨後一發而不可收，直至1980年代仍然創作豐沛，源源推出新作。倪匡的

小說把神奇的科幻世界與生動的現實生活共冶一爐，既洋溢着浪漫主義的奇思遐想，又合乎情理、細節真實。其多部作品構成「衛斯理科幻小說系列」，「衛斯理」已經成為深入人心的偵探英雄。

1970年代以後，香港作家隊伍明顯出現了新老交替的景象，新一代作家逐漸構成了香港文壇的中堅力量。作家群體中既有西西、也斯、吳煦斌等深受西方現代主義影響的作家，也有海辛、金依、張君默、陳浩泉等出身底層的作家。何紫、阿濃、陸離、亦舒、古蒼梧、何福仁等人也是文壇上的活躍人物，香港中文大學則彙集了宋淇、思果、陳之藩、金耀基、梁錫華、孫述宇、劉紹銘、小思（盧瑋鑾）、朱立、鍾玲、黃國彬、黃維樑等集學者與作家於一身的作家群體。此外，來港新移民中的青年文學愛好者也為香港文壇注入了新鮮血液。隨着作家隊伍的交接，文學作品不再被鄉土情結所縈繞，而表現出對現代城市文明的把握與闡揚，現代化都市生活感受成為香港文學所表達的主要內容。與1950年代的鄉愁和1960年代盲目西化影響下對個人體驗的描繪相比，這一時期的香港文學具有最為鮮明的本地色彩。

在文學刊物方面，香港文壇上能夠長盛不衰的文藝刊物寥若晨星，文學園地在各類期刊的此消彼長中生生不息。1970—1980年代比較重要的文藝刊物有《詩風》、《海洋文藝》、《文林》、《大拇指》、《文學與美術》、《羅盤》、《香港文學》（先後有兩種《香港文學》）、《素葉文學》、《星島晚報·大會堂》、《文藝雜誌》、《文學家》、《文學世界》等。另外值得一提的是，這一時期，有幾種獎掖、扶植文學新人的文學獎面世。1972年香港大學學生會設立一年一屆的「青年文學獎」。1980年起，市政局每年舉辦中文文學週，每兩年舉辦一次中文文學獎。

1970—1980年代香港文壇的各種創作是豐富多彩的。新一代南下知識份子群體中的文學愛好者發表了「文革」題材的作品。著名的有：韓江鴻的《文革風雨話山鄉》，吳氓、虞雪等人的《敢有歌吟動地哀：文化大革命後中國青年詩文選》。金兆、楊明顯、裴立平、白洛、顏純鉤等人的作品對「文革」的刻畫，血淚交織。金兆的《芒果的滋味》、裴立平的《刺粟

花開的時候》、白洛的《賽馬日》等。顏純鉤除了「文革」經驗外，後來還寫大陸來港移民的生活，他精於心理描寫，對人性善惡有深入的探索，有《橘黃色的毛巾被》等名篇。[18]與此同時，繼承1960年代的寫實風氣，大批左翼作家繼續創造其反映現實的作品，社會中下階層的生活是其作品的主要內容。但是，這些作品始終不能擺脫主題先行、概念化的毛病，而且表現方式淪於陳舊，所以始終不能成為主流。[19]

1980年代以後，香港文壇出現了一批長篇小說佳作，如西西的《我城》，海辛的《天使之城》、《乞丐公主》，鍾曉陽的《停車暫借問》，白洛的《暝色入高樓》，陳浩泉的《香港狂人》、《香港小姐》，溫紹賢的《青春淚》，東瑞的《鐵蹄人生》等。香港作家西西不懈追求技巧創新和內容深化的探索尤其令人讚歎。西西的創作涉及詩歌、散文、小說等多種文學形式，並嘗試了意識流、魔幻寫實主義等新銳創作手法，她的《我城》、《肥土鎮》、《浮城志異》、《哨鹿》、《交河》等小說以富於新意而成為香港文壇上的重要作品。

這一時期，以女作家為主的言情小說作家風頭雄健。比較重要的作家有亦舒、嚴沁、林燕妮等人。亦舒以描寫上流社會和高級知識份子的情愛生活見長，其作品在香港盛行多年而不衰。有評論稱：「亦舒的小說順應時代潮流，突破時空框架，情節奇詭，曲折跌宕，讀者不僅能體味纏綿沉烈而殘酷的愛情至上，還可以從中感覺到域外風光。漫步各地市場，接觸上層社會，見識各色人物，接觸新觀念。」嚴沁是從台灣來港定居的言情小說作家，她的小說大都描寫上層社會的愛情、婚姻、家庭及人際關係。其主要作品有《故人‧風雨》等。林燕妮為人稱道的作品有長篇小說《緣》、《浪》等，被視為香港言情小說的經典之作。1980年代末1990年代初，女作家梁鳳儀以「財經小說」躋身文壇，推出了《盡在不言中》、《世紀末的童話》、《花

18　黃維樑：《香港文學再探》，頁18。

19　紀輝：〈30年來香港文壇的發展〉，魯言：《香港掌故（第8集）》，頁139。

幟》等數十部作品。其小說大都以香港商場男女之間的恩怨情仇為題材，刻畫出當代資本主義社會的商界風雲和人生百態。

　　1970—1980年代，以報紙副刊雜文為主的所謂「框框文學」成為香港文學作品中的一個重要組成部分。這一時期，曾經在報紙副刊獨領風騷的小說風光不再。報紙副刊上小說所佔的篇幅明顯縮減，而短小精悍的散文、雜文則成為後起之秀。「以專欄方式出現的雜文副刊六十年代開始蓬勃發展，十三妹、任畢明、項莊等都是當時的名家，其中的一些健筆，至九十年代仍揮灑自如。」[20]1970年代初期，《明報》、《快報》、《星島日報》、《香港時報》等報章的專欄較多，其水平亦值得肯定。1970年代後期，黃維樑、小思等一批學者加入專欄作者隊伍，推動了專欄文章水平的提升。在一個日益多元化的社會中，人們能夠共同分享的生活經驗越來越少，能夠引起大眾共鳴的話題也越來越少，眾多讀者追捧一部小說的景象已經成為明日黃花。在這種情況下，鋪天蓋地的副刊雜文以其選題的多樣性，或許能夠滿足不同讀者的個性化需要。

第三節　電影電視

二戰以後香港電影的復甦與發展

　　戰後初期，在香港電影人和內地電影人頻繁交流的情況下，香港的電影事業興旺一時。其時，香港的國語片產量僅次於上海。在本地及外來電影人

20　黃維樑：《香港文學再探》，頁 15。

的共同努力下，借用內地比較成熟的電影文化成果，香港影壇佳作迭出。

　　1946—1948年，香港中華影業公司共拍攝了34部國語片和9部粵語片。其中著名編導朱石麟的《同病不相憐》、《秋水伊人》、《各有千秋》、《春之夢》、《玉人何處》等影片是兼具思想性和藝術性的優秀作品。這一時期，上海電影人周璇和吳祖光都曾經與大中華影業公司進行合作。周璇為大中華公司拍攝的《長相思》和《各有千秋》兩片，與當時充斥香港市場的迷信、香豔及打鬥片相比，是比較「規矩」和以演技取勝的影片，上映後在港澳及南洋各地引起轟動。此外，周璇還為大中華公司拍攝了《莫負青春》等三部歌唱片。吳祖光則為大中華公司編導了《風雪夜歸人》和《莫負青春》兩部影片。[21]

　　永華公司是香港影壇的另一支勁旅。1948年，來自上海的李祖永創辦「永華影片公司」，以恢宏氣勢推出大製作影片。永華公司拍攝的第一部影片是《國魂》，該片號稱耗資百萬，場面之宏大壯觀為當時電影界所罕見。影片公映之後，不僅在粵港地區反響強烈，其巨大的影響力還波及中國內地及南洋地區。《清宮秘史》是永華公司的又一力作，該片雲集了滬港影壇的精英，由朱石麟執導，面世後轟動海內外。吳祖光為永華公司導演的影片有白楊、陶金主演的《山河淚》和《春風秋雨》，也是品質上乘之作。《春風秋雨》改編自《蝦球傳》。當時《蝦球傳》已在華南地區廣為流傳，影片在省港澳公映時反響熱烈。

　　1948年下半年，蔡楚生、歐陽予倩、史東山等一批內地電影工作者南下香港，伺機轉赴解放區。在香港居留期間，他們先後成立了拍攝國語片的大光明影業公司、南群影業公司、大江影業公司、民生影業公司以及拍攝粵語片為主的南國影業公司，攝製了《野火春風》、《水上人家》、《戀愛之道》、《靜靜的嘉陵江》等優秀國語片和《珠江淚》等優秀粵語片。

21　吳倫霓霞、余炎光編著：《中國名人在香港——30、40年代在港活動紀實》，頁231—235。

《珠江淚》是在思想性和藝術性方面具有突出成就的粵語片的代表，被譽為「現實主義粵語片的一個正確的、堅實的、全新的起點」。[22]

1950—1960年代，香港電影走上了獨立成長的發展道路。這一時期，香港電影公司的數量可謂難以勝數。其中實力雄厚、影響較大的電影製片機構有邵氏兄弟（香港）有限公司、電影懋業公司、中聯電影公司、長城電影製片公司和鳳凰影業公司等。各大機構麾下都聚集着一批卓越的電影人材。如邵氏兄弟公司的卜萬蒼、李翰祥、胡金銓、張徹、楚原、王羽、姜大衛、狄龍、林黛、林翠、盧燕；電懋公司的易文、尤敏、葛蘭；中聯電影公司的盧敦、秦劍、吳楚帆、黃曼梨、張瑛、紅線女、馬師曾；長城公司的李萍倩、岳楓、張鑫炎、夏夢、傅奇、石慧、陳思思；鳳凰公司的朱石麟、程步高、鮑方、朱虹、高遠等等。

1950—1960年代的香港電影作品分為國語片和粵語片兩大陣營。國語片作品主要有朱石麟導演的《誤佳期》、《一板之隔》、《中秋月》、《喬遷之喜》、《一年之計》、《水火之間》，李翰祥導演的《貂蟬》、《江山美人》，李萍倩導演的《說謊世界》，王為一導演的《火鳳凰》，陶秦導演的《一家春》，岳楓導演的《街童》，易文導演的《曼波女郎》，胡金銓導演的《大地兒女》，陳靜波導演的《金鷹》等等。

國語片的代表作品首推朱石麟和李翰祥的影片。朱石麟電影是堅持現實主義創作路向的優秀作品。1950年代，朱石麟執導的《誤佳期》等影片在思想性和藝術性方面都取得了傑出的成就。李翰祥特別沉醉於古代生活和古代文化，並開創了適宜表現中國風味民間故事的電影品種——「黃梅調電影」。1958年，李翰祥的第一部黃梅調電影《貂蟬》問世，該片充分利用黃梅調易學易唱、無聲不歌、無動不舞的特點，表現出悠遠的神韻。[23]此片是邵氏公司首次斥鉅資拍攝的影片，標誌着香港國語片的起飛。其後，

22　于逢：〈現實的鏡子——《珠江淚》觀後〉，載南國公司《珠江淚特刊》。

23　蔡洪聲等主編：《香港電影 80 年》，北京：北京廣播學院出版社，2000 年，頁 9。

李翰祥的黃梅調電影《江山美人》和《梁山伯與祝英台》均大獲成功。在
《江山美人》面世之前國語片在香港的賣座收入以「萬」計,此後則以
「十萬」計。《梁山伯與祝英台》則達到「黃梅調」電影的高峰,全香港
的影片成了「黃梅調」的天下。[24]

　　在粵語電影方面,香港粵語片的產量超過國語片,品質參差不齊。
「中聯」、「新聯」、「華僑」、「光藝」等是比較著名的粵語電影製片
公司。其中「中聯」、「華僑」、「新聯」注重家庭倫理、社會寫實題
材。光藝則走青春路線,關注愛情題材。這幾家著名的製片公司基本上走
1930年代上海嚴肅電影文藝路線,主張電影的思想性和藝術性並重,表現
出不甘向流俗低頭的品質。他們推出了一批粵語電影的經典之作。如中聯
公司的《危樓春秋》,描寫香港人生活的艱辛,便是粵語電影佳作之一。
那個年代較具知名度的粵語故事片還有《慈母淚》、《家家戶戶》、《人
倫》、《金玉滿堂》、《父與子》、《人海孤鴻》、《可憐天下父母心》
等,多是時代的真實寫照。粵語戲曲片的代表作品有《寶蓮燈》、《無悔
寶劍有情天》、《帝女花》等。

　　粵語電影中比較受歡迎的品種還有古裝武俠片和喜劇片。借着武俠小
說在香港和東南亞各地風靡一時的有利時機,香港電影界掀起武俠片熱
潮。其中最具影響力並且長盛不衰的功夫片當屬「黃飛鴻」系列電影,1950
年代拍攝26部,大多為胡鵬導演,關德興主演。到1970年代「黃飛鴻」電影
多達八十餘部。喜劇片,尤其是小市民式的鬧劇也是一個令人懷念的粵語
電影類型。1950—1960年代香港普通民眾生活清苦,銀幕上的小市民喜劇可
以使他們暫時忘卻生活中的煩惱,在得到片刻歡娛之時紓緩精神壓力。

　　1960年代,粵語片因出品過濫而遭市場冷遇。據1968年《香港年鑑》記
載:數年前盛極一時的粵語片令人喪氣,產量與市況都在萎縮中。前些年

24　張徹:《回顧香港電影三十年》,香港:三聯書店(香港)有限公司,1989年,頁
16。

粵片年產200部，本年不過百部左右。有人指出，粵語片萎縮，乃因粗製濫造，題材陳舊，故為觀眾所摒棄。但製作認真者往往也會人仰馬翻。[25]

當地語系化電影的崛起

從1960年代末期開始，伴隨着香港社會的巨大變遷，香港電影步入新時代。這一時期香港電影事業的發展變化大致可以從以下三個方面加以考察。

第一，電影人和電影製片機構新老交替。

1970年代主要的製片機構有邵氏兄弟、嘉禾、長城、鳳凰、國泰、思遠、恒生、羅維、大榮等公司，其中邵氏公司和嘉禾地位獨特。邵氏公司自1960年代中期起進入全盛時期，香港影業幾乎為邵氏王國所壟斷。1967年香港發生社會動盪前後，邵氏公司每月推出三、四部影片，借左派國語片及大陸影片數量減少之機大力擴張。1967年香港的國語片市場幾乎成為邵氏影片的天下。[26]鄒文懷1970年創立的嘉禾影業公司是1970年代香港電影界最主要的新興力量。嘉禾成立之時，邵氏公司以工廠化製作法寶如日中天，而嘉禾則正式推行獨立製片人制度，從而開闢出廣闊的發展道路。1980年代以後，邵氏公司逐漸淡出電影業，嘉禾、新藝城、銀都機構、第一機構、湯臣、許氏、王晶、影之傑等成為主要的影片公司。

第二，電影創作當地語系化傾向日益彰顯。

從電影題材看，以「北望神州」為中心內容的電影逐漸淡出影壇。此類影片所反映的國家興亡、農村破產、外族入侵等宏大問題越來越難以引起香港本地觀眾的共鳴。本地現代都市生活成為香港電影的關注焦點以及所要表現的主要內容。

從影片語言看，1970年代中期，粵語電影賴許冠文之功重返影壇並取得

25　華僑日報社編：《香港年鑑》第 21 回，香港：華僑日報社，1968 年，頁 118。

26　同上，頁 117。

巨大成功。1976年的香港電影市場上，除西片外，以粵語對白片最為賣座。[27]

從演員陣容來看，本地演員漸成演員隊伍的主流。張徹曾經指出，李小龍電影雖然仍以國語對白，但演員的當地語系化已經開始。李小龍的個人風格強烈，不管給他穿上什麼時代的服裝，說什麼語言，他總是一個十足現代化的香港人。[28]

第三，電影內容娛樂化。

隨着大眾消費時代的來臨，無論是電影工作者還是電影觀眾，都越來越將電影視為一種純粹的娛樂模式，其功能是為大眾提供消閒娛樂。香港電影若要立於不敗，轉型已經大勢所趨。1960年代末青春歌舞片的興起，是香港電影轉型的先兆。蕭芳芳、陳寶珠的《我愛阿哥哥》和《玉女添丁》等歡樂青春片漸漸取代早年記錄香港民眾艱難歲月的影片。

1970—1980年代，香港電影創作的總體格局是以武打片和喜劇片為主流，輔以少數電影工作者的多元化探索影片。

1960年代末，新派功夫武俠片興起。1970年代初期，其產量曾經佔香港電影總產量的80％以上。新派武俠片的第一批經典之作，是1960年代末推出的張鑫炎導演，傅奇主演的《雲海玉弓緣》、胡金銓執導，岳華主演的《大醉俠》和張徹導演，王羽主演的《獨臂刀》。與拍法呆板、製作簡陋、故事草率的老派武打片相比，新派武俠片以精細獨特的技巧製造電影的動感，緊湊迫人，奔放浪漫。[29]新派武俠片甫一上市，便受到觀眾的熱烈追捧。邵氏公司於1967年推出的《獨臂刀》，首輪上映總收入超過百萬港元，創下邵氏影片最高賣座紀錄。[30]

從1970年起，新派武打片的主要描寫對象由古代的刀劍俠客轉變為近代

27 華僑日報社編：《香港年鑑》第 30 回，香港：華僑日報社，1977 年，頁 121。

28 張徹：《回顧香港電影三十年》，頁 106。

29 蔡洪聲等主編：《香港電影 80 年》，頁 11。

30 華僑日報社編：《香港年鑑》第 21 回，頁 117。

的拳腳武師，影片也演變成「功夫片」。張曾澤導演的《路客與刀客》、
張徹導演，王羽主演的《拳擊》和羅維執導的《唐山大兄》為其最早的代
表作。其中，《唐山大兄》是李小龍返香港後主演的第一部武打片。李小
龍主演的著名功夫片，還有《精武門》、《猛龍過江》和《龍爭虎鬥》。
在這些影片中，李小龍塑造了一系列追求平等尊嚴、嫉惡如仇的中國人的
英雄形象。李小龍電影打入國際市場後，在西方掀起「功夫熱」。新派武
打片的興起還改變了香港影壇一向重女輕男的傳統風氣。自從武打片吃香
之後，打仔影星紛紛抬頭。[31]

　　1977年，洪金寶自導自演的《三德和尚與舂米六》，以及成龍、石天主
演的《蛇形刁手》、《醉拳》推出後，香港電影形成了一個新片種──功夫
喜劇。成龍身懷出色的拳腳功夫，塑造的人物形象生動活潑，由此奠定了
他在香港影壇超級武打兼喜劇明星的地位。另外值得一提的武打喜劇還有
許氏兄弟（許冠文、許冠傑、許冠英）主演的《摩登保鏢》、麥嘉主演的
《最佳拍檔之女皇密令》等。

　　1980年代，李連杰主演的《少林寺》帶動功夫片向前發展。《少林寺》
和徐克導演的《黃飛鴻》屬於以中國鄉土為背景，革新發揚中國傳統拳腳
功夫的武打片。與此同時，另一類武打電影則以現代都市生活為背景，如
曾志偉導演的《最佳拍檔》。

　　武打電影的另一個變種是槍戰片。其開山之作是1986年吳宇森編導的
《英雄本色》，該片將槍戰與中國功夫中的敏捷身手以及武打設計融為一
體，令人耳目一新。《喋血雙雄》也是吳宇森的重要代表作，在你死我活
的槍戰背後，吳宇森對東方文化思想中的情與義進行了淋漓盡致的詮釋。
吳宇森電影把中國傳統情感和當代動作片元素結合起來，形成了獨樹一幟
的英雄浪漫主義風格。

31　華僑日報社編：《香港年鑑》第 26 回，香港：華僑日報社，1973 年，〈香港全貌〉，
頁 108。

　　在喜劇電影方面，許冠文、許冠傑和許冠英兄弟創作的《鬼馬雙星》、《半斤八兩》等影片為喜劇電影開創了新天地。許氏喜劇迭創票房奇跡，由此打破了武打片在香港影壇的霸權地位。除武打喜劇電影外，社會生活喜劇是主要的喜劇片種。社會生活喜劇既反映了一定的社會生活，又充滿喜劇情趣，並洋溢着溫馨的人情味，極受觀眾歡迎。張堅庭導演的《表錯七日情》是香港社會生活喜劇走向溫馨路線的轉捩點。[32]其他比較著名的喜劇片還有《八星報喜》、《全家福》、《雞同鴨講》等。1980年代後期，香港的一部分社會生活喜劇片轉向表現中產階級的生活和心態，《三人世界》和《小男人周記》是其中的代表。此外，周星馳的無厘頭風格的喜劇電影也曾經興盛一時。

　　在武打片和喜劇片兩大主流電影品種之外，香港影壇還存在着多種多樣的電影類型，1970年代，香港電影的代表作品還可舉出時事寫實片《廉政風暴》、社會寫實片《泥孩子》、警探片《跳灰》等。1980年代以後，香港電影多元化的創作傾向更為突出。1979年香港影壇興起了「新浪潮」運動，這一運動所帶來的新的主題、新的技術、新的風格以及新的影像，真正改變了香港電影的舊有面貌。徐克、許鞍華和章國明分別推出了《蝶變》、《瘋劫》和《點指兵兵》，這三部影片後來被稱為「香港新浪潮電影的經典作品」。隨後，嚴浩的《似水流年》、方育平的《父子情》等一批新浪潮電影相繼面世。「新浪潮」運動本身持續的時間並不長，但對香港影壇的衝擊相當之大。香港電影界出現了一批新銳的電影導演，努力探索不同風格的各類影片。其中可圈可點的電影類型主要有以許鞍華的《撞到正》為代表的鬼怪靈異片、以方育平的《半邊人》為代表的寫實片、以吳思遠的《法外情》為代表的倫理片、以爾冬陞的《新不了情》為代表的愛情片、以許鞍華的《傾城之戀》為代表的文藝片、以李翰祥的《垂簾聽

32　蔡洪聲等主編：《香港電影 80 年》，頁 14。

政》為代表的歷史片、以關錦鵬的《阮玲玉》為代表的傳記片、以王家衛的《阿飛正傳》為代表的社會問題片、以關錦鵬的《胭脂扣》為代表的悲劇片，等等。[33]

電視文藝異軍突起

1957年5月，麗的映聲啟播，1981年改稱「麗的電視」，1982年9月改為亞洲電視有限公司。1967年，香港電視廣播有限公司（簡稱「無線電視」）啟播。伴隨着電視走進千家萬戶的腳步，本地製作、反映現代都市生活的節目成為香港電視文藝節目的主流。1967—1973年間，電視台黃金時間的最佳檔位均安排「闔家歡」等配音英語節目。[34]1970年代初期，香港各電視台開始嘗試推出本地製作節目，這些尚顯稚嫩、粗糙的節目受到電視觀眾的熱烈追捧。結果，1973—1978年間，外國電視節目從黃金檔位悉數退出，代之而起的是完全本地製作節目。[35]

香港的電視文藝節目主要有「綜合藝術節目」和電視劇集兩大類。「綜合藝術節目」包括歌舞表演、流行歌曲、時裝表演、影視訊息、即興喜劇小品（「趣劇」）以及有獎遊戲等娛樂性節目，其中的集大成者是由影視紅星主持、觀眾參與的直播節目《歡樂今宵》，連續播出多年，很受觀眾歡迎。

電視劇集是電視文藝節目的重頭戲，其製作日趨精良，成為一種能夠媲美電影的文化產品。1970年代中期，「無線」、「麗的」等電視台之間的競爭趨於白熱化，各台大舉採用戲劇攻勢，接二連三地推出電視劇集。香

33　同上，頁14。

34　陳啟祥：〈香港本土文化的建立和電視的角色〉，冼玉儀編：《香港文化與社會》，頁83。

35　同上，頁84。

港電視劇集中的上佳之作把握時代脈搏，貼近社會生活，洞悉大眾審美情趣和品味愛好，為生活在平庸世俗世界中的觀眾搭建了夢幻的舞台，帶給他們快樂、安慰、幸福和感動。例如，無線電視台的電視劇集走所謂「掌紋路線」，即着重描繪生活的聚散離合、事業的起伏跌宕和愛情的悲喜交集，往往達到令觀眾欲罷不能的效果。

電視劇集可分為系列劇和連續劇兩種。在香港電視劇草創和成長時期，由若干單元劇或電視小品組成的系列劇數量較多，值得一提的作品有城市小品《雙星報喜》、反映社會問題的《北斗星》、《七女性》和《十大奇案》等。另外，政府創辦的香港電台電視部製作的小品系列劇集《獅子山下》影響廣泛。該劇集通過普通市民日常生活中遇到的各種問題，反映「香港人對社會的期望和抱負」，同時闡明政府的立場。

1970年後期和1980年代前期，長篇電視連續劇日益興盛，每部少則數十集，多則可達百餘集。長篇連續劇大致分為武俠劇、歷史劇和現代題材劇集兩大類。武俠劇、歷史劇多改編自武俠傳奇小說，其中達到一定藝術水準的作品較為匱乏，大多數作品因製作粗濫而在歷史意義和藝術價值方面均乏善可陳。現代題材劇是電視劇集的主流。以現代香港城市生活為題材的電視劇集，主要反映現代社會各階層市民的生活情狀，題材廣泛，人物多樣。其內容大致可分為「個人奮鬥」和「家族恩怨」兩大類型。「個人奮鬥」型劇集大都以當代香港社會為背景，或是描寫白手起家的奮鬥者，歷盡艱難曲折而終獲成功的故事，或是描繪不擇手段之徒機關算盡終致身敗名裂的歷程，反映出戰後香港的社會變遷和香港人命運的轉變，其中比較重要的作品有《鱷魚淚》、《流氓大亨》、《命運》、《奮鬥》等。「家族恩怨」型劇集多圍繞家族的榮辱興衰而展開，揭示出現代社會中錯綜複雜的人際關係，反映了社會變遷過程中傳統倫理道理觀念的瓦解和人們若有所失的心理狀態。其中可圈可點的作品有《狂潮》、《家變》、《親情》、《網中人》等。1980年代中期以後，二、三十集的中篇劇集代之

而起，其中以表現小市民日常生活的都市喜劇較有特色。[36]

第四節　教育的發展

二十世紀後期教育發展狀況

二戰以後數十年間，香港的教育發展多次完成了里程碑式的跨越。1971年，普及小學教育，1978年實現九年義務教育。1980年代上半期，高中教育基本普及，1991年大學入學率達到18％。經過多年努力，香港逐步建立了適應社會經濟發展需求的多層次、多管道培育各級人才的現代化教育體系，並日益走上「主要是一種以達到經濟職業目的的實用主義的途徑」。[37]

中小學教育

二十世紀下半期香港中小學教育規模擴大的情況如以下兩表所示：

表 15.1　1951—1971 年香港中小學學校數量及學生人數[38]

年 份	小 學		中 學	
	學校間數	學生人數	學校間數	學生人數
1951	695	136,684	239	29,555

36　楊奇主編：《香港概論：續編》，北京：中國社會科學出版社，1993 年，頁 180。

37　《國際教育顧問團報告書》第 15 頁，轉自楊奇主編：《香港概論：續編》，頁 227。

38　1951 年的小學數字中包括幼稚園。

續上表

年 份	小 學		中 學	
	學校間數	學生人數	學校間數	學生人數
1961	1,562	450,374	313	88,694
1971	1,547	761,395	604	270,441

資料來源：Economic and Social Commission for Asia and the Pacific, United Nations, *The Demographic Situation in Hong Kong*, p. 35.

表 15.2 1970—1990 年香港中小學學生人數統計表 [39]　　　　　　（單位：人）

年 份	小學學生	中學學生
1970	723,500	217,200
1980	544,700	455,600
1990	524,919	433,208

資料來源：王賡武主編：《香港史新編（下冊）》，香港：三聯書店（香港）有限公司，1997年，頁467。

　　戰後數十年間，受經濟發展水平和港府教育政策的影響，不同歷史時期香港教育發展的側重點有所不同。1950—1960年代，香港教育發展的主要成就是普及了小學教育。1954年，香港政府實施七年計劃以擴充小學教育。到1961年，小學學額增加了31.3萬個，較原定目標多出三分之一。1960年代，香港的小學教育持續擴張，到1966年，新增加了20萬個小學學位。[40] 1951—1966年間，全港小學生人數由15萬餘人增至66萬餘人。1969年9月，小學學童數量達到75.4萬餘人。[41]為適應當時教育發展的形勢，全港的小學均實施上下午班上課制。1971年9月，香港實行免費小學教育，所有官立及

39　數字中不包括幼稚園，中學數字中包括預科，全部數字只計日校。

40　1974 年《香港年報》，〈社會的任務〉，頁 3。

41　范育斐編：《歡送戴麟趾爵士紀念冊 1964—1971》，香港：評論出版社，1971 年，頁 176。

資助小學一律免收學費，政府還規定，不送子女入學的家長將受到最高500港元及入獄三個月的懲罰。[42]這是香港教育史上的一個里程碑。

1970年代香港教育發展的重點是普及初中教育。1974年，政府發表闡明中學教育總體構想的教育白皮書，計劃到1979年為所有兒童提供九年資助教育，為55％的學童提供高中教育。[43]為解決初中學位不足的問題，政府將增建116所中學。港府的教育發展規劃進展很快。1975年9月，已有半數適齡學童獲得了中學資助教育。1978年，為所有小學畢業生提供三年中學教育的目標提前一年成為現實。

1970年代末1980年代初，香港的中學教育再上新台階。1978年，香港政府發表《高中及專上教育發展白皮書》，計劃在1981年為60％的15歲適齡人口提供高中學位，1986年使這一比例超過70％。實際上，港府教育統籌委員會在1984年的第一號報告書中，又把這一比例提高為84.6％。自此，香港的高中教育基本普及。普通中學加上工業學院的技工課程，中三之後升學的少年估計超過95％。[44]

高等教育

高等教育，亦稱專上教育。香港高等教育的主要目標一是培養精英，為政府機構和大企業培養高層領導人才，二是培養技術人才，為香港的工商業發展服務。

1960年代，香港高等教育的主要成就是香港中文大學的創辦。1950年代以後，香港中學畢業生面臨着升學問題的困擾。其時，本地中學畢業生返

42　華僑日報社編：《香港年鑒》第25回，香港：華僑日報社，1972年，〈香港全貌〉，頁1。

43　K. K. Charha ed., *The Maclehose Years*, 1971—1982, Hong Kong: South China Morning Post, 1982, p. 39.

44　程介明：〈教育的回顧（下篇）〉，王賡武主編：《香港史新編（下冊）》，香港：三聯書店（香港）有限公司，1997年，頁473。

回內地升學者數量銳減,而香港大學對英文水平的要求之高以及有限的學位令眾多學子望而卻步,某些學生只好選擇赴台灣繼續深造。據1954年初統計,「最近三年來,港澳赴台升學的學生共有960人。」[45]1956年台灣特准香港德明、僑光、大同等八間中學直接保送若干名高中畢業生到台灣入讀專上學校,並提供若干獎學金。[46]當時社會上出現了不少用中文教學的私人專上學院,品質參差不齊。香港迫切需要一所具備相當水準、用中文教學的大學。[47]在這種形勢下,香港中文大學於1963年宣告成立。

1970—1980年代,香港高等教育的主要發展目標是培養社會需求的各種高級專業技術人才。香港理工學院、香港城市理工學院先後成立。

1990年代香港的高等教育有了進一步的發展。香港第三間綜合大學香港科技大學於1988年成立,1991年錄取首批831名學生,並舉行開校典禮。該校設有理學院、工學院、工商管理學院和人文社會科學院。1990年代,香港城市理工學院、香港理工學院、香港浸會學院、嶺南學院、香港公開進修學院先後升格為大學。到2006年12月19日,特區政府行政會議通過樹仁學院升格為大學;從此,樹仁大學正式成為香港第一間私立大學。

表 15.3 1997 年香港專上教育主要院校及在學人數一覽表

院校名稱	成立年份	全日制學生人數
香港大學	1911	10,739
香港中文大學	1963	9,151
香港科技大學	1988	5,649
香港理工大學	1972	11,443

45　華僑日報社編:《香港年鑑》第 8 回,香港:華僑日報社,1955 年,〈香港全貌〉,頁 78。

46　華僑日報社編:《香港年鑑》第 10 回,香港:華僑日報社,1957 年,〈香港全貌〉,頁 92。

47　葛量洪:《葛量洪回憶錄》,香港:廣角鏡出版社,1984 年,頁 205。

香港城市大學	1984	10,680
香港浸會大學	1956	4,307
嶺南學院	1967	2,106
香港公開大學	1989	23,000
香港教育學院	1994	3,133
樹仁學院	1976	2,383

資料來源：《香港——邁進新紀元》，香港：香港政府新聞處，1998年，頁124—125。

工業教育

工業教育是時代和社會對教育發展提出的新要求。在香港實現工業化的進程中，社會上對技術工人的需求激增，但已有的教育體系與社會的需求是脫節的。1969年《香港年鑑》指出：「工業界正需要有服務心的畢業生，但卻不能吸引他們投身服務，究其根源，本港制度培養出的畢業生，並不適應本港工業社會的需求，僅是製造一些死讀書的書癡，其所習的知識，與實際生活甚少聯繫，雖然中學畢業，卻無謀生技能，找不到適當工作，而這些畢業生更難對工業社會有所貢獻。本港社會應充分提供中學畢業生職業訓練的機會和明確的前途，否則社會將失去年輕的一代。」[48]

在新的形勢下，香港政府意識到，若要適應工商業的飛速發展，必須大力拓展工業教育。1973年，港府教育委員會提出「未來十年中學教育政策備忘錄」，建議十年內將1/5的初中學位設立於職業先修訓練學校，1/3的五年制學位設立於工業中學。1974年政府教育白皮書提出，在學校課程內容設置方面，確定25—30％的初中課程為實用及工業科目。1978年的《高中及專上教育發展白皮書》進一步提出加強發展工業學院，擴展工業學院技術員課程和理工學院高級技術員及技師程度的課程。1982年，港府成立了職業

48　華僑日報社編：《香港年鑑》第22回，香港：華僑日報社，1969年，〈香港全貌〉，頁86。

訓練局、工業教育及職業訓練署。1983年，港府成立教育及人力統籌司，這些舉措有力地推動了香港工業教育的發展。

戰後教育發展的特點

戰後香港教育的發展呈現出以下兩個新特點：

第一，香港政府逐漸放棄對教育事業的「低承擔原則」，由少數人專享的精英教育轉變為惠及大眾的普及教育。

在香港實現工業化的過程中，香港政府順應社會經濟發展的新形勢，加大了對教育事業的投入。1960年代，教育經費開支在政府全部財政支出中所佔比例明顯提高，其中最高年份為19.5％，最低年份為15.1％。[49]1984-1987年，這一比例為17.4—18％。[50]較諸戰前，政府對於教育責任的承擔明顯增多。

政府加大對教育的投入以後，香港各類學校的分佈格局發生了明顯的變化。1955年，得不到政府補助或津貼的私立學校佔全港學校總數的66％，有60％以上的學生就讀於私立學校。私立學校收費一般高於政府學校或政府補助學校，私立學校在教育體系中佔居優勢地位清楚地表明，民眾付出了高昂的代價來接受教育。[51]

十年以後，這一情形有所改善。1965年，全港小學生人數為58萬名，就讀於官立及補助學校者佔60％。其後，私立學校約有三萬個學額轉由政府予以津貼。因此，小學學童因政府給予津貼而只需繳納低廉學費者，可以佔到全部就學人數的65％。[52]1965年，香港政府發表《教育政策白皮書》，

49　范叔欽：《香港經濟》，新加坡：大學教育出版社，1972年，頁95。

50　甘長求：《香港經濟教程》，廣州：中山大學出版社，1989年，頁559。

51　Hong Kong Annual Report, 1956, Hong Kong : Govt. of Hong Kong, 1957, p. 109.

52　〈戴麟趾總督演詞〉，經濟導報社編：《香港經濟年鑑1966》，香港：經濟導報社，頁304。

提出普及小學義務教育和擴大中學教育，確立通過資助學校以達到發展教育的原則。1968年底，官立小學共102所，提供學位九萬餘個；津貼學校則達五百餘家，提供學位42萬餘個；兩類學校學額合計超過51.7萬個。[53]此後，政府採取津貼辦學方法，每年增加津貼小學學位數萬個。1971年，所有官立及資助小學全部免收學費，為數超過50萬的學童開始享受免費教育。在普及中學教育的過程中，政府承擔了主要責任。政府在增建中學的同時，向私立學校購買學位，以便為更多的學生提供中學教育。1970年代以前，官立學校、資助學校與私立學校形成兩大壁壘分明的系統，兩者在學生來源、師資水平、校舍設備等方面都有很大差別。時至1990年代，全港學校有 82.5％屬於官立和資助學校，為全港79.7％的中小學生提供學位。[54]

1969/1970年度，香港政府開始實施資助香港大學和香港中文大學學生計劃。政府從公帑中撥出助學金及免息貸款，資助家境清貧的學生，這一舉措使考入大學的學生不致因經濟困難而放棄學業。1976年，該項資助計劃擴大至包括香港理工學院學生。[55]從此以後，香港的大學學位不再為社會中上階層子弟所壟斷，平民百姓享有接受高等教育的同等機會。

第二，中文教育節節敗退。

戰後初期，香港的中文教育曾經出現過良好的發展勢頭。據1949年《香港年鑑》記載：港府已認識香港之將來有賴於今日兒童之教養，本港今後教育之方針乃係加強協助小學與中學之中文教育，港府現已增設中文學校及增加中文學校之津貼。目前英文中學有會考之制度，現當局已有意在將來亦實行中文中學會考制度。中學以上之中文教育則須在中國大學求之。中學會考實施後，希望中國教育當局將承認此種會考合格生之資格。計劃

53　范育斐編：《歡送戴麟趾爵士紀念冊 1964—1971》，香港：評論出版社，1971 年，頁 172。

54　楊奇主編：《香港概論：續編》，頁 236。

55　潘先偉：《香港華人社會之研究》，中國文化學院民族與華僑研究所碩士論文，1977 年，頁 82。

擬在十年內設立政府中文學校50家。[56]

　　由於政治經濟形勢的變化，上述發展中文教育的良好規劃未能成為現實。1950年代以後，香港中文教育的前景逐漸黯淡下來，與此同時，英文教育則高歌猛進，香港的英文學校數量急劇增加。許多中文學校看到英文學校日益蓬勃，或是將中文學校改為英文學校，或是縮減中文班級，加開英文班級，將學校分為中、英文兩部辦理，以廣招徠。據統計，1952—1960年間，參加中文中學會考的中文學校增加了17間，學生增加1,457人。同期，參加英文中學會考的學校則增加了60間，學生增加5,011人。[57]1960年代以後，中文教育衰落和英文教育勃興的步伐進一步加快。詳見下表：

表15.4 1967—1982年香港中文中學與英文中學學生人數統計表　　（單位：人）

年　份	中文中學學生	英文中學學生	人數比率
1967	47,362	126,196	1：2.6
1970	47,829	156,361	1：3.2
1975	65,995	285,210	1：4.3
1980	57,355	413,773	1：7.2
1982	40,742	383,900	1：9.4

資料來源：王其樂：《香港中文教育發展史》，香港：波文書局，1983年，頁364。高添強：《香港今昔》，香港：三聯書店（香港）有限公司，1994年，頁32。

　　從上表可以看出，1967年，香港英文中學學生人數是中文中學學生人數的2.7倍，1980年，這一數字達到9.4倍。1976—1982年，香港的英文中學從283家增加到346家，中文中學則從104家減至72家。[58]英文中學的蒸蒸日上與中文中學的江河日下形成了極為鮮明的反差。

56　華僑日報社編：《香港年鑒》，1949年香港出版，〈教育〉。

57　王齊樂：《香港中文教育發展史》，香港：波文書局，1983年，頁363。

58　金應熙主編：《香港史話》，廣州：廣東人民出版社，1988年，頁32。

附錄

香港大事年表

公元前214年	秦始皇派兵平定百越，在其地設置四郡。今香港地區屬南海郡番禺縣管轄。
公元前111年	漢武帝派兵征服南粵，在該地設數郡。今香港地區仍屬南海郡番禺縣管轄。
331年	東晉將南海郡一部分劃出，設東莞郡。今香港地區屬東莞郡寶安縣管轄。東莞郡郡治與寶安縣縣治同設在南頭。
733年	唐朝設屯門軍鎮。
757年	唐朝將寶安縣改為東莞縣。治所由南頭遷往到涌（今東莞市莞城）。今香港地區改由東莞縣管轄。
1197年	宋朝官方禁煮私鹽，引發大嶼山鹽民起義。
1277年4月	南宋小皇帝趙昰一行逃亡到官富場（今九龍城以南），在此建立行宮，滯留約五個月。
1370年	明朝政府設置官富巡檢司。其管轄範圍與今香港地區大致相當。
1521年	明朝廣東巡海道副使汪鋐督師出征，驅逐侵佔屯門的葡萄牙人，次年凱旋而歸。
1573年	明朝廣東巡海道副使劉穩應南頭鄉紳請求，經粵督奏請朝廷批准，在當地設置新安縣，縣治設在南頭。今香港地區屬新安縣管轄。
1817年	清政府在大嶼山東涌口建汛房和圍牆。
1834年8月21日	英國首任駐華商務總監督律勞卑致函外交大臣格雷，建議使用武力佔領香港島。
1839年9月4日	九龍山之戰。英國軍艦向在九龍山口岸巡邏的清軍水師船開炮，被清軍擊退。
1839年11月4日起	官涌之戰。英軍不斷向官涌的清軍發起進攻。林則徐派出文武官員指揮清軍迎頭痛擊。
1840年6月	英軍發動鴉片戰爭，由香港北上侵犯廈門，攻陷定海。

1841年1月25日	英軍「琉璜」號艦長貝爾徹率領士兵在香港島西北部登陸。
1841年1月26日	英國遠東艦隊司令官伯麥率海軍陸戰隊登陸，舉行升旗儀式，佔領香港島。
1841年6月7日	英國駐華商務監督義律宣佈香港為自由港。
1842年8月29日	英國強迫清政府簽訂中英《南京條約》，將香港島割讓給英國。
1843年4月5日	維多利亞女王頒佈《英王制誥》，宣佈設置「香港殖民地」。
1843年4月6日	維多利亞女王向第一任港督璞鼎查頒發《王室訓令》，涉及香港行政局和立法局的組成、權力和運作程序等。
1843年12月	清政府將官富巡檢司改為九龍巡檢司。
1860年3月18日	英軍侵佔九龍半島岬角——尖沙咀。
1860年3月21日	英國駐廣州領事巴夏禮強迫兩廣總督勞崇光簽訂租約，將九龍永遠租給英國。
1860年10月24日	英國強迫清政府簽訂中英《北京條約》，將九龍半島今界限街以南部分（包括昂船洲在內）割讓給英國。
1861—1871年	香港動植物公園建成。
1863年	薄扶林水塘第一期工程竣工，次年香港開始有自來水供應。
1865年3月	滙豐銀行在香港成立。
1868年	華商南北行公所成立。
1871年4月18日	香港與上海之間敷設海底電纜。
1872年2月14日	東華醫院落成啟用。
1874年2月4日	第一家能夠反映香港華人輿論的報紙——《循環日報》創刊。
1878年	華人慈善團體保良局成立。
1881年4月	香港島首次裝設電話，次年設電話公司。
1887年10月1日	香港西醫書院建立。
1888年5月	山頂纜車正式通車。
1889年1月24日	香港電力公司成立。
1890年12月1日	電力公司開始向港島供電。

1895年2月21日	香港興中會舉行成立會。
1895年10月	孫中山以香港為基地發動廣州之役。
1898年6月9日	英國強迫清政府簽署《展拓香港界址專條》，租借沙頭角海至深圳灣最短距離直線以南、界限街以北廣大地區、附近大小島嶼235個以及大鵬灣、深圳灣水域，租期99年。
1899年3月19日	中英雙方在香港簽訂《香港英新租界合同》，確定粵港界線。
1904年	筲箕灣至堅尼地城的有軌電車通車。
1905年10月16日	孫中山在香港的輪船上主持同盟會宣誓儀式。
1911年	廣九鐵路全線通車。
1912年3月11日	香港大學舉行開幕典禮。
1913年	香港中華總商會前身——華商總會成立。
1922年1月	香港海員舉行大罷工。
1924年	何啟、區德投資興建啟德機場
1925年6月	省港大罷工爆發。
1938年6月14日	保衛中國同盟在香港宋慶齡寓所宣告成立。
1941年12月8日	日軍進攻香港。
1941年12月25日	香港總督楊慕琦與日軍代表簽訂「停戰協議」，英軍投降。
1942年1月	港九獨立大隊成立。
1942年10月	中英兩國就廢除治外法權，另訂新約的問題開始談判。國民政府要求在新約中列入終止《展拓香港界址專條》的條款，遭英方拒絕。
1945年8月30日	英國皇家海軍特遣艦隊從日軍手中接收香港。
1946年8月	港督楊慕琦提出「楊慕琦計劃」，擬選舉市議會。
1946年10月10日	達德學院在香港宣告成立。該學院是中共和民主人士聯合開辦的大專院校，後被港英當局關閉。
1947年5月15日	新華社香港分社正式成立。
1948年1月	港英當局強行拆毀九龍城內民房，並逮捕居民代表，釀成九龍城事件。

1949年11月9日	兩航起義。中國航空公司和中央航空公司員工在香港宣佈起義,接受中央人民政府領導。
1952年	朝鮮戰爭爆發後,西方國家實行對華禁運,使香港的轉口貿易受到沉重打擊。
1954年8月	周恩來提出「推進中英關係,爭取和平合作」,並指出:香港是中國的,但解決香港問題的時機尚未成熟。
1955年8月	在九龍深水埗的李鄭屋邨發現東漢古墓一座。
1956年10月	九龍和荃灣發生暴亂事件。
1959年	港產品在香港出口貿易中的比重上升到70%,超過轉口貨物的比重。
1960年11月15日	香港政府代表與廣東省寶安縣代表簽訂協議,每年由深圳水庫供水50億侖給香港。
1960年11月22日	香港工業總會成立。
1962年	從本年開始,由武漢、上海、鄭州始發的751次、753次、755次等「三趟快車」,常年向港澳地區供應鮮活冷凍商品。
1963年	香港中文大學成立。
1966年4月	天星小輪宣佈加價,引起動亂。
1967年3—7月	香港一些市民組織「反英抗暴」活動,遭港府鎮壓。
1967年	香港第一家無線電視公司——香港電視廣播有限公司正式啟播。
1972年3月8日	中國常駐聯合國代表黃華致函聯合國非殖民化特委會主席,反對將香港和澳門列入「反殖宣言」中適用的殖民地地區的名單之內。
1972年8月3日	香港海底隧道通車。
1977年1月	世界最大的海洋公園之一的香港海洋公園建成。
1978年8月	中國國務院成立專門處理港澳問題的機構——國務院港澳事務辦公室。
1979年3月29日	鄧小平對來訪的港督麥理浩說,我們把香港作為一個特殊地區、特殊問題來處理,在1997後相當長的時間內,香港還可以搞它的資本主義,我們搞我們的社會主義。

1979年	李嘉誠的長江實業公司購入老牌英資洋行和記黃埔集團 22.4％股權，成為香港第一家控制英資財團的華資集團。
1979年	本年起，越南難民大量湧進香港。
1980年2月	香港地下鐵路正式通車。
1980年7月7日	香港聯合交易所註冊成立。
1980年	包玉剛收購英資九龍貨倉有限公司。
1982年9月23日	中英兩國領導人就香港問題在北京開始會談。
1982年9月24日	中共中央顧問委員會主任鄧小平在北京會見了英國首相戴卓爾夫人，明確表示「主權問題不是一個可以討論的問題」。雙方同意通過外交途徑就香港問題繼續進行商談。
1982年12月4日	第五屆全國人民代表大會第五次會議通過的《中華人民共和國憲法》第31條規定：「國家在必要時得設立特別行政區。在特別行政區內實行的制度，按照具體情況由全國人民代表大會以法律規定。」
1983年10月17日	香港開始實施1美元兌換7.8港元的聯繫匯率制度。
1984年12月19日	中國國務院總理趙紫陽和英國首相戴卓爾夫人分別代表兩國政府在北京簽署《中華人民共和國政府和大不列顛及北愛爾蘭聯合王國政府關於香港問題的聯合聲明》。
1985年7月1日	由中國內地與香港各界人士59人組成的香港特別行政區基本起草委員會在北京成立，並開始工作。
1985年12月28日	由香港各界人士180人組成的基本法諮詢委員會在香港成立。
1985年	包玉剛取得老牌英資財團會德豐的控股權。
1987年10月	因美國紐約股票市場股價暴跌，引起香港股市狂瀉。
1987年	香港港口共處理340萬個貨櫃單位，超過荷蘭鹿特丹港，成全球最大的貨櫃港。
1988年3月15日	香港首位華人首席按察司楊鐵樑宣誓就職。
1988年9月18日	連接屯門與元朗的第一期輕便鐵路系統開放通車。

1988年11月25日	香港會議展覽中心開幕。
1989年6月4日	北京發生政治風波,百萬香港市民上街遊行集會。
1989年	考古學者在南丫島大灣遺址發現商代墓葬群。其中第6號墓出土的玉牙璋及完整玉串被譽為國寶級文物。
1990年4月4日	全國人大七屆三次會議審議通過《中華人民共和國香港特別行政區基本法》及香港特別行政區區旗、區徽圖案。
1990年5月	中國銀行新廈——中銀大廈在港島金鐘落成。
1991年4月18日	香港科學館舉行啟用儀式。
1991年5月23日	位於中區的香港公園正式開幕。
1991年7月1日	連接沙田和東九龍的大老山隧道舉行通車典禮。
1991年7月27日	在跑馬地為華東水災災民舉辦的慈善演唱會,入場觀眾超過八萬人,籌得善款逾一億港元。
1991年9月3日	中國國務院總理李鵬和英國首相梅傑在北京簽署《關於香港新機場建設及有關問題的諒解備忘錄》。
1991年10月10日	香港科技大學舉行開幕儀式。
1992年7月	民主建港聯盟(簡稱「民建聯」)成立。
1993年1月1日	數千市民在中環蘭桂坊迎接新年來臨之際,有21人因相互擠壓踐踏而死。
1993年3月	自由黨成立。
1993年10月15日	中區至半山自動電梯開放使用。該電梯全長約八百米,為全球最長的自動電梯系統。
1993年11月	陳方安生成為首位華人布政司及女布政司。
1993年12月29日	大嶼山寶蓮寺的天壇大佛舉行開光典禮。佛像高26.4米,重220噸,是全球最大的青銅坐佛。
1994年4月15日	香港藝術發展局成立。
1994年5月1日	中國銀行開始在香港發行港幣鈔票。
1994年10月	民主黨成立。

1995年9月	曾蔭權成為首位華人財政司。
1995年12月19日	香港年接待遊客數量首次達到一千萬人。
1996年1月26日	全國人大香港特別行政區籌委會在北京成立。
1996年3-5月	考古學者在南丫島大灣發現約五千年前的房屋遺址。
1996年7月29日	滑浪風帆選手李麗珊在亞特蘭大奧運會為香港奪得首枚奧運金牌。
1996年9月26日	保釣人士陳毓祥在前往釣魚台列島抗議的航程中溺水身亡。
1996年12月11日	香港特別行政區政府第一屆政府推選委員會在香港選舉董建華為第一任行政長官人選。
1996年12月21日	香港特別行政區政府第一屆政府推選委員會在深圳選舉產生臨時立法會。
1997年5月18日	京九直通車舉行啟用儀式。
1997年5月22日	青嶼幹線及北大嶼山公路通車。
1997年6月30日午夜至7月1日凌晨	中英兩國香港交接儀式在香港會議展覽中心新翼五樓大會堂舉行。中國國家主席江澤民、國務院總理李鵬、英國王儲查爾斯王子、首相貝理雅（布萊爾）等與四千多名中外來賓出席。
1997年7月1日	中華人民共和國香港特別行政區政府宣告成立。
1997年	香港按人口平均計算的本地生產總值為26,400美元，在亞洲僅次於日本和新加坡，超過加拿大、英國和澳洲。

歷任香港總督列表

	總督		任期
1	砵甸乍	（Henry Pottinger, 又稱璞鼎查）	1843—1844
2	戴維斯	（John Francis Davis, 又稱德庇時）	1844—1848
3	文咸	（Samuel George Bonham, 又稱般含、文翰）	1848—1854
4	寶寧	（John Bowring, 又稱包令）	1854—1859
5	夏喬士·羅便臣	（Hercules Robinson, 又稱羅士敏）	1859—1865
6	麥當奴	Richard Graves MacDonnell	1866—1872
7	堅尼地	Arthur Edward Kennedy	1872—1877
8	軒尼詩	John Pope Hennessy	1877—1882
9	寶雲	George Fergusom Bowen	1883—1885
10	德輔	George William Des Voeux	1887—1891
11	威廉·羅便臣	William Robinson	1891—1898
12	卜力	Henry Arthur Blake	1898—1903
13	彌敦	Matthew Nathan	1904—1907
14	盧押	Frederick Lugard	1907—1912
15	梅含理	Francis Henry May	1912—1919
16	司徒拔	Reginald Edward Stubbs	1919—1925
17	金文泰	Cecil Clementi	1925—1930
18	貝璐	William Peel	1930—1935
19	郝德傑	Andrew Caldecott	1935—1937
20	羅富國	Geoffry Northcote	1937—1941
21	楊慕琦	Mark Young	1941—1947
22	葛量洪	Alexander Grantham	1947—1957
23	柏立基	Robert Brown Black	1958—1964
24	戴麟趾	David Clive Crosbie Trench	1964—1971
25	麥理浩	Murray MacLehose	1971—1982
26	尤德	Edward Youde	1982—1986
27	衛奕信	David Wilson	1987—1992
28	彭定康	Christopher Francis Patten	1992—1997

參考資料舉要

文慶等編：《籌辦夷務始末（道光朝）》，第六冊，北京：中華書局，1964年。

賈楨等編：《籌辦夷務始末（咸豐朝）》，第八冊，北京：中華書局，1979年。

靳文謨：《新安縣志》，13卷，康熙二十七年（1688年）版。

王崇熙：《新安縣志》，24卷，嘉慶二十四年（1819年）版。

香港中文大學中國考古藝術研究中心：《南中國海及鄰近地區古文化研究》，香港：香港中文大學出版社，1994年。

羅香林等：《1842年以前之香港及其對外交通——香港前代史》，香港：香港中國學社，1959年。

蕭國健：《香港歷史與社會》，香港：香港教育圖書公司，1994年。

丁新豹：《香港早期之華人社會，1841－1870》，香港大學圖書館藏博士論文，未刊稿，1988年。

楊奇主編：《香港概論》，北京：中國社會科學出版社，1992年。

楊奇主編：《香港概論：續編》。北京：中國社會科學出版社，1993年。

王賡武主編：《香港史新編》，香港：三聯書店（香港）有限公司，1997年。

余繩武、劉存寬主編：《十九世紀的香港》，香港：麒麟書業有限公司，1994年。

余繩武、劉蜀永主編：《二十世紀的香港》，香港：麒麟書業有限公司，1995年。

劉蜀永主編：《20世紀的香港經濟》，香港：三聯書店（香港）有限公司，2004年。

張麗：《20世紀香港社會與文化》，香港：名創國際（新）私人有限公司，2005年。

余繩武、劉存寬、劉蜀永：《香港歷史問題資料選評》，香港：三聯書店（香

港）有限公司，2008年。

金應熙主編：《香港史話》，廣州：廣東人民出版社，1988年。

鄧開頌、陸曉敏主編：《粵港澳近代關係史》，廣州：廣東人民出版社，1996年。

劉蜀永：《劉蜀永香港史文集》，香港：中華書局（香港）有限公司，2010年。

曹淳亮、劉澤生主編：《香港大辭典》，廣州：廣州出版社，1994年。

Great Britain Cabinet Papers

Foreign Office Records

Colonial Office Records

Cameron, Nigel, *Hong Kong: the cultured pearl*, Hong Kong: Oxford University Press, 1978.

Eitel, E.J., *Europe in China, the History of Hong Kong from the Beginning to the Year 1882*, London: Kelly&Walsh, 1895.

Endacott, G.B., *A History of Hong Kong*, Hong Kong: Oxford University Press, 1985&1973.

Fok Kai Cheong, *Lectures on Hong Kong history: Hong Kong's role in modern Chinese history*, Hong Kong: The Commercial Press (Hong Kong) Ltd., 1990.

Liu Shuyong, *An outline history of Hong Kong*, Beijing: Foreign Languages Press, 1997.

Miners, N.J., *The Government and Politics of Hong Kong*, Hong Kong: Oxford University, 1981.

Sayer, G.R., *Hong Kong 1841—1862, Birth, Adolescence and Coming of Age*, Hong Kong: Hong Kong University Press, 1980.

Sayer, G.R., *Hong Kong 1862—1919: the Years of Discretion.*, Hong Kong: Hong Kong University Press, 1975.

Tsang, Steve, *A Modern History of Hong Kong*, Hong Kong: Hong Kong University Press, 2004.

Welsh, Frank, *A History of Hong Kong*, London: HarperCollins, 1997.

Wesley-Smith, Peter, *Unequal Treaty, 1898—1997, China, Great Britain and Hong Kong's New Territories*, Hong Kong: Oxford University Press, 1980.

Wright, Arnold, *Twentieth Century Impressions of Hong Kong, Shanghai and Other Treaty Ports of China*, London: Lloyd's Greater Britain Publishing co. ltd., 1908.

第三版後記

《簡明香港史》是一本通史性著作，由遠古寫到1997年香港回歸。本書最初是應三聯書店（香港）有限公司總編輯趙斌邀約編寫的。1998年初版，曾五次印刷。2009年出新版，做了較大改動，曾兩次印刷。此次應三聯書店（香港）有限公司總編輯侯明邀約，對新版做了多處補充和修改，作為第三版出版。

本書主要由中國社會科學院近代史研究所劉蜀永、徐曰彪、張麗、張俊義編寫。國務院港澳辦港澳研究所所長陳多研究員和他的研究生王麗娟、趙虹、經濟學家周亮全教授應邀參加了部分工作。具體分工如下：

劉蜀永：第一章、第二章、第三章、第六章、第七章第一節、第二節（部分）、第八章第二、四節、第十二章第一節、第十三章第一節。

徐曰彪：第四章、第五章、第十二章第二、三節。

張麗：第七章第三節、第九章、第十章第一、二、三節、第十一章、第十四章、第十五章。

張俊義：第七章第二節（部分）、第八章第一節、第十章第四節。

陳多、王麗娟：第十章第二、三節。陳多、趙虹：第十章第四節。周亮全：第八章第三節。

劉智鵬教授曾為本書新版（即第二版）提出修改意見。為本書提供照片的有高添強、劉蜀永、凌青、丁聰、黎錫、鄧聰、鄧聖時，以及新華通訊社攝影部、香港歷史博物館、香港大學、亞洲電視等機構。本人助手姜耀麟、同事嚴柔媛參與第三版校勘工作。

本書在初版和幾次修訂過程中，曾得到香港與內地許多機構和朋友的協助和支持。我願在第三版出版之際，向有關的機構和朋友表示誠摯的謝意。

劉蜀永

2016年6月18日於嶺南大學